소시오ㄷ ...료를 활용한

집단 트라우마 치유

집단 트라우마 치유

소시오드라마와
드라마치료를 활용한

Eva Leveton 엮음

박우진 | 조성희 | 최대헌 | 강희숙 | 신경애 옮김

Σ 시그마프레스

소시오드라마와 드라마치료를 활용한 집단 트라우마 치유

발행일 | 2015년 3월 10일 1쇄 발행

편저자 | Eva Leveton
역자 | 박우진, 조성희, 최대헌, 강희숙, 신경애
발행인 | 강학경
발행처 | ㈜ 시그마프레스
디자인 | 우주연
편집 | 이지선

등록번호 제10-2642호
주소 서울특별시 영등포구 양평로 22길 21 선유도코오롱디지털타워 A401~403호
전자우편 sigma@spress.co.kr
홈페이지 http://www.sigmapress.co.kr
전화 (02)323-4845, (02)2062-5184~8
팩스 (02)323-4197

ISBN 978-89-6866-187-7

Healing Collective Trauma Using Sociodrama
and Drama Therapy by Eva Leveton

＊책값은 책 뒤표지에 있습니다.
＊이 도서의 국립중앙도서관 출판시도서목록(CIP)은 서지정보유통지원시스템 홈페이지(http://seoji.nl.go.kr)와 국가자료공동목록시스템(http://www.nl.go.kr/kolisnet)에서 이용하실 수 있습니다.
(CIP제어번호 : CIP2015007213)

최근 '트라우마 치유(trauma healing)'라는 말이 일상용어처럼 다가와 유행처럼 사용되고 있다. 세상이 얼마나 각박한지 숨을 제대로 쉴 수가 없다. 우리나라는 경제와 성장을 추구하는 물질주의와 황금 만능주의에 지배당하고 있으며 그로 인한 문제가 이제는 한계점에 도달한 것으로 보인다. 사회 구조적인 모순 속에 물질주의가 우리를 궁지로 몰아넣고 있다.

트라우마(trauma)는 그리스어로 상처를 뜻한다. '외상(外傷)'으로 신체적, 정서적, 심리적 안녕과 건강을 위협하는 충격적인 사건을 말한다. 트라우마를 경험하면 몸과 마음이 충격을 받고 병리적 상태에 이르게 된다. 트라우마는 충격적일 정도로 위협적이고 재앙이라 할 정도로 어려운 상황 또는 사건으로서 트라우마 생존자들로 하여금 심한 정서적, 육체적 장애 증상을 겪게 한다.

2014년 4월 16일 세월호 사건은 피해자와 가해자, 생존자들뿐만 아니라 국민 전체에게 트라우마를 안겼고 시민의 모든 정신건강을 마비시켰다. 우리나라는 이전에도 1995년 6월 삼풍백화점 붕괴 사건, 1994년 10월 21일 성수대교 붕괴 사건, 2003년 2월 대구 지하철 참사 사건으로 몸살을 앓았다. 2014년, 역자는 10년 전 대구 지하철 사건으로 10년째 정신과 치료를 받고 있는 분을 주인공으로 드라마치료를 진행한 경험이 있는데 그는 여전히 트라우마 후유증에 시달리고 있었으며 사회적 편견이 그를 더 분노하게 했던 기억이 선명하다. 트라우마 치유는 오랜 시간 동안 정기적이고 지속적인 상담과 개입을 요구한다. 트라우마는 더 이상 개인의 문제가 아니라 사회적인 문제며, 국가 정책의 개입이 절실하게 필요하다고 본다.

치유는 진행 과정이고 치유 과정은 또 다른 시작이다. 소시오드라마와 드라마치료의 집단 활동에서 적절하고 성공적인 역할 행위와 역량이 강화되는 과정을 통해 점점 트라우마로부터 벗어나는 과정을 겪는다.

소시오드라마와 드라마치료를 활용한 집단 트라우마 치유는 전쟁이나 재난, 질병, 집단 학살, 9·11 테러, 세월호 참사, 쓰나미, 자연재해 같은 외상 경험 후 진실되고 적절하게 성공적으로 대처하는 방법을 역할놀이를 통해 훈련하는 것이다. 이러한 집단 트라우마 치유 과정은 현상을 거부하기보다는 인정하고 받아들이는 법을 배우는 것이고, 강렬한 고통이 완화되고 새로운 에너지가 생기도록 돕는다.

이미 유럽이나 여러 선진국은 개별 트라우마, 즉 아동 학대, 신체·심리·정신적인 폭력, 성폭력, 자녀의 중병, 교통 사고와 산업 재해 등과 제1차 세계대전, 제2차 세계대전, 홀로코스트 사건, 쓰나미 사건, 폭력 행위나 테러, 집단 학살 등 집단 트라우마를 치유하는 방법으로 소시오드라마와 드라마치료를 활용하고 있다. 대형 사고를 목격했거나 사람이 죽는 장면을 접하는 직업인 경찰, 소방관, 군인 및 자살 등 정신건강 분야에 종사하는 사람들도 트라우마에 노출되고 있으므로 이에 대한 예방적인 개입이 필요하다.

이 책에서 소시오드라마는 트라우마 생존자, 피해자, 가해자가 집단 트라우마의 문제를 말과 몸짓, 행위 등을 역할 행위를 통해 효과적으로 치유하며, 드라마치료는 동화나 수필 등 자연스러운 주제를 가지고 접근한다. 소시오드라마와 드라마치료는 집단 안에서 참가자들이 각각의 역할을 수행하면서 역할 속에서 간접적으로 자연스럽게 부담 없이 접근할 수 있는 것이 장점이다. 역할을 경험하면서 감정과 생각이 우러나와 치유되는 과정을 겪는다.

이 책에는 다양한 나라의 사례와 이야기들이 담겨있다. 역자들은 모두 '한국 사이코드라마 소시오드라마 학회'에서 1,000시간 이상의 교육을 이수하고 자격증을 소지한, 오랫동안 드라마 실천가로 활동한 전문가들이다.

이 책의 역자 서문은 대표 역자가 썼고, 저자 서문, 제1장, 제2장, 후기 역시 대표 역자가 번역하였다. 성실하고 열정이 가득하신 강희숙 교수님이 제3장과 제4장을, 사람 만나기를 좋아하고 사이코드라마를 너무나 사랑하는 신경애 선생님이 제5장과 제6장을 번역하였다. 한국 사이코드라마와 소시오드라마 학회의 초석에 공헌하셨고 치유 과정을 따뜻하게 진행하시는 조성희 교수님이 제7장과 제8장을 번역하였고 부드러운 카리스마가 있으신 최대헌 교수님이 제9장과 제10장을 번역하였다.

이 책을 번역하는 데 오랜 시간이 걸렸다. 역자들이 바쁘다는 명분으로 이제서야 번역서를 내게 되었다. 여러 역자들이 번역하였기 때문에 다소 일관성과 통일성이 부족하거나 이해가 안 되는 부분이 있으리라 생각된다. 이 모든 것은 대표 역자의 탓으로 돌리기를 바라며 앞으로 좀 더 좋은 번역서로 독자들과 만나기를 기대한다. 그리고 이 책의 저자들은 유럽이나 선진국에서 트라우마 치유에 개입하는 방법으로 소시오드라마와 드라마치료를 개척한 분들이다. 한국의 문화와 사회에 맞도록 전문가들의 노력이 필요하다고 하겠다.

이 책이 나오기까지 기다려주신 (주)시그마프레스 사장님, 교정과 편집 과정을 도와준 이지선 선생님과 편집부에게 감사드린다.

　소시오드라마와 드라마치료가 아픈 상처와 힘겹게 살아가는

이들에게 작은 치유의 역할을 해줄 것이라 기대하며….

대표 역자

박우진

집단 트라우마는 사회 생활의 기본 조직에 타격을 입힘으로써 사람들을 결속시키는 연대를 파괴하고 공동체의 보편적인 감각을 저해한다.

—K. Erikson

신문과 책, 이야기, 잡지 기사, 그리고 에세이에는 전쟁과 억압, 성적 학대, 자연재해의 희생자를 다루는 주제들로 넘쳐나고 있다. '샌프란시스코 연대기'(Hefling, 2008)는 2007년(이라크 전쟁 후 4년 동안) 미군의 자살률이 하루 평균 12명으로 지난 26년 동안 가장 높게 나타났으며, 이라크 전쟁 참전 용사들이 일으키는 살인 사건이 예상치 못할 정도로 증가하였다고 보고하였다(Soltz, 2008). 오늘날 정신건강 서비스에 대한 요구는 과거 전쟁들에서 보였던 기록을 능가하고 있으며(Dao, 2009), 외상 후 스트레스 장애와 우울증의 증상들은 수년 동안 지속될 수 있다(Barnes, 2008).

이라크와 방글라데시, 수단, 가나, 남미, 중국 등에서의 희생자와 미국 내 허리케인 카트리나의 희생자, 원주민, 이민자, 게이에 대한 소식을 접할 때 우리는 희생자의 수뿐만 아니라 그들—개인과 집단—에 대한 지원의 빈약성으로 인해 상당한 충격을 받는다(Erikson, 1995; Hefling, 2008; Soltz, 2008). 우리는 현재와 마주 보고 있을 뿐만 아니라 과거에서 벗어나기도 어렵다. 예를 들어, 제2차 세계대전 동안 나치

즘 치하의 유대인들과 일본계 미국인들의 역사적 유산은 제3세대에 지울 수 없는 흔적을 남겼으며(Hoffman, 2004; Kellerman, 2007), 아프리카 같은 지역에서는 고대 부족들 간의 갈등이 역동적으로 증가하였다(Kellerman, 2007).

이 책은 치유를 제안한다. 치유는 치료가 아니다. 심층적 경험의 목소리와 실제적 조언으로 가득 찬 이 책은 '비슷비슷한' 방법이나 '확실한' 해결책을 약속하지 않는다. 치유는 과정이다. 우리의 모험적 선구자들이 주도한 집단에 참여한 사람들은 잃어버린 활기를 되찾고 오래된 문제를 새롭게 취급할 수 있는 기회를 가질 것이다. 치유는 크든 작든 모든 종류의 변화로 구성된다. 한 참가자가 집단에 대한 신뢰를 통해 점차적인 치유를 추구할 때 다른 참가자는 새로운 관점을 얻을 수 있지만, 또 다른 참가자는 명확한 결과를 얻지 못할 수 있다. 다음 장들에서 제시되는 이론들과 방법들은 치유의 적용과 성취될 수 있는 치유의 정도를 포함하여 미래의 치유자들에 대한 방향과 도전을 제기한다.

대규모 집단의 사람들이 정치적 변동이나 사회적 위기, 자연재해에 휩쓸릴 때 이로 인해 발생하는 스트레스를 다루기 위한 인원과 재정적인 자원을 배분하기란 상당히 어려운 일이다. 정부기관뿐만 아니라 민간기구는 도움을 필요로 하는 많은 사람에게 지원할 인원과 자금이 턱없이 부족하다는 것을 경험한다. 이러한 문제들, 즉 외상 후 스트레스 장애로 자주 언급되는 문제를 다루기 위해 사용되는 방법 중에서 소시오드라마(Sternberg & Garcia, 2002)와 드라마치료(Johnson & Emunah, 2009)가 세계 많은 지역에서 성공을 거두고 있다. 이 두 방법은 단지 개인과 지원에 집중하거나 문제를 표출하는 것에 그치는 것이 아니라 항상 개인과 집단 전체에 초점을 맞추기 때문에 개인과 집단이 한 번에 변화된 공동체를 성취할 수 있다.

드라마치료 치료자와 소시오드라마 치료자는 집단 트라우마를 겪은 사람들에게 다가가서 치유하는 강점을 가지고 있으며(Hudgins, 2002; Kellerman, 2007), 그들의 지원은 개인이나 가족 인터뷰에 들어갈 수 있는 상당한 시간과 비용을 절약한다. 그렇지만 그들의 성공은 경제적인 의미를 넘어선다. 이 책에 기술된 기법들은 고통을 감소시키고 소통을 개선하며 억압된 희생자들을 위한 해결책을 제시하는 것에 성공을 거두고 있다.

사이코드라마(psychodrama)의 창시자인 J. L. Moreno(1959)는 초창기 많은 정신병 이론가들이 사고하지 못했던 무언가를 깨달았다. 위대한 사상가이자 이론가이기도 한 그는, 대화와 사고만으로는 변화를 유도하기에 불충분한 자극이라는 결론에 도달했다. 병리현상의 극복에 초점을 맞추기보다 심리적 건강을 유도하는 과정의 발견에 집중함으로써, 그는 치유 과정이 '자발성 훈련(spontaneity training)'—즉, 주인공(치유의 대상)으로 하여금 불필요하게 학습된 습관으로 빠지기보다 새로운 도전에 자발적이면서 유연하고 적절한 반응을 보이도록 유도하는 훈련—을 통해 개인과 집단에 활기를 불어넣어 주어야 한다고 제안하였다.

분수처럼 춤추는 생명수라는 원천에 대한 그의 메타포— 'spontaneity(자발성)'의 라틴어 뿌리는 'sponte'임—는 그의 기법이 주인공뿐만 아니라 다른 역할자(주인공을 역할로 돕는 나머지 집단 구성원들)들을 도와주기 위해 개발된 것임을 암시한다. 이 책의 저자들처럼 Moreno 역시 집단 전체—집단 트라우마를 다루면서 비엔나에서 함께 작업했던 성매매 여성들처럼 억압된 집단이든(Marineau, 1989) 아니면 죄수들처럼 더 커다란 규모의 집단이든—에 영향을 미치는 이슈들이 존재한다는 사실을 깨달았다. 그는 일반적이고 문화적이며 정치적인 역할들(부모와 자식에서부터 교사와 학생까지 그리고 희생자와 억압받는 사람들까지)과 대면하는 이슈를 다루기 위해 소시오드라마(sociodrama)를 개발하였다.

일반적으로 미국인들은 세계 문제들에 편협한 시각, 즉 "우리는 트라우마를 겪거나 억압된 사람들의 문제에 대해 듣기를 원하지 않으며, 심지어 국내 사람들에 대해서도 마찬가지이다."라는 입장을 유지하는 것으로 알려져 있다(Erikson, 1995). 또한 그들은 아랍어권 사람들에게 턱없이 부족한 국제 업무담당기관을 운영하고 있으며 우리의 전문 협회들은 해외에서 일어난 일에 대한 관심을 거의 가지지 않는다. Kellerman (2007)은 다음처럼 말한다.

> 전쟁이나 테러리스트 폭탄테러, 자연재해 같은 주요 트라우마적 사건들은 개인의 고통 범위를 넘어서 국제적이면서 집단적인 영역으로 들어선다. 결국 집단 트라우마는 적절한 탐구와 해결을 위한 집단 환경을 필요로 한다.

이 책의 저자들은 Kellerman이 옹호한 견해의 중요성을 일찍부터 인식하고서 세계를 더 나은 장소로 만들기 위한 Moreno의 호소에 동참한 사람들이다. 그들은 세계 도처에서 트라우마나 억압받는 사람들을 지원하기 위한 선구자들로서 이러한 사명감에 충실한 사람들이다.

최근 사이코드라마 학회 참석자들 가운데 한 사람이 본인에게 "당신의 많은 작업이 개인적 전기에 기반하고 있다는 사실이 놀랍군요."라고 했다. 본인 경험으로 볼 때 이것은 특히 이 책에 등장하는 소시오드라마 치료자들과 드라마치료 치료자들에게 적용된다. 때때로 적절한 재정적 지원을 받지 못하는 그들이 상당한 개인적 에너지를 투자한다는 것은 특별한 헌신의 증거다. 본인의 확신에 따르면 심층적인 역사적 갈등이나 현재 트라우마로부터 고통을 겪고 있는 집단들을 화해시키기 위한 열정은 심오한 개인적 경험과 영감에 기반하고 있다. 그들의 발자국을 따르려는 사람은 그들의 직업적 이야기와 개인적 이야기에서 많은 것을 배워야 하기 때문에 우리는 이 두 이야기를 이 책에 포함시켰다.

이 책에서 논의되는 모든 기법은 저자들이 개발한 원래 작업들을 통해 소시오드라마 이슈들을 다룬다. 연극이나 소시오드라마, 사이코드라마, 플레이백 시어터, 드라마치료로부터 도출된 기법들의 결합에서 독자는 집단을 준비시키고 역할을 수행하며 결과를 공유하는 새로운 방식들을 발견할 것이다. 희생자들이나 억압받는 사람들에 대한 신뢰 형성의 어려움과 현실주의적 목표들을 개발할 필요성에 대한 논의는 장래 소시오드라마 작업의 연출가에게 도움을 제공할 것이다. 또한 보조적 예술 장르들(예 : 미술, 시)의 폭넓은 적용이 예시될 것이며 새로운 역할 배정뿐만 아니라 새로운 방식의 역할 개발이 탐구될 것이다. 여러 저자들은 집단 구성원들에게 사회활동가가 되도록 장려함으로써 그들 작업의 지속성을 강조한다. 그 예로 Herb Propper는 방글라데시에서 사이코드라마와 소시오드라마를 훈련하는 연구소를 설립하였다. 헛된 희망을 주지 않고 갈등의 심층적 의미를 무시하지 않은 채, 저자들은 집단 트라우마에 접근하는 다양한 방식들을 보여준다.

다음 장들은 드라마치료 치료자와 소시오드라마 치료자가 소규모 집단이나 대규모 집단 또는 개인과 공동으로 작업을 수행한 예를 보여줄 것이다. 우리 논의의 광범위한 측면들을 포괄한 후, 제1부의 저자들은 미국의 소외 집단들이 겪는 문제, 즉 재향군인들과 10대, 이민자, 동성애자가 겪는 문제들을 논의할 것이다. 뿐만 아니라 홀로코스트 이후 독일인과 폴란드인, 유대인의 세대 간 갈등이 다루어지며 트라우마를 겪은 중동 여성들과의 작업이 소개될 것이다. 또한 아프리카의 가나와 투티스족, 후트족 그리고 방글라데시가 다루어지고 한 아이 낳기 정책으로 법적 차별을 받고 있는 중국이 다루어질 것이다. 우리는 적대적 집단들의 화해 및 위기와 그 이후에 가족에서의 역할 변화 그리고 트라우마의 역사적 유산을 다룰 것이다.

이 책의 곳곳에서 우리 저자들은 독자들이 익숙해질 수 있는 실제 사례를 제공하고 있다. 각 장은 이론과 실천의 혼합이지만 이 책의 제2부는 이론적 특성을 더 강하게 띠는데, 작업을 입증하는 사례 연구가 뒤따를 것이다. 이 책은 새로운 논의 전개의 함의들과 이러한 함의들이 다양하고 폭넓은 사회 문제들에 적용될 수 있는 가능성을 논의하는 후기로 끝을 맺을 것이다.

이 책은 소시오드라마부터 시작한다. 이 주제에 대한 가장 저명한 저자들 중 한 사람으로 알려진 Antonina Garcia는 제1장에서 이 책에서 논의된 작업과 관련한 이론과 기법, 적용을 검토한다. 이러한 기법들은 드라마치료—즉, 사이코드라마와 소시오드라마의 초기 작업에 기반을 두고서 레퍼토리에 제의적 요소와 연기를 추가하고 이론적 기반을 확대한 치료 분야—의 뿌리를 보여준다(Johnson & Emunah, 2009).

사이코드라마와 소시오드라마의 창시자인 J. L. Moreno(1959)는 할리우드의 유명한 배우들을 사용하는 즉흥적 연극 형태인 **자발성극장**(Stehgreiftheater)을 통해 창조적인 작업을 시작하였다(Marineau, 1989). 의사였던 Moreno는 무대 위(극장)에서 자발적인 연기가 핵심을 차지하는 집단치료(사이코드라마)를 개발함으로써 즉흥성과 치유를 통합적으로 이해하였다.

여기서 약간의 부언을 한다면 이 책의 저자들 중 한 사람인 David Johnson(1997)이 Moreno의 공동 작업자이자 배우자인 Zerka Moreno에게 Moreno가 지금도 살아있다면 드라마치료 치료자가 되었을 것이라고 말했는데, 그녀는 그것이 아마도 사실일 것이라고 인정했다. 그의 관심이 항상 변화를 일으키기 위한 연극의 사용에 있었기 때문이다. 오늘날의 드라마치료 치료자들은 연극적 수행을 즉흥성의 개론서와 연결하고 연기 기법의 이론적 기반을 확대시키면서 밀접한 관계를 유지하고 있다(Johnson & Emunah, 2009; Landy, 1986).

미국에서 집단 트라우마는 내러드라마(Narradrama)의 창시자인 Pam Dunne에 의해 지속적으로 탐구되고 있다. 이 형태는 내러티브치료(White, 2007)와 드라마치료를 통합하며 모든 창조적 예술 장르(음악, 사진, 드라마, 시, 미술 등)의 사용을 탐구한다. 포괄적인 이론적 방향 외에도 독자는 자발적 글쓰기나 사진, 콜라주, 노래, 인형극 등을 사용하는 새로운 기법뿐만 아니라 역할 수행과 연기 기법을 결합한 제의적 형태를 학습한다(한편 우리는 독자에게 이 장에서 중동 여성들을 포함한 이유를 설명할 것이다.). 미국 10대들이 겪는 자부심의 문제들이 Pam Dunne의 작업에서 다루어졌으며, 그 장의 후반에서 그들의 성장한 중동 자매들은 이러한 기법의 보편성을 보여준다. Pam Dunne의 내러드라마에서는 치열하게 논쟁되고 있는 주제인 정신병 환자가 등장한다. Moreno가 이전에 했던 것처럼 그녀의 작업은 입원한 정신병 환자들이 자발적인 역할 연기를 통해 정신질환의 재발 없이 사회적으로 적절한 역할에 접근할 수 있다는 사실을 보여준다.

드라마치료의 선구자로서 '변화(Transformations)'로 불리는 드라마치료 형태를 개발한 David Read Johnson은 독자들에게 재향군인들에 대한 일련의 연극적 연기의 사용을 소개하였다. 재향군인들은 즉흥적인 역할 연기를 통해 서로 간에 그리고 다른 집단의 재향군인들과 소통하기 시작했으며 대중에게 상연되는 선택된 장면들을 연습하였다. 비록 그 형태는 즉흥적인 것이지만(대사는 설정되지 않는다.) 연극에서처럼 장면들은 알려진 순서대로 진행된다. 그의 제목 '부재를 공연하기(Performing Absence)'가 암시하는 것처럼 그러한 형태는 재향군인들이 그들의 고통스러운 경험을 지워버리는 것이 아니라 경험을 표현하고 소통하는 것에 도움을 제공한다. 전쟁에서 경험된 '부재' —무엇보다도 가족이나 고향, 신뢰, 예상, 안전처럼 부재의 정도가 덜한 것들로 구성된 의미의 부재—는 극복할 수 없다. 이러한 '부재'의 흔적은 정신에 남아 있으며 트라우마 경험을 통해 쉽게 재자극된다.

Mario Cossa가 집필한 장은 독자에게 희생자와 지원자가 경험한 HIV의 트라우마를 전달한다. 그의 혁신적인 작업은 특별히 트라우마 작업을 위해 개발된 Kate Hudgins의 치료적 나선형 기법(Therapeutic Spiral Method)과 여타 소시오드라마 방법을 결합하고 있다.

그다음으로 필리핀계 미국인을 대상으로 사이코드라마와 소시오드라마를 사용하여 미국인의 민족성을 탐구한 Leticia Nieto의 작업이 이어진다. 계급제(Mindell, 1995)와 타켓 및 대리인 역할(Hays, 2001)을 이론적 배경으로 삼은 이 장은 Nieto의 반억압적 접근에 대해 기술한다. 이 작업이 이 분야에서 가장 최근에 개발된 영역을 보여주기 때문에 독자는 사용되는 용어들이 생소하다고 느낄 수 있다. 그러한 용어의 사용은 인종주의 문제를 완전히 새로운 방식으로 바라보고 검토할 것을 요구할 뿐만 아니라 억압을 내재화시킨 사람들의 '재훈련'을 위한 새로운 전략과 방식을 제공한다.

마지막으로 Eva Leveton과 Armand Volkas는 홀로코스트 이후 독일인과 유대인 간의 세대 갈등에 대한 작업을 논의한다. 그들의 작업은 Volkas의 역사의 상처에 대한 치유를 기반으로 미국과 유럽에 살고 있는 제1세대와 제2세대, 제3세대 독일인들과 유대인들 간의 화해를 추구한다. 이 장에서 우리는 소시오드라마와 여러 예술 장르들, 그리고 연기의 또 다른 결합과 마주친다. 이러한 결합은 트라우마를 정화하고 역할교대를 통해 옛 역할을 바라보는 새로운 방식을 개발한다. 또한 우리 모두에게 잠재하는 억압자의 특성을 드러내고 홀로코스트로 인한 지울 수 없는 상처를 치유하려고 한다.

우리는 제2부를 Thomas Riccio의 이론적 방향에서 시작할 것이다. 그는 연극 연출가이자 배우로서 샌프란시스코의 캘리포니아 통합연구소 드라마치료부에서 강의를 하고 있으며 현재 댈러스의 텍사스대학교에서 교수로 재직하고 있다. 그는 마지막 연극적 여행자로 미국의 연극 작업을 캐나다로 가져가서 유피크 에스키모(Yup' ic Eskimos)가 그들의 토속적 제의에 대한 자부심을 회복하도록 도와주었다. 이후 그는 아프리카로 건너가서 전쟁을 벌이는 부족들 간의 평화로운 회합을 주선했으며, 다시 서구 유럽 연극으로 돌아와 연극 집단들의 본질적 활기를 회복시키기에 전념하였다. '장소와 신체, 공간'에 대한 그의 지향은 독자들에게 율동과 호흡, 원운동을 사용하는 활동을 통해 기원과 전통, 통일성에 대한 자부심을 재발견한 원주민들과의 새로운 공동 작업 방식을 소개하는 동시에, 과거와 현재의 문화와 마음의 친숙한 리듬을 결합시킨다.

Herb Propper와 Sabine Yasmin Saba가 집필한 다음 장은 혁신적인 방글라데시 치유극장연구소(Bangladesh Therapeutic Theatre Institute)에서 나온 사례들을 통해 소시오드라마의 사용에 대한 상세한 설명을 제공한다. 이 드라마 연구소는 현재 빈곤과 억압 그리고 정기적으로 일어나는 자연재해로 고통을 겪고 있는 방글라데시인에게 교육 훈련 기회를 제공하고 있다. 사이클론 시드르(Sidr)가 발생한 후, 그리고 방글라데시 이슬람 공동체에서 오사마 빈 라덴에 의해 종교 정치적 문제들이 발생한 후, 성인과 아동에 대한 그들의 작업은 다른 언어로 작업하는 것—때로는 통역자를 통한 채, 또 때로는 통역자를 통하지 않은 채—에 대한 통로를 제공하고 있다. 방글라데시 치유극장연구소의 회원 중 한 사람인 Saba 역시 세계에서 가장 소외된 집단인 인도의 트랜스젠더 성매매자들과의 공동 작업이 가진 놀라운 효과에 대한 사례를 제공하는데, 그들에 대한 간단한 사회측정학 조사는 그들에게 영향을 미치는 심층적 문제들을 공유하고 관여하며 해결하기 위한 기반을 제공하였다.

Jon P. Kirby와 Gong Shu 역시 아프리카를 여행하는 동안 가나에서 심각한 부족 간 갈등을 해결하기 위해 국제적으로 널리 인정된 Gong Shu의 소시오드라마와 인류학자인 Abaram의 경험을 결합하였다. '문화드라마'에 대한 그들의 예시는 모든 곳에서 벌어지는 전쟁의 근원 중 하나인 영토성(territoriality)에 대한 접근을 보여준다. 예술과 소시오드라마 기법을 사용하는 새로운 방식은 각 부족이 오랫동안 다른 부족에게 가지고 있던 잘못된 편견을 다룬다.

제2부의 마지막 장에서 Leveton과 Newman은 중국에서 거의 논의되지 않은 문제들 중 하나, 즉 세대 간 유기와 소외의 왜곡된 감정을 일으키는 한 가족당 한 아이 낳기 정책(Hesketh, Lu, & Xing, 2005)을 다룬다(Becker, 1996). 중국 청두에 있는 쓰촨대학교에서 가르칠 때 우리는 학생들이 3세대―조모(정도는 덜하지만 조부)와 부모, 자식―에 걸쳐 영향을 미치고 있는 문제를 자주 언급한다는 사실을 발견하였다. 조모들은 문화대혁명의 억압적 경험으로부터 불안을 느끼고 있었고 권위주의적인 규율 가치를 유지했다. 이에 반해 중국에서 처음으로 교육을 받으면서 중간 계층으로 성장한 부모들은 더 자유로운 가치를 가지고 있었고 자식들과의 애정 관계를 중시했다.

그렇지만 그들은 일반적으로 마을에서 멀리 떨어진 도시에 직장을 얻으며 설사 도시에 살더라도 긴 노동시간을 근무하기 때문에 이제 20대에 접어든 자식들은 성급하고 매서운 조모에 의해 키워지면서 집안에 없는 부모를 갈망하는 고통스러운 기억을 가지고 있다. 머지않아 그들은 물질주의적인 서구적 가치로 인해 전통적인 가족적 가치에 강한 거부감을 드러낼 것이다. 집단 작업은 그들로 하여금 더 긴밀한 공동체 의식을 형성하고 그들의 고통을 공유하며(많은 학생들이 이것을 처음으로 경험하였다.) 미래를 위한 전략 형성에 서로를 지원하도록 도와주었다.

이처럼 새롭게 등장하는 중요한 영역에서 우리는 독자들이 이론적 주제에서 문제의식을 느끼고 사례 연구에서 영감을 얻기를 원한다. 세계 도처에서 소외되고 억압된 집단은 도움과 지원을 필요로 한다. 그들은 신뢰와 희망에 대한 자신들만의 고유한 문제를 제시한다. 우리는 독자들이 그러한 작업의 수행을 위한 고정된 규칙이 없다는 믿음을 재확인하는 동시에 이러한 집단들을 지원하기 위한 저자들만의 독특한 접근들에서 충분한 공통점을 발견하기 바란다. 이 책의 모든 저자들은 일관된 공동적 창조와 유연성의 필요성을 강조한다. 새로운 국가의 새로운 기관에서 새로운 언어를 새로운 번역가와 함께 새로운 신념과 문화 속에서 작업을 수행하는 것은 결코 쉬운 일이 아니다. 이러한 이유 때문에 우리는 독자들을 우리의 길고 긴 여행으로 초대하여 '안내하는' 접근을 제시하고자 한다. 각 장은 워크숍 활동에 대한 상세한 설명과 리더들이 마주친 문제들, 그리고 그러한 작업의 효과를 포함하고 있다.

Moreno의 워크숍에서 진행된 교육을 기반으로 Fritz Perls의 게슈탈트치료로부터 시작되는 적극적 치료들은 역할 연기를 사용하여 개발되었다. 그 외에도 우리는 가족치료나 칼 융의 정신분석, 행동치료 같은 다양한 치료적 배경을 가진 임상가들이 그들의 작업에서 역할 연기와 다양한 예술 형태를 지속적으로 채택하길 원한다. 요약하면 이제 기법들의 적극적 사용에 대한 교육을 받았거나 계속 받고 있는, 상당수의 소시오드라마 치료자들과 사이코드라마 치료자들, 드라마치료 치료자들이 있

다. 우리의 희망은 이 책에 등장하는 저자들의 노력이 집단 트라우마의
치유에서 적극적 기법을 사용하는 미래 세대의 치료자들에게 영감을 제
공하는 것이다.

참고문헌

Barnes, J. E. (2008, April 18). 20% of Iraq, Afghanistan veterans have depression or PTSD, study finds. *Los Angeles Times*.

Becker, J. (1996). *Hungry ghosts: Mao's secret famine*. New York: Free Press.

Dao, J. (2009, July 13). Veterans Affairs, already struggling with backlog, faces surge in disability claims. *New York Times*.

Erikson, K. (1995). *A new species of trouble*. New York: W. W. Norton.

Hays, P. A. (2001). *Addressing cultural complexities in practice: A framework for clinicians and counselors*. Washington, DC: American Psychological Association.

Hefling, K. (2008, February 13). Iraq War vets suicide rates analyzed. *San Francisco Chronicle*.

Hesketh, T., Lu, L., & Xing, Z. W. (2005). The effect of China's one-child family policy. *New England Journal of Medicine, 353*, 1171-1176.

Hoffman, E. (2004). *After such knowledge: Memory, history, and the legacy of the Holo caust*. New York: Public Affairs TM, a member of the Perseus Book Group.

Hudgins, K. (2002). *Experiential treatment for PTSD*. New York: Springer Publishing Company.

Johnson, D. R., & Emunah, R. (Eds.). (2009). *Current approaches in drama therapy*. Springfield, IL: Charles C Thomas.

Kellerman, P. F. (2007). *Sociodrama and collective trauma*. London: Jessica Kingsley.

Kirby, J. P. (2007). Ethnic conflicts and democratization: New paths toward equilibrium in northern Ghana. *Transactions of the Historical Society of Ghana, New Series, 10,* 65-108.

Marineau, R. (1989). *Jacob Levy Moreno, 1889-1974, father of psychodrama, sociodrama, and group sociometry.* New York: Routledge.

Mindell, A. (1995). *Sitting in the fire: Large group transformation using conflict and diversity.* Portland, OR: Lao Tse Press.

Moreno, J. L., & Moreno, Z. T. *(1975). Psychodrama, second volume.* Beacon, NY: Beacon House.

Perls, F. S. (1969). *Gestalt therapy verbatim.* Moab, UT: Real People Press.

Shu, Y. (2004). *The art of living with change.* St. Louis, MO: F. E. Robbins and Sons Press.

Soltz, J. (2008). *PTSD and murder among newest veterans.* Retrieved August 15, 2009, from votevets.org

Sternberg, P., & Garcia, A. (2000). *Sociodrama: Who's in your shoes?* Westport, CT: Praeger.

차 례

제 1 부

미국에서의
트라우마

1 세계 무대 위에서의 행위화 기법을 통한 치유

ANTONINA GARCIA

저자 프로필

소시오드라마에 대한 나의 관심은 지역 경찰 훈련가가 나에게 카운티 경찰 아카데미에 와서, 가정 폭력을 어떻게 다뤄야 할지 경험적으로 배울 수 있도록 역할놀이를 지도해 달라고 요청했던 1970년대에 시작되었다. 그 직후 나는 주립 경찰서에서 똑같은 것을 수행하기 위해 초대를 받았다. 지난 12년 동안 나는 자동차를 안전하게 취급하거나 또는 정신과적인 어려움을 가진 사람이나 자살을 시도하는 사람을 다루는 것과 같은 다양한 위기의 상황들과 성범죄자 조사에서 경찰을 가르치기 위해 역할놀이와 소시오드라마를 수행하였다. 현재 나는 많은 주제들(예 : 직업적 갈등을 해결하기 위한 방식)을 탐구하기 위해 소시오드라마를 사용하는 다양한 기관들에서 소시오드라마 활용과 서비스 훈련 방식을 가르치고 있다.

Antonina Garcia 수련감독전문가는 오늘날 활동하는 소시오드라마 치료자들 중에서 가장 널리 알려져 있다. 그녀는 국내외에서 소시오드라마 치료자들을 가르치고 있으며 자신만의 고유한 교육 방식을 고수하고 있다. 그녀는 Patricia Sternberg와 함께 **사회극 원리와 적용(제2판)**의 공동 저자이다. 프레거프레스에서 출판된 이 책은 소시오드라마를 위한 선구적인 텍스

트로 받아들여지고 있다. 또한 그녀는 〈사이코드라마에 대한 세 가지 접근〉이
란 제목의 DVD로 사이코드라마를 보급하고 있다. 과거에 그녀는 **집단심리
치료와 사이코드라마 저널**(*Journal of Group Psychotherapy and Psy-
chodrama*)의 편집자였고 미국자격심사위원회의 의장이었다. 치료 상황에
서 창조적 예술의 조정자인 그녀는 브룩데일커뮤니티칼리지에서 정교수
로 재직하고 있다. 그녀는 사이코드라마와 소시오드라마, 집단 심리치료
분야에서 미국자격심사위원회로부터 수련감독전문가(TEP)로 인증받았으
며, 현재 미국 집단 심리치료 및 사이코드라마학회(ASGPP)의 특별연구원
이다. 또한 그녀는 ASGPP의 Moreno 평생공로상과 우수학자상을 수상하
였을 뿐만 아니라 우수공동연구자상을 두 번 수상하였다.

Moreno의 유산 : 소시오드라마와 사이코드라마

역사가 시작된 이래로 치료와 관련된 행위화 기법들이 사용되었다는 점
은 자명한 사실이다. 원시부족들은 악마를 막고 트라우마를 치유하며 부
족민의 화합을 회복하기 위한 행위 관습을 개발하였다. 그들은 고통스러
운 경험을 비유적인 방식으로 구현하고 그러한 경험을 미래 지향적으로
바꾸는 행위를 통해 세계관과 경험을 심오한 긍정적 방향으로 전환할 수
있다는 사실을 알고 있었다.

현대에 모든 교육적 치료 형태의 선조는 소시오드라마와 사이코드라
마로서 1921년 이후 세계의 문화적 맥락으로 자리 잡았다. 소시오드라
마와 사이코드라마는 동일한 나무의 가지다. J. L. Moreno는 개인과 집
단을 함께 치유할 수 있는 방법을 창설하였다(Sternberg & Garcia,
2000). Moreno(1889~1974)는 루마니아에서 태어나 비엔나에서 수학
한, 비전을 가진 사상가였다. 그는 비엔나에서 사고의 많은 싹을 틔웠고
구상했으며, 1925년 도착한 미국에서 직업적 삶의 대부분을 보냈다. 미

국에서 그의 이론과 방법을 더 발전시켰으며 이후 자신의 성과를 전 세계로 퍼뜨렸다(Moreno, 1953).

Moreno는 억압된 사람을 치유하는 사회적 행위에 상당한 관심을 가졌다. 1913년 그가 함께 작업한 첫 번째 사람들은 성매매 여성들이었다. 비엔나의 성매매 여성들은 법적 권리를 가지지 못할 뿐만 아니라 공공병원에 대한 접근이 허용되지 않는다는 사실을 발견한 그는, 그들의 권리를 옹호하기 위해 변호사에게 자문을 구했고 그들의 곤경을 널리 알리기 위해 신문 편집자를 찾아다녔으며 그들의 의료적 요구를 충족시키기 위해 의사를 방문하였다.

인권을 위해 활동하던 Moreno는 그들의 어려움과 문제를 논의하기 위해 매주 모이는 일종의 조합을 조직하였다. 그들이 말한 것처럼 Moreno는 역할과 집단 작업에 대한 그의 이론을 개발하기 시작했다. 그는 성매매 여성들이 비록 개인으로 머물더라도 상당한 공통점을 가지고 있다는 사실에 주목하였다. 그들은 자신들이 처한 상황의 공통점을 드러냄으로써 공통된 목적을 위해 모여들 수 있었다. 그는 삶에서 우리가 수행하는 모든 역할이 개인적 요소와 집단적 요소를 가지고 있으며, 집단의 각 구성원은 다른 구성원들의 잠재적인 치료인자라는 사실에 주목하였다.

뿐만 아니라 Moreno는 오스트리아 미텐도르프의 이탈리아 피난민 캠프에서 의료 국장으로 근무했다(Marineau, 1989). 그는 피난민들이 피난의 트라우마로부터 고통을 겪고 있을 뿐만 아니라 캠프에 있던 사랑하는 사람들이나 동료들과 분리되어 있다는 사실에 상당한 충격을 받았다. 그는 이처럼 사면초가에 몰린 사람들에게 더 많은 옵션을 제공하기 위해 캠프를 재조직할 것을 제안하였다. 그 계획이 이행되었는지는 불확실하지만, Moreno가 그처럼 트라우마를 당한 많은 사람들의 치유를 추구했다는 사실은 부당한 대우를 받는 소외된 사람들을 돕기 위한 그의 헌신을 잘 보여준다. 그 당시부터 Moreno는 사회측정학(sociometry)[1]에 대한 사고를 발달시키기 시작했다. 사회측정학은 사람들이 내리는 선택과 그러한 선택의 본질에 초점을 맞추는 과학이다.

여전히 사회적 행위에 몰두했던 Moreno는 1921년 비엔나에서 자발성 극장(Theatre of Spontaneity)으로 불린 사회정치적 극장 집단을 창설하였다(Sternberg & Garcia, 2000). 그는 전문배우 그룹을 만들어, 당시 이슈들에 대한 사회적 연구와 자발성 기법들을 가르쳤다. 일반 대중들이 전문배우들과 함께 문화와 현재 사건들을 탐구하도록 초대되었다. Moreno는 '연기'를 지도하면서 배우 및 관객들과 소통했으며 연기상의 이슈들이 자발적으로 탐구되도록 유도하였는데, 이러한 방법을 통해 소시오드라마가 탄생하였다.

요약하면 소시오드라마는 사회적 상황이 대본이 되는 연기로서 집단이 사회적 맥락을 탐구하는 것을 돕기 위해 다양한 기법들을 사용한다. 소시오드라마는 집단과 동료, 사회에 초점을 맞추는 반면 사이코드라마는 개인의 사적 이야기에 초점을 맞춘다. 사이코드라마 역시 Moreno의 자발성 극장에서 탄생하였다(Garcia & Buchanan, 2000). 다음은 그러한 일이 어떻게 일어났는지를 보여준다.

Moreno의 여배우 중 한 사람과 결혼한 극작가가 부부 생활의 상담을 위해 Moreno를 방문했다. 조지는 그의 아내 바바라가 극장에서 천사처럼 보이지만 집에서는 잔소리가 심하다고 불평하였다. 그들을 돕기 위해 Moreno는 조지가 저녁 극장에서 그 이슈를 제기하도록 제안

---

1) 역주-인간관계나 집단의 구조 및 형태를 경험적으로 기술하고 측정하는 이론과 방법의 총칭

하였다. 그 이슈가 다루어졌을 때 Moreno는 커플에게 무대 위로 올라가 그날 아침 아파트에서 있었던 장면을 연기할 것을 요구하였다. 이때 연출가이자 정신과 의사였던 Moreno는 결혼 상담을 했던 경험을 활용하였다. 이렇게 해서 사이코드라마가 탄생하였다. 이처럼 사이코드라마를 통해 이 커플을 도와주는 것 외에도 그는 다른 방식으로 그들을 도왔다.

바바라는 자주 극단에서 순진한 역할을 맡는 것으로 보였다. Moreno는 그녀가 착한 소녀로서의 고정된 연기에 피로감을 느껴 균형을 찾기 위해 집에서는 정반대되는 역할인 심술궂은 연기를 수행한다고 가설을 세웠다. 그는 바바라에게 순진한 소녀의 고정된 배역을 맡기기보다 다양한 배역을 맡김으로써 그녀에게 처음으로 치료적 배역을 부여하였다. 이러한 치료적 배역으로 인해 집에서 바바라의 행동은 더 균형을 잡게 되었다.

사이코드라마와 소시오드라마의 본질적 구조는 사회측정학이다. 사회측정학은 사람들의 선택을 탐구하고 그들이 삶을 개선하는 선택을 하도록 방향을 제공하는 과학이다. 미국으로 이민 간 후 Moreno는 싱싱 형무소에서 죄수들을 조직하기 위해 사회측정학을 사용하였고 사회측정학에 대한 사고를 발전시켰다. 그와 Helen Hall Jennings는 연령과 이민, 역사, 이웃의 경험들, 언어, 행동 등과 같은 많은 변수를 고려하여 인구에 대한 조사를 벌였으며 감옥이 더 조화로운 사회적 공동체로 작동할 수 있도록 각 구성원들의 사회적 책임에 따라 집단들을 재조직하였다(Marineau, 1989).

Moreno와 Jennings는 뉴욕 허드슨에 있는 비행 소녀들을 위한 보호소 뉴욕소녀학교에서 소외되고 트라우마를 겪은 사람에게로 관심을 돌렸다. Moreno는 1932년부터 1934년까지 이 학교에서 연구 감독자로 근무했다. 여기서 처음으로 Moreno는 사회측정학을 소시오드라마 및 사이코드라마와 극적으로 결합시켰다. Moreno는 수업 친구와 공부 친구, 과제 친구 그리고 보호소 보모들에 대한 소녀들의 선호도를 연구 하였다. 또한 그는 그들에게 살고 싶은 집에 대한 선호도를 물었다. 더 나아가 그는 소녀들에게 친숙한 감정을 느끼는 보호소 보모들에 대한 조사를 벌였다. 이러한 복잡한 연구를 마친 후(당시에는 컴퓨터가 없었 다는 점을 기억하기 바란다.) 그는 공동체 전체를 다시 조직하였으며 소녀들에게 집단 심리치료와 재교육을 실시하였다. 그는 그 기간 중에 사이코드라마와 소시오드라마, 자발성 훈련, 촬영을 활용하였다. 관련 필름에서 역할 연기를 배우면서 사회적 기술을 개선하고 있는 소녀들 을 볼 수 있다.

이후 Moreno는 사이코드라마와 소시오드라마, 사회측정학, 집단 심 리치료를 계속 발전시키면서, 아내인 Zerka T. Moreno와 함께 광범위 한 저술 활동을 하였다(Marineau, 1989; Z. T. Moreno, 2006). 그들은 세계 곳곳의 사람들에게 강의하고 교육을 제공하였다. Moreno는 뉴욕 비콘에서 정신병원과 사이코드라마 교육훈련센터를 운영하였으며, 1974년 뉴욕에 Moreno연구소를 설립하였다. 그는 1974년 사망하였다.

Moreno는 모든 인간이 자발성과 창조성을 위한 거대한 잠재력을 가 지고 있다고 믿었으며, 우리는 지구 상에 태어나서 마지막 숨을 거둘 때까지 우리 현실의 공동 창조자이자 독립적 주체라고 확신했다. 삶에 대한 이러한 철학으로 그는 인류를 치유하기 위한 열망을 일관되게 드 러내면서 서로에게 적합한 일련의 이론들과 방법들을 고안하였다. 그 는 자발성과 창조성의 이론을 창조하였으며 우리가 다른 사람과 만나 거나 헤어지는 방식과 삶에서 연기하는 역할들에 대한 이론을 개발하 였다. 또한 그는 집단들이 작용하는 방식을 탐구하기 위한 사회측정학

을 개발하였으며 그들이 더 적절하게 기능하는 것을 돕기 위해 무엇을
할 수 있는지 고민하였다.

사회측정학

글로벌 커뮤니케이션 시스템의 성장과 더불어 우리는 지구 상의 많은
장소에서 억압이 성행하고 있다는 사실을 강렬하게 깨닫기 시작했다.
우리 중에서 많은 사람이 제기한 질문은 다음과 같다. "나는 그것에 대
해 무엇을 할 수 있는가? 나는 그러한 해결책에 어떻게 기여할 수 있는
가? 나는 상처받은 사람들의 치유에 어떻게 기여할 수 있는가? 나는 억
압된 사람이 다시 신뢰를 찾을 수 있도록 어떻게 도울 수 있는가? 나는
트라우마를 치유하기 위해 어떻게 도울 수 있는가?"

J. L. Moreno는 그러한 이슈들에 상당히 민감했다. 빅토리안 비엔
나에서 유대인으로 성장하면서 그는 무엇보다도 소수집단에게 쏠리는
편견과 부당함을 알아챘다. 청년기부터 그는 사람들이 과거의 편협함
을 버리고 그의 신념 ―즉, 우리가 서로 다른 것보다 닮은 것이 더 많다
는 신념―의 기본적 기조를 수용하도록 만들 수 있는 방법을 고민하였
다. Moreno는 만약 우리가 이러한 사실을 깨닫는다면 우리는 더 많은
관용과 더 적은 편견을 가지고 우리 자신과 다른 사람에게 더 친절할
것이라고 믿었다. 그러한 고민의 결과로 그는 사회측정학을 개발하였
다(J. L. Moreno, 1953).

Moreno에 따르면 사회측정학은 사람들의 선택을 연구하는 과학이
다. 그는 우리 각자가 방해받지 않을 경우 선택 과정에 지속적으로 참
여하고 있다는 사실에 주목하였다. 예를 들어, 우리는 식사를 함께하고
싶은 사람을 선택하고 선호하는 일을 선택하며 신뢰를 나누고 싶은 사

람을 선택하고 함께 유머를 즐기고 애정을 느낄 수 있는 사람을 선택한다. 누군가 우리의 긍정적인 선택에 화답할 때 우리는 만족에 대한 더 커다란 기회를 얻는다. 전쟁이나 억압, 기근, 그 외 다른 자연재해처럼 외부의 힘이 우리의 선택을 강하게 제약할 때, 우리의 불만족과 기능장애는 기하급수적으로 증가한다.

우리가 결정하는 선택들은 긍정적인 감정이나 부정적인 감정 또는 중립적인 감정에 기반하고 있다. 예를 들어, 우리는 한 이웃과 잡담을 즐기지만 다른 이웃과는 그의 정치적 견해로 인해 멀리할 수 있으며 우리의 레이더망에 완전히 벗어나 있는 또 다른 이웃에 대해서는 중립적 감정을 느낄 수 있다.

한편 선택에는 다양한 배치들이 존재한다. 특정한 기준을 기반으로 두 사람은 서로에 대한 긍정적 선택을 할 수 있다(+ +). 또 그들은 서로를 거부하는 부정적 선택을 할 수 있다(- -). 누군가는 한 사람을 선택하지만 선택받은 사람은 그를 거부함으로써 모순된 선택을 할 수 있다(+ -). 혹은 어떤 사람은 아무도 선택하지 않으면서 누구로부터도 선택되지 않을 수 있다. 아무도 선택하지 않으면서 누구로부터도 선택을 받지 않은 사람은 고립적 존재로 불린다. 집단 상황에서 가장 긍정적인 선택을 받은 사람은 사회측정적인 스타나 선호적인 스타로 불리는 반면, 가장 부정적인 선택을 받은 사람은 거부적인 스타로 불린다. 호의적인 스타나 거부적인 스타에는 모두 긍정적인 측면과 부정적인 측면이 존재한다. 예를 들어, 긍정적인 선택을 받는 것은 기쁜 일이지만 선호적인 스타가 되기 위해서는 많은 것이 필요하다. 특별한 방식을 수행하기 위해서는 과도한 압력이 유발될 수 있다. 일전에 한 의뢰인이 "나는 관심을 전혀 받지 않는 것보다 부정적인 관심을 받기를 더 원한다."고 언급한 것처럼 거부를 경험하는 것은 유쾌한 일이 아니지만 거부적인 스타는 선호적인 스타만큼 많은 것을 요구하지 않는다. 긍정적인 스타는 집단에 속하는 반면 부정적인 스타는 자신에 속하는 것으로 말해진다. 그 까닭은 긍정적인 스타는 집단의 요구와 필요에 맞추기 위해 자주 자신의 요구와 필요를 희생하기 때문이다. 이에 반해 부정적인 스타는 집단의 요구와 필요보다 자신의 요구와 필요를 우선시한다.

사회측정적인 스타 및 거부적인 스타 외에도 모순적인 스타와 고립적인 스타가 존재한다. 모순성의 예로, 안토니오가 공동 작업을 위해 레이먼도를 파트너로 선택하는 반면 레이먼도는 안토니오와 파트너가 되기를 원하지 않는 경우로서, 이러한 경우에 모순된 선택이 존재한다. 우리들 각자가 추구하는 것은 상호성이다. 집단 내에 모순된 선택이 많다면 구성원들은 불만족을 표현하고 서로 단절감을 느끼게 된다. 따라서 집단 리더가 상호성을 증가시키기 위해 개입을 하는 것이 중요하다. 이것은 특히 피난민 집단과의 작업에서 중요하다.

마지막으로 우리는 고립자의 역할을 살펴본다. 고립자의 위치는 다소 복잡하다. 확실히 우리 삶에는 혼자 있기를 원하거나 혼자 있는 것이 필요한 시기가 있다. 우리는 하루 동안 고립될 수 있다. 어느 누구도 우리에게 연락하지 않고 우리 역시 어느 누구에게도 연락하지 않을 수 있다. 그렇지만 정기적으로 고립된 위치를 선택하거나 다른 사람들에게 선택되지 않을 때, 그는 진정으로 고립된 것이다. 그러한 사람은 상당히 드문데 우리는 타인에 대한 그들의 지속적인 회피로 인해 그들에 대해 잘 알지 못한다. 이러한 사람들은 우울증이나 불안, 자살, 그 외 다른 심각한 행동장애의 위험에 처해 있다. 우리가 가장 빈번하게 보는 고립적 형태는 고립자의 위치와 거의 가까워진 유사 고립자(near isolate)다. 유사 고립자의 예는 노숙자들로, 겨울 한파 동안 그들에게 대피소가 제공되지만 그들은 거리에 머물기를 고집한다.

　고립은 트라우마나 억압받는 사람들에게서 나타나는 특별한 형태다. 때때로 혁명이나 전쟁, 자연재해 같은 시기에 집과 사랑하는 사람들로부터 멀어짐으로써 고립의 감정이 발생할 수 있다. 때때로 고립된 감정은 르완다에서 일어난 것과 같은 폭력적 공포의 경험으로부터 발생하는 우울증이나 수치심에서 나온다. 사회측정학을 사용하는 리더는 고립감을 크게 줄일 수 있다. Cecilia Yocum(2008)은 미출간된 논문에서 그녀가 르완다에서 사용했던 간단하면서도 우아한 방법에 대해 다음과 같이 설명한다. 자기 보호적이면서 내부 강화적인 방법으로 집단은 둘로 세분하여 서로를 마주 보면서 동심원으로 앉는다. 리더는 질문을 하고 서로 마주 보고 있는 각 쌍의 구성원은 파트너에게 질문에 대답할 시간을 가진다. 이렇게 각 쌍이 질문에 대답한 후 외부 원에 있는 사람들이 우측으로 자리를 옮기는데, 외부 원에 있는 각 구성원이 내부 원에 있는 각 구성원과 돌아가면서 대화를 나눌 때까지 이러한 과정을 반복한다.

　여기서 제시되는 질문은 다음과 같다. "당신이 슬프다고 느낄 때 기분 전환을 위해 무엇을 하나요? 당신은 삶의 경험에서 어떤 지혜를 배웠습니까? 포기의 감정을 느낄 때 당신을 지탱시키는 힘은 무엇인가요? 삶이 어려울지라도 우리 모두는 즐거움을 가져다주는 것을 가지고 있는데 현재 당신의 삶에서 즐거움을 가져다주는 것은 무엇인가요? 그것이 즐거움을 주는 이유는 무엇인가요?" 이러한 방법은 참가자가 고립감과 두려움, 수치심을 극복하도록 도와준다. 그들은 서로와 연결되며 희망의 맥락에서 자신들의 이야기를 말한다. 다른 사람에게 경청되고 주목되는 진실을 말하면서 서로에게 내적 힘을 상기시키는 과정은 강력한 치유를 제공한다.

　건강한 집단은 집단 구성원들이 단일 역할에 고정되지 않도록 많은 역할에 대한 접근을 제공한다. 트라우마를 겪은 사람들과 작업할 때 리더는 구성원들이 선호하는 역할을 배치하고 부정적으로 경험하는 역할(예 : 희생자 역할)에 대한 배치를 감소시켜야 한다. 각 집단 구성원들의 재능이 발현되어 집단에 완전히 공유되는 경로를 발견하는 것이 리더의 임무이다.

또한 우리의 선택은 특정한 기준에 기반하고 있다. 우리는 무턱대고 선택하지 않는다. 예를 들어, 한 여성이 작업 중인 프로젝트에 참여하길 원한다면 그녀는 자신의 능력을 보충하면서 프로젝트에 헌신하는 사람과의 공동 작업을 선택할 것이다. 만약 프로젝트에서 거의 배울 것이 없는 공동 작업자를 알게 된다면 그녀가 그 사람과의 공동 작업을 거부할 가능성은 높다. 그녀가 중시하는 선택의 기준은 "내가 이 과제를 적절하게 완수하기 위해 누가 최고의 도움을 줄 것인가?"이다. 사람들이 단절될 때 그들은 자주 선호하는 공동 작업자에 대한 선택 능력을 잃어버린다.

때때로 선택은 '나를 닮은 사람들'이나 '나를 닮지 않은 사람들' 같은 특정한 범주와 관련되어 있다. 우리는 친한 친구들에 대한 아쉬운 감정을 기꺼이 드러낼 수 있지만 약간의 친분이 있는 사람들에게는 그렇지 못하다. 뿐만 아니라 선택은 인종이나 민족, 종교, 사회적 지위 같은 문화적이거나 개인적인 기대에 기반을 둔다. 이것은 선택 과정에서 거대한 장애를 유발할 수 있는 영역으로서 특히 자신의 견해를 첨예하게 주장하거나 자신의 관점을 넓힐 수 있는 정보를 거부할 때 그러한 위험은 커진다. 예를 들어, 누군가는 팔레스타인 사람들을 증오할 수 있는데 그것은 그가 유대인이고 유대인은 모든 팔레스타인 사람들을 증오하고 불신해야 한다고 믿기 때문이다. 또는 팔레스타인 여성이 모든 유대인은 모욕적이고 멸종되어야 한다고 믿기 때문에 그들을 증오할 수 있다. 이러한 사람들은 그들이 집안에서 들었던 것(하위문화)이나 그들의 문화로부터 받아들인 관습을 따르는 것일 수 있다.

인종적이면서 민족적인 편협함은 많은 사람들이 바로잡고자 하는 사회측정학의 한 영역이다. 상당히 흥미로운 사실은 만약 사회측정학이 활용된다면 문제를 해결하는 것이 생각만큼 어렵지 않다는 점이 최근 연구를 통해 밝혀졌다. Benedict Carey(2008)는 뉴욕 타임스에 기고한 논설에서 '연구를 통해 인종에 대한 관용이 확산될 수 있음을 밝혀냈다' 에서 지난 몇 년 동안 다양한 배경을 가진 사람들이 정당한 상황에서 얼마나 빨리 신뢰를 구축하는지 보여주는 연구들이 수행되었다고 보고하였다. 이 논설은 서로 다른 인종 집단에 속한 두 이방인이 스토니브룩대학교의 사회심리학자 Art와 Elaine Aron이 개발한 4시간 회기에 참여하는 프로그램에 대해 기술한다. 첫 번째 회기에서 이 두 사람은 공적인 질문에서 매우 사적인 질문까지 다양한 질문에 대한 대답을 교환한다.

두 번째 회기에서 이 쌍은 정기적으로 벌어지는 여러 게임들에 다른 쌍들과 경쟁한다. 세 번째 회기에서 그들은 여러 문제를 논의하는데 그들이 아시아계이든 라틴계이든 흑인이든 백인이든 그들의 인종 집단에 속한 것을 자랑스러워하는 이유는 여기에 포함되지 않는다. 마지막 회기에서 그들은 친숙한 신뢰 형성을 추구한다. 각자 번갈아가며 눈가리개를 착용하고 다른 사람은 미로에서 구두로 그를 안내한다. 중요한 것은 이렇게 쌍을 이룬 방식의 훈련에 참여하여 구축된 관계가 수개월 동안 지속될 수 있다는 점이다. 또한 그들은 편견을 측정하는 테스트에서 참가자들의 점수를 줄인다. 오래전에 Moreno가 가정한 것처럼 우리가 서로 다른 것보다 더 닮았다고 느낄 때 수용과 관용이 등장한다는 사실이 입증되는 것은 고무적인 일이다.

사회측정학은 서술적이면서도 지시적으로 사용될 수 있다. 사회측정학은 특정한 집단 구성원들의 선택을 연구하기 위해 사용될 수 있을 뿐만 아니라, 위에서 기술된 것처럼 집단이 더 적절하면서 더 조화롭게 기능하도록 돕기 위해서도 사용할 수 있다. 트라우마와 억압을 당할 때 사회측정학적 선택은 희생자들로부터 자주 멀어짐으로써 그들을 상실감에 빠뜨린다. 그들은 집과 가족, 마을, 사회적 네트워크로부터 단절될 수 있다. 유능한 집단 리더는 그들의 요구를 다루기 위해 사회측정학을 사용할 수 있다. 리더는 역할에 대한 접근을 촉진시키고 차이의 관용과 수용을 증가시키며 집단 내 자발성과 창조성을 발전시킬 수 있다. 또한 리더는 트라우마를 겪은 사람들이 그들의 선택 능력을 회복하도록 도와줄 수 있다.

Moreno는 모든 집단에서 숨겨진 선택 흐름이 있음을 발견하였는데 새로운 집단일수록 그처럼 숨겨진 흐름은 풍부하다. 예를 들어, 미카는 자신이 조와 같은 고등학교에 다녔다는 사실을 모를 수 있다. 카이샤는 그녀가 집단의 다른 세 구성원들이 자식을 잃어버렸다는 사실을 모를 수 있다. 적절한 선택 흐름을 공개하도록 유도하는 것은 집단 리더의 임무이다. 예를 들어, 억압이나 트라우마를 당한 사람들과의 작업에서 고립감과 수치심은 일반적으로 나타난다. 이러한 감정이 표면으로 드러나도록 친절하게 도와줌으로써 집단 구성원들은 그들이 고통 속에서 혼자가 아니라는 사실을 알게 된다. 이것은 구성원들이 경험하는 감정의 복잡성을 정상화하는 역할도 수행할 수 있다.

John Donne은 그의 **명상 XVII**에서 "인간은 섬이 아니다."라고 말했으며 Moreno는 이에 동의했다. 실제로 그는 개인에 대한 가장 작은 단위의 연구가 사회적 원자로서의 개인이라고 믿었다. 사회적 원자는 한 인간이 중요하다고 여기는 모든 것으로 구성되어 있다. 우리 가족과 친구들, 직장 동료들, 심지어 우리의 적까지 사회적 원자의 모든 구성원들이다. 우리 자신이 성장하고 변하는 것처럼 우리의 사회적 원자 역시 계속해서 변한다. 우리가 삶을 회고할 때 어린 시절 우리에게 중요했던 사람들이 지금도 여전히 중요하다는 사실을 깨닫게 된다. 그렇지만 당시에 중요했던 다른 사람들은 현재 더 이상 중요하지 않을 수 있다. 실제로 우리는 수년 동안 그들로부터 멀어졌거나 우리를 갈라서게 했던 주장들을 가졌거나 서로 다른 장소로 이동했거나 또는 죽음의 개입이 그 관계의 중요성을 변화시켰을 수 있다.

사회적 원자와 그 변화에 대한 의식은 트라우마나 억압으로 인해 중요한 사람이나 역할 관계를 잃어버린 사람들을 상대할 때 특히 적절하다. 비극을 맞이한 개인이 많은 것을 상실할 때 이전에는 꽉 채워져 있던 사회적 원자에 많은 구멍이 나타나며 슬픔과 행동장애가 쉽게 발생한다. 사이코드라마와 소시오드라마 치료자는 그 사람이 충분한 지원을 제공하는 사회적 원자를 다시 짜도록 도움을 제공해야 한다.

Moreno는 사회적 장애를 진단하고 치료 과정을 계획하며 치료의 효과성을 평가하기 위한 일환으로 '사회적 원자 테스트'를 구상하였다 (Buchanan, 1984). 이러한 모든 것은 원자를 완성한 사람과의 협력을 통해 이루어진다. 첫 번째 회기에서 개인이나 집단에게 현재와 미래의 사회적 원자를 완성하도록 요구할 수 있다. 미래의 사회적 원자는 그 사람의 작업이 지향하고 있는 사회측정적 변화들로 구성될 것이다. 폭력을 당한 여성의 최초 사회적 원자는 그녀가 수치심으로 인해 친구들로부터 고립되었음을 지시한다. 그녀는 이러한 수치심을 극복하고 과거의 우정을 회복하기 원한다고 말한다. 치료 막바지에 그 여성은 현세계의 사회적 원자를 완성한다. 실제로 그녀는 과거의 우정을 회복하였기 때문에 목표는 성취되었다. 각 사회적 원자에 대한 측정을 통해 그녀는 확실히 삶을 재구축하고 그녀 자신을 강하게 만들었다는 사실을 이해할 수 있다.

또한 사회적 원자는 트라우마 이전 세계의 측면들을 탐구하고 회복하기 위해 사용할 수 있다. 혁명 기간 동안 습격으로 인해 마을을 도망쳐야 했던 사람은 습격 전의 사회적 원자와 습격 후의 사회적 원자 그리고 미래 지향적 원자를 구축할 수 있다. 트라우마로 인해 잃어버린 것에 대한 애도 외에도 다른 사람들이 사망하는 와중에 안전하게 도망쳐 생존한 자신을 용서하고 순수함과 개인적인 힘을 회복하기 위해 사이코드라마를 이용할 수 있다.

개인적인 사회적 원자 이외에도 문화적인 사회적 원자도 존재한다. 문화적 원자는 종교와 직업, 가족, 이익, 사회에 속하는 집단을 묘사한다. 종종 이러한 집단들을 나타내기 위해 직사각형을 사용한다. 문화적인 사회적 원자는 집단적 경험에 초점을 맞추는 소시오드라마 집단과의 작업에서 특별히 유용하다. 문화적으로 트라우마나 억압을 당한 사람들과 작업할 때 문화적이고 개인적인 원자들에서 일어났던 변화에 초점을 맞추는 것이 중요하다. 비록 참가자가 문서 상으로나 행동상으로 그들의 사회적 원자를 보여주지 않더라도 리더가 그들의 사회측정학적 측면이 표면으로 드러나도록 유도하는 것이 중요하다.

상호관계의 존재가 우리 속에 내재하더라도 Moreno는 한 사람이 그의 사회적 원자를 문서에 묘사할 수 있는 서면 연습을 고안함으로써 상호관계를 외재화시켰다. 사회적 원자를 구성하는 많은 형태와 지시들이 존재하는데 다음은 필자가 오래전에 수정했던 지시 체계의 한 예다.

참가자에게 다음과 같이 적힌 종이를 준다.

당신의 사회적 원자는 당신과 당신의 삶에서 당신에게 중요한 사람들로 구성되어 있습니다. 당신은 이제 당신의 사회적 원자에 대한 그림을 구성할 것입니다. 당신 앞에 놓인 종이를 당신의 현 인생 공간이라고 상상하십시오. 당신이 남성이라면 삼각형을 사용하고 여성이라면 원을 사용하여, 당신을 종이 어딘가에 그리십시오. 그다음에 남성은 삼각형을 사용하고 여성은 원을 사용하여, 당신의 삶에서 중요한 사람들과 당신의 관계를 배치하십시오. 만약 그들이 당신과 가까운 사이라면 그들을 가까이에 위치시키고, 그들이 먼 사이라면 그들을 멀리 위치시키기 바랍니다. 만약 그들이 당신의 삶에서 커다란 의미를 가지고 있다면 그들을 크게 그리고, 그들이 사소한 의미를 가지고 있다면 작게 그리십시오. 당신이 이 과정을 끝낸 후 누가 누구인지 기억하기 위해 각 도형에 이름이나 이름 첫자를 넣기 바랍니다.

사회적 원자를 완성한 후 논의나 행동이 이어질 수 있다. 집단 구성원들은 그들의 사회적 원자에 대한 형상을 만들거나 원자 속에 내재된 특정한 관계에 초점을 맞출 수 있다. 오랫동안 사이코드라마를 통해 트라우마를 다룰 때 개인이나 집단 구성원에게 트라우마 이전 사회적 원자와 트라우마 이후 사회적 원자 그리고 미래 지향적 사회적 원자를 이끌어내라고 요구하는 것이 유용하다. 이러한 원자들의 측면은 여러 가지 방식을 통해 행동으로 구체화될 수 있다. 이와 관련된 예는 상실을 애도하는 것, 이전 자아의 긍정적 측면들을 회복하는 것, 희망적인 미래를 계획하는 것, 트라우마를 당한 이후부터 경험했던 예상치 못한 감정들을 표현하는 것, 현재에 대처하기 위한 자원을 수집하는 것 등이다.

역할이론

Moreno는 사람을 역할들의 집합체로 보았다. 그는 역할에 대해 사회가 특정한 방식으로 인식하고 분류하는 행동으로 여겼으며 우리 각자가 평생 역할들을 한다고 믿었다(J. L. Moreno, 1946). 우리의 첫 번째 역할은 잠을 자거나 식사를 하거나 울음을 터뜨리는 신체적 특성을 강하게 띤다. 사회적 역할은 상호적인데 우리가 선택한 사람이 우리를 선택할 때 가장 만족스럽다. 사회적 역할의 개발과 동시에 우리 정신 내부의 역할(예 : 공상가, 몽상가, 견고한 사상가)인 사이코드라마적 역할이 개발된다. Natalie Winters(2000)는 네 번째 역할 범주, 즉 개인 간 역할 관계를 구성하는 심리영적(psychospiritual) 역할들을 제안하였다.

우리의 각 역할에서 우리와 우리의 문화(또는 하위문화)는 역할이 연기되는 방식에 대한 기대를 가지고 있다. 사람들의 서로 다른 역할 기대는 쉽게 갈등으로 이어질 수 있는데, 특히 각자가 자신의 기대를 엄격하게 고수하는 경우에 그러하다. 예를 들어, 종교나 인종, 민족 간의 전쟁은 서로 다른 역할 기대나 그들 자신의 기대가 유일하게 옳다는 믿음과 관련이 있다.

역할 기대의 힘은 작업을 수행하기 위해 다른 문화를 경험한 사람들이 아무리 강조해도 지나치지 않다. 특정한 집단의 역할 기대에 접근할 수 있는 경로를 발견하는 것은 확실히 중요하다. 이를 위해 사회측정학을 사용하는 것이 특히 유용한데, 사회측정학은 리더에게 집단의 선호와 문화적 행동을 학습할 수 있는 기회를 제공하기 때문이다.

유용한 것으로 여겨지는 역할의 다른 일부 측면은 역할 갈등(role conflict)과 역할 박탈(role stripping)이다. 르완다 위기에서 드러난 것처럼 한 사람이 폭력으로부터 가족을 보호하기 위해 이웃에 폭력을 가하도록 명령받는 상황에서, 역할 갈등은 강렬할 뿐만 아니라 트라우마를 초래한다. 한편 역할 박탈은 한 사람이 합의나 기별 없이 역할에서 쫓겨날 때 일어난다. 확실히 이러한 역할 박탈은 갑자기 많은 역할을 빼앗겨버리는 억압받는 사람들에게서 역동적으로 일어난다.

Moreno(1946)는 역할 교류의 중요성을 강조했다. 우리가 연기하는 각 사회적 역할에서 우리는 파트너를 필요로 한다. 어머니는 어머니 역할을 위해 자식을 필요로 하고 자식은 그 반대이다. 교사와 학생은 자신의 역할을 수행하기 위해 서로를 필요로 한다. 우리가 역할을 중시하면서도 상호적 역할 파트너를 잃어버린다면 슬픔과 이에 수반되는 감정들이 발생한다. 이러한 공포는 지진이나 화재, 쓰나미로 인해 가족이나 친구를 잃어버린 사람들의 얼굴에서 관찰될 수 있다. 비록 사라진 사람들은 대체될 수 없지만 상실의 슬픔을 이겨내고 현실에 대처할 수 있는 방법을 발견하도록 도와주고 새롭고 만족스러운 역할 관계를 구축하도록 지원하는 것이 중요하다.

자발성/창조성 이론

Moreno(1946, 1953)는 우리가 잠재적으로 자발적이고 창조적인 재능을 가지고 있다고 믿었다. 그는 자발성과 창조성이 일상적 삶을 살아가는 데 본질적인 것이라고 느꼈다. 대략적으로 정의해서 창조성은 새로운 무언가를 위한 영감의 고취이자 아이디어며, 자발성은 우리의 사고를 행동으로 옮기도록 자극하는 촉매제다. 그는 사람들이 결코 행동으로 옮길 수 없는 원대한 사고를 많이 가지고 있다고 지적했다. 자발성이야말로 행동으로 옮기도록 자극한다. 또한 그는 사람들이 때때로 삶의 변화를 갈망할 때 불안감을 느끼면서도 그러한 감정에 대한 단서를 발견하지 못한다는 사실에 주목했다.

또한 Moreno는 이론에서 웜업(warm-up)의 중요성을 강조했다. 웜업은 준비 과정을 의미한다. 우리는 역할을 하기 위해 우리 자신을 준비시킨다. 우리는 만족하지 못하는 상황을 변화시킬 수 있는 조치를 취하기 위해 준비한다. Moreno는 사람들이 새로운 상황보다 긴급 상황에서 자발성과 창조성을 발휘하기가 훨씬 더 어렵다는 사실을 연구를 통해 보여주었다. 생각할 겨를이 없는 긴급 상황에서 우리의 판단은 자주 저하된다. 우리는 싸우거나 도망가거나 어리둥절하면서 상황에 대해 부적절한 반응을 보인다.

트라우마와 억압은 우리의 자발성과 창조성에 커다란 상처를 입힐 수 있다. 수년 동안 수감 생활을 했던 사람들은 자발성과 창조성을 발휘해야 하는 선택의 세계에 재진입하는 것이 어렵다는 것을 발견한다. 뉴저지의 사회복지사인 Michelle Hoff는 죄수들을 감옥 바깥 세계로 돌아가도록 준비시키기 위해 소시오드라마를 사용하는 중간처우시설[2]에서 일한다(personal communication, April 23, 2009). 그녀는 죄수들이 마주칠 수 있는 상호작용에서 어떻게 처신할지에 대해 역할 훈련을 하도록 도와준다.

기능적으로 볼 때 Moreno의 모든 이론은 밀접하게 연결되어 있다. 자발성과 창조성은 우리가 접촉하길 원하는 사람들을 선택(사회측정학)하는 데 필요하다. 이러한 이론을 기반으로 그는 인류를 치유하기 위해 사회측정학과 자발성 훈련, 그리고 소시오드라마와 사이코드라마와 같은 개입을 고안하였다.

소시오드라마

소시오드라마(Sternberg & Garcia, 2000)는 사람들이 상황을 더욱

---

2) 역주-halfway house : 중간처우의 시설로서 자립을 위해 잠시 거주하는 숙소

안전하게 이해하기 위해 사회적 상황을 자발적으로 역할놀이하는 행위화 기법이다. 예를 들어, 구급 대원들은 지원받기를 꺼려 하는 사람들에게 지원을 제공하는 장면을 연기할 수 있다. 대원들은 그들이 계획했던 것과 다른 방식으로 사람들에게 다가가야 한다는 사실을 깨달을 수 있다. 예를 들어, 두 부족 사람들은 치유가 이웃 부족민을 신뢰하는 데 얼마나 도움을 주는지 탐색할 수 있다. 또한 집단은 사회적 문제에 대한 다양한 해법을 위해 역할놀이를 할 수 있다. 예를 들어, 집단은 더 효과적이면서 비폭력적인 방식으로 집단 분노를 관리하는 방식을 연습하거나 마을에서 염소를 나누기 위해 세웠던 계획을 완수한 후 미래 지향적인 행동을 수행할 수 있다. 또한 집단은 진실을 말하거나 이슈에 대한 자신들의 감정을 표현하기 위해 아직 해결에 도달하지 못한 이슈를 탐색할 수 있다.

소시오드라마를 수행한 후 집단은 역할놀이에 대한 보고를 듣고 무엇을 배웠는지 말할 수 있는 기회를 가진다. 다른 옵션들에 대한 브레인스토밍[3]의 시간이 필요하며 만약 역할놀이가 문제 해결에 초점을 맞추었다면 회기를 종결시키기 위한 시간이 필요하다.

소시오드라마는 자발적이면서 대본이 없는 놀이라는 점에서 역할놀이와 유사한 반면, 행위로부터 얻은 교훈을 확장하고 심화하기 위해 많은 기법이 사용된다는 점에서 역할놀이와 차이를 보인다. 소시오드라마에서는 역할교대와 이중자(doubling), 미래 투사, 마술 거울(magic screen), 독백, 정지 장면 등을 포함한 수백 가지의 기법이 사용된다. 간단히 말해 역할놀이는 수행하기가 훨씬 더 쉽고 많은 훈련을 필요로

---

3) 역주-brainstorming : 일정한 주제에 관하여 회의형식으로 구성원의 자유발언을 통해 아이디어를 찾아내려는 방법

하지 않지만, 덜 효과적이다.

소시오드라마는 우리가 하는 역할의 집단적 측면에 초점을 맞춘다. 사정이 이러하기 때문에 소시오드라마는 집단이 문화적 역할과 그러한 역할에 대한 감정을 탐색하는 데 도움을 줄 수 있다. 집단 구성원들은 상호적 관계, 즉 특정한 이슈에 대한 공동체 구성원들의 관계를 연결하는 문화적 리더들의 역할을 할 수 있다. 따라서 소시오드라마에서 개인은 자신의 삶 이야기를 행위화하는 것이 아니다. 소시오드라마는 집단 구성원들에 의해 공동으로 결정된 이슈를 역할로 행위화한다. 심각한 재난 상황의 허리케인 희생자 역할을 하는 사람은, 자신의 삶에서 경험하지 못한 역할을 하는 것이다.

실제로 보트에서 구조되었더라도 행위화에서 그는 허리케인이 강타하기 전에 대피소로 피난할 수 있다. 실제로 그가 자식을 키우지 않더라도 집단은 행위화를 위해 그를 네 아이의 아버지로 설정할 수 있다. 혹자는 이 사람이 자신의 실제 삶 이야기를 행위화하지 않는 이유가 무엇인지 물을 수 있다. 그에 대한 대답은 리더가 집단과 접촉하는 관계와 관련되어 있다. 만약 접촉이 치료적이기보다 교육적이라면 그 사람의 익명성이 보존되어야 한다. 더 나아가 사람들은 안전거리가 확보될 때 종종 어려운 이슈에 파고들어가는 것에 대해 두려움을 덜 느낀다.

따라서 소시오드라마의 감정적 거리 두기는 많은 긍정적 결과를 생산한다. 참가자들은 드라마가 개인적인 특성을 강하게 띨 경우에 다른 식으로는 표현하지 못했을 감정들을 표현할 수 있다. 그들은 이슈를 바라볼 때 더 많은 관점을 가질 수 있는데 그 이슈가 그들 개인의 것이 아니기 때문이다. 또한 그들은 자주 도전적인 감정적 이슈나 사회경제적인 주제를 탐색할 수 있는데 그들이 잘 알지 못하거나 신뢰하지 못하는 사람들 속에서 사적인 삶을 직접적으로 노출하거나 탐색하지 않을 수 있다.

사이코드라마

삶의 이야기를 행위화하는 주제는 우리를 사이코드라마에 대한 논의로 이끈다. 사이코드라마는 사람들에게 그들의 삶과 일상적인 꿈 그리고 판타지와 갈망을 연기할 수 있는 기회를 제공하기 위해 Moreno가 개발한 심층적인 행위화 기법이다. 그들은 과거에는 표현할 수 없었던 감정이나 통제를 벗어난 감정을 표현하기 위해 이러한 장면들을 행위화한다. 또한 그들은 자신의 세계가 더 원활하게 작동할 수 있도록 새롭게 수행하는 행위를 통해 통찰력을 얻을 수 있다.

사이코드라마에서는 트라우마를 겪은 사람이 자신의 이야기를 행위화한다. 이것은 트라우마 사건을 재연하는 것이 아니다. 자발성과 창조성을 재구축하기 위해 희망과 대처의 장면을 행위화하는 것이다. Lauren Shpall(personal communication, 2009)은 라이커스 섬에서 18세에서 70세에 이르는 남녀 청소년 재소자들과 작업을 했다. 여성 집단의 경우 그들이 현 도전들을 극복하기 위해 '원천적 인물들(resource figures)'을 창조하고 교제하는 사이코드라마를 하였다. 원천적 인물은 상당한 권위를 가진 사람으로서 여성의 할머니나 오프라 윈프리가 될 수 있다. 이러한 드라마 행위는 여성들이 과거에는 의식하지 못했던 내적 자원을 경험하고 발견하도록 도와준다.

자신의 이야기를 행위화하는 사람은 주인공으로 불린다. 드라마에서 그 외 다른 모든 역할자들은 특정한 역할을 연기하도록 선택된 집단 구성원들로서 보조자라고 부른다. 콜롬비아에서 Cecilia Yocum(personal communication, 2008)은 '폭력으로 인해 자신의 시골 마을을 도망쳐 대도시 근교로 이동한 피난민에게 트라우마 치유와 화해의 프로그램을 제공하기 위해', 프렌즈 피스 팀과 공동 프로젝트를 진행하였다. 경험적 특성을 띠는 이러한 프로그램은 참가자들의 신뢰를 쇄신하고 연대감을 장려하며 경험을 공유함으로써, 공동체의 재구축과 참가자들의 자신감 회복을 촉진한다.

사람들에게 상실 장면을 묘사하고 논의하도록 요청한 후, Yocum은 상실 장면 중에 일어났던 중요한 순간을 형상화시킬 수 있는 치유 제의로 그들을 유도한다. 각 주인공이 선택한 집단 구성원은 중요한 순간에 본질적인 사람들이나 동물들, 사물들이 된다. 따라서 집단 구성원은 주인공의 치유를 공동으로 창조하기 위한 보조자들로 연기한다. 서신에서 Yocom(personal communication, August 24, 2008)은 두 참가자의 반응에 대해 다음과 같이 알려주었다.

> 나는 항상 치명적인 비극을 기억하지만 이제는 그들이 얼마나 아름다운 사람인지 기억할 것입니다. 이제 나는 비극뿐만 아니라 그 사람을 기억할 수 있습니다. 우리가 무언가를 드라마로 만들 때 그것은 집안 청소와 같습니다. 우리는 사물을 다루기 시작하고 무언가를 배경으로 남겨둡니다. 우리는 치유를 위한 여러 단계를 거칠 수 있습니다.

치유를 촉진하기 위해 사이코드라마에서 사용하는 수백 가지의 기법이 존재하지만, 그중에서도 두 가지 기법이 특별히 유용하다. 사이코드라마와 소시오드라마에서 사용되는 심오하고 강력한 기법 중 하나가 바로 역할교대(role reversal)다. 이 기법의 적용 방식은 다음과 같다. 드라마에서 재소자를 연기하는 사람은 역할과 물리적 위치를 바꾸어 간수 역할을 한다. 각자 상대방 역할을 할 때 많은 기회가 생겨난다. 상대방의 위치에 대한 공감을 발달시킬 수 있고 가까이에 있는 상황을 더 깊게 이해할 수 있다. 또한 열정과 포용력을 가지게 되고 문제 해결에 대한 새로운 통찰력을 얻을 수 있으며 자신을 상대방의 시각에서 바라볼 수 있게 된다. 마지막으로 역할교대를 통해 우리가 서로 다르기보다 서로 닮았다는 관점을 얻게 된다. 다시 말해 상대방 역시 내가 느끼는 것과 유사한 방식으로 느낀다는 사실을 깨닫게 된다.

우리는 마음에서 사람들과의 역할교대를 할 수 있지만 현실에서 다른 사람의 입장과 역할로 전환하는 것은 훨씬 더 심층적인 방식으로 정보와 공감을 제공한다. 역할교대는 우리가 서로 다르기보다 서로 닮았다는 것을 깨달을 수 있는 기회—즉, 지구에서 진정으로 평화로운 공존을 확립하기 위한 본질적 요소—를 최대화하기 위해 Moreno가 개발한 매우 귀중한 기법이다.

매우 유용한 또 하나의 기법은 이중자(doubling)다. 이중자는 지금까지 표현되지 않은 사고와 감정을 표현하고 내적 목소리를 내는 보조자다. 예를 들어, 주인공이 차분한 목소리를 내면서도 주먹을 불끈 쥐고 있는 점이 이중자의 눈에 띄면, 이중자는 "나는 너에게 차분하게 말하면서 내 감정을 통제하고 있지만 실제로는 화가 나."라고 말할 수 있다. 만약 이중자의 말이 정확하다면 주인공은 방금 말해진 것을 자신이 직접 말한다. 만약 이중자의 말이 부정확하다면 주인공은 진술을 수정한다. 때때로 드라마에서 주인공이 이중자를 회기 내내 가지기도 하며 또는 집단 구성원이나 연출가가 자발적으로 등장하여 주인공의 표현을 지원하거나 견제하는 일을 한다.

사회복지사 David Moran(personal communication, 2009)은 외래환자의 약물남용과 이로 인한 장애에 대한 프로그램을 진행하였다. 그와 동료들이 공동으로 작업한 대부분의 사람은 외상 후 스트레스 장애로부터 고통을 겪고 있었다. 대부분의 사회복지사는 환자들이 부정과 부인의 근본적 감정에 접근하고 견제 기법을 학습하도록 이중자를 활용하였다. 또한 환자들이 이전에는 의식하지 못했던 내적인 힘과 접촉하여 감정을 표현하도록 도움을 제공하였다.

표 1.1은 소시오드라마와 사이코드라마의 유사점과 차이점을 보여준다(Garcia, 2006). 소시오드라마와 사이코드라마는 트라우마를 겪은 사람들에게 활용되고 있으며 앞으로도 계속 활용될 것이다. 이것은 정상이든 아니든 서로 닮거나 서로 다른 아동과 성인, 또는 개인적이거나 문화적인 트라우마를 겪은 사람들을 위한 이상적인 기법이다. 현재 소시오드라마와 사이코드라마는 인도와 방글라데시, 가나, 르완다, 브룬디, 콜롬비아, 그 외 다른 많은 국가에서 트라우마를 치유하기 위해 사용하고 있다. 미국에서는 재소자들과 카트리나 희생자들, 캄보디아 피난민들을 돕기 위해 사용하고 있다.

트라우마의 확산적 측면은 고립을 가속화한다는 점이다. 공동체에서의 역할 행위화는 참가자들이 가진 감정을 정상화시킨다. 사이코드라마에서 사람들이 유사한 감정을 공유할 때처럼 사이코드라마 연기 후에는 집단으로부터 집단적 위안을 느낄 수 있다. 우리는 사이코드라마를 통해 말할 수 없는 것을 말하고 다른 사람들로부터 위로와 열정, 지원을 경험할 수 있다. 사람들이 메커니즘에 대한 대처를 공유하고 실행하는 소시오드라마에서는 상호 의존성이 강화되고 희망이 회복된다.

Moreno(1953)는 '진정으로 유일한 치료적 목표는 모든 인류'라고 말했다. 소시오드라마와 사이코드라마를 통해 그는 거리와 상담실에서 사람들과 마주치고 치유하기 위한 노력을 추구하였으며 어디에서든 사람들을 도우려고 하였다. 소시오드라마와 사이코드라마 외에도 다른 행위화 유형들이 1920년대에 등장하였다. 그중에서 플레이백 시어터(Fox, 1993)와 내러드라마(Dunne, 2000), 역할 기법(Landy, 1993), 발달적 전환(Johnson & Emunah, 2009), 억압받는 사람들의 연극

표 1.1 소시오드라마와 사이코드라마의 유사점과 차이점

소시오드라마와 사이코드라마의 유사점
• 각 회기는 세 요소 — 웜업, 행위화, 나누기 — 의 단계를 가지고 있다. • 긴장 시스템(주제)을 개방하고 행위 갈증(행위의 완료에 필요하다.)을 행위화하며 이는 연출자가 안내한다. • 연출자는 집단의 긍정적 사회측정학(연결)을 구축하고 웜업 과정에서 집단을 지지한다.

소시오드라마와 사이코드라마의 차이점	
소시오드라마	사이코드라마
• 소시오드라마는 주로 교육적이고 사회문화적이다.	• 사이코드라마는 주로 치료적이고 심리적이다.
• 연출자는 집단과 합의한다.	• 연출자는 드라마에서 탐색해야 할 주제에 대해 주인공과 대면한다.
• 많은 소시오드라마가 집단 중심이기 때문에 참가자는 역할자로 불린다.	• 사이코드라마는 주인공 중심이기 때문에, 참가자는 보조자나 주인공으로 불린다.
• 참가자는 역할을 자원한다.	• 주인공은 보조자를 선택하고, 보조자는 주어진 역할 방식에 따라 역할을 한다.
• 행위화하는 동안 연출자는 자주 행위를 멈추고 관객들이 어떻게 느끼는지, 무엇을 생각하는지, 드라마나 지금 일어나고 있는 일에서 드러난 문제들의 해결에 대해 어떤 사고나 제안을 가지고 있는지 묻는다.	• 주인공은 몰입한 관객에게 도움을 요청할 수 있다.
• 집단이 공유를 통해 발생시켰던 다양한 대안을 시도한 후, 집단 구성원들이 행위로 돌아오는 시간이 존재한다.	• 드라마가 끝난 후 주인공은 추가적인 장면을 하지 않는다. 만약 주인공이 새로운 능력을 연습 중이라면, 드라마 동안 조언이나 제안을 요청할 수 있다. 이때 그 장면을 다시 행위화하면서 제안을 통합시킬 수 있다.
• 때때로 역할자는 관객으로 되돌아가고 관객의 다른 구성원이 역할을 하게 하여 탐색하고 있는 문제에 대안적 해결을 시도하거나 역할 연습을 위한 다양한 방식들을 탐구할 수 있다.	• 드라마가 끝날 때까지 보조자는 주인공이 선택한 역할에 남아있다.

(Boal, 1992) 그리고 기타 드라마치료들(Johnson & Emunah, 2009)
이다.

언젠가 Moreno(1946)는 우리 각자가 말할 수 있는 수많은 이야기와
행위화할 수 있는 수많은 순간을 가지고 있다고 말했다. 그는 중요한
이야기일수록 두 번 행위화되어야 한다고 믿었다. Jonathan과 Jo
Salas는 1970년대에 플레이백 시어터(Playback Theater)를 개발하였
다. 플레이백 시어터는 관객 중 한 사람이 이야기를 하고 다른 구성원
들이 그 사람의 이야기를 자발적으로 연기하는 사이코드라마의 전형적
인 형태를 제공한다. 이런 식으로 많은 이야기가 예정된 회기에서 이야
기되고 목격될 수 있다.

플레이백 시어터에서는 의자 2개가 무대 위에 놓이는데 하나는 이야
기를 하는 사람의 것이고 다른 하나는 진행자의 것이다. 진행자는 관객
들을 위한 스토리텔링의 사회자로 기능한다. 관객 중 누군가가 이야기
를 말하기 위해 무대 위로 올라온다. 그 사람은 자신의 이야기를 말한
후, 이야기상의 역할을 연기할 수 있는 훈련된 역할자들을 선택한다.
합의 없이 이들은 즉흥적으로 이야기를 행위화한다. 이야기에서 행위
로 전환될 때 연주가가 음악을 연주하기도 한다.

플레이백 시어터의 구성원들은 자발성 연기에서 상당한 훈련을 받는
다. 그들은 역할과 이야기, 은유와 상징에 익숙한 경청자로 서로와 서
로의 재능에 대해 직관적으로 민감해진다. 그들은 훈련을 통해 이야기
를 들은 후 역할을 즉시 연기할 수 있다. 이들은 이야기를 들은 후 누가
무엇을 할 것인가에 대해 오래 합의하지 않는다. 음악을 배경으로 삼아
소품을 수집하고, 리더가 "시작합시다."라고 말하면 역할 행위가 시작
된다.

일단 이야기가 행위로 표현되면 리더는 화자에게 행위가 이야기의

본질을 표현했는지 묻는다. 만약 변화를 위해 무언가가 필요하다면 역
할자들은 필요한 수정을 한 후 이야기를 다시 행위화한다. 만약 행위가
스토리텔러를 만족시키면 화자는 관객 속으로 돌아가고 다른 화자가
무대 위로 등장한다. 화자들의 반응은 행위가 그들 자신의 이야기를 얼
마나 잘 표현했고 다른 사람들에 의해 그 사람의 진실이 얼마나 잘 목
격되었는지 보여준다.

플레이백 시어터의 수행을 위한 또 다른 방법은 집단 전체를 포함하
는 것이다. 화자는 미리 연출가에게 이야기를 말하고 집단 전체가 그
이야기를 행위화한다. 이것은 특히 전문 역할자 없이 연출되는 경우에
유용하다. 그 결과는 행위적 관점에서 전문 역할자에 의해 연기되는 경
우보다 전문성이 떨어지고 심미적으로 즐겁지 않더라도, 확실히 각자
의 스토리텔링에 참여하는 집단 전체에게 치료적 가치를 제공한다. 집
단 전체가 공동으로 행위화할 때 각자가 서로의 이야기 및 치유와 깊게
연결되므로 서로에게 치료제로 기능한다.

사이코드라마와 소시오드라마, 플레이백 시어터는 Moreno의 작업
에서 기원하는 동일한 이론적 뿌리를 가지고 있다. 내러드라마와 억압
받는 사람들의 연극, 그리고 드라마치료의 다른 유형들은 서로 다른 창
조적 뿌리에서 나온 이론적 기반을 가지고 있다. 요약하면 내러드라마
는 Pam Dunne(제2장 참조)이 개발했다. Pam Dunne은 내러티브 치
료와 연극의 원칙들을 기반으로 사람들을 치유하는 방식을 고안하였는
데, 행위적 탐색을 통해 삶을 안내하기 위한 내러티브를 구성하는 것이
었다. 독자는 이 책의 후반부에 나오는 Garcia와 Buchanan의 **드라마
치료에 대한 현 접근들**에서 Pam Dunne의 방식과 이론적 기반을 읽을
수 있다.

억압받는 사람들을 위한 연극은 1970년대 초반 브라질 사람

Augusto Boal에 의해 개발되었다. 처음에는 혁명과 반역을 통해 억압에 저항하는 사람들을 지원하기 위한 목적을 가졌지만, 그의 후기 작업은 집단과 사회가 더 커다란 평화와 조화로 나아가는 방식에 헌신하였다. Boal은 이러한 목표를 달성하기 위해 다양한 연극적 게임과 연습을 개발하였다.

사이코드라마 개입이 Moreno의 사고를 기반으로 삼는 반면, 드라마치료는 역사적으로 여러 이론적 기반과 활동으로부터 나왔다는 점에서 사이코드라마와 구별된다. 그렇지만 사이코드라마 치료자는 그들의 작업에 유용한 추가적 이론을 활용하더라도 사이코드라마 개입이 Moreno의 이론으로부터 생겨났기 때문에 Moreno의 이론적 기반을 배워야 한다. 최근 저자는 사이코드라마와 드라마치료의 상당한 교차적 촉진 작용을 발견하였을 뿐만 아니라 일부 영역에서는 구별 선이 모호해진다는 사실을 발견하였다. 아마도 각각 구별하여 기술하고자 하는 사람에게는 혼란을 일으킬 수 있지만 사이코드라마와 드라마치료의 밀접한 결합은 우리 자신과 서로를, 그리고 우리의 소중한 세계를 치유하기 위해 새롭고 심오한 방식을 유의미하게 공동 창조할 수 있는 무수한 기회를 제공한다.

참고문헌

Boal, A. (1992). *Games for actors and non-actors.* London: Routledge.

Boal, A. (1979). *Theatre of the oppressed.* New York: Theatre Communications Group.

Buchanan, D. R. (1984, November 6). Moreno's social atom: A diagnostic and treatment tool for exploring interpersonal relationships. *Arts in Psychotherapy, 27,* 173-183.

Carey, B. (2008, November 6). Tolerance over race can spread, studies find. *New York Times*.

Dunne, P. (2000). Narradrama: A narrative approach to drama therapy. In P. Lewis & D. R. Johnson (Eds.), *Current approaches in drama therapy* (pp. 111-128). Springfield, IL: Charles C Thomas.

Fox, J. (1994). *Acts of service: Spontaneity, commitment, tradition in the non-scripted theatre*. New Paltz, NY: Tusila Press.

Garcia, A. (2006). *Differences and similarities between sociodrama and psychodrama*. Unpublished training papers.

Garcia, A., & Buchanan, D. R. (2000). Psychodrama. In P. Lewis & D. R. Johnson (Eds.), *Current approaches in drama therapy (pp. 162-195)*. Springfield, IL: Charles C Thomas.

Johnson, D. R., & Emunah, R. (Eds.). (2009). *Current approaches in drama therapy* (2nd ed.). Springfield, IL: Charles C Thomas.

Landy, R. (1993). *Persona and performance*. New York: Guilford Press.

Marineau, R. F. (1989). *Jacob Levy Moreno, 1889-1974, father of psychodrama, sociometry and group psychotherapy*. London: Tavistock/Routledge.

Moreno, J. L. (1946). *Psychodrama-first volume*. Beacon, NY: Beacon House.

Moreno, J. L. (1953). *Who shall survive?* Beacon, NY: Beacon House.

Moreno, J. L., & Moreno, Z. T. (1959). *Psychodrama-Second volume*. New York: Beacon House.

Moreno, Z. T. (2006). *The quintessential Zerka*. New York: Routledge.

Salas, J. (2000). Playback theatre: A framework for healing. In P. Lewis & D. R. Johnson (Eds.), *Current approaches in drama therapy (pp. 288-302)*. Westport, CT: Praeger.

Steinberg, P., & Garcia, A. (2000). *Sociodrama: Who's in your shoes?* Westport, CT: Praeger.

Winters, N. L. (2000). The psychospiritual in psychodrama: A fourth role category. *International Journal Action Methods, Psychodrama, Skill Training and Role Playing, 52(4),* 163-171.

Yocum, C. (2008). *Burundi to Bogota: Healing communities after war.* Available: asgpp. org/l0conf/Saturday%20Workshop.pdf

2

변두리 집단과 내러드라마 : 힘과 지식 그리고 가능성의 발견

PAM DUNNE

저자 프로필

다른 인종과 문화에 속해 있는 사람에 대한 나의 관심은 백인이 주를 이루는 우리 동네에 살았던, 나의 가장 친한 친구 중 하나였던 한 흑인 소녀에서 시작했다. 그녀가 배척당하고 배제되는 것을 본 경험은 나의 뇌리에 남았고, 이 경험이야말로 내가 이후에 다른 문화에 대하여 탐구하게 된 주요 근원 중 하나일 것이다. 나는 1980년대에 Michael White의 이야기치료에 관심을 갖게 되었다. White가 세계의 변두리 집단에게 도움을 주어야 한다고 강조한 것으로부터 억압을 줄여나가도록 도움을 줄 수 있는 방법을 찾아내었다. 변두리 사람들과의 나의 활동 방식은 White의 영향을 강하게 받은 것이다.

내러드라마의 개발자인 Pam Dunne 박사는 변두리 집단과의 교육과 개입으로 세계적으로 널리 알려져 있다. Dunne 박사는 미국 국립드라마치료사협회의 의장으로 재직한 바 있으며, 설립 위원회의 초대 위원 및, 수년간 위원회 위원으로 활동하였다. 현재 그녀는 캘리포니아주립대학교의 교수와 로스앤젤레스 드라마치료연구소의 이사로 재직하고 있다. 그녀가 만든 동영상인 〈내러드라마의 탐색(*Exploring Narradrama*)〉은 현재 드라마치료 훈련가들에게 널리 활용되고 있다. 그녀가 저술한 예술과 내러드라마에서 이 야기치료자 : 이야기와 창조적 예술, 통합적 드라마치료(*Narrative Therapist and the Arts and Narradrama: Integrating Drama Therapy, Narrative and the Creative Arts*)는 널리 유포되어 있다.

행위화 중심의 치료 접근 방식인 내러드라마는 이야기치료와 드라마치료를 결합하며 창의적인 예술(음악, 드라마, 시, 그리고 시각 예술)도 활용한다. 내러드라마는 심리학, 사회학, 인류학 그리고 실험극의 지식을 자유롭게 받아들인다. 내러드라마는 역할 행위와 흉내 내기, 거리 두기, 공감, 타인에 의한 관찰, 놀이성과 창조성, 재연과 변환과 같은 드라마치료의 모든 핵심 과정을 활용하여 정신뿐만 아니라 신체와 감각의 지혜를 다룬다. 내러드라마는 전통적 이야기치료와 같이 포스트모던의 사유, 특히 기호학과 해체에 초점을 맞추고 있다. 이러한 방식은 이야기치료의 선구자인 Michael White의 연구로부터 많은 영향을 받은 것이다(Dunne, 2004; White, 2004, 2007).

내러드라마는 공동체 내지는 교육이나 치료 장소에서 진행된다. 내러드라마 기법을 보여주기 위하여 변두리 집단의 세 가지 사례(로스앤젤레스의 그룹 홈, 트라우마를 입은 중동의 생존자, 정신병원의 장기 환자)를 제시할 것이다. 이야기치료에 이론적인 기초를 두고 있는 내러드라마는 지금까지 고유한 과정을 개발했는데, 이를 위하여 웜업이나 행위화와 같은 사이코드라마 기법 중 일부를 활용하는 것뿐만 아니라 새로운 기법도 개발하였다.

이야기치료의 소개

이야기치료의 기반과 인식의 기초는 포스트모던 시대에 객관성이 죽은 언어를 사용하는 관계로 우리 사회의 경험을 반영하지 못한다는 점에 기초하고 있다. 빠르게 변화하고 세계 전체가 전자화되고 있는 시대에서 우리는 광범위한 문화와 신념의 체제에 노출된다. White(2003)는 포스트모던 시대에 살아남기 위해서는 사람들이 관계 속에서 인생과 정체성을 지속적으로 구성하고 재구성해야 한다고 생각한다. 관계적 주체는 이야기의 전개와 시각의 집합으로 구성되어 있다. 이야기치료는 개인적 이야기가 전해지는 방식에 초점을 두고 있다. White의 방법은 대화를 다시 기술하는 것을 포함하는데, 여기서 공동체와 개인은 자신의 문제로 이어지는 이야기와 가치를 버리고 대안적인 이야기와 새로운 정체성에 대한 정의를 발견하는 방식을 배우게 된다.

독자들은 새로운 용어와 만나게 될 것이다. 몇 가지 새로운 용어는 여기서 간략하게 정의하고 내러드라마 사례에서 사용할 것이다. 아마 가장 중요한 용어는 '외면화' 라는 개념으로 문제의 외적 원인을 창조적인 방식(개인 외부에 배치)으로 바라보는 것을 의미한다. 이러한 방식은 문제의 원인을 화자의 정체성 또는 정체성들로부터 분리시키기 위한 것이다. 두 번째로 내러드라마 진행자가 메시지의 내용과 연관된 의미까지 듣는 '이중적으로 듣기' 라는 개념이 있다. 내러드라마 진행자는 "나는 제대로 하는 것이 없어(표면적인 이야기)."라는 아이의 말을 들었을 때 아이의 삶 속에서 이러한 말과 배치되는 모든 예를 찾으려고 노력한다. 이 시점에서 다른 이야기는 드러나지 않기에(표면화되지 않는다.) 진행자의 이중적으로 듣기가 필요하다. Michael White는 이러한 과정을 "부재하지만 내재하고 있다."고 말한다. 다른 시점에서 아이가 염료와 정말 좋아하는 로고로 셔츠를 만든 이야기를 할 때 다른 이야기(이전에는 드러나지 않은 이야기)는 "나는 제대로 한 것이 있어."라는 의미로 드러나고, 이러한 예는 이중적으로 듣기의 과정을 보여준다. 내러드라마 진행자는 또한 변두리 집단 구성원의 드러나지 않은 경험을 해결하고, 자신의 존재에 대해 자신감을 불어넣는 의식을 '정의적 의식' 이라는 용어로 지칭한다. '재-가맹 대화' 는 정체성이 개인 자체보다는 '삶의 연합' 에 기초하고 있다는 인식에 기반하여 만든 용어이다. 이러한 연합은 개인의 정체성을 형성하는 데 중대한 영향력을 갖는 중요한 인물들로 구성되어 있다.

내러드라마

이 장은 집단 구성원의 '위축'을 야기하는 것으로 보이는 사회적 이슈나 믿음과 관련하여 변두리 집단과의 내러드라마 활동에 초점을 맞추고 있다. 가부장제, 인종차별, 특권의 제한, 성차별, 억압 그리고 가난은 모두 변두리를 야기한다. 내러드라마의 접근 방식은 사회적으로 널리 수용되어 있는 가정에 의문을 던지고 이를 해체하며, 자아의 변두리와 상실로 귀결되는 사람과 공동체를 대상화하는 과정에 대항할 수 있는 기회를 제공한다.

　내러드라마 진행자는 참가자들과 능동적으로 활동한다. 이때 진행자는 전지(全知)한 지도자가 아닌 문제 해결에 있어서의 협력자, 공동 탐구자 그리고 공동 구성자로 활동한다. 내러드라마에서 진행자는 개방적이고 자발적인 태도를 취하여 집단 구성원들로 하여금 자신의 정체성에 대한 문제로 포화되어 있는 인식을 극복할 수 있도록 유도한다. 내러드라마 활동의 진행과정에서 진행자의 역할은 독특한 결과나 대안적인 이야기가 드러나는 것을 관찰하는 것이다. 변두리 집단 구성원들은 지속적으로 집단 치료에 참가함에 따라 속기사 내지는 사진사 역할의 조수로 발전하기도 한다. 또한 이들은 스스로 소규모 집단 활동을 조율하는 보조 진행자가 되는 법을 배우기도 한다.

　내러드라마에서는 집단 구성원 중 한 사람이 속기사로, 다른 한 사람이 사진사로 활동하여 집단의 힘과 '특별한 지식(집단의 긍정적인 특성과 성취를 의미한다.)'이 나타나면 이를 기록한다. 투명성, 개방성 그리고 상처받을 수 있는 위치로 내려갈 수 있는 자발적인 의지는 내러드라마 진행자에게 요구되는 바람직한 가치들이다.

변두리 집단이 처음 모이면 구성원들은 이렇게 모인 것에 대한 이유와 희망을 이야기하고, 주요 구성원들이 스스로를 소개한다. 소규모 집단에서는 한 사람의 진행자가 배치된다. 만약 집단이 대규모일 경우에는 팀을 나누어 팀의 지도자들이 모임을 진행한다. 사회적 맥락을 확장하기 위하여 실시간 상연, 오디오 테이프 또는 비디오나 디지털 사진을 활용하여 대상 집단과 유사한 변두리 공동체의 편지, 노래 또는 상연으로 희망의 메시지를 보여줄 수 있다.

참여적 웜업에서는 춤, 음악 등과 같이 집단이 선호하는 문화적 표현 방식을 활용하게 된다. 비록 우리는 이 장에 제시되어 있는 여러 제안들이 서양 문화에 기초하고 있다는 사실을 알고 있으나, 이러한 제안은 다른 문화권에서도 활용할 수 있다. 소시오드라마와 드라마치료에서 사용하는 웜업과 같이(제1장 참조) 내러드라마는 집단 구성원들로 하여금 개인적인 신변노출의 위험 없이 서로 알아가고 상호작용하는 방법을 배울 수 있는 다양한 활동을 활용한다. 내러드라마 웜업의 예 중 하나는 '끼리끼리 모이기'이다. 이 활동은 대규모 집단의 경우에 효과적이다. 진행자는 징이나 북을 사용하여 집단의 주의를 끌고, 예를 들어, "같은 눈동자 색을 가진 사람을 찾으라."와 같은 지시를 내린다. 이때 참가자들에게 같은 눈동자 색을 가진 사람을 찾는 데 1분의 시간이 주어진다. 북을 다시 친 이후에는 새롭게 모이기 위한 지시가 주어진다. 움직이면서 여러 사람을 짧은 시간 동안 만나는 것은 집단에 활기를 불어넣고 참여를 조장한다.

집단 구성원들은 참여적 웜업이 끝난 이후에 자신들의 공동체로부터 가져온 중요한 이야기를 공유하고, 매우 크고 긴 종이 위에 공동체를 나타내기 위한 시각적 이미지를 그린다. 구성원들은 먼저 대화(어떠한 이미지를 사용할 것인가를 논의한다. 예를 들어, 지도 내지는 벌집과 같은 은유적인 표현을 사용할 수 있다.)를 나눈 뒤에 과정을 논의하면서 그림을 함께 그린다. 때때로 이미지에 콜라주나 사진을 추가할 수 있다. 소규모 집단의 구성원들은 전체 집단과 이러한 이미지를 공유하면서 그 이미지에 대하여 잠시 대화를 나눈다. 나중에 내러드라마 진행 팀원들은 참가자들을 더 작은 집단으로 다시 나누어 이들이 벽화에 나와 있는 테마와 관련된 자신의 삶 속의 짧은 이야기를 나눌 수 있도록 할 수 있다. 예를 들어, 청소년들이 만든 한 벽화에 갱단, 가정 폭력, 슬픔(예 : 눈물과 회색 구름), 그리고 고립(예 : 구석에서 구부린 형상)의 이미지가 있었다. 같은 벽화에는 심장과 태양과 같은 긍정적인 흔적도 포함되어 있었다. 이러한 이미지로부터 절망, 낙담, 깨어진 꿈 그리고 배신의 이야기가 나왔으나 동시에 단결, 더 나은 삶에 대한 희망에 대한 이야기가 있었다. 내러드라마는 주로 완결 의식으로 끝맺는다. 이는 그룹 홈의 사례에서 살펴볼 것이다.

이야기치료와 내러드라마 활동 기술에 기초한 5단계 과정

집단은 웜업 이후에 White(2006)의 연구에 기초한 5단계 과정을 시작한다. 이는 (1) 정의적 의식을 통한 특별한 지식의 발견과 존중, (2) 재-가맹 대화를 통한 특별한 지식의 발견과 존중, (3) 문제의 외면화, (4) 집단 의식의 개발, 그리고 (5) 참여 유도하기로 이루어져 있다.

정의적 의식을 통한 특별한 지식의 발견과 존중

White에게 영향을 준 문화인류학자인 Barbara Myerhoff(1986)는 행

위자가 보이고 정의하는 방식에 중점을 둔 창작 과정을 설명하기 위하여 '정의적 의식'이라는 용어를 고안했다. Myerhoff(1986)의 말에 따르면 "정의적 의식은 가려짐과 주변의 문제를 다룬다. 이는 자신의 방식대로 보여지고 자신의 가치를 알아주는 사람, 생동감, 그리고 존재를 모을 수 있는 기회를 제공해준다."고 한다. White(2006)는 정체성을 '삶의 영역'으로 이해하며, 이를 다음과 같이 설명한다.

> 사람들이 트라우마(또는 침묵)를 경험하고, 특히 이러한 경험이 반복적인 경우에는 정체성의 영역에 매우 두드러진 위축이 발생한다. 정체성의 영역이 지나치게 축소되면 사람들은 살아가고 일을 진행하며 삶에 대한 계획을 현실화하는 데 심각한 어려움을 겪게 된다. 이러한 상황에서 사람들이 일반적으로 가치를 부여하는 것들은 존재와 중요성에 있어 위축되거나 체감하게 된다(p. 27).

변두리 집단은 주로 표현 기술의 상실을 경험하는데 이러한 상실은 그들의 '특별한 지식'의 은폐로 이어진다. 내러드라마 진행자는 자신감의 상실을 회복하기 위하여 특정 집단의 힘과 기술에 대한 소통을 의미하는 '특별한 지식'이라는 표현을 소개하면서 시작한다. 변두리 개인은 일반적으로 더 큰 사회 집단의 억압으로 자신이 속한 집단에 대한 부정적인 시각을 갖게 되는데, 이들은 자신이 가치 있게 여기는 것을 되찾고, 개인과 가족 그리고 사회적 역사에서 전해 내려오는 이야기를 통하여 스스로의 가치와 기술을 발견하여 이러한 악영향을 줄이거나 변화시키는 법을 배우게 된다. 변두리 집단의 가치를 찾는 과정에서 집단 반응의 다중적 속성이 드러나고, 이러한 속성은 집단에 의하여 인정되고 존중된다. 진행자는 억압의 이야기 속에서 긍정적인 삶의 기술과 기억의 흔적을 찾도록 훈련받는다.

　이러한 이야기는 단일화하기보다는 다중적인 방식으로 대화, 행위화 그리고 이야기를 통하여 전달할 수 있다. 예를 들어, 그룹 홈의 구성원 중 하나는 자신의 사생활을 침해하고 소유물을 뒤진 다른 10대 학생과의 갈등에 대하여 이야기하였다. 화난 여학생은 "왜 그런 짓을 하는 거지? 이것은 내 것이라고!"라며 따졌다. 그녀는 뛰쳐나갔고 방에 들어가서 숨을 고르며 스스로를 진정시켰다. 비록 그녀는 자각하지 못했지만 다른 여학생에게 욕하지 않고 참고 물러설 수 있는 힘은 대안적인 행위의 흔적을 보여주었으며 이를 한 번 깨달은 뒤에는 조금 더 지속적으로 사용할 수 있는 것이다.

　시작 의식에서 만든 벽화로 상기하자면 진행자는 말 또는 행위, 인간 조각상, 춤, 노래를 통하여 벽화의 이미지를 확장시킨다. 지정 사진사는 중요한 순간의 사진을 찍고, 속기사는 전체 과정을 기록하여 새롭게 발견한 지식과 기술을 강조한다.

정의적 의식 과정

지도자는 다음과 같은 과정을 사용하여 집단의 이야기를 활용한다. (1) 이야기하기(집단 구성원들은 자신의 이야기를 전한다.), (2) 이야기를 다시 이야기하기(외부 관찰자가 이야기에 응답한다.), (3)다시 이야기한 것을 다시 이야기하기(공동체가 외부 관찰자의 응답에 응답한다.).

그룹 홈[1] 사례

정의적 의식을 준비하는 첫 단계는 변두리 집단이 자신의 이야기를 말하는 것이다. 그룹 홈에서는 여학생들이 그곳에서 사는 경험을 보여주는

---

1) 역주-그룹 홈은 미국 내 아동/청소년 수용 시설을 의미한다.

장면을 연출하였다. 새로 참가한 여학생 중 하나인 셸비는 행위 도중에 좌절감을 안겨준 일련의 경험을 보여주었다. 먼저 그녀는 이유 없이 매점에 갈 수 있는 허락을 받지 못했다. 나중에 그녀가 간식을 먹고 싶다고 했을 때 식사 전에는 간식이 없다는 말을 들었다. 다른 여학생들은 비우호적인 것으로 보였다. 어머니에게 전화할 수 있는지 물어봤을 때 그녀에게 전화 특권이 허락되지 않았다는 말을 들었다. 그녀는 자신의 방으로 갔지만 룸메이트가 자신의 물건을 뒤지고 있는 것을 발견하고 교직원에게 항의하였다. 이 장면은 셸비가 자신의 여행 가방을 풀고 짐을 정리하는 것으로 끝났다.

이중적으로 듣기

이 기법은 이야기의 내용뿐만 아니라 셸비가 이야기할 수 있는 능력에 대하여 무엇을 보여주는가를 진행자가 듣는 것을 의미한다. 이때 진행자는 긍정적인 특성을 보여주는 것에 항상 주의를 기울여야 한다. 진행자는 **이중적으로 듣기**를 활용하여 셸비가 반복되는 거부에도 불구하고 자신이 필요로 하는것을 반복적으로 명확히 인식하고 요구할 수 있다는 사실을 발견하였다. 진행자와 참가자들은 '필요한 것을 알고 이를 요구하는 것'은 앞서 보복하지 않은 것과 같이 인생에서 중요한 지식을 보여준다는 점을 셸비에게 알려줄 수 있다.

정의적 의식을 발전시키는 두 번째 단계는 **감상팀**으로 불리는 외부관찰자 집단을 초대하는 것이다. 감상팀은 방금 관찰한 것에 대하여 숙고하고 대화나 드라마를 통하여 대상 집단에게 피드백을 제공한다. 외부 관찰자는 유사한 어려움을 경험한 다른 집단의 사람을 포함할 수 있다. 치료사, 사회복지사, 교사 또는 더 큰 집단의 구성원도 감상 팀에 들어갈 수 있다. 진행자는 외부 관찰자들에게 그들의 특수한 역할을 가르치는 데, 다시 말하자면 조언, 판단, 해석, 치유 방법의 처방을 자제하는 것이다. 관찰자들은 오히려 자신이 관찰한 이야기와 개인적으로 공감하고, 화자와 역할자의 경험을 인정하고 존중해야 한다.

Myerhoff(1986)는 '외부 관찰자는 반응하고 증폭시키는 도구로 가려진 것을 드러나게 하는 것'(p. 283)이라고 주장한다. 변두리 집단은 이러한 관찰자가 대화나 내러드라마 활동 기법을 통하여 이야기를 공유하는 것을 관찰한다. 외부 관찰자는 변두리 집단 구성원들과 직접 말하거나 대면하지 않는다. 이는 외부 관찰자들이 반응할 필요 없이 관찰해야하기 때문이다.

진행자는 다음과 같은 질문으로 외부 관찰자와 인터뷰를 시작한다.

- 당신이 방금 관찰한 이야기 중 어떤 것이 당신의 관심과 상상력을 불러일으켰습니까?
- 어떤 점에 관심을 가졌습니까?
- 어떤 점에 감동받았습니까?

외부 관찰자는 필요한 것을 제공할 수 있는 인간 조각상(손을 내밀고 있다.)을 만드는 것으로 셸비의 이야기에 반응했고, 이때 다른 사람들은 서로 밀치면서 밀집하려고 했다. 세 번째 관찰자는 밀쳐냄 속에서 흔들리지 않고 조용히 서서 손을 내미는 모습으로 셸비가 원하는 것을 요구할 수 있는 능력을 나타냈다. 진행자가 물어보는 두 번째 질문은 다음과 같다.

- 변두리 집단의 능력을 봤을 때 어떤 이미지가 떠올랐습니까?
- 이야기가 변두리 집단에 대하여 어떤 점을 알려주었습니까?

진행자는 활동을 계속하기 위하여 집단의 힘을 보여주는 이미지를 인간 조각상으로 만들거나 상상한 장면을 연출하도록 집단에게 요청할 수 있다. 세 번째 질문은 외부 관찰자와의 인터뷰로 끝난다.

- 여기서 만든 이미지 중 어떤 것이 자신의 경험과 통했습니까?
- 이러한 경험이 당신에게 어떤 영향을 주었습니까?

외부 관찰자 중 한 사람은 그녀의 삶 가운데 과거의 장면 중 하나를 행위화하여 셸비의 이야기에 반응했다. 그녀는 셸비와 달리 불공평한 상황에 대하여 욕설을 내뱉는 충동적 반응을 보여주었다. 그녀는 셸비가 긴 복도를 걸어 내려가면서 부정적인 소리가 많이 들림에도 불구하고 끝까지 용감하게 통로의 끝으로 걸어가는 모습을 보여주는 동작조각상을 만들었다.

다시 이야기한 것을 다시 이야기하기로 지칭한 마지막 단계는 집단이 외부 관찰자에게 반응하는 것으로 시작된다. 진행자는 다음과 같은 질문을 한다.

- 당신이 들은 것 중 어떠한 것이 감동을 주었습니까? 어떤 것에 이끌렸고 당신의 주의를 끌었습니까?
- 외부 관찰자의 다시 이야기하기 혹은 인간 조각상 만들기에서 어떠한 정신적 이미지가 떠올랐습니까?
- 인간 조각상을 듣거나 관찰했을 때 마음속에 어떤 이미지가 떠올랐습니까?
- 이것이 당신 집단이 추구하는 것을 어떻게 반영하는가를 느낄 수 있습니까?

- 이것이 당신의 삶의 희망에 대하여 무엇을 보여줍니까?
- 방금 당신이 관찰한 순간 중 간직하고 싶은 것이 있습니까?

집단 구성원은 말 또는 동작을 통하여 반응하도록 유도된다.

같은 문화에 속한 다른 사람에게 감동을 주고 영향을 미칠 수 있는 가능성에 대한 확신을 잃은 변두리 집단의 구성원들에게 외부 관찰자들이 그들의 이야기에 감정적으로 깊게 공감하는 모습을 관찰하는 것은 새롭고 예상치 못한 경험이 될 수 있다.

그룹 홈 사례(계속)

연구에서 그룹 홈의 여학생들이 직면하고 있는 어두운 사실들을 볼 수 있다. 통계에 따르면 미국 내 그룹 홈과 위탁 가정 시스템에 있는 어린이의 총수는 49만 2,727명이다. 위탁 가정 또는 그룹 홈에 들어가는 아동의 평균 나이는 8.2세다. Wertheimer(2002)의 관찰에 따르면 "위탁 가정에 들어가는 거의 모든 아동은 성적 또는 신체적 학대, 무시 또는 유기의 피해자며, 감금되어 있거나 아이를 돌볼 수 없는 부모를 가지고 있다(p. 3)." 위탁 가정에서 생활하는 아동들은 더 높은 수준의 위험 행동을 나타낸다. 이러한 아동들은 더 많은 '발달 장애' 문제를 갖고 학교 부적응이나 신체 또는 정신건강상 문제가 일상적으로 나타난다.

사우스 센트럴 로스앤젤레스의 여러 그룹 홈 공동체와 작업하면서 아동들과 10대들의 자기이미지에 많은 공통점을 발견할 수 있었다. 이러한 아동들은 사회 계급 구조의 최하위층에 갇혀있다고 스스로 인식하며, 그룹 홈에 살고 있다는 사회적 낙인에 대한 반응으로서 그 사실을 은폐하려 한다.

여학생 그룹 홈에 대한 내러드라마 연구 프로젝트의 사례는 내러드라마의 과정을 순차적으로 보여줄 것이다. 참가자는 10세에서 18세까지다. 여학생들은 다양한 문화와 인종 집단 출신이지만 흑인과 라틴계에서 두드러지게 많았다.

1단계 : 정의적 의식 – 집단의 이야기 전하기

정의적 의식의 첫 단계에서는 10세에서 18세까지의 100명 이상의 아이들로부터 다음 진술을 기록하였다. 이 연구 프로젝트에서 모든 아이들은 문장 완성 교육과정을 마친 후에 인터뷰를 받았다. 두 그룹 홈(같은 교장)에서 온 아이들이 공동체 내러드라마 프로그램에 참여했다.

부정적인 자기이미지에 대한 진술이 많이 있었다. 아이들은 "내 외모는 그렇게 예쁘지 않아요.… 내 외모는 매우 못생겼어요."와 같은 진술로 자신의 외모를 비하했다. 아동들은 다른 사람들의 반응을 묘사하면서 "대부분의 사람은 저를 싫어해요.… 대부분의 사람은 자신의 돈만을 생각해요.… 대부분의 사람은 내가 누군지 이해하지 않아요.… 대부분의 사람은 내가 거짓말쟁이라고 생각해요.… 대부분의 사람은 나를 나쁘게 대해요.…대부분의 사람은 나와 달라요.…대부분의 사람은 당신이 생각하는 것과 달라요.… 학교에서는 사람들이 저를 좋아하지 않아요."라고 진술했다.

아이들은 "나는 그룹 홈을 싫어해요.… 나의 가장 큰 걱정거리는 내가 여기서 나가지 못할 것 같다는 거에요.… 나는 많이 먹어요.… 나는 침대에서 혼자 잠이 들어요."와 같이 자신의 삶의 경험을 묘사했다. 이들은 다음과 같이 자신의 공포를 설명했다. "나의 가장 큰 공포는 삶에서 실패하는 거예요.… 나의 가장 큰 공포는 홀로 남는 거예요.… 내가 두려워하는 것은 심하게 다치는 거예요.… 나의 가장 큰 공포는 죽음이에요.… 나의 가장 큰 공포는 뚱뚱한 채로 혼자 죽어가는 거예요.… 나의 큰 걱정거리는 홀로 남는 거예요."

밤은 두드러진 테마를 제공했다. "밤이 되면 엄마와 가족이 그리워서 울어요.··· 밤에 잠들 수 없어요.··· 밤에 나는 텔레비전을 봐요."

증오는 생생하게 표현되었다. "나는 이 시스템을 미워해요.··· 나는 사람들이 나를 단정 짓고 거의 만나주지 않을 때를 증오해요.··· 나는 어린 아이들을 괴롭히는 사람이 미워요.··· 나는 수양 엄마가 미워요."

아이들은 자신이 필요로 하는 것에 대하여 언급했다. "나는 잠들기 위해서 도움이 필요해요.··· 나는 사랑이 필요해요.··· 나는 수학에 도움이 필요해요.··· 나는 돈, 음식, 그리고 지낼 곳이 필요해요.··· 나는 내 인생을 다시 시작해야 해요."

이들은 자신의 가장 큰 고민거리를 다음과 같이 진술했다. "내 가장 큰 고민거리는 우울증에서 벗어나는 거예요.··· 내 가장 큰 고민거리는 제 입이에요.··· 나를 가장 괴롭히는 것은 여기 있는 거예요.··· 나를 가장 괴롭히는 것은 삶이 없는 거예요."

아이들은 즐거운 시간과 꿈을 말해보라고 물었을 때 다음과 같이 대답했다. "나는 행복했던 시간이 없어요.··· 나는 가족과 있을 때 가장 행복해요.··· 내가 다섯 살 때 가장 행복했어요.··· 내 가장 행복한 시간은 남자/여자친구와 있을 때예요.··· 나는 불행과 관련된 꿈을 많이 꿔요.··· 나는 죽음과 관련된 꿈을 많이 꿔요.··· 나는 소원을 비는 것과 관련된 꿈을 많이 꿔요.···나의 꿈 중 많은 것은 현실에 나타나지 않을 거예요." 소수의 아이들은 자신이 잘생기고 쾌활하다고 말했다.

아이들은 그 후 그룹 홈에 사는 것에 대한 개인적인 이야기를 행위화했다. 이들의 이야기는 짧고 간결했다. 이야기에서 발췌한 다음 부분은 그룹 홈 아이들의 삶을 보여준다.

배고픔-자네사의 이야기 : "내가 처음 그룹 홈으로 갔을 때 나는 JUVI(아동 감호소)에서 왔어요. 그들은 나에게 많은 것을 말해주지 않았어요. 나는 이전에 그룹 홈에서 산 적이 없었어요. 나는 배고팠어요. 부엌 선반에 자물쇠가 달려있는 것을 발견했어요. 나는 내 삶이 싫어요."

권태-리키의 이야기 : 나는 대부분의 시간이 심심했어요. 숙제가 없을 때는 텔레비전 보는 것 외에는 할 일이 없었어요. 정말 집에 가고 싶었어요.

엄마에게 전화하기-프란셰이의 이야기 : "나는 엄마에게 전화하고 싶었어요. 그러나 사회복지사와 말하기 전까지는 전화할 수 없다고 들었어요. 엄마한테 전화할 수 있는 허락을 받았을 때도 특정 시간에만 할 수 있었어요. 나는 엄마와 대화하고 싶었어요. 엄마가 그리웠어요."

랩-자니샤의 이야기 : "나는 랩하는 것을 좋아했지만 누구도 이를 알지 못했어요. 나는 아무도 모를 때 그룹 홈에 있는 내 옷장 안에 들어가서 음악 연습실로 사용했어요. 나는 랩을 하기 시작했어요. 옷장 속에서 들리는 내 목소리가 좋아요."

2단계 : 정의적 의식 – 외부 관찰자에 의한 이야기를 다시 이야기하기

엄마에게 전화하기–프란셰이의 이야기

진행자 : 당신은 어떤 이야기에 이끌렸습니까?

외부 관찰자 : 자신의 엄마와 대화하고 싶어 한 여학생, 프란셰이에게 끌렸습니다.

진행자 : 그 이야기가 프란셰이에 대하여 당신에게 무엇을 알려주었습니까?

외부 관찰자 : 그 이야기는 프란셰이가 가족을 중시한다는 것을 알려주었습니다. 그녀는 엄마와 대화하고 싶어 했습니다. 그녀는 엄마에게 화가 나거나 환경에 대하여 부정적으로 생각하거나 낙담할 수 있었지만 엄마와 대화하기로 선택했습니다.

진행자 : 이는 당신에게 무슨 생각이 들게 했습니까?

외부 관찰자 : 나는 내 가족을 당연하게 받아들였다는 사실을 깨달았습니다. 프란셰이는 엄마를 놓아버리지 않았고 엄마와 대화하는 것을 포기하지 않았습니다. 나는 어머니와의 관계에서 그녀의 열정 중 일부를 원합니다. 저는 정말 감동받았습니다.

인터뷰 이후에 외부 관찰자는 서로를 향해 손 내밀고 있는 두 사람의 인간 조각상(프란셰이와 엄마를 표현)을 만들었는데 이들은 계속 손을 내민 채로 여러 장해물(의자와 그들을 서로 떨어지게 하려는 여러 사람들)을 극복하고 있었다.

권태 – 리키의 이야기

진행자 : 당신은 누구와 마음이 통했습니까?

외부 관찰자 : 나는 리키와 마음이 통했습니다. 그녀의 이야기는 리키가 인생에서 더 많은 것을 원한다는 것을 알려주었습니다. 많은 아이들은 텔레비전을 보면서 단조롭게 지내지만 리키는 심심한 것이 싫다고 말했습니다. 그녀가 무엇을 하고 싶어 하는지 매우 궁금했습니다. 저는 여기에 아주 관심이 많습니다.

진행자 : 이는 당신에게 무슨 생각이 들게 했습니까?

외부 관찰자 : 나는 인생에서 남는 시간을 내게 중요한 것으로 채우고 있다는 사실을 알게 되었습니다. 다른 사람들이 영화 잡지를 읽거나 TV를 시청하거나 비디오 게임을 하는 것과 달리, 저는 좋은 책을 읽고 내가 쓰고 싶은 무언가를 위한 아이디어를 적어두는 것을 좋아합니다. 나는 이러한 작은 일을 하는 것이 특별히 중요하다고 생각하지 않았지만, 리키는 이를 다른 시각으로 볼 수 있게 했습니다. 나는 어떻게 리키가 다른 아이들이

시간을 보내는 방법에 대하여 "아니오."라고 말하고 더 많은 것을 요구할 수 있었는지 놀랍습니다.

인터뷰 이후에 외부 관찰자는 텔레비전을 시청하고 있는 한 10대 학생과 비디오 게임을 하고 있는 다른 한 사람의 인간 조각상을 만들었다. 관찰자는 인간 조각상 주변에 검은 천을 여러 겹으로 쌓아 다른 오락거리를 나타냈다. 인간 조각상에서 리키를 나타내는 세 번째 참가자는 다른 것을 향한 그녀의 탐구를 상징하는 붉은 천을 들고 위를 쳐다보고 있다.

랩-자니샤의 이야기

진행자 : 당신과 마음이 통한 여학생이 있었습니까?

외부 관찰자 : 옷장에서 랩을 시작한 자니샤에게 마음이 통했습니다.

진행자 : 어느 점에 마음이 통했습니까?

외부 관찰자 : 옷장으로 음악 연습실을 만든 자니샤의 상상력이 좋았습니다. 그녀의 상상력이 그녀를 어디로 이끌 수 있는지 생각했습니다.

진행자 : 이는 당신에게 무슨 생각이 들게 했습니까?

외부 관찰자 : 영감을 불러일으켰습니다. 내 상상력이 나를 어디로 이끌 수 있는가에 대하여 생각했습니다. 나는 어렸을 적에 카드 게임을 고안하고 카드에 그림을 그렸던 것을 기억합니다. 그 게임을 텔리라고 불렀습니다. 텔리는 인디언 여자였고, 그녀가 바로 게임을 하는 모든 사람들이 갖고자 하는 특별한 카드였습니다. 나는 아버지와 이 게임을 하면서 텔리 카드를 가졌을 때 느낀 기쁨을 기억합니다. 내가 지금, 오늘날에도 상상력을 발휘할 수 있는 방법을 생각하게 했습니다.

외부 관찰자는 그녀의 반응을 나타내기 위하여 텔레비전 인터뷰를 행위화했다. 외부 관찰자는 자니샤를 연기했고 다른 외부 관찰자는 인터뷰하는 사람을 연기했다. 인터뷰에서 자니샤를 연기하는 외부 관찰자는 그녀가 어떻게 옷장 속에서 랩을 연습했는가에 대하여 이야기하였다.

3단계 : 정의적 의식 – 다시 이야기한 것을 집단이 다시 이야기하기

진행자는 그룹 홈의 여학생들에게 외부 진행자의 특정 말이나 행위가 그들의 마음을 움직였는가를 물었다. 또한 특정 말이나 이미지가 눈에 띄었는가를 묻기도 했다. 권태라는 이야기를 전한 리키는 다음과 같이 언급했다. "모든 사람은 심심하다고 느끼는 것을 나쁘다고 말했고 나는 그것이 나 자신을 위하여 더 많은 것을 원하는 것이라고 생각하지 못했어요. 이것은 저를 놀라게 했어요." 랩 이야기를 전한 자니샤는 외부 관찰자에 대한 응답으로 짧은 희극을 연기하는 것에 자원하였다. 성공적인 오디션에 관한 장면에서 자니샤는 직원들이 밴드를 조직하여 간단한 악기를 연주하도록 하였다. 자니샤가 랩을 할 때 집단은 환호하면서 자신만의 대사를 추가하였다. 오디션 후 인터뷰에서 자니샤는 랩 아티스트가 되려는 그녀의 미래에 대한 희망을 이야기하였다. 아동 영상 촬영자가 힘의 순간에 대한 동영상을 촬영하였다.

정의적 의식 끝내기

정의적 의식을 끝내는 차원에서 집단의 특별한 지식과 기술을 반영하는 거대한 벽화를 그렸다. 이는 속기사가 그린 이미지와 언어적 표현으로 이루어졌다. 특정 참가자는 금언을 적기도 하였다. 집단의 사진사는 디지털 또는 폴라로이드 사진을 계속 찍었고, 일부를 벽화에 붙이기도 하였다. 속기사와 사진사는 전체 과정에 걸쳐 자신의 역할을 계속 수행하였다. 집단 구성원이 자신이나 다른 구성원에게 중요한 다른 사람을 묘사하는 말이나 기호를 추가함에 따라 끊임없이 변화하는 종이 벽화는 전체 모임에 걸쳐 전시되었다. 이 모임의 끝은 정의적 의식의 끝을 의미한다. 그러나 이는 전체 과정의 끝이 아니다.

재-가맹 대화를 통한 특별한 지식의 발견과 존중

재-가맹 대화는 같은 목표를 달성하기 위한 과정과 관련되어 있다. 재-가맹 대화의 절차는 자신의 공동체 또는 개인사에서 중요한 인물을 활용하는 것을 보여준다. 중요한 인물은 자신의 정체성에 영향을 준 인물로서 실제나 가상이거나 과거 또는 현재에 있거나 가깝거나 멀리 있을 수 있다(White, 2005).

먼저 진행자는 특별한 인물이 어떻게 집단 구성원에게 영향을 주거나 구성원을 평가했는가에 초점을 맞춘다. 그 후에 진행자는 집단 구성원이 스스로 인지할 수 있는 힘을 이끌어내기 위하여 집단 구성원에게 중요한 인물이 자신의 삶에 대한 영향을 어떻게 설명할 것인가를 물어본다.

활동 기법은 이러한 과정을 향상시킨다. 첫 번째 활동 기법은 인터뷰다. 집단 구성원은 자신의 힘의 일부를 알아볼 수 있는 중요한 인물(실제 또는 가상, 과거 또는 현재)을 밝힌다. 지도자는 중요한 인물의 역할을 하는 집단 구성원에게 다음과 같은 질문을 던진다.

- 당신과 _____ 의 관계는 어떤 것입니까?
- _____ 과 얼마나 알고 지냈습니까?
- 그/그녀에 대하여 당신이 가장 좋아하는 점은 무엇입니까?
- 만약 _____의 힘을 설명하고자 한다면 무슨 말을 하고 싶습니까?

진행자는 다음으로 틀을 뒤집어서 구성원이 중요한 인물에게 미친 영향에 대한 질문을 던진다. 집단 구성원은 다음과 같은 질문으로 그들의 관계가 중요한 인물을 어떻게 바꾸었는가를 설명한다. 이 사람과의 관계가 당신의 삶을 어떻게 바꾸었습니까? 이 사람을 알고 있다는 것이 당신의 삶에 어떤 영향을 주었습니까? 이 사람과 당신의 관계가 당신의 삶을 어떻게 충만하게 만들었습니까?

첫 인터뷰 이후에 변두리 집단 구성원들은 역할교대로 중요한 인물이 되어 인터뷰를 진행한다.

중요한 인물과의 대화

변두리 공동체의 구성원 중 한 사람을 선택하여 중요한 인물과의 대화를 만들도록 한다. 원한다면 두 번째 구성원을 선택하여 여러 사람의 역할을 맡도록 한다. 할머니 또는 공동체의 원로와 같은 중요한 인물은 공동체의 구성원을 대표하면서, 결과적으로는 전체 맥락을 보여준다. 중요한 인물은 참가자와 대화를 시작한다.

중요한 인물을 나타내는 방법으로는 솔이 달린 철사, 찰흙 또는 색종이와 같은 단순한 미술 재료를 활용하는 것이 있다. 집단 구성원은 이러한 재료로 만든 인물을 전체 공동체의 지지 구조를 나타내는 책상 위에 놓는다. '명예의 전당'이라는 또 다른 기법은 집단 구성원 개개인이 천으로 옷을 만들어 입고 중요한 인물의 역할을 맡는다. 사진사는 이러한 인물들의 사진을 찍어 명예의 전당에 전시하는데, 여기서 안내자 역할을 맡은 참가자는 다른 공동체 구성원들이 중요한 인물을 식별할 수 있도록 도와준다. 이때 역할들은 특별한 지식과 기술을 가진 자로서 무엇을 제공할 수 있는가를 설명한다. 두 번째로 공동체는 중요한 인물들이 쓴 것과 같은 기념사를 만드는데 이는 노래 또는 명예의 전당에 전시할 수 있는 글로 된 기념물의 형태로 공동체의 지식과 기술을 나타낸다.

권태라는 이야기를 전한 리키는 자신을 존중하고 자신이 중요한 인물로 신뢰할 수 있는 사람으로 그룹 홈의 직원인 메리를 지명했다. 리키는 스스로 메리의 역할을 맡았다. 다른 그룹 홈의 구성원들은 메리에 대한 리키의 긍정적인 평가에 동의하였는데, 이는 리키가 메리를 연기하면서 단순히 자신의 선택이 아닌 공동체의 선택을 대표하게 되었다는 것을 의미한다.

진행자 : 메리, 리키가 당신은 그녀가 신뢰할 수 있는 사람이고 당신을 매우 존경한다고 말했습니다. 이러한 관계가 어떻게 이루어졌습니까?

메리(리키가 연기) : 음, 저는 언제나 리키를 매우 솔직한 사람으로 보았습니다. 그녀는 저와 자신의 감정을 공유했으며 우리는 쉽게 대화할 수 있었습니다.

진행자 : 어떻게 그녀가 솔직함을 유지할 수 있었다고 생각하십니까?

메리(리키가 연기) : 그것은 쉽지 않았습니다. 거의 포기하려는 순간들이 있었지만 그녀는 스스로를 다잡을 수 있었습니다.

진행자 : 그녀가 어떻게 그렇게 했는지 궁금합니다.

메리(리키가 연기) : 저도 모릅니다.

진행자 : 좋습니다. 당신이 리키에게서 본 솔직하고 잘 신뢰하고 더 나은 것을 믿는 것과 같은 가치들이 어디서 연유했다고 생각합니까? 다른 사람들이 포기했을 때 리키는 어떻게 이러한 신념을 유지할 수 있었습니까?

메리(리키가 연기) : 리키가 다른 아이들처럼 고집이 세기 때문입니다. 특히 신념을 갖는 것에 대해서 고집을 부리고 포기하지 않는 것이 중요합니다.

진행자 : 그녀가 주관을 세울 수 있는 능력이 있는 것으로 들립니다.

메리(리키가 연기) : 확실합니다.

진행자 : 저는 당신을 신뢰하는 사람이 리키만이 아닌 것으로 알고 있습니다.

메리(리키가 연기) : 그렇습니다. 저는 여러 여학생들과 긴밀한 관계를 갖고 있습니다.

진행자 : 여학생들과 긴밀한 관계를 갖는 것은 그들에 대하여 무엇을 알려줍니까?

메리(리키가 연기) : 그들은 어울리는 법을 알고 있습니다.

진행자 : 그렇다면 그들은 다른 사람과 관계를 발전시켜 나가는 기술과 지식을 갖고 있는 것입니까?

메리(리키가 연기) : 그렇습니다.

리키가 자신의 역할에 따라 인터뷰를 진행한 재-가맹 대화의 다음 단계에서는 그녀 자신의 힘이 드러났다.

진행자 : 리키, 지난번에 당신은 메리가 당신에게 어떻게 영향을 주고, 메리와 어떻게 대화할 수 있었는가에 대하여 말해줬습니다. 그때 그녀는 당신을 하대하지 않고 존중했다고 말했습니다.

리키 : 예, 우리는 산책을 했고, 메리는 제가 매점에 갔다가 돌아올 것을 신뢰하였습니다. 다른 직원은 저희가 스스로 나갔다 돌아올 것으로 믿지 않았습니다.

진행자 : 당신이 메리의 인생에 어떤 영향을 미쳤다고 생각합니까?

리키 : 영향이라는 것은 어떤 의미로 말씀하시는 겁니까?

진행자 : 당신에 의해서 메리의 삶이 어떻게 풍부해졌습니까?

리키 : 저는 한 번도 그런 방향으로 생각하지 않았습니다. 모르겠습니다.

진행자 : 당신으로 인하여 메리의 삶이 어떻게 나아졌습니까?

리키 : 모르겠습니다. 어쩌면 제가 그녀를 존중했기 때문에 그녀에게 중요한 것을 주었는지도 모르겠습니다. 저는 여기서 일하는 것이 얼마나 어려운지 알고 있습니다. 직원들은 그다지 길게 머물지 않습니다.

진행자 : 이렇게 존중할 수 있는 능력을 당신 삶의 다른 측면에서 발견한 적이

있습니까?

리키 : 아니오. 그렇지 않습니다. 저는 말 때문에 자주 말썽을 일으킵니다.

진행자 : 그렇다면 존중할 수 있는 능력은 당신에게 새로운 것입니까?

리키 : 그런 것 같습니다.

진행자 : 만약 존중할 수 있는 능력을 하루 동안 가질 수 있다면 그날은 어떻게 다를 것 같습니까?

리키 : 모르겠습니다. 다른 사람이 무슨 말을 하는지 조금 더 주의를 기울이며 들을 수 있을 것 같습니다.

진행자 : 존중하고 자신의 주관을 세우는 것처럼, 당신이 갖고 있는 가치의 진가를 인정하고 이를 지지할 수 있는 사람으로 모임을 만든다면, 그 모임에는 누가 있을 것 같습니까?

리키 : 당연히 메리가 있습니다. 그리고 제 친구 재스민도 있습니다. 그리고 돌아가신 제 할머니도 그 모임에 있을 겁니다.

완결 의식

정의적 의식과 재－가맹 대화를 완결시키는 방법 중 하나는 일일 벽화를 사용하는 것이다. 벽화에서 배운 지식을 활용하여 집단의 특별한 지식, 힘과 기술 지혜의 책을 만들 수 있다. 집단은 책을 어떻게 발표하고 어떤 이미지를 보여줄 것인가, 그리고 어떻게 책을 만들 것인가를 결정한다. 제본한 책은 마지막 기념 의식의 일부가 되어 각 구성원에게 한 부씩 주어진다. 공동체의 이야기와 힘을 나타내기 위하여 공동체 노래를 만들 수 있으며 이 노래는 지혜의 책에 기록됨과 동시에 완결 의식에서 제창할 수 있다. 그룹 홈의 사례에서 자니샤와 다른 사람은 그룹 홈의 이야기를 풀어내는 랩을 만들었다.

후드 홈(Hood Home) 랩

실망이다

당신은 항상 가장 낮은 위치에 있다

제약의 도시에서!

여학생이야 괜찮아

나는 당신의 친구가 될 거야

나는 언제나 당신을 지켜줄 거야

후드 홈에서

겁쟁이들이 소리 지른다

싸움이 일어난다

경찰이 들어온다!

소녀야 괜찮아

나는 언제나 당신의 친구가 될 거야

나는 언제나 당신을 지켜줄 거야

후드 홈에서

잠긴 문 뒤에서

전화를 걸 수도 없고

올 사람도 없이

소녀야 괜찮아

나는 언제나 너의 친구가 될 거야

나는 언제나 너를 지켜줄 거야

후드 홈에서

우리는 잘할 수 있어

꿈을 포기하지 마

우리는 서로 도와줄 거야

졸업 시간!

소녀야 우리는 괜찮아

우리는 서로 지켜줄 거야

후드 홈에서

문제의 외면화

집단의 구성원들이 더 많은 가능성을 깨닫고 이를 구상하기 시작하면 문제의 외면화를 성공적으로 마칠 수 있다. 이 시점에서는 기술과 지식 그리고 희망의 부족을 반영한 초기 묘사는 새롭게 인지한 기술과 지식으로 대체된다. 그리고 이는 미래에 대한 희망을 만든다.

외면화 대화를 통하여 변두리의 문제는 집단의 정체성으로부터 분리되어 외면적인 것으로 인식된다. 외면화가 계속됨에 따라 집단은 문제에 대한 자기파괴적인 일체화를 재고하게 되고, 그들 삶의 경험에 대한 긍정적인 인식이 등장하게 된다. 리키, 마리아, 자니샤, 그리고 프란셰이는 이야기를 전달하기 위하여 천을 배치해 인간 조각상을 만들었다. 이들은 밝은 색 천을 바닥에 두고 체제를 상징하는 크고 검은 천을 위에 올려서 모든 아름다운 색깔이 보이지 않게 하였다. 집단의 대변인인 리키는 다채로운 특성과 성격들이 체제에 의하여 짓눌리고 있다는 그룹 홈 여학생들의 이야기를 전했다. 다른 구성원들은 천의 시각적 이미지를 활용하여 그녀의 이야기에 참가했다(그림 2.1).

리키는 "자, 한 사람씩 나와서 자신이 갖고 있는 힘을 다른 사람이 알아볼 수 있게 하자."라고 말했다. 각 여학생들은 검은 천 밑에서 색깔 천을 꺼내어 앞에 놓았다. 인간 조각상의 끝에는 검은 천이 색깔 천 아래로 가려졌다.

그림 2.1 리키가 그녀의 이야기를 한다.

변두리 집단 사례 : 중동 여성

성역할과 문화의 변수는 중동 여성 집단에 대한 연구에서 논의되었다
(Stronger Women Stronger Nations, 2008). *Women for Women
International*은 이라크 여성 1,513명의 주요 경제적, 사회적, 정치적인
우선 사안에 대한 인터뷰에서 정보를 수집하였다. 이라크 내 여러 여성
단체가 이러한 인터뷰에 도움을 주었다. 이는 Unified Women's
League in Baghdad, Asuda for Combatting Violence Against
Women, Wassit Handicapped for Human Rights, 그리고 안전 문제
로 익명을 원하는 다른 단체들을 포함한다.

성역할과 관련하여 응답자 중 73.3%가 여성이기 때문에 권리가 다르
게 적용된다고 주장했다. 이러한 여성들은 주로 자신의 성역할이 안전과
공무 참여에 대한 권리에 영향을 준다고 느꼈다. 같은 연구에서 여성의
45.3%가 기회에 대한 접근이 부족하다고 했으며, 26.6%는 전혀 기회가

없다고 생각했다. 레바논 여성 310명에 대한 다른 연구는 2006년 무장
충돌 이후에 여섯 군데의 다른 위치에서 정보를 수집하였다(Vsta,
Farver, & Zein, 2008). 전쟁지대에서는 부정적인 정신건강 수치가 두
드러지게 높게 나타났다. 여성들은 재산, 가족 소득의 상실, 미래의 불확
실성, 그리고 일상을 영위함에 있어 어려움을 겪었는데 이는 정신건강상
에 중대한 영향을 미치는 것으로 알려진 요소들이다. 쿠웨이트에서는 다
음과 같은 연구 결과가 있었다(Lindberg & Drechsler, 2008).

> 여성은 가부장적 권위와 관련하여 성차별에 직면한다. 이슬람 법은 아
> 버지를 아이들의 자연적 보호자로, 어머니를 법적 보호자가 아닌 물리
> 적인 보호자로 간주한다. 쿠웨이트에서는 여성이 외국으로 여행하거나
> 밤에 나가기 위해서는 남성 보호자 내지는 부모의 허락을 받아야 하므
> 로 여성의 행동에 자유가 제한되어 있다(p. 1).

White의 외부성에 대한 개념은 전쟁과 그 후유증에 의하여 트라우마
를 입은 참가자를 포함하는 중동 집단에서 예증되었다. 이 집단에는 18
명의 여성과 2명의 남성이 있었다. 3시간 모임의 초점은 성역할과 외면
화 탐색에 맞춰져 있었다. 집단이 탐색할 수 있는 문제를 제시하라고 물
었을 때 한 여성은 남편의 허가 없이 작은 결정을 내릴 수 있는 자유를 원
한다고 말했다. 예를 들어, 음식과 옷을 사기 위하여 상점에 가거나 친구
와 한 시간 동안 외출하는 것은 남편의 허가를 필요로 했다. 진행자는 이
러한 생각이 전체 집단에 어떻게 공감되는지를 살펴보기 위하여 분광기
법(spectogram)을 제안하였다. "작은 일에 대하여 개인적인 자유가 아
주 중요하다고 생각하는 사람은 모두 방 이쪽 편에 서 있으십시오. 중립
적인 사람은 방 중간에 서 있고, 이 문제가 중요하지 않다고 생각하는 사

람은 반대쪽 끝에 서 있으십시오." 18명의 여성 모두 즉각적으로 분광기법의 한쪽 최단에 모여서 이 문제의 중요성을 적실히 보여주었다.

다른 한편으로 두 남성은 분광기법의 반대쪽 끝으로 가서 이 이슈를 중요하게 생각하지 않는다는 것을 여성들에게 보여주었다. 진행자는 몇 명이 역할교대로 입장을 바꿀 수 있는가를 물어보았다. 남성 중 한 사람이 여성들이 모여있는 분광기법의 반대쪽으로 이동하였고, 여성 중 한 사람이 다른 남성이 서 있는 곳으로 이동하였다.

두 집단은 자신의 역할 관점에 따라 주위 사람들과 대화를 시작했다. 대화는 희망과 요구를 포함했는데 이는 여성이 남편에게 가서 작은 결정을 내릴 수 있는 자유를 요구하는 장면으로 이어졌다. 분광기법에서 역할교대에 참여한 남성은 남편의 역할을 맡았다. 아이디어를 처음 제시한 여성이 아내의 역할을 맡았다. 그녀는 언어를 사용하여 문제를 외면화하도록 요구받았을 때 '자유의 제약'이라는 단어를 사용하였다. 그녀의 손목 위에 수갑(천으로 표현)이 채워졌다.

집단의 각 참가자로 하여금 '문제' 가면과 '개인적 힘' 가면을 만들도록 하여 외면화 활동은 계속 진행된다.

각 가면과의 인터뷰와 인간 조각상 만들기는 문제의 영향력이 강한 경우에 집단 구성원과 문제 가면과의 관계를 보여주었으며, 두 번째 조각상은 가면이 영향력을 잃어갈 때 만들어졌다. 세 번째 조각상은 구성원들의 선호를 보여주었다. 개인적 힘 가면과 조각상 모두 참가자들이 인생에서 앞으로 나아가는 것을 보여주었다.

외면화의 다른 활동에서는 집단 구성원이 힘을 나타내기 위하여 주위에서 '자연물'를 선택했다. 예를 들어, 한 여성은 평온을 표현하기 위해 조개를 가져왔는데 이는 그녀에게 힘을 주는 가장 중요한 원천이라고 했다(그림 2.2).

그림 2.2 조개는 이 중동 여성의 평온을 표현한다.

변두리 집단 사례 : 만성 정신 질환을 가진 환자

만성 정신 질환 환자들은 오랜 기간 입원하게 된다. 정신 질환을 가진 사람에게 낙인은 파괴적인 결과를 낳을 수 있고 일부 경우에는 질환 그 자체보다 심각할 수 있다. 한 신문 사설(Reading, Sweet, & Young, 2006)은 정신 질환을 가진 사람은 사회로부터 소외된 것으로 느낀다고 말한 바 있다. 이 연구는 사람들이 정신 질환을 가진 사람들을 '다 같다' 는 식으로 분류한다는 것을 보여준다.

저자는 수년간 정신 의료 시스템에 있었던 정신 질환을 가진 집단과 일하면서 글과 시각적 자료 모두를 활용했다. 집단이 만든 포스터는 지속적인 정신병 문제를 가진 사람들에 대한 대중의 반응을 나타내는 문구를 포함하고 있었다. 환자들은 글과 그림을 만든 이후에 포스터에 반응하는 단계까지 발전하여 인간 조각상 또는 즉흥극을 만들었다. 의사가 자신에게 충분히 마음을 쓰지 않은 경험을 겪었던 한 남성은 **보이지 않는 자**(Unseen)라는 장면을 연기하였는데, 여기서 의사는 그 남성에게 이야기하는 대신 그에게 여러 진단명들을 읽어주었다. 또 다른 집단 구성원은 **치료의 광기**(Medication Madness)라는 제목의 장면을 연출하였다. 의사는 그 사람에게 자신 주위로 계속 원을 그리며 돌라고 지시하였으며 계속 처방을 바꾸었다. 그 사람이 시작 지점으로 돌아올 때마다 종이 울리고 그는 새로운 처방을 받게 된다.

이러한 네 가지 사례는 외면화에 접근할 수 있는 다른 여러 방법을 보여준다. 각 경우에서 천, 물체, 가면 또는 포스터는 초기 외면화를 표현하여 집단으로 하여금 문제가 내면적이라기보다는 외면적인 것이라는 점을 인식하고, 해결책을 만들기 위한 방법을 개발하는 데 도움을 주었다.

집단 의식의 개발

변두리 집단과의 활동에서 의식은 활동 시간과 끝맺는 시간의 일부로서 매우 유용하다. 의식은 이야기, 힘과 특별한 지식을 상징하여 집단을 기념한다. 이와 더불어 의식은 집단을 도와줄 수 있는 관객들에게 관찰할 수 있는 기회를 제공해준다.

의식을 만들 때 누군가 의식 담당자 또는 MC라는 새로운 역할을 맡아야 한다. 진행자는 MC를 맡아서 집단 구성원을 방청객에게 소개하고 서로 어떻게 만났으며 의식을 어떻게 만들었는가를 설명한다. MC는 의식을 진행하고 의식의 결말로 이끌어나간다.

Blatner와 Wiener(2007)는 각 의식에 다른 요소가 포함되어야 한다고 주장한다. 첫 번째는 기원이다. 기원은 신 또는 조상과 같이 더 높고 보이지 않는 청자를 불러내는 과정을 통하여 의식에 중요함과 헌신의 느낌을 불러일으킨다. Blatner와 Wiener는 두 번째로 정신 집중을 위한 묵상의 사용을 강조한다. 기도는 무언의 선서로 활용할 수 있다. 개별 집단에게 의미 있는 이미지는 매우 중요하다. Blatner와 Wiener는 무대 장치, 소품, 의상, 가면 그리고 기호를 포함하는 의식 공간을 주의를 기울여 만들어야 한다는 점을 강조한다. 양초에 불붙이기, 빛을 어둡게 만들기 그리고 가면이나 다른 시각적 수단을 활용하여 행사의 특별하고 성스러운 중요성을 뒷받침할 수 있다.

토킹스틱 의식

집단 구성원은 '토킹스틱'을 만들어 색깔이나 장식을 사용해 집단의 힘과 지식의 상징으로 장식할 수 있다. 구성원들은 막대를 옆으로 전달하면서 자기가 가져가고 싶은 소중한 순간을 공유하고, 집단에서 배운 점에 대한 이야기를 전달한다.

질문-응답 의식

이 의식에서 진행자는 MC의 역할을 맡고 집단 구성원들은 함께 공동체의 목소리를 대변한다. 집단은 진행자가 어떠한 질문을 묻고 어떠한 진술을 말해야 하는가를 결정한다. 공동체는 이에 대하여 새로운 발견을 표현하는 합치된 응답을 내놓는다.

시, 그림, 그리고 노래를 사용한 의식

집단은 의식에 무엇을 사용하고 시각 작품을 어떻게 배치할 것인가를 결정한다. 예를 들어, 이전 활동 시간에 만든 그림이나 가면을 집단이 이루고 있는 원 중심에 배치할 수 있다. 집단은 경축하는 춤을 함께 추는데 이는 새롭게 발견한 힘을 상징한다.

의식 노래

의식 노래는 집단의 이야기를 음악으로 나타낸 것이다. 기타, 피아노 또는 드럼을 연주할 수 있는 진행자가 의식에 반주를 넣기 위하여 즉흥적으로 음악을 연주한다. 만약 악기가 없다면 집단이 반주로 소리를 내고 박수를 칠 수 있다. 노래에 사용할 가사 중 일부는 활동에서 만든 벽화 내지는 속기사가 기록한 이야기나 메모에서 따올 수 있다. 노래는 주변 화로부터 새롭고 더 긍정적인 이야기로의 이행을 더듬어가면서 집단 활동에서 얻은 특별한 지식을 활용한다. 노래는 일반적으로 끝맺는 의식의 일부가 된다.

집단 의식의 기념

집단 구성원들은 원을 이루고 각 구성원이 순차적으로 서로를 기념하는 말을 하는데, 이때 상대방이 알아보거나 인지할 수 있는 말을 인용하면서 자기의 어깨에 기념 목도리를 둘러준다.

예를 들어, 그룹 홈 여학생들은 직원들과 아동들을 기념하는 맺음 의식을 만들었다. 집단은 원을 그리며 앉고 빛을 어둡게 하여 분위기를 조성했다. 기억할만한 순간을 들자면 직원 중 하나가 니키에게 다가가 그녀의 어깨에 붉은 목도리를 둘러주면서 다음과 같이 말한 것이다. "나는 니키를 기념하고 싶습니다. 그녀가 나이와 다르게 명석한 것에 놀랐습니다." 다음에 마리아는 프란셰이에게 보라색 목도리를 둘러주며 다음과 같이 말했다. "나는 프란셰이가 포기하지 않은 것을 기념하고 싶습니다." 그 뒤에 직원 중 하나가 마리아에게 파란색 목도리를 둘러주며 다음과 같이 말했다. "나는 마리아를 기념하고 싶습니다. 나는 그녀가 이런 집단 참여 활동을 좋아하지 않는다는 것을 알고 있습니다. 하지만 그녀는 참여했고 이것이 많은 용기를 필요로 했다는 것을 압니다." 그 뒤에 프란셰이는 메리의 어깨에 노란색 목도리를 둘러주며 다음과 같이 말했다. "나는 메리를 기념하고 싶어요. 매우 어려운 순간에 견뎌내지 못할 것이라고 생각했을 때, 당신이 그곳에 있었고 나에게 말을 걸어주었어요. 당신이 없었다면 나는 여기에 없었을 거예요." 목도리를 둘러주고 기념하는 말을 하는 것은 계속되었으며 여학생과 직원들 사이에 사랑, 관심 그리고 연대감이 분명하게 나타났다.

공동체의 저녁 식사는 모두의 이름으로 장식된 케이크로 끝맺었다. 중동인 집단은 끝맺음 의식으로 자신이 만든 제단에 가면, 인형, 그림과 찰흙 조각상 형태의 예술 작품을 올려놓고자 했다. 남성 중 한 사람은 제단에 2개의 가면을 올려놓았다. 하나는 어두운 색이었고 다른 하나는 온화한 표정에 밝은 색으로 만들어졌다. 그는 가면들이 자기 성격의 두 가지 면(어둡고 공격적인 면과 개방적이고 평화로운 면)을 나타낸다고 설명했다. 다음으로 한 여성은 2개의 가면과 더불어 인형을 게시판에 매달았다. 그녀는 이러한 외부 물건이 새로운 희망을 주었다고 말했다. 다른 여성은 인생에서 중요한 인물들을 나타내는 인형을 만들어 제단 위에 올려놓았다. 각 구성원은 차례대로 자신에게 중요한 물건을 제단 위에 올려놓았다. 전체 집단은 의식을 끝맺기 위하여 큰 원을 그리며 제단 주위를 맴돌면서 특별한 물체를 기념했다.

참여 유도하기

소시오드라마와 드라마치료와 달리 내러드라마 과정은 사회적 관계와 활동의 지평을 확장시킨다. 변두리 집단에게 경험적 활동은 사회 활동에 있어 추진력이 될 수 있다. 집단 구성원은 변두리의 경험이 자신과 유사하거나 관련된 상황에 처한 다른 사람을 도와줄 수 있다는 것을 배운다. 가능성의 의식은 한번 생겨나면 초목으로 자라나는 씨앗과 같아서 인생의 환경을 바꾸게 된다. 변두리 집단이 다른 변두리 집단에게 손을 내밀고 도와줄 수 있는 방법은 다음과 같다.

공동 편지

집단의 구성원은 유사한 어려움을 겪고 있는 다른 집단에게 편지를 쓴다. 이 편지는 첫 번째 집단의 지식과 기술을 자세히 설명하고 집단의 변화를 알려준다. 집단 간 편지 쓰기와 소통을 장려할 수 있다.

집단 노래

CD 녹음으로 집단의 노래를 기록한다. 이 노래는 변두리 집단의 어려움, 경험과 더불어 특별한 지식과 기술의 발견을 들려준다. 이 CD를 유사한 어려움을 겪고 있는 다른 집단에게 선물할 수 있다.

집단 DVD 또는 디지털 사진 이야기(CD)

모임 도중에 집단의 경험 중 일부는 사진과 비디오로 녹화한다. 중요한 시간에 대한 녹화 자료로 디지털 프레젠테이션, 스크랩북 또는 영상을 만들어 집단의 기술과 지식, 이 집단이 어떻게 자신의 힘을 기념하였는가를 보여줄 수 있다. 이러한 DVD와 CD는 다른 집단에게 보낼 수 있다.

집단 내 자원자

집단 구성원들은 시간을 들이고 새로 발견한 기술과 지식을 활용하여 도움을 필요로 하는 사람들을 위해 자원하여 자신의 공동체 내 여러 조직과 일할 수 있다.

집단 발표

집단 구성원들은 진행자의 도움으로 자신의 어려움과 새로운 기술과 지식의 발견을 보여주는 공연을 만들 수 있다. 이러한 약식 공연은 시, 드라마, 음악과 춤을 활용하여 다양한 이야기를 연극으로 만들거나 변두리화로부터 드러나는 과정을 보여주는 일련의 장면으로 구성할 수 있다. 집단의 구성원들은 각기 글쓰기, 무대장치 그리고 공연을 준비하고 실제 공연에 참가하며 공연 후에는 이야기를 공유할 수 있는 대화 시간을 갖게 된다.

그룹 홈의 여학생들은 다른 그룹 홈에 새로 수용되는 학생들의 환영 파티를 준비할 수 있는 특별 허가를 받았다. 이들은 처음 그룹 홈으로 들어왔을 때 느낀 바에 대하여 공동으로 편지를 쓰고 서명했다. 이들은 새로 온 여학생들에게 지혜의 책을 보여주면서 복사본을 주었고, 집단 노래를 가르쳤다. 파티는 성공적이었다.

정신 질환 환자 집단은 일반적인 발표 방식을 선택했고, 저자의 동료인 Michelle Ebert Freire의 도움을 받았다. 이들은 스스로를 멘탈 인 블랙(Mental in Black)으로 부르면서 정신 질환에 따른 장기 입원에서 겪은 어려움을 보여주는 '스크램블드에그스(Scrambled Eggs)'라는 공연 작품을 만들었다. 이전에 사용한 포스터 활동을 활용하였으며 사회적으로 낙인찍힌 상태로부터 더 완전하고 자신을 표출할 수 있고 만족스러운 삶으로의 이행을 보여주었다. 집단의 모든 구성원은 이 작품을 만들고 연기하는 데 참여할 수 있는 기회에 감사를 표현하였다. 한 참가자는 다음과 같이 말했다.

> 만약 내가 20년 전으로 돌아갈 수 있고 당시에 이 프로그램과 같은 것이 있었다면 나는 당장 활용했을 것이다. 우리가 스크램블드에그스를 만들 때 나는 당시에 실제로 느끼고 있는 감정을 표현하였다. 내 삶 전반에 걸쳐 그러한 경험을 한 적이 없다. 이는 상담자가 할 수 있는 것 이상이다. 이 연극은 이들에게 활동 과정에서 받은 것을 다른 사람들에게 돌려줄 수 있는 방법을 보여주었다.

결론

후드 홈(Hood Home)의 여학생들, 중동인 집단, 멘탈 인 블랙과 같이 여기에 제시되어 있는 변두리 대상집단은 내러드라마 활동으로 서로 결속되었다. 이들은 더 결속되고 더 협력적이고 더 협조적으로 변했다. 이들의 성장은 개인 진술, 벽화, 연기, 의식 그리고 지혜의 책에서 찾아볼 수 있다. 내러드라마 과정을 진행하면서 이러한 집단은 변화를 경험했고, 이러한 변화는 자신의 삶 속에서 힘과 살아가는 기술이 드러남에 따라 성장으로 이어졌다. 이들의 성장은 공동체에 속해있는 타인에게 영향을 주었고 다른 사람들도 피해자에서 진행자, 조력자 그리고 치료자로 변하였다.

참고문헌

Blatner, A., & Wiener, D. (2007). *Interactive and improvisational drama.*

Lincoln, NE: iUniverse.

Dunne, P. (1992). *The narrative therapist.* Los Angeles, CA: Drama Therapy Institute of Los Angeles.

Dunne, P. (2004). *Exploring Narradrama* (DVD). Los Angeles: Drama Therapy Institute of Los Angeles.

Dunne, P. (2006). *Narradrama: Integrating drama therapy, narrative, and the creative arts.* Los Angeles, CA: Drama Therapy Institute of Los Angeles.

Dunne, P., & Rand, H. (2006). *Narradrama: Integrating drama therapy, narrative and creative arts* (2nd ed.). Los Angeles: Possibilities Press.

Lindberg, C., & Drechsler, D. (2008). *Gender equality in* Kuwait. Retrieved March 22, 2009, from http://www.wikigender.org/index.php/Gender_ Equality_n_Kuwait

Myerhoff, B. (1986). "Life not death in Venice": Its second life. In V. Turner & E. Bruner (Eds.), *The anthropology of experience* (pp. *263- 275).* Chicago: University of Illinois Press.

Reading, P. A., Sweet, P., & Young, M. (2006). Methods change in the treatment of mentally ill: Even more must be done to meet the needs of people with mental disease and their families, advocates say. *Knight Ridder/Tribune Business News,* p. 1. Washington, DC. Retrieved March 23, 2009, from http://www.highbeam.com/ landing/j ournals.aspx

Usta, J., Faver, J., & Zein, L. (2008). Women, war and violence: Surviving the experience. *Journal of Women's Health, 17(5),* 793-804. doi;110. l089jwh 2007,0602.

Wertheimer, R. (2002, December). Youth who "age out" of foster care: Troubled lives, troubling prospects (Publication *#2002-59,* pp. 1-8). *Child Trends Research Brief.* Retrieved March 24, 2009, from http://www.childtrends.org/files/FosterCareRB.pdf

White, M. (2003). Part three: Community consultations and the principles that inform them. *International Journal of Narrative Therapy and*

Community Work, 2, 30-38.

White, M. (2004). *Narrative practice and exotic lives: Resurrecting diversity in everyday life.* Adelaide, Australia: Dulwich Centre Publications.

White, M. (2005). Re-membering conversations. In *Michael White Workshop Notes* (pp. 13-14). Retrieved April 3, 2009, from http://www.dulwichcentre.com.au/Michael%20White%20Workshop%20Notes.pdf

White, M. (2006). Working with people who are suffering the consequences of multiple trauma: A narrative perspective. In D. Denborough (Ed.), *Trauma: Narrative responses to traumatic experience (pp. 25-28).* Adelaide, Australia: Dulwich Centre Publications.

White, M. (2007). *Maps of narrative practice.* New York: W. W. Norton.

Women for Women International. (2008). *Amplifying the voices of women in Iraq* (Stronger Women, Stronger Nations Report Series: 2008 Iraq Report). Washington, DC/London, UK: Women for Women International. Retrieved March 23, 2009, from http://www.womenforwomen.org/news-women-for-women/files/IraqReport.03.03.08.pdf

3

부재를 공연하기 : 전투 재향군인의 회복과 증언의 제한

DAVID READ JOHNSON

저자 프로필

나는 예일대학교에서 연극과 심리학을 복수전공하였으며 이 두 분야에서 경력을 쌓았다. 심리학자로서 나는 코네티컷 주 웨스트 헤이븐에 있는 재향군인 병원에서 17년간 일했으며, 이 장에 있는 내용은 이곳에서 얻은 것이다. 이곳에 있는 수년 동안 나는 재향군인들의 경험이 얼마나 복잡한지 배울 수 있었다. 또한 재향군인들이 전쟁으로부터 자신과 우리나라를 치유하려고 얼마나 애쓰고 있는지를 알 수 있었다. 나는 언제나 그들의 창조성과 용기를 소중히 여길 것이다.

Johnson 박사는 유명한 드라마치료 이론가이자 실천가이며, 드라마치료협회로부터 평생공로상을 받았다. 그는 예일대학교 의과대학 임상 부교수이며, 코네티컷 주 웨스트 헤이븐에 있는 외상후스트레스센터의 공동 대표이고, 뉴욕심리치료예술협회 회장이다.

서론

무력 충돌은 역사의 발판이 된다. 이로 인해 국가가 새로 생기기도 하고 변경되기도 하며 망하기도 한다. 여기서 승리하면 훌륭한 지도자로 추앙받고 패배하면 실각된다. 웅장한 기념관이 세워지거나 기념일로 제정되기도 하며 서서히 확산되는 공포와 심한 원망이 생기기도 한다. 국경선이 다시 만들어지기도 하며 난민이 생겨나고 경제가 엉망진창이 된다. 때론 도처에 옳고 그름에 대한 논쟁이 일어나기도 하며 영예로운 명분을 만들기도 하고 품위가 손상되고 객관화된 타자가 생기기도 한다.

무력 충돌은 모든 참가자, 전투대원 그리고 비전투대원에게도 손해를 입힌다. 첫째, 신체적으로 죽거나 부상당하거나 고문과 구타를 당하는 것이고, 둘째, 경제적으로 집과 수입, 직업, 그리고 재산을 잃는 것이다. 셋째, 심리적으로 두려움, 트라우마, 무망감, 무기력과 같은 것이 나타난다. 이러한 무력 충돌에 대한 자세한 정보는 다음과 같다. 서로 전에 알고 있던 사람들이나 같은 사회적 집단끼리 싸우는 것과 같이 내란인지 아닌지, 자기 나라에서 일어나는지 아니면 다른 나라에서 일어나는지, 누가 침입자인지 방어자인지, 충돌이 얼마나 오랫동안 지속되는지, 누가 이기고 누가 졌는지 등에 대한 정보이다(Solomon, 1993). 이는 개인이든 특정 집단이든 모두에게 영향을 준다. 즉, 군인, 정치가, 무고한 시민과 난민, 제3세력[언론, 평화유지대원, 비정부기구(NGO), 외교관], 협력자, 스파이, 방관자, 중범죄자 그리고 희생자 등 모두가 상처를 받는다.

진심으로 우리는 무고한 시민의 희생에 대해 유감스럽게 생각한다. 무고한 시민의 희생에 대한 우리의 감정은 순수하다. 왜냐하면 그들은 전쟁에 대한 어떠한 책임도 질 필요가 없기 때문이다. 다르푸르에서 굶주린 농민의 팔에 안긴 죽은 아이의 상징적 이미지, 홀로코스트 생존자의 유골 그리고 세계무역센터에서 죽은 사무직원의 가슴 아픈 사진을 보면 무엇이 떠오르는가? 이들은 진정으로 죄가 없다는 점이다. 불행히도 실제로 정말 죄 없는 희생자를 발견하는 것은 쉽지가 않다. 전쟁 중 집에 남아있던 여성과 어린이들은 그들이 사랑하는 사람들을 위해 무기 생산 공장에서 일하고 있었을 수도 있다. 어떤 나라에서는 젊은 소년들이 군인으로 징집되기도 한다(Rosen, 2005). 베트남과 같은 나라에서는 소년들이 폭발물과 함께 묶여서 무기로 사용되었다. 대부분의 전쟁에서 시민들은 누가 권력을 가지든지 협조할 수밖에 없다. 최근의 무력 충돌에서는 언론과 NGO 단체가 적에게 정보를 주는 데 이용되기도 하며, 이들이 스파이 혐의로 기소되기도 한다. 1900년 이전까지는 시민에 대한 공격이 제한되었으나 20세기에 들어와서 이러한 제한이 점차 폐지되고 있다. 런던, 드레스덴(독일), 일본 도시 폭격 그리고 지금도 진행되고 있는 테러리스트의 공격 등이 좋은 예다(Johnson, 2003). 모두 좋은 목표물이다.

저자가 이런 문제점을 제기하는 이유는 전쟁에서 부상당해 돌아온 재향군인의 회복을 돕기 위한 것이다. 우리는 이들이 무고하다고 말하지는 않겠다. 그 이유는 그들이 죄가 없다고 할 수 없기 때문이다. 만일 우리가 재향군인을 어떻게 회복시킬지 그 방법을 이해할 수 있으면 아마도 죄가 없는 사람들을 도울 방법도 알 수 있을 것이다. 군인들을 위한 '치유'의 의미란 무엇인가? 그들은 어떤 공포를 봤을까? 그들은 죄를 저질렀나? 누군가는 다른 나라를 침공하고 다른 사람을 죽이는 과정에서 친한 친구를 잃는다. 누군가는 적군의 마을을 공습하고 모든 사람을 죽이라고 명령하고, 모두를 죽였는데 그곳이 우호적인 마을이었다는 것이 밝혀진다. 누군가의 삶은 1년 내내 위험에 처할 수도 있고, 패배당해서 수치심으로 고향에 돌아오기도 한다. 누군가는 피비린내 나는 내전을 겪고, 적군이었던 사람이 이웃에 살 수도 있다. 이것은 치명적인 모순이다. 군인들은 문명이 시작된 이래로 지금까지 전쟁터에서 집으로 돌아왔다. 그들은 '평화로운 시기'에 그들의 일상을 방해하는 기억들, 혼란스러움, 양가감정, 평화로움 등에 직면하였다. 사회는 군인을 영웅시하고 위대한 업적을 기리면서 승자의 편에 있는 군인들만 회복할 수 있도록 도왔으며, 군인들이 경험했던 공포와 끔찍한 실수에 대해서는 묻지도 않았다. 패자의 편에 있는 군인들은 무시되고 벌을 받게 되거나 치욕을 당했다(Shay, 1994). 전쟁에서 이기지 못한 채로 돌아온 군인들에게 외상 후 스트레스 장애가 나타난 것은 결코 우연이 아니다. 패배는 질병의 원인이 되었다.

부재

재향군인이 무력 충돌을 겪은 후 경험하는 많은 것 중에 부재(absence)가 가장 중요하다. 여기서 부재란 손실을 뜻하는 것이 아니다. 왜냐하면 손실은 떠나가 버릴 가치가 있는 무언가가 있다는 것이며 회복할 수 없다는 것이다. 손실은 슬픔을 이끌고 급기야는 우울을 야기한다. 또한 부재는 허무를 나타내는 것이 아니다. 허무라는 것은 있어본 적도 없다. 사실 많은 재향군인은 허무와 잠 그리고 죽음을 갈망한다. 그러나 아니다. 부재란 꼭 있어야 하는데 여기에 없는 가치 있는 그 무엇이다. 마치 당신이 학교에 결석했을 때나 무표정한 얼굴로 있었던 때와 같다. 재향군인들은 존재하지는 않지만 묻어버릴 수도 없고 놓아버릴 수도 없는 그 어떤 그림자, 부재에 의해 시달려왔다. 이러한 불안 부재는 수많은 표현으로 나타난다. '1킬로미터 응시', '공허한 남자', '트라우마의 블랙홀' 등으로 불린다. 이것은 기억하고 싶지 않은 기억이고 다시 살아와서 상기되는 기억이며 찾을 수 있도록 불리워진 기억이며 그리고 잃어버린 기억이다.

　많은 시민들은 전쟁의 증거로 패배 또는 용기에 대한 이야기가 있기를 기대하나 실제 전쟁 이야기는 부재와 공포에 관한 이야기뿐이다. 가장 권위적인 전쟁 이야기는 재향군인 소설가 Tim O'Brien의 책인 **카키아토를 뒤쫓아서**(*Going After Cacciato*, 1978), **그들이 가지고 다닌 것들** (1990), 그리고 **호숫가에 서 있는 나무들**(*In the Lake of the Woods*, 1994)은 실종에 대해 깊이 생각하며 상기시킨다. **카키아토를 뒤쫓아서** 속에 등장하는 베트남 해병대원 카키아토는 단순히 부대를 떠나기로 결정하고 베트남을 떠난다. "그가 사라졌어! 그가 집으로 돌아가고 있어!" 그의 부대는 그를 뒤쫓기로 결정하고 그를 뒤따라간다. 동남아시아, 인도, 유럽 그리고 마침내 파리를 거쳐 그의 흔적을 따라 추적하였으나 잡을 수 없었다. O'Brien의 소설 속 중심인물은 다음과 같은 말을 되풀이 한다. "포기해. 그는 죽었을 거야!" 수색은 계속되었으나 그는 발견되지 않았다. O'Brien은 우리에게 전쟁의 기억은 불충분하며 억지스러운 것이라는 것을 상기시킨다.

> 전쟁 이야기 중 특히 사실에 관한 이야기는 실제 일어난 것과 일어난 것처럼 보이는 것을 구분하기 어렵다. 일어난 것처럼 보이는 것은 그 자체가 일어난 일이 되고 그런 식으로 불린다. 보는 시각이 왜곡되어 있다. 위장 폭탄이 터지면 당신은 눈을 감고 머리를 숙이며 밖으로 피신한다. 사람이 죽으면 당신은 눈을 돌렸다가 잠시 뒤돌아보고는 다시 눈을 돌린다. 상황들이 뒤죽박죽되어 간다. 당신은 많이 그리워할지도 모른다. 나중에 당신이 이것에 대해 말하려 할 때 그 이야기를 만든 비현실적인 상황은 항상 사실이 아닐 수 있다. 그러나 이것은 진정한 진실 그 자체를 나타낸다(O'Brien, 1990, p. 78).

　전쟁이 시작되면 무의미함과 혼돈 속에 빠진다. 매복된 수많은 총알이
날아오고 몇 개는 사람을 맞힐 수도 있으나 대부분 불발일 것이다. 그러
나 누가 맞을지는 어느 누구도 예측할 수 없으며 가장 확실한 것은 그들
의 삶에 대한 가치다. 그 순간 이성이나 운명 따위는 산산히 부서진다.

　　실제 전쟁 이야기는 절대 도덕적이지 않다. 교훈적이지도 않고 미덕을
　　강조하지도 않으며 올바른 행동에 대한 모델을 제시하지도 않는다. 또
　　한 사람들이 언제나 해야만 하는 것을 하도록 강요하지도 않는다. 이야
　　기가 도덕적인 것처럼 보이면 믿지 않는 것이 좋다. 만일 전쟁 이야기가
　　끝나갈 무렵 당신의 사기가 높아지거나 약간 공정하다는 것이 믿어진
　　다면, 당신은 오래되고 끔찍한 거짓말의 피해자가 된 것이다. 전쟁이야
　　기에는 어떠한 정직함도 없으며 아무런 이득이 되지 못한다. 그래서 아
　　마도 당신은 외설과 악에 빠져서 절대적이고 단호한 충성하에 실제 전
　　쟁 이야기를 말할 수 있을 것이다(O' Brien, 1990, p. 76).

　O' Brien은 단호하게 역사란 조국에 대한 수호이든 테러와의 전쟁이
든 민족의 운명에 대한 것이든 고귀한 성전에 대한 것이든 간에 끊임없
이 정치적 및 국가적 이야기에서 나온 이야기의 이야기라고 말한다. 이
러한 이야기는 전쟁과 군인의 의미와 가치를 제공하는 데 사용된다. 그
러나 전투 중에 있는 군인들의 입장에서 보면, 이러한 이야기는 근거도
없이 이들을 혼란시키고 해체시키며 분열시키는 것이다. 군가 부르기,
행군 그리고 깃발과 함께 시작한 것은 구역질 나는 것이고 생존을 위해
테러와 싸움한 것일 뿐이며 이것이 또 다른 모습으로 보여지기 때문에
창피한 생각마저 든다. 재향군인은 이곳저곳을 여행하면서 우리와 여기
저기서 만나기도 하며 현재와 현재 밖, 그리고 부재와 부재 밖을 넘나들

면서 소일하고 있다.

　이러한 생각은 그저 전쟁 중 사라진 수많은 이야기를 가지고 이루어진 소설가의 환상이 아니다. 아마 가장 흥미로운 것은 '사라진 부대(The Vanished Battalion)'인데, 영국 포병연대(Royal Norfolk Regiment) 소속 군인들이 제1차 세계대전 초 터키의 갈리폴리 근처에서 싸웠다. 전투하는 동안 모든 부대가 사라졌고 그들의 시신도 발견되지 않았다. 각기 다른 목격을 했던 두 사람의 군인이 나타나기 전까지는 죽은 줄로만 알았다. "노퍽연대는 그들을 에워싼 정체 모를 구름 속으로 행군하다 들려 올려져 부유하더니 모두 사라졌다." 이 이야기는 곧 전설이 되어서 많은 사람들이 믿기 시작하였으나, 몇 년이 지난 후 전투가 있었던 계곡에서 그들의 유골이 발견되었다. 그들은 터키인들에게 살해당했다. 그럼에도 불구하고 이 전설은 많은 재향군인들 사이에 퍼져나가서 전쟁에 대한 진실을 이야기하는 것이 되어버렸다.

베트남 재향군인

이런 종류의 부재는 눈에 보이지 않고 손에 닿지 않으며 과거로부터 왔으며 죽지 않는 존재에 매달려있는 것과 같다. 우리는 베트남전에서 싸웠던 군인들이 좀처럼 잊지 못하는 것으로부터 많은 것을 알게 되었다. 300만 명이 넘는 사람들이 복무했던 전쟁 동안(1965~1975), 5만 7,000명의 사망자, 15만 3,000명의 부상자, 그리고 15만 명의 심리적 부적응자들이 나타났다. 중요한 점은 전쟁이 다른 나라에서 일어났다는 것이며 결국 우리가 그 지역에서 후퇴한 후 곧 적에 의해 점령당했다는 것이다. 고국에서 인기 없고 국민들이 매우 저항하는 대상이 된 전쟁은 수많은 재향군인에게 확신도 없고 때로는 환영받지 못한 귀향이 되었다.

그래서 재향군인들은 자신들이 전쟁에 참여했다는 사실을 숨기기도 하였다. 부재의 경험, 실종의 경험이 관심을 받게 되었다. 즉, 1976년 마지막 후퇴가 일어난 직후 미국 정부가 전투 중 행방불명된 사람들(사망하거나 포로로 잡히거나 도망치거나 하여 시신을 수습하지 못했던 수많은 사람들)을 고의적으로 남겨두고 떠났다고 고발당했다. 대규모의 지지 운동이 생겼났으며, '우리는 절대 잊지 않을 것이다' 라는 포스터를 만들고 1,742명에 이르는 실종된 군인과 시신을 찾기 위한 작업을 후원하였다. 그리고 잘 알려져 있는 전쟁 포로와 전투 중 실종자 깃발(POW-MIA flag)[1]은 한 남자와 하나의 감시 탑을 검은색 실루엣으로 만들었는데, 지금까지도 많은 정부와 개인 사무실 빌딩에 걸려있다. 모든 군인은 이 깃발 뒤에 가려진 억측들을 알아야만 하며, 결국 모든 확실치 않은 것들은 근절되어야 한다.

모든 전쟁에는 실종자가 있었다. 공식적으로 제2차 세계대전에서 미국인이 7만 4,384명, 한국전에서 8,051명이 여전히 실종된 채로 있다. 제1차 세계대전 당시의 실종자는 믿기 어려울 만큼 많다. 솜(Somme)전투 중 실종된 사람을 위한 티엡발 추모공원에는 시신을 찾지 못한 7만 2,090명의 영국군 전사자의 이름이 쓰여 있으며, 그들을 위한 무덤은 만들지 않았다. 벨기에의 메닌 게이트는 예페르 전투에서 전사한 5만 4,896명의 연합군을 위해 세워졌다. 그리고 두오몽 납골당은 베르됭 전투에서 실종된 실명 확인이 안 된 13만 명의 프랑스와 독일 군인들을 위해 만들어졌다. 전쟁 직후 영국인과 프랑스인은 '무명의 군인들을 위한 묘역' 을 만들었으며 그 후 다른 국가에서 그러한 전통을 따라 하기 시작

---

1)   POW-MIA 실종자 깃발 그림

했다.

베트남전에서 비롯된 전투 중 실종자에 대한 지속적인 관심은 누군가가 실종되거나 사라지지 말아야 함에도 불구하고 그런 일이 일어났다는 사실에서 더욱 높아졌다. 베트남전에서 1,700명이 넘는 실종자가 발생한 것은 다른 전쟁 중 실종된 전사자에 비하면 비율이 낮다. 사실 평균적으로 전체 실종자 가운데 베트남전 사망자 중 실종자는 4%로, 한국전쟁 사망자 중 실종자 15%, 제2차 세계대전 사망자 중 실종자 19%에 비해 현저히 낮다. 베트남전 실종자에 대해 분노하는 것은 미국 정부가 고의적으로 베트남 정부와 결탁하여 아직 살아있거나 포로가 된 군인들의 존재를 은폐하였다는 점이며, 이들을 보호하지 않고 버려두고 왔기 때문에 고발당했던 것이다. 실종자에 대한 정부의 대처에 이와 같은 비난이 이례적인 것은 아니다. 예를 들어, 제2차 세계대전 당시 40만 명에 달하는 연합군은 우세한 독일군의 공격에 밀려 영국으로 대피하라는 명령을 받았다. '던커크의 기적'이란 6일간 차를 타거나 운하로 33만 8,226명의 영국군과 프랑스군을 구출했던 대작전을 말한다. 그러나 약 5만 명의 군인들이 남겨졌으며 붙잡히거나 죽임을 당했다. 그러한 군인의 신원을 확인하기 위한 대중의 분노나 동요는 거의 없었다. 그들은 전사한 것으로 추정되었고 영웅으로 추앙받았다. 그들과 그들의 가족에게는 어떠한 기적도 일어나지 않았다.

결국, 재향군인의 영혼을 괴롭히는 것은 실종에 대한 불확실성이다. 불확실성이 해결될 때까지 그 사람은 아직 죽은 것이 아니기 때문에 애도할 수 없다(Shay, 1994). 누군가는 그들이 언젠가 문을 열고 돌아오기를 기다린다. 이것이 재향군인이 삶 속에서 겪는 감옥이다. 즉, 그들이 바로 남겨진 사람이고 전투 중 실종된 사람이며 여전히 전쟁의 포로이다. 만약 우리가 진심으로 실종자를 찾는다면 그들은 여기, 우리 근처에 있다는 걸 알 수 있다.

응용연극과 드라마치료를 위한 도전들

특정 집단을 위한 응용연극과 드라마치료 공연에서 가장 중요한 기능 중 하나가 입증되었다. 이 공연에서는 아무도 들어주지 않는 소리를 말하게 하고, 알려지지 않는 이야기를 말하게 하며, 충격적인 사건을 문서로 기록한다(DeRose, 1996; Thompson, 2006). 그래서 연극은 관객에게 그들이 해보지 못했던 경험을 하게 하고 관객의 경험을 행동하고 말하게 함으로써 사회의 잘못된 정보로 본의 아니게 또는 스스로 사회에서 소외된 사람의 입장을 대변한다. 전투 군인이 전쟁에서 돌아온 것에 대한 이야기는 정치적, 사회적, 그리고 가족적인 장벽에 부딪힌다. 군인은 위험에 대해 언급해야만 하는데 실제로 매우 위험하다. 결국 전쟁에 대한 통제된 해석을 지지해야만 하고 애국심을 환기해야 하며 용기를 끌어내야만 한다. 만약 재향군인들이 이러한 경계선 밖으로 나아가면, 더 정확하게 말하자면 그러한 것을 예상만 하여도, 즉각적인 피드백을 받기 때문에 마음이 동요되어서는 안 된다.

군인 이야기를 하는 것에 대한 조심스러움은 O'Brien이 허구적인 전쟁 이야기를 다루었던 상황에서도 잘 나타난다. 이것이 딜레마이다. 어느 연극이 완벽하지 않고 일관성도 없는 임의적인 이야기를 하려고 하겠는가? 어느 치료적인 연극이 '절대적이고 타협이 불가능한 외설과 악에 충성' 하는 것을 받아들일 수 있겠는가? 만약 연극에서 미덕을 가르치지 않고 격려할 수 없으며 인간의 적절한 행동에 대한 모델을 제시할 수 없다면, 즉 우리의 영혼을 고양시킬 수 없다면, 아마도 연극화되지 않을 것이다. 왜냐하면 우리가 연극에서 추구하는 것은 이런 것이 아니기 때문이다. 정의하자면 트라우마에 대한 이야기는 표현하기 어렵기 때문에 충분히 이해될 수 없다. 그렇다면 우리는 우리의 고객이 확실한 패배 상황에 놓이지 않아서 공연 후 관객이 완전히 이해하지 못했다는 것을 그들에게 알게 할 수 있을까? 트라우마의 징조들, 즉 입을 벌리거나 소리 없는 외침이라든가 어떠한 메시지 없이도 고통스럽다든가 청중이 알아차릴 수 있는 매우 친숙한 이야기로 구성하지 않더라도, 어떻게 효과적으로 극적으로 표현할 수 있을까? 홀로코스트에 대한 본질적인 글을 쓴 작가 Primo Levi는 지금껏 보여주지 않았던 것을 그의 책에 털어놓았다. "나의 홀로코스트는 단어와 단어 사이의 유혹이며 구두점에서 떨어져 나온 것이고 모든 것을 더럽혀서 모든 사람에게 보이지 않은 채로 남아 있다(Thomson, 2004)." 아마 부분적으로 성공한 것에 대해 만족할 것이다. 관객들은 희생자가 자신의 경험을 표현하기 위해 노력하는 것을 보면서 새로운 것을 얻고, 배우는 관객들이 이해하기 위해 노력하는 것을 감사하게 생각한다. 공연 마지막에는 트라우마적인 행위 그 자체가 본래 그대로, 어떤 것에도 영향을 받지 않은 상태로 있을 것이라는 것을 모두가 안다. 변화될 수 있는 것은 생존의 의미다(Sajnani, 2009; Solomon & Siegel, 2003).

말로 하는 이야기를 하기보다는 마임극, 제스처, 말투, 꼼짝 안 하기 등을 이용해 부재를 보여주기 때문에, 이해하려고 하기보다는 이해되지 않음을 공연하는 것을 목적으로 한다. 이야기와 단어로 짜인 사회 조직 영역에서 본문에 기록된 트라우마적 행위를 실행하는 것은 도전이다. 시처럼 연극도 간격을 위한 공간이 있는데, 여백은 대화와 산문에서 보이지 않는 그림자를 생기게 한다. 아방가르드 극장(황당한, 다다이즘, 미니멀리즘)은 이러한 목적이 무대에서 성취될 수 있도록 몇 가지 방법을 제공한다. 무대에서 연속적으로 일어나는 일반적인 형태와는 달리

이에 대한 의미가 전달될 것이다. 반면에 표현에서 포기하려는 시도는 비극적인 사건을 다시 상기시킬 수 있으며, 집단 구성원에게 다시 반응하게 하여 그들이 그것에 대해 어떠했는지에 대한 느낌을 얻을 수 있다. 여기에서 우리는 연극과 현실 세계 간, Antonin Artaud 영역에서의 게릴라 연극(가두 연극), 정치적 집회와 종교적 의식 등과 차이가 있다는 것을 알게 된다.

증언의 제한

우리는 희생자의 증언을 듣고 싶어 하며 그들 스스로 표현하도록 격려한다. 우리는 치료적 연극을 통해 희생자들이 그들의 짐을 덜 수 있을 것이라고 말하지만 정말 이것이 가능한지는 의문이다. 치료적 연극은 관객들이 상상하는 희생자의 짐을 기분 좋은 상징으로 만들 가능성이 있다. 증언하는 것이 제한되어 있어서 다음의 사례와 같이 관객이 무엇을 기꺼이 하려고 하는 것인지 잘 모른다.

　저자는 아직도 현역에 있는 사람이 기억난다. 그 사람은 이라크에 두 번째로 재배치받기 전 저자에게 상담하러 왔다. 그는 큰 사진첩을 가지고 왔다. 그는 앉아서 공허한 눈으로 저자를 바라보았다. 이라크에서 경험했던 것에 대해 친구나 가족에게 말했는지 물어보았더니 아니라고 손을 흔들면서, "하지만 그것은 모두 이 안에 있어요."라고 말하며 저자에게 앨범을 주었다. 저자는 수십 아니 수백 개의 절단되고 불에 타고 참수되고 몸이 찢어진 미군들, 이라크 남자들, 이라크 여자들 그리고 이라크 어린이들의 사진을 보았다. 신체의 일부가 조각나 있고 장갑차에 치인 어린이도 있었다. 구역질 나고 겁이 났으며 충격에 휩싸였다. 저자는 이것을 가져온 그를 원망하였다. 이러한 이미지는 아직도 나를 고통스럽게 한다. 그 앨범은 누구에게도 보여줄 수 없었다. 그는 완곡한 표현으로 말하였다. 예를 들면, "그래요, 우리는 많은 사상자가 있어요." 또는 "당신이 옳아요. 도심지에서 벌어진 전투는 매우 힘들어요." 사진첩은 공개되지 않아야 했다. 그가 실제로 경험했던 것은 숨겨져야만 했다. 어떤 공연에서는 그에게 일어났던 일을 표현하는 것이 금지되었으며, 더 자세히 말하자면 전혀 언급조차 할 수가 없었다.

　재향군인과 수의사의 어원은 똑같다. *verter*의 의미는 '짐 나르는 동물'을 의미한다. 전투 대원은 마지막까지 더 많은 짐을 나를 것이다. 결국 치료적 연극은 트라우마 생존자의 내면에 있는 고립에 대한 본질적 상태를 변경하려 하지 않는 것이며 할 수도 없다. 이와 같이 연극에 제한을 둔다는 것을 비판하지 않을 수 없다.

최후의 MIA의 생산

저자는 1988년부터 1994년까지 코네티컷 주 웨스트 헤이븐에 있는 재향군인 병원의 전문 외상 후 스트레스 장애 입원환자 병동에서 근무했다. 그곳에서 한 집단에 8명에서 15명의 재향군인을 27개 집단으로 하여 4개월 동안 프로그램을 수행했다. 그들은 개인별, 집단별, 가족별로 예술치료를 받았다(James & Johnson, 1996; Johnson, Feldman, Southwick, & Charney, 1994; Johnson, Feldman, Lubin, & Southwick, 1995, 1997). 그들은 일주일에 한 번씩 과정 접근적 드라마 치료 집단에 들어갔으며, 전쟁 전이나 후의 그들의 경험에 대한 연극을 개발하고 수행하였다. 이런 과정은 병원 내에서도 하고 병원 밖에서 다른 관객과도 함께 하였다. 모두 26회기가 진행되었다. 연극은 외래 병동에서도 계속 진행되었다(Abbott, 2007).

이 장에서 저자가 토의하려는 연극의 주제는 부재인데, 이는 Tim O' Brien의 소설에서 영감을 받은 것이다. 연극에서 협의된 것은 마지막 MIA가 발견되었고 집으로 돌아왔으며 POW-MIA 깃발을 흔들 필요가 없었다. 즉, 연극은 완성에 대한 불가능한 행위로 시작한다. O' Brien의 작품 주제에 의하면 그 순간에 재향군인이자 남편이고 동시에 아버지인 조(Joe)는 사라지고 그의 친구가 그를 찾아 나선다. 과거와 현재, 기억과 현실은 최종적으로 하고 싶었지만 또다시 좌절된 소원으로 서로 혼합된다. 이 프로젝트의 의미는 우리 환자들이 마지막에 도달하려고 하는 소망과 부재에 대한 진실의 갈등을 폭로하는 것이다. 비록 연극이 매우 가치 있는 경험이었을지라도 우리는 우리 스스로가 가졌던 도전을 극복할 수 없었다. 결국 프로젝트는 하나의 연극으로 남았으며 우리가 없애고 싶었던 치료적 협정에 구속받았다. 이야기 속에서 불일치가 되는 부분을 없앨 필요가 있으며 재향군인이 그 과정 속에서 강력한 영향을 발휘하는 공감적 역할을 유지할 필요가 있다.

절차

응용연극과 드라마치료의 오랜 방법에 따르면 연극의 경우 재향군인 8명의 참가자와 3명의 프로그램 진행자가 일주일에 2번 2시간씩 연습을 8주 동안 진행한 후, 일주일에 3번씩 4주간 연습하고 그리고 나서 일주일에 4번씩 3주간 연습하는 것이다. 마지막 연극은 75분간 진행하고 진행자와 재향군인, 그리고 관객으로 그들의 가족이 함께 프로그램의 마지막 의식을 진행한다. 연극은 2번 진행한다. 첫 번째 연습에서는 재향군인이 그들의 삶 속에서 중요하다고 발견한 관계에 대해 개방형 즉흥극을 한다. 우리는 관계 실험(Relationship Lab)이라고 불리는 모델을 사용했는데(James & Johnson, 1996), 이는 집단 구성원을 위한 독특한 에너지 또는 흥미를 가질 수 있는 상황을 빠르게 얻을 수 있다. 8주차에 기자와 연출자는 모든 장면에 대해 토의하였고 연극에서 다루었던 주요 주제와 메시지에 대한 생각을 서로 논의하였다. 이러한 담론을 바탕으로 연출자는 일관성과 지속성을 가지고 통합된 연극을 조직화하였으며 재향군인이 선택한 장면들을 구성하였다. 이는 일관성과 지속성을 위해 재작업되었다(Bailey, 2009; Emunah & Johnson, 1983; Snow, 2009). 그리고 각 장면들이 이 프로젝트의 정신을 살려서 우리가 행위화하고 싶은 부재에 대한 의미가 잘 나타나도록 하였다.

개요

미국 정부가 베트남으로부터 마지막 MIA의 유골이 발견되고 송환되기까지 연극은 아마도 앞으로 10년 동안 계속될 것이다. 시사할 점은 마침내 더 이상 베트남 전쟁 종결에 대한 애도를 지체할 필요가 없다는 것이며, '완성'의 단계가 달성되었다는 것이다. 재향군인 조는 두 자녀, 케니(14세)와 엘리(8세)를 학교에 데려다줘야 하지만 아이들이 아버지를 찾았을 때 그는 집에 없었다. 아내 캐시는 걱정이 되어서 아이들을 학교에 보내고 남편이 일찍 출근한 건지 알아보기 위해 전화를 건다. 그곳에도 남편은 볼 수가 없다. 그녀는 점점 더 걱정되어서 남편의 친구 빌에게 전화를 거는데 그 역시 잘 모른다고 한다.

빌은 그녀의 남편을 '또 잃어버렸는지', 술에 취했는지 보기 위해 술집에 가자고 한다. 빌은 재향군인이 방금 전까지 술집에 있었지만 지금은 그곳에 없으며 베트남에 있는 동안에 소중히 여겼던 라이터를 남겨두고 갔다는 것을 알았다. 빌은 라이터가 조에게 얼마나 중요한지를 알고 있으며, 다른 친구 밥은 조를 주립공원에 만났다고 하였고 조가 자주 혼자서 주립공원에 온다고 하였다. 그곳에서 그들은 조의 모자를 발견하였다. 그들은 지금 조가 스스로를 해칠까 봐 두려워하며 재향군인 상담사인 에드를 만나기 위해 재향군인센터로 간다. 에드는 처음에는 그들의 걱정을 무시하지만 라이터와 모자를 보고는 문제의 심각성을 알게 되었다. 그는 보안관에게 전화하는 것에 찬성하고 보안관은 캐시의 집에 가서 모든 사람과 만나겠다고 하였다.

그 집에서 재향군인들은 보안관에게 조를 찾아달라고 말한다. 그들은 보안관을 이해하지 못하는 사람이라고 비난하고, 보안관은 그들에게 전쟁 중에 실종된 조카에 대해 말한다. 캐시는 조의 방에서 베트남에서 그가 어머니에게 썼던 편지를 발견한다. 밥과 바텐더는 자신들의 전쟁 경험에 대한 이야기를 나누고 에드는 조의 편지를 읽는다.

마지막에 보안관은 아무것도 발견할 수 없었다고 말하고 조가 다시 나타나기를 기다려서 수색하자고 한다. 모두는 매우 당황한다. 4명의 재향군인 빌, 밥, 에드, 그리고 바텐더는 그를 찾기 위해 숲으로 찾아가기로 결정한다. 거기서 그의 옷가지를 발견한다. 그들은 숲으로 들어가고, 장면이 현재인지 베트남 시절의 과거인지 불분명해지며 빌은 자신의 전투 이야기를 들려준다.

장면이 바뀌고 그들은 집으로 다시 돌아온다. 갑자기 조의 아들 케니가 거실로 와서 장난감 기관총을 쏘고, 4명의 재향군인은 두려움으로 바닥에 엎드린다. 보안관이 도착해서 남편을 이웃 주에서 보았다는 사람이 있다는 것을 알려준다. 보안관과 바텐더가 떠나고 캐시는 남편이 곧 돌아올 것을 확신한다. 케니는 자신의 아버지가 어떠했는지를 기억하지 못한다고 말한다. 캐시는 망연자실한 모습으로 말하고 엘리는 카드로 집을 지으면서 공룡을 구출해야 한다고 말한다. 이상하게도 그들은 조에 대해서 과거 시제로 말한다. 마치 조가 오래전에 떠나버린 사람인 것처럼. 장면이 여러 달 후에 일어난 것인지, 조는 베트남 MIA의 한 사람인지 아닌지, 전혀 돌아오지 않을지도 확실하지 않다.

발자국 소리가 들리고 무대의 뒷문이 열린다. 방 안에 발자국 소리만 들리고 아무도 보이지 않는다. 엘리가 서서 누군가를 바라보고 그 사람에게 다가간다. 그녀가 속삭인다. "아빠!" 그리고 그녀의 뺨에 아빠가 키스를 한 것처럼 그곳에 손을 얹는다. 집 밖의 문이 열리고 발자국 소리가 사라진다. 최근 MIA의 발견에 대한 라디오의 발표가 다시 들려온다. 관객들은 언제, 왜, 조가 실종되었는지 애매모호함 속에 남겨진다.

내러티브

전체 연극을 통해서 각각의 성격은 실종 또는 부재에 대한 이야기를 말한다. 그들 자신의 실제 전투 경험인 재향군인의 이야기는 그들 자신의 방법으로 이야기한다. 재향군인이 아니었던 사람들의 역할은 재향군인이 자신이 사랑했던 사람들이라고 보고했던 사람들과 그들의 이야기를 바탕으로 창작하였다. 저자는 지금 좀 더 신중하게 현역군인의 경험을 드러내는 수단으로써 이야기들을 조사할 것이다.

조의 편지

사랑하는 엄마,

고향에 있는 모든 분들이 다 잘 계신가요? 엄마가 잘 지내시길 바랄게요. 우리는 11일 동안 베트콩을 쫓으면서 여기까지 왔어요. 씻지도 못하고 옷도 못 갈아 입었어요. 그게 정말로 중요하다고 생각하지는 않아요. 7일 전에 처음으로 첫 번째 총을 서툴게 쐈어요. 우리 포병부대는 밤에 오두막에 있을 때 공격당했어요. 우리 부대원 3명이 산산조각이 났는데, 바로 제 옆에 있던 친구들이에요. 저의 친한 친구 톰도 죽었어요. 엄마, 저에게 무슨 일이 일어나기 전에 엄마에게 할 말이 있어요. 엄마는 정말 좋은 엄마였어요. 저를 위해 엄마가 해주셨던 모든 일을 감사하게 생각해요. 저 때문에 많이 상심하셨다는 것을 알아요. 모두

미안해요. 만약 제게 무슨 일이 일어난다면 제 기분이 어땠는지 아시기를 원해요. 저는 정말로 무서워요. 제가 멀리 떨어져 있다는 것을 알아요. 하지만 저는 우리 집 뒤뜰에 있는 것보다 이곳에서 저들과 싸우는 것이 옳은 일이라는 것을 알아요. 엄마 이만 안녕. 제가 사랑하는 모든 분께도 전해줘요. 사랑해요.

당신의 아들 조.

이 편지는 집단 구성원 중의 한 사람이 집으로 보냈던 실제 편지며, 그가 죽음 앞에서 두려워하는 군인임을 보여주는 편지다. 엄마와 가족들에게 감사와 미안함, 그리고 사랑을 표현하고 싶어 한다는 것을 알 수 있다. 이는 트라우마에 대한 이야기가 아니다. 이는 감정을 표현한 것이며 이해할 수 있는 가슴 아픈 일이며 무슨 일이 있었는지를 알 수 있다. 많은 재향군인이 이와 비슷한 경험을 가지고 있다. 트라우마적 경험을 겪었고 집에 가고 싶어 했고 죽고 싶지 않아서 두려워했던 시간들이 있다. 이 편지는 부재가 아니라 현재, 현재의 감정, 진실, 도리 등으로 가득 차 있다. 군인은 전쟁에 대한 정치적 근거, 즉 공산주의의 종식과 그를 그곳에 있게 한 선택의 증거와 연결되어 있을 수도 있다. 그는 공포에 떨고 있었으나 도움을 줄 수 없었다. 이 군인은 용감하다.

에드의 이야기

나는 너무 늦었다는 것이 무엇인지를 안다. 푸바이 근처에서 우리의 첫 군사작전이 있었다. 나흘 안으로 산꼭대기의 착륙장을 엄호하라고 요청받았다. 하루가 지나고 모든 것이 안전한 것처럼 보여서 꼭대기에 박격포 소대만 남겨놓고 철수하라는 명령을 받았다. 헬리콥터가 정찰을 돌았기 때문에 모두가 서로 웃으면서 산길을 걸어 내려오고 있었다. 시시껄렁한 농담을 하면서 산 중간쯤 내려왔을 때, 라디오 메시지가 들렸다. "다시 돌아가라. 포격이 시작되었다." 모든 사람이 50파운드 무게의 배낭을 메고 있었고 나는 25파운드 무게의 라디오를 가지고 있어서 매우 피곤했으나, 우리는 되돌아서서 언덕을 향해 돌진하였다. 나는 라디오에서 "서둘러!" 라는 소리를 듣고는 라디오가 너무 무거워서 버렸다. 우리가 정상에 도착했을 때는 이미 너무 늦었다. 머리에 총상을 입은 20여 명의 군인들이 있었는데, 열여덟 살이나 열아홉 살 정도밖에 되지 않는 나이였다. 베트콩들은 죽은 사람과 부상자들의 머리에 총격을 가해서 확인 사살했다. 우리는 늦게 와서 무사했다.

이 이야기는 한 군인의 이야기인데 그는 그곳에 갔었던 사람이며 옳지 않은 일을 했을 때 화를 내기도 하는 사람이다. 군대용어는 베트콩, 착륙장, 군사작전 등이다. 그들은 언덕을 엄호했어야 했고 배낭이 무거워서 언덕으로 다시 돌아가는 데 시간이 걸렸다. 군인들의 머리는 베트콩들이 확인 사살을 하는 바람에 모두 총상을 입었다. 이 이야기의 핵심은 군인의 관점에서 본 것이라는 점이다. 늦은 것이 중대한 결과를 초래했다. 이것은 의미가 있다. 그리고 진정한 군인의 이야기처럼 들리며 슬프거나 의미 없는 것은 아니나 화가 난다. 사람들은 이러한 군인이 다음번에 더 나은 일을 하려고 노력한다면 이러한 경험에서 벗어날 수 있으리라는 것을 안다.

빌의 이야기

우리는 순찰하러 간 사람 중 6명이 돌아오지 않아서 그들을 찾으러 나섰다. 그들은 벌써 돌아왔어야 했다. 대위가 기다리다가 우리에게 가서 찾아보라고 하였다. 우리는 검문소 근처에서 모두 죽었고 한 사람이 행방불명되었다는 것을 알았다. 6명 중에 5명은 죽었다. 6번째 사람은 이곳을 벗어나 숨어서 아직 살아있었다. 우리는 주의 깊게 주변을 살피면서 눈을 크게 뜨고 찾아보았다. 그는 100야드 떨어진 나무 근처에 앉아있었다. 그가 "살았다."라고 소리를 지르며 이렇게 말했다. "쏘지 마세요. 나는 미국인이에요!" 그는 움직이지 못했다. 우리가 발견했을 때 그는 가슴 위쪽에 총상을 맞아서 거의 죽어가고 있었다. 그의 손에는 핀을 뽑은 수류탄이 쥐여 있었고 뻣뻣한 손가락이 방아쇠를 막고 있었다. 그는 적군이 다가올 때 그들과 싸울 준비를 하고 있었으나 적군이 먼저 총을 쐈다. 나는 이 사람의 마지막 순간을 상상해보았다. 그는 적군을 위한 준비를 하고 있었다. 나는 조심스럽게 그의 손에서 수류탄을 꺼낸 후 핀을 다시 넣고 바닥에 놓았다. 우리는 그를 데리고 돌아왔다. 우리는 마지막 사람을 찾은 것이다. 그가 마지막 사람이었다.

이 이야기는 마지막 사람을 찾는 것이 그가 살아있는 것만큼이나 중요하다는 사실을 알려준다. 이야기는 완전성을 의미하면서 끝난다. 즉, 모두 발견되었고 수류탄 핀은 다시 막혔고 그 남자를 부대로 데리고 왔다. 이러한 특징은 이 이야기가 트라우마적인 이야기가 아니라는 것을 나타낸다. 슬프긴 하지만 위안을 주는 전쟁 이야기이다. 임무는 완성되었고 용기가 보인다. 빌은 안정을 찾을 수 있다. 이러한 유형의 이야기는 감수하면서 살 수 있다.

밥의 이야기

기다리고 기다린다. 우리가 이전에도 했었던 것처럼 기다린다. 드디어 나는 나무가 늘어진 곳으로 천천히 기어오고 있는 그를 발견했다. 우리는 심한 타격을 받았다. 나는 땅바닥에 쓰러졌고 얼굴은 진흙 범벅이 되었으며 땀에는 피가 흘렀다. 그는 다리에 총상을 입었다. 아직도 머리 위로 무차별적인 총성이 발사되고 있는 상황에서 그는 우리에게로 기어와서는 우리를 구출해내겠다고 말했다. 나는 다른 사람들을 볼 수가 없었고, 내가 그곳에서 살아남은 유일한 사람이라는 것을 알지 못했다. 그가 기어서 나간 후 나는 다시 그를 볼 수 없었다. 그는 나에게 기다리라고 말했다. 4시간이 지난 후 헬리콥터가 우리 근처로 착륙한 후 우리를 데리고 갔다. 그가 이 모든 것을 해낸 것이다. 그가 우리를 구출하였다. 그는 다른 병원으로 이송되었다. 그것이 다였다. 다시는 그를 볼 수 없었다. 해마다 나는 국방부에 전화해서 그에 대한 정보가 있는지 물어본다. 그는 벽에만 붙어있는 사람이 아니다. 나는 최악의 상황을 우려하고 있다. 나는 멈출 수가 없다. 나는 정말 그 남자를 다시 보고 싶다. 그가 우리를 구출해냈다.

이 이야기는 행위들이 충분히 잘 설명되어 있기는 하나, 용기나 영웅주의에 대한 속성은 없다는 점에 주의하라. 이 이야기를 세분해보면 각 문장은 그 자체다. 비록 연속성을 암시하고 있기는 하지만 명확하지는 않다. 밥은 그의 분대원들에 대해서는 알지 못했다. 그는 결코 다시 '그를' 보지 못했다. '그'는 찾을 수가 없었다. 어떠한 감정도 표출되지 않았다. 이 이야기는 생각을 압축하는 것처럼 보인다. "그가 우리를 **구출해냈다.**"는 것은 독자가 전적으로 이것이 사실이라는 확신을 가질 수 없게 하고, '그'가 어디 있는지 모호하게 한다. 트라우마는 경험을 왜곡시켜서, 하나의 인식이 또 다른 곳으로 가버리게 한다. **밥에게는** '그'를 찾는 것이 이러한 간격을 채울 수 있는 균형을 준다. 그리고 밥은 이러한 노력을 계속할 것이다. 왜냐하면 그는 이것에 도달하기 위한 '적극적인 기다림'을 영원히 할 것이기 때문이다.

바텐더의 이야기

나는 아직도 믿을 수가 없다. 우리의 선발 호위대가 습격당했다. 앞서 가던 트럭이 우리 바로 앞에서 폭파되었다. 폭파되어서 없어져 버린 것이다. 큰 연기 구름과 화재가 발생했다. 길에 묻힌 지뢰 때문이다. 어떠한 총소리도 없이, 저격병도 없이 너무 고요하고 섬뜩하기조차 하였다. 내 앞에서 트럭을 운전하던 지미는 트럭을 길가에 세우고 시동을 끄고는 밖으로 나왔다. 그는 섬뜩해하면서 그 광경을 바라봤다. 그는 땅바닥에 무기를 내려놓고 믿을 수 없게도 숲 속으로 똑바로 걸어갔다. 모두가 그를 바라보기만 하였는데, 그곳은 너무 위험해서 단지 그가 나오기만을 바랐다. 그는 돌아오지 않았다. 한참 후 우리는 다시 출발했고 기지로 돌아왔다. 나중에 팀을 조직해서 그를 찾으러 보냈으나 찾을 수 없었다. 나는 그가 오줌을 누러 갔는지 살해당했는지, 적군에 투항한 것인지 잘 모른다. 그는 MIA 명단에 있다. 나는 이것을 믿을 수 없다.

이 이야기는 진짜 전쟁 이야기인 O' Brien의 수준에 맞는 이야기다. 이해가 되지 않는 것이다. 그저 일어난 일이다. 지미는 자신의 트럭에서 나온 후 무기를 내려놓고 숲 속으로 걸어갔다. 그들의 트럭 중 하나가 폭파되었고 그들이 베트남에서 무력 충돌 중이라는 상황은 무시되었다. 이 이야기는 신뢰할 수 있는데, 왜냐하면 지미가 베트남에서 이탈하거나 죽임을 당하고 싶거나 오줌을 누고 싶을 가능성은 동등하게 일어날 수 없고, 불확실하기 때문이다. 지미가 이런 식으로 행동한 것에 그의 친구가 눈에 띄게 관심을 보이는 것은 확실히 이치에 맞지는 않지만 비합리적인 상황에서 보이는 이러한 행동을 어느 정도 초반에 이해했다는 것을 알 수 있다. 이는 단지 그 무엇이다. 섬뜩함이다.

엘리의 이야기

이것은 나의 공룡 브루스이다. 브루스와 그의 엄마는 숲 속을 나왔는데 왜 그랬는지는 알 수 없지만, 나는 브루스가 엄마와 함께 필요한 도움을 받고 싶어서 그렇게 한 것 같다. 그러나 어두워지고, 정말로 어두워져 브루스는 엄마를 한 나무에서 머물게 하고 도움을 얻기 위해 멀리 갔다. 엄마는 길을 잃었고, 브루스도 길을 잃었다. 그들은 그 이후 서로를 찾지 못했다.

엘리의 이야기는 어린 딸의 이야기며 동물을 상징적으로 표현하였다. 버려짐에 대한 두려움, 나무에 정착하는 것 그리고 어둠이 밀려오는 것, 그녀의 두려움은 엄마와 함께 연결되고 진행된다. 트라우마적인 자취의 윤곽은 아마도 끝부분에서 찾을 수 있는데, "그들은 그 이후 서로를 찾지 못했다."는 부분은 보통 어린아이 이야기에서 자주 쓰이는 다시 돌아간 다거나 상황을 바로잡는다거나 모든 것이 바르게 된다는 언급을 피하고 있다. 엘리는 부재를 안다.

캐시의 이야기

이 모든 이야기는 말도 안 된다. 조는 아무 일도 없는 것처럼 문으로 걸어올 것이다. 내일 아침 우리가 모두 일어났을 때 그는 거기에서 시리얼을 먹고 있을 것이고 애들을 학교에 보내줄 것이다. 그렇게 될 것이다. 나는 이 모든 것으로 부터 내 자신이 멈추었다는 것을 알지 못한다. 요전 날 케니가 학교에서 그린 재미있는 그림을 집으로 가져왔다. 그곳에는 서류 가방을 가진 정장 차림의 남자가 서 있었다. 케니는 "아빠예요. 홀로그램(hologram) 사람이에요."라고 말했다. 나는 이것이 무엇을 의미하는 것인지 물어보았다. 케니가 말하기를 "보세요. 엄마 손이 닿을 수가 있어요. 엄마는 어디서든 아빠를 볼 수 있어요!"라고 말했다. 케니가 나를 어떻게 그릴지가 궁금했다. 나는 재미난 아이디어를 내놓았다. 케니가 나를 여자 눈사람으로, 얼굴에서 땀이 쏟아지는 모습으로 그리게 하였다. 이것은 나를 내내 기분 좋게 하는 것들이다.

아내의 이야기는 트라우마를 가진 재향군인에게 접근하려는 노력을 설명한다. 즉, 감정적인 단절, 얼어붙어 있는 느낌, 기대감, 한 컨에서 느끼는 불안감 등이다. 캐시는 남편이 정상으로 돌아오기를 바란다. 비록 그녀가 환상 속에 있다는 것을 알고는 있지만, 계속 삶을 유지하기 위해서는 유지해야만 하는 환상이다. 그녀는 홀로그램과 함께 살고 있다. 그녀는 눈사람 여자이며 땀을 흘리고 있다. 그녀도 간접적인 트라우마를 겪었음을 우리에게 말해주고 있다. 한두 가지 이점이 있기도 하다.

케니의 이야기

나는 아빠의 얼굴이 어떻게 생겼는지 기억하지 못한다. 아빠의 얼굴을 보지 못한 지 오래되었다. 나는 앨범에서 베트남으로부터 온 아빠의 사진을 바라본다. 그는 꽤 젊어 보인다. 이상하다. 나는 기억할 수 없다. 아빠의 얼굴 이미지는 멀리 사라져버린다. 나는 아빠를 알아볼 수 있기를 바란다.

연극에서 이 이야기는 조가 베트남에서 돌아왔다는 것이 사실인지 관객의 마음속에 의심을 일으키게 한다. 이 대사를 보면 조는 베트남에서 죽었고 아내와 2명의 아이들은 집에 있다는 것을 알 수 있다. 그리고 케니가 가진 아빠에 대한 유일한 기억은 앨범에서 본 집으로 보내온 사진뿐이다. 이는 트라우마적이지 않은 이야기일 수 있다. 또는 이것이 여러 해 동안 집에 살고 있고 나중에 2명의 아이들을 가진, 그리고 케니를 매일 학교에 데려다주는 베트남 재향군인 자녀의 이야기라면, 이것은 부재에 대한 이야기일 수 있다. 그의 아버지, 얼굴이 없는 남자, "너의 손을 바로 잡을 수 있어."라고 말하는 홀로그램의 남자. 아버지를 아침에 볼 수 있으나 그곳에 진짜 있지 않다. 들어갈 수 없는 거리에 있다. 케니는 혼자서 지내야 한다.

실연의 효과

재향군인은 그들이 연극을 상영함으로써 자신의 경험을 좀 더 생각할 수 있어서 좋았고, 관객 속에 있는 가족이나 친구들이 증언을 할 수 있었다. 이 프로그램을 통해 치료적 작업의 중요성이 과소평가되었다는 점을 알게 되었고 베트남 재향군인으로서 자신의 정체성을 가지고 드러낼 수 있는 편안함을 느끼게 되었다고 하였다. 그들은 관객들이 전쟁에서 무슨 일이 일어났는지 좀 더 이해했다고 믿지 않았으며, 전쟁의 기억을 통해 특별한 위안을 얻지 못했다고 생각했다.

관객, 즉 가족과 친구 그리고 프로그램 관계자들은 연극을 매우 좋아하였으며 군인으로서 그리고 배우로서의 재향군인들을 존경한다고 말했다. 많은 관객은 재향군인이 전쟁이 종결되었다고 생각하지 않는다는 것을 이 연극이 보여주는 바라고 이해하였다. 그러나 어느 누구도 종결되었다고 생각한다는 말을 하지 않았다. 이 연극에 참여하지 않은 사람은 전쟁이 끝났다고 생각한다. 대부분의 관객은 연극에 나오는 모순적인 요소들에 혼란스러워했다. 예를 들면, 연극은 어느 시간에 일어났는지 모호하기도 했고, 조가 의도적으로 떠났는지 아닌지, 왜 엘리는 그의 아버지를 결국 볼 수 없었는지 등과 같은 것들이다.

명백하게 재향군인을 위한 병원치료 프로그램 공연은 세상에서 미미한 효과를 가지지만 결국에는 어떤 효과가 있지 않겠는가? 어떤 방법으로라도 회복되고 예방되고 치료하는 데 도움이 되지 않겠는가? 긍정적으로 볼 때 공연은 베트남전쟁의 과정 속에서 미국이 행하는 커다란 집단적인 노력 중 하나이며, 재향군인과 그 관련 사람들을 강요된 전쟁이라는 감정적 대가로부터 치유하려는 것이다. 게다가 이 연극을 종료하지 않는 것이 재향군인들의 경험에서 불가피한 요소라는 것을 알리려는 시도였으며, 이 사실은 가족과 프로그램 관계자들이 그들 자신의 실수나 프로그램의 한계에 의한 것이 아니라는 것을 확실시하였다. 부정적으로 보면 공연은 정말 일어났던 것을 억압하기도 하고 억제하였을 수도 있다. 이야기는 실제의 경험을 바탕으로 지어낸 것이다. 다만 압축하여 무대에서 원활하게 표현될 수 있도록 하였다. 공연은 전쟁에 대한 사회적 책임에 대해 질문하지 않는다. 즉, 공연은 전쟁의 정당성이나 전쟁 동안 재향군인들이 저지른 나쁜 짓에 대한 다양한 주제는 피하였다. 그 대신 연극에서 인물들이 큰 공감을 얻을 수 있는 맥락으로 진행하였다. 공연은 또 다른 무력 충돌로 이끌 수 있는 상황으로 변화시켜 사회적 행위를 자극하려는 의도가 없었다. 이 활동은 우선적으로 가치를 통합하고 치료적 프로그램의 정당성을 인식하려는 데 목적이 있다. 그러나 간혹 표준화되고 가공적인 이야기를 하다 보니 이 목적을 위해 공연하는 것이 어려울 때가 있다.

부재를 공연하기

트라우마적 경험에 대한 공연은 본질적으로 불완전함, 부재, 실종을 다루는데, 이는 공연을 신뢰할 수 있게 하기 위함이다. 이러한 차이는 화합, 연속성, 비극 등에 대한 심미적 원칙을 중단해야만 되는데, 이는 카타르시스와 애도가 트라우마적 경험을 방해하기 때문이다.

연극은 그 자체가 부재를 불러오는 공간이다. 모든 예술 양식처럼 극장은 보이는 영역과 볼 수 없는 영역 사이에 놓여있어서, 상상할 수 있고 자각할 수 없는 단어를 그들 스스로 드러내도록 하는 교량 역할을 하는 상징이다. 연극은 부재한 현재를 만들며 트라우마는 현재를 부재하게 한다. 트라우마는 사실 극장이나 예술에서 정반대로 보여질 수 있다. 트라우마는 현재를 보이지 않는 곳으로 빨아당긴다. 마치 '블랙홀'의 개념과 같다. 무대 위에 있는 인물은 '현실과 동떨어져' 있으나 트라우마의 희생자는 그들의 어떤 핵심적인 부분이 제거됐거나 사라졌다고 느낄 수 있다. 비록 연극이 감정의 카타르시스를 제공할지라도 트라우마는 우리의 감정을 마비시키고 냉담한 시선으로 다른 곳을 바라보게 할 수도 있다. 연극은 진행될수록 우리에게 감동을 준다. 트라우마는 반복되고 우리는 그것을 멈추게 한다.

트라우마를 가진 집단을 위한 응용연극과 드라마치료의 결과물은 딜

레마에 직면하기도 한다. 트라우마적 경험의 진실성이 적절하게 보였는
지 또는 회복을 위해 기대한 방향으로 적절하게 이야기되었는지 등에 대
한 딜레마이다. 이러한 줄거리는 일관성 있고 하나의 주장을 하며 마무
리하게 된다. 연극은 매혹적인 야간 극장에서 진행되는 것이 좋다. 트라
우마에 대한 진짜 공연을 하기 위해서 공연물은 극장에서 상영되어야 하
며, 우여곡절을 거쳐서 그것이 부서지고 멈추고 반복되어야 한다. 마치
트라우마 희생자가 플래시백(flashback) 속에서 그 사건과 사건에 대한
기억을 구분하지 못하는 것처럼, 극장에서의 '진실한 행위'는 배우가 행
위를 하는 것인지 실제가 된 것인지 관객이 말할 수 없는 곳에서 순간을
이끌 것이다. 또한 "모두 ~척 한다."라는 극장에서 만들어놓은 약속은
무너져버리고 그들의 두려움이 드러난다.

　저자는 예일정신상담소에서 초기에 실시했던 공연물 하나를 생생하
게 기억한다. 우리는 환자인 배우에게 역할을 주고 실제 구속재킷을 주
고 그의 요구에 따라 묶었다. 다른 배우들이 그의 주변으로 둘러앉았고
가볍게 바닥을 두드리면서 속삭이듯이, "자유!"라고 말했다. 배우는 속
박으로부터 벗어나려고 하였으며, 그를 잡는 데 거의 10분이 걸렸다. 진
행자뿐 아니라 집단 구성원은 이러한 구속이 진짜였다는 것을 보았지만
젊은 배우가 민첩하게 탈출하기에 충분했다는 것을 짐작할 수 있었다.
이는 그를 구속하는 것이 진짜가 아니라는 우리의 '약속'을 보여주었다.
이것은 훌륭한 공연이다. 왜냐하면 모두가 메시지를 이해하였으며, '자
유로부터의 투쟁'이라는 타이틀을 붙였기 때문이다. 그러나 갑자기 조
현병을 앓고 있는 30대 초반으로 보이는 남자 환자가 일어서서 매우 흥
분되고 두려운 목소리를 외쳤다. "그 남자에게 자유를 줘라!" 그가 매우
무섭게 말하니까 극장에 있던 집단 구성원들이 공포에 질렸고, 모든 사
람이 동요했다. 그 남자는 무대로 나왔고 보조자가 점잖게 그에게 다가

가서 나가라고 하였으나 계속해서 소리를 질렀다. "당신은 그를 그렇게 할 수 없어요! 그에게 자유를 주세요!"

이 사건은 후에 그의 정신병에 의해 나타난 경계의 붕괴라고 규정되었으며 이런 장면이 어떤 환자에게는 너무 격렬하다는 비판을 받았다. 그러나 많은 집단 구성원은 환자가 배우가 되어 고통을 가장하지만 방관자로 있는 것, 연극에서 '마치 ~인 것처럼'에 동의하여 진행하는 것처럼 그들 자신이 소극적으로 되는 이런 순간을 아주 잘 인지했다. 이때 정신질환자가 진짜 반응으로 나타낸 것을 실제로 활용하였다. 사실 그의 반응은 감사할만한 것이다. 모든 구성원은 그에게 동조하여 다음과 같이 소리를 질렀다. "저 사람을 풀어줘요." 무대에 나와서 모두 다 그를 구속에서 풀어주었다. 얼마나 훌륭한 광경인가? 이것이 연극에서 일어난 것인가? 분명하지도 않으며 분명할 수도 없다. 확실한 것은 집단 구성원으로서의 역할이 급격히 바뀌었다는 점이다. 이것은 마치 연극적 행위를 없애는 것이 트라우마적 행위의 진실을 드러내는 것처럼 보인다. 어떤 조건들이 집단 구성원을 생각하게 할 수 있으며 전통적인 연극적 만남에서 허용되는 것을 넘어설 수 있을까?

다른 예술가는 예술과 삶 사이의 경계를 뛰어넘는 것을 연구하였다. Augusto Boal의 보이지 않는 극장은 일반인을 대상으로 실연할 때 대본이 있는 장면을 함으로써 이러한 경계를 시도하였다. 마치 현실에서 일어난 것처럼 지나가는 관객이 인종주의, 성추행, 그리고 기타 다른 문제에 대해 토론하고 싶어 하였다(Boal, 1992). 이 작업은 여론을 형성하는 것(Boal의 배우처럼)과 여론을 주는 것(집단 구성원이 하는 것)과의 차이가 무엇인지를 알게 해준다. 이는 마치 관객들이 서로 다르다는 것을 숨기고 있는 것과 같다. 여기에서 극장이 그 자체로서 드러내는 극장 본연의 정직성은 관객 참여의 목적을 위해 위배되는 것처럼 보인다.

연극 : 레트 피이스

다음의 예제는 극단적인 것이다. 작가가 공연을 하는 동안 실제 범행에 연루되어서 공연 자체가 무효화되었다. 관객을 활성화하기 위해 1976년 Kim Jones이라는 예술가는 레트 피이스(the Rat Piece)라고 불리는 공연을 연출했는데, 그는 진흙으로 얼룩진 상태로 나무 상자를 끌고서 나타났다. 세 마리의 살아있는 쥐가 그 상자 안에 있었다. 그는 점화액을 쥐에게 뿌리고 쥐에게 불을 붙이고 다시 주기적으로 점화액을 뿌렸다. 쥐는 미친 듯이 비명을 지르고 도망다니다가 죽었다. 쥐가 죽자 그는 그것을 전시장에 있는 진흙 더미에 묻었다. 참가자들은 각양각색의 공포를 느꼈다.

그 후 Jones는 동물 학대로 기소되어서 가벼운 벌금을 물었다. 공연 감독은 해고되었다. 어떤 사람은 모든 사람이 쥐를 싫어한다고 하였다. 쥐는 집에서 약을 먹여 죽이는 것이 당연하다고 말이다. 왜 예술전시장에서는 안 되는가? Jones에 대한 유일한 논평은 어느 누구도 쥐의 편에 서서 간섭하지 않았다는 것이다. 공연장에서의 예술적 행위는 그것이 비록 무섭고 비난받을 만할지라도 관객이 행위하는 것을 예방하는 것이다. Kim Jones도 베트남 재향군인이다. 그와 그의 친구들은 정글에서 쥐를 잡아서 죽이고 괴롭혔다. 그러나 그의 전시는 아마도 미군이 베트남 사람에게 뿌렸던 네이팜탄을 상징하기 위해 좀 더 의도했을 것이다. 또한 미국 국민들이 전쟁의 방관자처럼 수동적으로 행동하는 것을(어떤 전쟁이라도 대중들은 수동적이긴 하지만) 상징화하기 위해 더 의도적으로 했을 것이다. 피해를 줄이기 위해 심미적인 조건들을 없앤 Jones는 관객들이 관객으로서의 역할을 하는 것을 벗어나도록 일깨웠다. 예일정신연구소의 저자의 환자와 같이 아마도 옳은 것만 수행하도록 하는 이러한 역할을 벗어버린 것이다.

Martin Harries는 레트 피이스에 대한 논평에서, "개입하지 않는 것은 관객이 된다는 것이다. 관객은 개입하지 않거나 관객이 개입되었을 때, 집단 구성원은 관객이라기보다는 다른 무언가가 된 것이다. … 공연의 성공은 관객의 실패에 달려있다. 그 실패란 개입하는 것이다. … (그리고 공연은) 관객의 규범에 지배를 받고 있다는 것을 설명하였다 (Harries, 2007)." 그러나 이러한 압박은 공연을 진행하는 동안에만 지속된다. 공연이 끝난 후 사람들은 폭력성을 표현한 것에 대해 자유로워졌고 소송이 진행되었다. Jones는 체포되었다. 명백히 범죄행위와 예술적 상징주의로서 동물을 죽이는 것은 투우 장면이나 종교적 의식을 위해 동물을 희생물로 바치는 것과 매우 흡사하며 공연과 트라우마 간의 경계에 대해 중대한 의문을 제기한다.

마지막 실종자(the Last MIA)라는 우리의 공연은 이 주제로 인해 공연을 널리 퍼뜨리게 하였다. 각 인물은 행위화할 것인가, 기다릴 것인가 하는 선택에 직면한다. 연극 속에서의 이야기는 '기다림인가, 행위화인가' 라는 주제를 반복한다. 대부분의 경우 행동을 하고 나면 덧없어진다. 쥐는 어쨌든 죽었다. 그리고 이는 마치 Jones의 관객이 그랬던 것처럼 재향군인의 고통을 바라보고 수수방관만 했던 관객들에게 딜레마를 준다. 공감을 하긴 하나 이러한 고통이 역사적이라는 생각만 할 뿐 아니라 공연 규칙에 의해 제한받을 것이라는 것을 알고 있다. 설명된 사건이 역사적이기는 하지만 재향군인의 고통은 그렇지가 않다. 그들의 고통은 실제로 일어난 일이며 현재에도 존재한다. 상처를 가진 가족을 포함하여 모든 집단 구성원들의 일도 역시 실제로 일어난 일이며 현재에도 존재한다. 관객 중 재향군인의 딸은 무대 위로 달려와서 소리쳤다. "아빠!" 엘리가 현존하지 않는 조에게 했던 것처럼 불렀다. 재향군인의 아내는 다음과 같이 소리쳤다. "나는 당신이 보고 싶어요!" 라고. 그녀가 무대로 얌전하게 나왔을까? 우리는 말할 수 없다. 그들이 공연 후에도 이러한 것을 말할 수 있을 때까지 기다렸다.

사회적 협약이나 예술적 협약, 또는 제네바 협약이 무너져버리는 순간은 상황에 대한 진실이 시험당할 때이다. 즉, 사회적 변동이 일어나거나 계엄령이 발효되었을 때이다. 베트남의 경우 어떤 사람들은 마치 예일정신연구소의 저자의 환자가 그랬던 것처럼 일어서서 소리를 질렀다. "안돼요. 전쟁은 그만해요!" 그리곤 어디론가 끌려갔다. 다른 사람들은 그때 예상대로 참여하기를 거절하였는데, 좋든 나쁘든 그것이 평온을 방해하는 것이기 때문이다. 트라우마 이야기는 이와 같이 베일에 싸인 것을 누군가가 뚫고 나왔을 때 시작되며, 카키아토처럼 곧장 걸어나왔을 때 시작된다. 바텐더의 이야기에 나오는 남자처럼 단순히 숲 속을 걸어가는 것이며 조처럼 단순히 더 이상 그곳에 있지 않는 것이다. 연극의 끝부분에서 조는 마치 유령처럼 집을 뚫고 나간다. 그의 딸 엘리는 그를 볼 수 있었다. 왜냐하면 그녀는 사회에서 요구하는 것에 아직 묶이지 않았기 때문이다. 벌거벗은 임금님에 나오는 것처럼 어린아이는 정말로 없는 것도 볼 수 있다. 이 이야기 속에서 모든 사람은 황제가 벌거벗었다는 것을 볼 수 있었지만, 오직 아이만이 그것이 당황스러운 말일지라도 진실을 말할 수 있다.

우리 관객들은 보고, 안다. 그것이 르완다, 다르푸르, 나치 독일, 캄보디아, 베트남, 또는 조일지라도 말이다. 우리는 관객으로 남기를 선택하고서 나중에 불평한다. 반응할 수 있는 우리의 능력은 너무 많이 반복되다 보니 무력해졌다. 이래서 우리는 우리가 '척'하는 방법을 통해 현존을 부재하게 하고, 진실을 가공으로 돌린다. 트라우마를 증언한 관객도 똑같은 상황에 놓인다. 그들은 자리로 돌아와서 누군가가 고통받는 것을 보고, 그들이 힘들더라도 그들의 일에 간섭하지 않는다(Sajnani, 2009). 어린이 극장에서는 어린이들이 주요 인물을 향해 "조심해! 여우가 저기에 숨어있어!"라고 말하면서 소리를 지르기도 한다. 성인 관객은 단지 바라만 본다. 그 결과 증언에서 트라우마 이야기에 대한 예상된 윤곽이 맞아떨어지는 경향이 있다.

이러한 공연을 하다 보면 명백한 기대가 있다. 벨기에의 독립을 이끌었던 혁명은 1830년 8월 25일 저녁, 브뤼셀의 오페라 하우스에서 Daniel Auber의 'La Muette de Portici'라는 공연에 의해 촉발되었다. Adolphe Nourrit가 부르는 'Amour sacre de la patrie'라는 노래가 나오는 동안 관객은 흥분해서 거리로 뛰쳐나갔고, 곧장 정부 건물을 점령하고, 혁명을 일으켰다. 더 최근에는 1988년 9월 11일에 열린 '가요 경연대회'에서 에스토니아 독립이 간접적인 방법으로 공표되었다. 즉, 탈린 가요 경연대회에서 30만 명의 에스토니아인들이 '에스토니아의 노래'를 부르기 시작하였다. 공연을 구실로 삼아 전 국민이 행동으로 옮겼다. 바로 그 당시에 그 노래가 변화의 지렛대 역할을 하였다.

트라우마는 사실 어떠한 구조도 없고 누구도 예방을 위해 개입할 수 없다는 것을 의미한다. 아빠가 아이들 방에서 넘어질 때 엄마가 다른 곳을 보고 있는 것과 같다. 경찰이 옆집 유대인에게 출동할 때 이웃사람이 자신의 창문에 커튼을 치는 것과 같다. 또한 아파트에 사는 어느 누구도 복도에서 나는 비명소리를 기억하지 못하는 것과 같다. 어느 누구도 주의를 기울이지 않는다. 만일 누군가가 있었다면 그 사람은 그 또는 그녀가 어떤 것을 할 수 있다는 것을 부정한 것이다. 트라우마에 관객이 없다는 것이며, 만일 이것이 진실이라면 트라우마에 대한 공연은 존재할 수 있을까?(Langer, 1993)

또 다른 트라우마 증언

트라우마 과정은 연속성을 방해하며 텍스트의 흐름을 방해한다. 무작위로 나타나는 파편들을 제거하는 것이며, 반복적으로 말하는 것들, 뒤죽박죽되어 있는 부분들을 제자리로 넣어주는 것이고, 메울 수 없는 큰 간격을 있는 그대로 두는 것이다. 그 결과 텍스트는 손상되는 것처럼 보이며 신뢰할 수 없을 수도 있다. 트라우마에 대한 이야기는 편집되지 않은 텍스트일 수도 있다. 편집자의 의도에 따라 수정되고, 이러한 손상을 계속 없애주기 때문이다. 혼란을 수습하고 간격을 줄이고, 그래서 이해할 수 있는 상태를 유지한다. 트라우마 이야기는 그 위에 낙서를 한 그림과 같다. 작업은 작가에 의해서가 아니라 다른 누군가에 의해 망쳐지고 파괴되며 개입된다. 이는 희생자의 경험에 대해 개작하는 것을 허용하지 않는 것과 같다.

트라우마 이야기 속에 나타난 상처와 공백이 희생자의 두려움이 아니라 범인의 흔적으로 이해될 수 있을까? 희생자의 증언은 작가 본래의 폭력적인 행위에 의해 손상되었다. 검열관이 희생자가 원하는 것을 금지시키는 것과 같다. 저술에 대한 급진적인 탈중심화는 트라우마 이야기에서 나타나는데, 희생자를 위해서 더 이상 단독 저자가 고려되지 않는다. 이는 그 자체가 트라우마의 본성을 불러일으킨다. 즉, 희생자가 아니라 범죄자 집단에 영향을 준다. 희생자는 또 다른 무서운 행동을 전달하려는 리포터로서 이해될 수 있다. 희생자는 침묵과 이해할 수 없는 상태에 빠진다. 마치 희생자가 거기에 없었던 것처럼. '이야기가 진실이 아닌 것처럼 비현실적인 모습으로 나타나면서' 희생자는 그 사건의 저자가 아니었다.

이러한 분석은 하나의 진실된 트라우마 이야기 또는 연극 작품에 타자가 왜 개입하게 되는지에 대한 설명일 수 있다. 타자는 범죄자를 폭로하고 그것을 멈추기 위해 일어서야 한다. 트라우마 증언은 기존의 심미적 규약 영역 안에 있을 때 그 간격과 단절이 매끄러워지고 채워지며 범죄자의 생생한 존재가 감춰진다. 그의 존재 없이 행동을 개시할 필요가 없다. 어쩔 수 없는 상황이 되었을 때 타자는 범죄자를 폭로하고 그를 저지하기 위해 일어난다. 즉, "그를 풀어주세요."라고 소리쳤던 남자처럼, 불붙은 쥐를 꺼내준 여인처럼, 어린아이가 아빠를 부르는 것처럼, 공연에 참석했던 젊은이들이 밖으로 나와서 국가 건물을 점령하는 것처럼 말이다.

공연에서 타자에 대한 유일한 정보원은 관객이다. 이와 같은 진실한 트라우마 증언은 관객을 방관자로서만 있게 하지 않을 것이다. 트라우마적 사건에 대한 심미적 목격자가 되며, 궁극적으로는 무엇이 일어났는지를 지지하고 보여줄 것이다. 심각한 불편감이 올 것이다. 심미적 규약이 없어지기 때문에 연극적인 공연의 연속성이 파괴될 것이다. 그러한 행동을 대본에 쓰거나 관객을 공모자로 이용하는 것만으로는 이러한 순간들을 만들어내지 못한다. 이야기에 개입하는 것은 자발적이어야만 하며 외부로부터 와야 한다. 배우의 대본이 설정되었고 트라우마적 사건이 일어났으며 불확실하게 남아있는 것이 무엇인지 잘 모를 때, 관객은 무엇을 할 것인가? 트라우마에 대한 응용공연의 목적은 공연이 배우에 의해서 공연되든 아니면 희생자에 의해서 공연되든, 세상의 잘못된 것을 바로잡고 악을 예방하는 것이 누구인지를 관객에게 질문하는 것이다. 이는 바로 우리가 될 것이다.

치료적, 사회적 행동 공연물은 어떤 면에서 치료적 규칙을 고려해야만 한다. 트라우마 이야기 발표회에서 '보는 것'과 '말하는 것'의 불일치는 배우와 관객에 의해 나타난 자발적 행동을 드러내는 것이어야 한

다. 이들은 그들의 역할이 무엇인지 질문하고, 그 일이 변화하도록 요청
한다. 그들을 이끄는 것은 두려움이다. 이 두려움은 트라우마 이야기 속
에서 아무것도 없는 장면 뒤로 범죄자가 나타날 때 일어난다. 아마도 응
용공연은 전쟁, 아동 학대, 강간 또는 폭력과 같은 트라우마적 사건이 원
인이 된 경우 영향을 줄 수 있다. 반면에 두려움은 그들을 마비시키고,
그들을 혼란스럽게 한다. 관객이 없이 용기를 가진 행위만이 남을 것이
다. 우리의 딜레마는 남아있다. 트라우마의 증언에서처럼 견딜 수 없는
부재, 즉 숨어있는 범죄자와의 직면이 없는 응용공연은 오직 치유와 회
복에 대한 환상만 있을 것이다. 우리는 공연으로 희생자가 회복될 때 위
안을 받고, 이 문제에 우리가 관심을 갖는 것에 만족한다. 왜냐하면 우리
에게 소용돌이친 공포를 일으킨 상황과 사람은 약해지지 않기 때문이다.

참고문헌

Abbott, R. (2007). *No unwounded soldiers* [Film]. Abbott Media.

Bailey, S. (2009). Performance in drama therapy. In D. Johnson & R. Emunah (Eds.), *Current approaches in drama therapy* (2nd ed., pp. 374-392). Springfield, IL: Charles C Thomas.

Boal, A. (1992). *Games for actors and non-actors.* New York: Routledge Press.

DeRose, D. (1996). *Vietnam War literature.* New York: Scarecrow Press.

Emunah, R., & Johnson, D. (1983). The impact of theatrical performance on the self-images of psychiatric patients. *Arts in Psychotherapy, 10,* 233-240.

Harries, M. (2007). Regarding the pain of rats: Kim Jones's Rat Piece. *Drama Review, 51, 160-165.*

James, M., & Johnson, D. (1996). Drama therapy for the treatment of affective expression in post-traumatic stress disorder. In D. Nathanson (Ed.), *Knowing feeling: Affect, script, and psychotherapy* (pp. 303-326). New York: Norton.

Johnson, D. (2003). Deterioration of innocence and neutrality in international conflict. Book review of *Sharing the front line and the back hills: International protectors and providers: Peacekeepers, humanitarian aid workers, and the media in the midst of crisis,* by Yael Danieli. *Contemporary Psychology: APA Review of Books, 48, 405-407.*

Johnson, D., Feldman, S., Lubin, H., & Southwick, 5. (1995). The use of ritual and ceremony in the treatment of post-traumatic stress disorder. *Journal of Traumatic Stress, 8, 283-299.*

Johnson, D., Feldman, S., Southwick, S., & Charney, D. (1994). The concept of the second generation program in the treatment of post-traumatic stress disorder among Vietnam veterans. *Journal of Traumatic Stress, 7, 217-236.*

Langer, L. (1993). *Holocaust testimonies: The ruins of memory.* New Haven, CT: Yale University Press.

O'Brien, T. (1978). *Going after Cacciato.* New York: Dell.

O'Brien, T. (1990). *The things they carried.* Boston: Houghton-Mifflin.

O'Brien, T. (1994). *In the Lake of the Woods.* Boston: Houghton-Mifflin.

Rosen, D. (2005). *Armies of the young: Child soldiers in war and terrorism.* New Brunswick, NJ: Rutgers University Press.

Sajnani, N. (2009). *Permeable boundaries: Towards a critical, collaborative performance pedagogy.* Unpublished doctoral dissertation, Concordia University, Montreal, Canada.

Shay, J. (1994). *Achilles in Vietnam: Combat trauma and the undoing of character.* New York: Atheneum.

Snow, S. (2009). Ritual/theatre/therapy. In D. Johnson & R. Emunah (Eds.), *Current approaches in drama therapy* (2nd ed., pp. 117-144). Springfield, IL: Charles C Thomas.

Solomon, M., & Siegel, D. (Eds.). *Healing trauma: Attachment, mind, body, and brain.* New York: W.W. Norton.

Solomon, Z. (1993). *Combat stress reaction: The enduring toll of war.* New York: Plenum.

Thompson, J. (2006). *Digging up stories: Applied theatre, performance, and war.* Manchester UK: Manchester University Press.

Thomson, I. (2004). *Primo Levi: A life.* New York: Picador.

4 'HIV'에서 'H'는 '인간'을 나타 낸다 : 계속되는 전 세계적 위기 에 대한 행위적 접근

MARIO COSSA

저자 프로필

나는 1984년에 처음으로 소시오드라마와 드라마치료 그리고 사이코드라마에 관심을 가졌다. 그때 나는 뉴햄프셔 주 킨에 있는 어린이 공연예술센터에서 예술 감독과 극장 교육가로 근무하고 있었다. 약물을 남용하는 지역 청소년들과 연극을 하면서 '공연 하는 것'보다 더 많은 것을 하고 있다고 확신했다. 나는 드라마가 젊은이들의 자기성장을 위한 도구로 활용될수 있을 것이라는 사실에 흥미를 갖게 되었다. 안티오크에 있는 대학원으로 돌아와서 나는 액팅 아웃(acting out) 프로그램을 개발했는데, 이는 문제 지향적이고 관객과 상호작용하며 즉흥적인 연극과 표현치료를 결합한 것이다. 나는 HIV에 대해 배우면 배울수록 감염된 사람들과 만나거나 일할 기회가 많아졌고 드라마를 통해 청소년에게 HIV/AIDS에 대한 정보를 주거나 흥미를 가질 수 있도록 헌신하게 되었다. 몇 년 후 내가 남아프리카에서 트라우마 생존자들과 사이코드라마를 진행했을 때 나는 이 질병이 매우 확산되었다는 것을 알게 되었다.

예술학 석사이며 공인무대치료사이자 수련감독인 Mario Cossa는 사이코드라마와 드라마치료의 대표적인 치료자 중 한 사람이다. 그는 교육 및 상담심리 석사학위를 가지고 있다. 뉴햄프셔 주 교육국의 후원으로 개발한 '액팅 아웃'은 HIV/AIDS 교육에 초점을 둔 학교 중심의 프로그램이며 교사 훈련프로그램이다. 2009년 그는 미국 집단치료 및 사이코드라마학회에서 Neil Passariello상을 받았으며, Regina Moreno와 함께 캘리포니아 버클리에 베이지역 Moreno 연구소를 설립했다.

서론

1981년 저자가 버몬트에 있는 게이리조트호텔의 프런트에서 일하고 있었을 때 새로운 발표된 디스코 음악인 '게이 암(gay cancer)'이 흘러나오는 것을 흥얼거리고 있었다. 게이와 관련된 면역결핍(GRID)이라는 이름이 나온 지 얼마 되지 않은 때였다. 1983년에 그 글자는 좀 더 포괄적인 내용을 가진 AIDS, 즉 후천성 면역결핍증으로 바뀌었고, 원인이 되는 요인이 HIV, 에이즈 바이러스라고 밝혀졌다. 저자의 기억으로는 프랑스와 미국 중 누가 '그것'을 최초로 발견했는지에 대해 논란이 있었다. 누가 '그것'을 발견했든지 간에 HIV/AIDS의 발병이 도시에서만 많이 발생하다가 전 세계적으로 퍼졌다는 소식을 들었다. 영국의 시골 마을은 꽤 안전하다고 생각했었다. 그러나 그러한 안전은 잠시 잠깐이었다.

HIV/AIDS는 유행병처럼 세계 곳곳으로 빠르게 퍼져나갔으며 예방 가능한 질병임에도 불구하고 모든 사람이 치명적이라고 하였다. 예방교육에 많은 노력을 하였으며 금욕 일변도의 접근 방법이냐 안전한 섹스 중심의 접근 방법이냐에 대한 논란과 감염된 사람의 치료에 대한 논란이 일어나기 시작하였으며, 질병에 대한 공포와 잘못된 정보로 인해 복잡하게 되었다. 감염된 사람들을 기억하기 위해 퀼트(누비이불)를 만들기도

하였으며, 이 질병을 지니고 사는 사람들을 기리기 위해 브로드웨이 쇼
가 열렸다.

이러한 유행병의 얼굴은 시간이 지나면서 여러 번 변했다. 이 질병은
더 이상 '동성애자 남자와 아이티 사람들만 감염되는' 질병이 아니다. 감
염된 사람들의 운명도 마찬가지로 변했다. HIV 양성으로 진단받은 것이
죽음을 선고받는 것이 아니다. 그러나 HIV는 사라지지 않았으며 감염된
사람들이 미치는 효과가 아주 의미 없는 것은 아니다. 나는 집단 트라우
마라는 관점에서 이 유행병에 접근하고자 한다. 질병관리국(Centers
for Disease Control, CDC)의 보고에 따르면 다음과 같다(Dunham,
2008).

- 현재 110만 미국인이 HIV에 감염된 채로 살고 있다.
- 2006년, 미국에서는 5만 6,300명의 새로운 감염자가 발생하였는
  데, 이는 전에 예상했던 것보다 훨씬 많은 숫자이다.
- 미국에서는 HIV/AIDS가 동성애자와 양성애자 남자뿐 아니라 양
  성애자 흑인에게 많이 발병한다.
- 2007년 전 세계적으로 모든 AIDS 사망의 75%가 사하라 이남의 아
  프리카에서 발생했으며, 이곳은 220만 명이 감염되었다.

HIV/AIDS 예방 및 교육 그리고 치료에 관한 현재의 상황은 휴먼 서비
스(human service) 제공자들이 소진과 공감 능력 감퇴에 시달린다는 점
이다. 사망률이 높은 질병이라기보다는 치료 가능한 질병이기 때문에 예
방을 위해서는 행동 변화를 동기화할 수 있는 새로운 도전을 갖게 되었
다. HIV에 감염된 사람들에게 치료와 지지를 해줄 수 있는 새로운 실현
가능성을 갖게 되었다. HIV/AIDS에 심각하게 감염된 전 세계의 수많은

지역사회에 효과적인 예방과 치료를 하기 위해서는 계속되는 정치적, 사회적, 경제적, 문화적 장애물에 시달려야 한다(Surdoval, 2009).

2008년 10월, 몇 년 전에 저자가 개최했던 한쪽 배우자만 HIV 양성인 부부를 위한 워크숍의 동료로부터 이메일을 받았다. 그녀는 현재의 HIV/AIDS 자료와 그에 대한 코멘트를 적은 보고서를 첨부하였다.

> 이것을 읽고 머리가 혼란스러웠다. HIV 예방 관련 업무를 여러 해 동안 진행했는데 정말로 변한 것이 없는가? 이것은 100% 예방 가능한 질병이다. 지금 치명적인 질병에서 만성적인 질병으로 이동하고 있다. 내가 얼마나 미온적인 행동을 하게 되었는지는 그리 놀라운 일이 아니다. 생각하건대 나는 흥미롭고 안전한 섹스를 권장하기 위한 창조적인 방법을 알아내기 위해 노력했다. 내가 다른 곳에 더 많은 시간을 소비한 것이 아닌지 하는 생각을 하게 된다(Caulfield, personal communication, 2009).

그녀가 이메일에 표현했던 좌절감은 이 분야에서 일했던 저자가 아는 많은 사람들에게 반향을 불러왔으며, 몇 년 동안 안전한 성행위를 위한 프로그램에 대한 정부의 비난, 재원 감소 그리고 관심 부족에 대처해야만 했다. 헌신적인 HIV/AIDS 종사자의 욕구는 감소되지 않았으며 이 분야에 관심을 가진 새로운 사람들을 격려할 뿐만 아니라 기존의 종사자들도 지지하고 동기를 부여할 수 있는 방법을 찾을 필요가 있다는 것을 알게 되었다.

또한 이제는 HIV에 감염된 사람과 이에 영향을 받는 사람의 욕구도 고려해야 한다. 선진국과 개발도상국 간 또는 다양한 국가의 문화 속에서 치료와 관리가 서로 다르다는 점이 더 많은 사회적 문제와 관심을 나타낸다.

이 장은 소시오드라마, 사회측정학 및 관련 행위화 기법이 휴먼서비스 종사자의 공감 능력 감퇴를 감소시키며, 효과적인 예방 교육을 개발하고 감염된 사람들과 함께 일하며 정치적 및 사회적 장애물을 없앨 수 있는 도구가 될 수 있다는 사실에 중점을 둔다.

공감 능력 감퇴 없애기

공감 능력 감퇴는 원래 트라우마 생존자와 일하는 치료자와 사회서비스 종사자에게 나타나는 현상을 설명하기 위해 만들어낸 용어이다(Figley, 1995). 이것은 다음과 관련되어 있다. 종사자는 자신의 트라우마 경험에 의해 다시 영향받을 수 있다는 점이다. 다른 사람의 트라우마를 목격했거나 들은 사람에게 일어날 수 있는 대리외상(vicarious traumatization)이 생길 수 있다. 또한 역기능적인 기관이나 조직에서 근무하기 때문에 생기는 스트레스가 생길 수 있다. 마지막으로 종사자를 위한 적절한 지지와 슈퍼비전이 부족할 수 있다(Courtois, 1993). 공감 능력 감퇴는 통상적 용어인 소진(burnout)이라고 불리는 것에 영향을 준다.

용어에 대해 조정을 하자면, HIV/AIDS 종사자에게 확실하게 적용할 수 있는 원인이 되는 요인들은 다음과 같다. 대부분의 종사자는 20년 이상 이 질병의 피해로 인해 심각하게 영향을 받았다. 직무설명서에는 각 개인으로부터 감염에 대한 이야기를 듣는 것이 명시되어 있다. 저자는 친구에게 이 장을 설명하기 위해 이메일을 주고받고 그녀를 여기에 인용하는 것을 허락받았는데, 저자는 그 용어를 전에 들은 적도, 그것에 대한 설명을 읽은 적도 없었다. 한 동료는 다음과 같은 내용을 보내왔다.

공감 능력 감퇴를 무시해라. 내가 이 분야에서 더 오래 일했더라면 외상 후 스트레스 장애와 같은 것에 걸렸을 수도 있다. 나는 몇 달 전 AIDS 고아에 관한 TV 프로그램을 시청하고 있었다. 이때 나는 죽어가는 엄마를 보고 소리 지르는 아이를 붙잡고 있었던 때가 기억났으며 죽어가는 아이의 엄마가 기억나서 나를 매우 초라하게 하였다(Caulfield, 2009).

우리의 경험에 의하면 위에서 제시한 처음의 두 가지 인과적 요인에 따른 스트레스를 성공적으로 대처한 사람과 쉽게 소진한 사람의 차이는 일반적으로 후자의 2개 요인에서 발견된다. 많은 부분에서의 긍정적인 의도와 영웅적인 노력에도 불구하고, 이 분야에서 일하는 기관이나 조직은 경제적 지원금과 모니터 결과물을 마련하기 위해 역기능적인 체계에 들어가지 않을 수 없다. 근로자와 함께(달리 말하면, Alice의 White Queen) '할 수 있는 한 빨리 똑같은 장소에 머무를 수 있도록 실행하는 것'이지만 적절한 지지와 슈퍼비전을 위한 시간이나 자원이 거의 없다.

최근에 저자는 사회측정학과 소시오드라마적인 접근법을 적용했는데 이것이 HIV/AIDS 종사자 훈련을 하는 다수의 나라에서 일하는 트라우마 종사자를 지원하는 데 유용하다는 것과 그들의 노력을 새롭게 활성화하고 새롭게 동기화시키는 데 도움을 줄 수 있다는 것을 알았다. 이러한 훈련은 규범을 명료화하고 안전하고 비밀스러운 장소를 만드는 것에서부터 시작하는데, 참가자들은 그들이 직장에서 일할 때 개인적으로 어떻게 영향을 받는지에 대해 서로 이야기하였다. 더 큰 집단에서 두 사람씩 짝을 지어서 하는 나누기가 전체 집단으로 나누기가 될 수도 있다.

원형 사회측정학(circle sociometry)은 더 큰 집단 나누기가 이루어지도록 하는 하나의 방법일 수 있다. 집단 구성원들은 둥글게 둘러서서 차례로 원 안쪽으로 들어와서 자신에 대한 진실을 이야기한다. 예를 들면, "나는 1980년대 이후로 이곳에서 일하고 있습니다." 또는 "나는 고객이 약속 시간에 오지 않으면 좌절합니다." 또는 "나와 일했던 사람의 장례식에 다녀올 때마다 가슴이 아픕니다." 만일 이 말이 다른 집단 구성원에게도 사실이라면 그들도 마찬가지로 원 안으로 들어가서 같은 생각과 같은 느낌이라는 것을 알리면서 둘러본다. 이러한 과정을 계속하면서 각 집단 구성원은 집단이 무언가 반응할 수 있는 기회를 준다. 웜업 단계에 대한 훈련을 통해서 구성원들은 공통의 경험과 목적을 전개해나가며, 진정한 전문가적 기술은 집단의 지혜로부터 나오는 것이지 전적으로 진행자로부터 나오는 것이 아니라는 것을 알게 된다. 그리고 참가자들은 방의 네 군데에 천이나 의자로 표시를 한 장소에 가서 선다. 즉, 그들의 일과 삶 속에서 경험한 네 가지 공감 능력 감퇴의 원인 인자, 즉 새로운 자극, 대리외상, 역기능적인 기관에서 일하는 데서 오는 스트레스 그리고 적절한 지원과 슈퍼비전의 부재 중 하나에 들어간다. 5번째 장소는 공식화된 스트레스 요소가 아니더라도 집단 구성원의 경험과 관련된 것을 나타낸다.

참가자들은 이 장소에서 저 장소로 움직이도록 지시를 받고, 그들이 그곳에서 영향받은 정도를 알리도록 한다. 그들은 각 항목에 1점에서 10점까지의 숫자로 상대적인 영향에 대해 점수를 준다. 각 장소를 모두 다 가본 후 그들은 자신이 가장 높은 점수를 주었던 장소로 가도록 지시를 받는다. 각 집단의 구성원은 그들의 생각과 감정을 서로 말할 기회를 가지며, 각 집단은 자신들이 나누었던 내용 중에 중요한 부분을 전체 집단에게 말한다. 예를 들면, 다음과 같다.

우리는 거의 5점과 6점을 주었어요. 그 이유는 우리가 이 질병으로 사망한 사람들뿐 아니라 치유하고 있는 다른 사람의 이야기도 생각났기 때문이에요. 우리는 2개의 요인 사이에 서 있는데, 이는 우리가 일하는 곳이 역기능적인 면이 9점이나 되었기 때문이에요. 우리와 동료들이 서로 지지할 때 더 일을 잘할 수 있으나, 대부분 너무 바쁘다 보니 우리도 마찬가지로 9점을 주었다는 것을 알게 되었어요.

저자가 남아프리카에서 35명의 트라우마 종사자들을 대상으로 훈련을 실시하였는데, 한 참가자가 보고하기를, 수년간 훈련을 받아왔지만 다른 동료와 자신의 감정을 나눈 적은 처음이었다고 말하였다. 훈련에 대한 평가에서 참가자에게 자신들의 경험과 좌절을 나눌 기회를 주는 것이 매우 중요하다는 것을 알게 해주었다고 하였다.

그러나 참가자들이 원인에 대처하기 위한 조치를 취하지 않고, 좌절에 대해 서로 나누게 하는 것은 오랫동안 위로가 되어주지는 않는다. 따라서 참가자들이 창의적으로 할 수 있는 소시오드라마 속에서 드라마 역할로서 자기케어와 지지에 대해 전문 위원회를 만든다. 적절하게 자기케어를 하는 것을 보여주는 실제적 또는 이미지화된 인물들을 만들 수 있다. 드라마가 시작되면 참가자들은 위원회 역할을 시작한다. 연출자는 행위가 진행됨에 따라 역할을 바꿔서 할 수 있도록 격려해준다.

소진의 원인별로 참가자들이 전문위원이 되어 돌아다니며 희생자 역할을 하는 사람에게 스트레스를 다루는 전략들을 이끌어낸다. 이렇게 말할 수도 있다.

대리 트라우마 희생자 역할(VTC) : 때로는 저녁이 되면 나는 집에 가서 저녁을 준비할 힘도 없습니다. 그래서 도중에 햄버거를 사서 쓰레기 같은 식사를 하는 것에 기분이 나빠집니다.

전문위원 : 당신이 집으로 오기 전에 긴장을 풀 수 있는 것, 사무실에서 받은 스
트레스를 없앨 수 있는 것은 무엇일까요?

대리 트라우마 희생자(VTC) : 차를 타기 전에 사무실 근처에 있는 공원 호수에
앉아서 몇 분 동안 백조를 바라보는 것이 좋겠습니다.

연출자는 등장인물의 대화를 촉진하도록 도울 뿐만 아니라 적극적으
로 참여하는 사람에서부터 관객에 이르기까지 역할을 교대하도록 한다.
드라마의 의의는 참가자들이 역할교대를 통해서 중요한 통찰을 얻는 데
있으며, 마지막에는 나누기를 하고 끝낸다.

훈련받는 동안 개인이든 또는 집단이든 간에 이들은 비슷한 문제를 가
지고 왔으며, 비슷한 기관에서 일하는 참가자들은 개인과 기관에 대한
사후 지도 전략을 세우고 끝난다. 이 훈련 단계는 참가자가 관리하려고
애쓰는 공감 능력 감퇴를 일으키는 요인들을 인식하고 변화하려는 구체
적인 계획을 개발하는 기회를 주는 것이다.

예방교육을 위한 전략

비록 HIV 감염이 지금은 치료 가능한 상태라고 하더라도 2006년에
AIDS로 사망한 미국인은 1만 4,000명에 달한다(Dunham, 2008). 게
다가 생존자들은 투약과 건강관리를 평생해야 한다. 미국질병관리국
(CDC)의 HIV/AIDS 예방국장의 대리인 Richard Wolitski는 다음과 같
이 말하였다. "우리는 이 전염병이 소멸되고 있는 것이라고 생각하지 말
아야 한다. 우리는 강력한 예방 프로그램을 가지고 이 전염병이 처음 발
생했던 곳부터 예방할 수 있어야 한다(Dunham, 2008, p. 2)."

1996년에 수행된 연구와 **미국의학협회지**의 보고에 의하면(Resnick et

al., 1997) 젊은이들에게 HIV/AIDS 예방 프로그램이 효과적이려면 4개의 중요한 요소를 잘 나타내야 한다고 한다. 즉, 프로그램이 실제적으로 참가자들의 행동을 변화시켜야 한다. 이러한 요소는 행동적 접근을 통해 교육하는 것이며 젊은이들이 삶 속에서 위험 행동에 빠지기 전에 예방교육을 하여야 하며 가능하다면 동료 교육을 하도록 하고 건강한 행위의 선택권을 실천할 수 있는 기회를 주어야 한다. 처음과 맨 마지막 요소들은 이 장에서 토의하려는 행동전략과 연관되어 있다.

소시오드라마는 HIV 감염에 대한 현실성 있는 정보를 줄 수 있을 뿐만 아니라 참가자가 HIV 양성자로 진단될 때의 긴장과 불안을 경험하고, 이러한 진단 후 삶의 변화를 동기화할 수 있도록 한다. 다음은 저자가 2009년도에 미주리 주의 세인트루이스에서 있었던 미국 집단치료 및 사이코드라마 연차 대회 Neil Pasiorello 초청 워크숍에서 발표하였던 핵심적인 활동을 제시하고자 한다.

연출자는 순차적으로 장면을 연기할 역할을 맡은 4명의 주요인물을 소개한다. 고등학생 소녀, 20대 후반의 남성, 40대 여성, 50대 남성 동성애자이다. 그들은 드라마에서 전혀 만난 적이 없을지라도 그들의 이야기는 주어진 방법에 의해 다양한 단계를 거쳐 진행될 것이다. 등장인물에 대한 자세한 이야기는 드라마를 경험하게 될 참가자의 눈을 통해 특정 역할을 행위할 수 있도록 준비시켜 준다.

고등학생 소녀는 최근에 대학생 남자 친구와의 관계에서 있었던 일을 말한다. 처음부터 그녀는 성적으로 적극적으로 하라는 압력을 많이 받았으며 결국 이에 굴복당했다. 그녀는 남자 친구와 여러 달 동안 '광란의 파티'에 여러 번 참석하였다. 이때 이들은 무방비 상태로 섹스를 하였다. 그녀는 경구 피임약은 먹고 있었다. 남자 친구는 곧 그녀에게 흥미를 잃고 떠났다.

20대 남자는 몇 년 전에 정맥주사용 마약을 맞은 적이 있다. 가족과 친구의 도움을 받아 인생을 새롭게 전환하면서 마약을 깨끗이 청산하였다. 지금 군입대 신청을 하려고 생각 중이며, 군대에서 HIV 검사를 할 것이라는 것을 알고 있다.

40대 여성은 남편이 몇 년 전부터 사업적으로 여행을 갈 때 매춘부와 섹스를 한 것을 알고 난 후 최근에 이혼하였다. 이혼으로 인한 충격으로 고통받았고, 연애를 다시 시작하려고 한다.

50대 남성 동성애자는 몇 년 동안 자기보다 더 나이 많은 한 사람의 남자와 성관계를 하였다. 약 1년 반 전에 그의 파트너가 갑자기 심장마비로 죽었다. 그는 시골에서 도시로 이사 온 후 동성애자 클럽에 다닌다. 주로 젊은 남자와 섹스를 하기 시작했으며, 언제나 안전한 섹스를 하는 것은 아니다.

이러한 기본적 역할에 대한 설명을 색인카드에 적어서 방에 있는 의자 위에 놓는다. 참가자들은 돌아다니다가 '등장인물'을 뽑는다. 위에서 제공한 정보를 바탕으로 각각의 집단은 이 등장인물에 대해 추가적인 자세한 설명을 한다. 등장인물의 이름, 나이, 인종과 민족적 배경 등을 붙이고 어떻게 이 등장인물을 다른 집단에게 설명할 것인지 결정한다. 집단 독백을 할 수도 있고, 모두 한꺼번에 서서 각 등장인물의 생각과 감정을 번갈아가면서 말할 수도 있다. 그들은 '등장인물 의자(character's chair)'에 번갈아 앉아서, 그 역할 속에서 말하고 그 역할에 머무르면서 등장인물 인생의 한 부분을 느껴볼 수 있다.

고등학생 역할에서의 독백과 대화 내용은 워크숍에서 나온 것을 재구성한 것이다.

내 이름은 에미입니다. 조를 만나기 전까지 내 인생에서 학교보다 중요한 것은 없었습니다. 나는 남자 대학생이 실제로 나와 사랑에 빠질 것이라는 것을 상상할 수 없었습니다. 친구들은 모두 매우 부러워했습니다. 나는 조를 위한 것이라면 무엇이든지 하려고 했고, 그렇게 했습니다. 그가 나를 찬 후 다른 여자애들도 내가 당했던 것과 똑같이 당했다는 소문을 들었습니다. 나는 바보였다는 생각이 들었습니다. 내가 경구 피임약을 복용한 것이 다행이라고 생각합니다. 적어도 임신에 대한 걱정은 하지 않아도 되니까요.

4개의 간단한 장면이 차례로 실연되고 각 등장인물은 그들이 왜 검사를 받아야 되는지, 검사받는 것에 왜 저항할 수밖에 없는지에 대해 친구에게 이야기한다. 각 집단의 구성원 중 한 사람이 일반적으로 등장인물과 친구 역할을 하고, 나머지는 관객으로 참석한다. 연출자는 각 장면을 촉진하고 구체화시켜서 결국에는 검사를 받는 결정을 하도록 이끈다. 젊은 남성의 경우는 다음과 같다.

젊은 남성 : 군대가 나에게 아주 좋은 기회라는 것을 알아. 적어도 무역에 관한 것이나 그 외의 것을 배울 수 있어. 그리고 나는 오랫동안 마약을 안 했기 때문에 신체적으로 합격하는 데 문제가 없어.

친구 : 그래, 하지만 HIV 검사를 받아야 된다는 것을 알고 있지? 너는 한 번도 검사받아 본 적이 없잖아.

젊은 남성 : 안 받아봤어. 결과가 어떻게 나올지 너무 두려워.

친구 : 그럼 검사 결과가 나올 때까지 기다려보자. 때론 지옥에서 길을 찾을 수 있을지도 모르잖아.

이러한 장면은 등장인물 집단이 차례로 '검사받는 의식'을 한 후 종결하며, 연출자가 AIDS 서비스 단체의 종사자 역할을 한다. 참가자들은 구강검사 시료를 받기 위해 입을 열고서 닦는 것을 상상하고 20분 안에 결과가 나오기를 기다린다. 이때, 그들은 자신들의 검사 '결과'를 각자 종이에 적는다. 그들은 20분 동안 종이쪽지를 열 수 없다. 그러나 집단에 있는 누군가가 'HIV양성'이라고 적힌 쪽지를 건네받았을 때 말을 한다.

각 집단이 이러한 절차를 마친 후 자리로 돌아와서 둥글게 앉는다. 각 집단에서 2명이 질문에 답하는 소시오드라마적 장면(sociodramatic vignette)을 시연하고, 각 개인이 자신의 검사결과를 기다리는 동안 면접을 한다. 각 집단의 참가자 중 한 사람이 질문을 들으면 등장인물의 내적 반응을 독백한다. 그리고 등장인물이 큰 소리로 하는 질문에 대해 또다른 사람이 답한다. 그 질문은 다음과 같다.

- 당신은 과거에 얼마나 많은 파트너가 있었나요?
- 당신의 파트너는 남자였나요? 여자였나요? 아니면 둘 다였나요?
- 당신은 무방비 상태로 구강성교를 했나요? 이런 것에 대해 소극적인가요? 허용적인가요?
- 당신은 무방비 상태로 질 섹스를 했나요?
- 당신은 무방비 상태로 항문성교를 했나요?
- 당신은 마약을 할 때 주삿바늘을 다른 사람과 같이 썼나요?

동성애자에 대한 경우 다음과 같은 장면을 만들 수 있다.

AIDS 종사자 : 당신은 과거에 얼마나 많은 파트너가 있었나요?
내적 목소리 : 이 질문에 어떻게 답변을 해야 하나? 잘 알지도 못하는데. 요즈음 세지를 않았는데 정말 나는 얼마나 어리석은가.
동성애자 : 오, 잘 모르겠어요. 6번 또는 7번 정도?

각 집단의 구성원들은 음성(−) 결과를 집단이 독백하도록 하고, 음성 (−) 결과를 받았을 때 어떻게 느꼈는지에 대해 종이에 적는다. 다음에는 양성(+) 진단을 받은 사람이 독백을 한다.

HIV 양성 환자의 독백은 중년 여성의 경우 다음과 같다. "아니야. 나한테 이런 일이 일어날 리가 없어. 나에게는 잘못이 없단 말이야. 남편이 저지른 일을 어떻게 내가 알 수 있단 말인가? 이것은 불공평해! 정말 불공평해!"

이렇게 해서 행위화가 끝나거나 아니면 추가적으로 소시오드라마적 장면이 더 진행될 수도 있다. 이때 양성 환자가 친한 친구와 가족에게 자신의 진단에 대해 말하는 것으로 진행할 수도 있고 지지와 정보를 얻는 것으로 진행할 수도 있으며 자신의 두려움과 직면할 수도 있다. 등장인물의 미래에 일어날 수 있는 삶을 더 보여주는 장면이 도입될 수도 있다. 또한 등장인물이 여러 가지 다른 선택을 함에 따라 더 위험한 행동이 나타날 수도 있다.

참가자들은 이러한 경험이 진행됨에 따라 역할 속으로 들어간다. 참여집단과 진행과정에 따라 어떻게 활동하는 것이 그들이 일하는 기관에서 수정될 수 있는지 토론할 수 있고, 더 나아가 건강한 선택을 하기 위한 더 나은 실천적 사회기술에 대해 토론할 수도 있다.

1990년대 초, 저자는 검사결과를 적은 밀봉한 종이를 이용하여 약 300명의 고등학생이 모인 곳에서 4명의 학생에게 '양성진단'을 받도록 했다. 참가자들이 자신의 '결과'를 받는 긴장된 순간이 흐르고 'HIV 음성'이라고 쓴 종이를 받은 학생들은 엄청난 안도감을 가졌다. 'HIV 양성'이라는 진단을 받은 학생들은 그들이 비록 드라마에 참여하고 있다는 것을 알면서도, 그 종이를 여는 순간 강렬하고 실제적인 특유의 감정을 보였다. 학생 한 사람은 자신의 종이쪽지를 숨기려고 하였으며 또 다른 학생은 울기까지 하였다. 당시 역할을 했던 참가자들은 자신의 결과를 열어볼 때, 그리고 앞으로 이런 계획을 하려고 할 때, 수많은 강렬했던 장면의 경험을 떠올릴 것이다.

모든 장면에서 참가자는 자신들이 연기했던 인물로부터 '역할 벗기'가 중요한데(Cossa, 2006), 특히 HIV 양성 진단을 받은 사람은 더욱 그렇다. 강렬한 역할은 배우로서의 그림자가 지속될 수 있으며 이 역할 속에서 그들이 목격했던 사람들의 불안감이나 고통이 일어날 수 있다. 등장인물들은 의식적으로 역할로부터 빠져나올 수 있게 할 수 있으며 옷을 벗는 것과 같은 행동, 자신이 연기한 등장인물과 자신이 얼마나 다른지를 말하는 것 등도 역할 벗기 과정의 하나다.

감염자와의 작업

HIV 감염률은 다시 증가하고 있는데 많은 사람이 매우 높은 예방적 노력을 통해서 초기에 감염 발생률이 감소하기도 하였다(Dunham, 2008). 감염자와 그 가족과 일하는 의료 및 사회 서비스 인력은 특히 집단작업에서 행위화 기법을 사용할 수 있다.

건강 유지하기

HIV 보유자(그리고 배우자, 동거인, 지지적 네트워크 등)를 위해 '건강한' 생활 습관을 유지하는 것에 관심을 갖는 것이 중요하다. 다른 행위적 접근법과 마찬가지로 소시오드라마와 사이코드라마도 면역 체계와 관련된 사람들을 지지할 목적으로 활용할 수 있다.

샌프란시스코의 비영리 조직인 샘티(Shamti)에서 실시하고 있는 면역기능향상학습프로그램(Learning Immune Function Enhancement

Program, LIFE)은 HIV 감염자와 함께 몇 가지 행위화 기법을 사용하였는데, 그 내용은 다음과 같다(Olesen, personal communication, 2009).

면역기능향상학습프로그램은 HIV의 예방, 치료, 그리고 개입을 통합하는 건강상담 프로그램이다. 이 프로그램은 위험행동, 면역기능 또는 약물치료와 건강관리 등에 영향을 주는 것으로 알려진 18개의 심리사회적 공통요인을 제시하고, 교육적이고 체험적인 학습을 할 수 있도록 되어있다. 이러한 공통요인은 크게 세 가지 범주로 나눈다.

1. 의료 및 신체적 관리 : 의사와 함께 일차적 건강관리 및 그 관계 유지, HIV에의 재노출과 같은 감염 노출, 영양 및 식이 패턴, 호흡패턴, 수면, 신체적 운동, 건강관리에 충실하기, 약물과 알코올과 같은 유해물질 흡입 등
2. 심리적 요인 : 미해결된 슬픔과 상실, 자기주장, 생존 스트레스, 위기 대처, 고통과 우울, HIV 질병 진행에 대한 신념 등
3. 사회 및 대인관계적 요인 : 이타주의, 영성, 자원봉사, 위험 행동, 삶의 목표와 목적, 자기노출 후 신뢰받는 사회적 지지, 적극적 경청 등

면역기능향상학습프로그램의 참가자들은 온라인 질문지를 통해 자신의 공통 요인을 스스로 평가하며, 워크숍에서는 공통 요인을 나타내는 행위 분광기법을 함으로써 자신이 어디에 속하는지 질문받는다. 한쪽 끝은 완전하게 건강을 향상하는 행위를 나타내고, 반대편 끝에는 건강을 위협하는 행위를 놓는다. 예를 들면, 우울과 아주 기분 좋음과의 연속선상에서 자신의 위치는 어디에 있나요? 신체적 건강의 연속선상에서 어

느 위치에 있나요? 수면 패턴의 연속선상에서는 어느 위치에 있나요?

사이코드라마적인 역할 훈련은 자기주장을 높이는 데 사용되며 경청과 자기개방 기술을 향상시키고 환자와 의료진과의 관계를 증진시키는 데 유용하다. 참가자들은 그들이 복잡한 건강관리를 수행하는 데 있어서 새로운 역할을 해야 하거나 새롭게 만들어야 할 때 이런 훈련을 받는다.

참가자가 신뢰를 바탕으로 한 지지라는 건강 공통요인을 높이기 위해서는 워크숍 집단에서 잠시 동안 사회측정학을 하여 각 개인의 사회적 욕구를 알아차리고 AIDS 그 자체의 본질을 인식하도록 한다.

면역기능향상학습프로그램이든 아니면 다른 프로그램이든 휴먼서비스 종사자들의 공통점은 오스트리아와 뉴질랜드 사이코드라마학회의 역할 분석자들이 말한 이론과 일치하며(Clayton, 1994), 트라우마 생존자들을 위한 사이코드라마, 즉 **치료적 나선형 모델에 의한 규범적 역할**(Prescriptive Roles in the Therapeutic Spiral Model)이라는 개념과도 관련된다. 즉, 개인이 배운 건강한 역할이 잘 형성되고 재보강되면 현재의 과제들을 넘어설 수 있기 때문에 내담자는 재트라우마를 덜 받게 되고 일을 더 효과적으로 할 수 있다.

이러한 긍정적인 토대는 소시오드라마를 통해 이루어질 수 있는데 어떤 장면은 건강 기능적 역할 간의 논쟁을 일으키고 면역 기능을 향상시키는 것이 중요하다는 것을 알게 한다. 예를 들면, "나는 조의 사려 깊고 영양적인 식사 역할입니다. 그는 나에게 음식을 선택하게 해서 그의 몸은 더 활력적이고 스트레스를 덜 받습니다."

더 사이코드라마적인 접근은 개인이 선택한 역할 속에서 대화를 하고 감사하고 자신과 심지어 최적의 건강과의 관계를 향상하기 위한 전략을 토론하며, 과소평가된 면을 명료하게 말하도록 하는 것이다. 이는 참가자들을 활용해서 과소평가되거나 외부로 나타난 역할을 지원하여 그 역할을 하도록 할 수 있다. 예를 들면, 건강한 식사자 역할(Healthy-Eater role)은 전에 스트레스 진행자 역할을 상담하였을 수도 있다고 말하였다.

> 우리가 함께 일했던 때를 생각해보는 것은 어떨까요? 조의 식사 관리가
> 잘 되지 않아서 스트레스를 받아서 이를 진정시키기 위해 오래된 습관
> 인 흡연을 다시 시작했어요. 더 건강한 스트레스 관리 전략을 알아봅시
> 다. 요가를 하는 것은 어떨까요? 조는 예전에 이런 것을 잘했어요.

건강한 사람들과 관계 형성은 각자가 더 건강한 선택을 하도록 도우며, 사회측정학적 활동과 사회문화적 원자에 대한 탐색을 통해 내담자의 사회적 네트워크의 폭을 강화하도록 돕는다(Moreno, 1993). 행위화 기법은 배우자와의 관계와 같은 이러한 네트워크 안에서 관계의 명료성을 향상하는 데 사용된다.

한쪽 배우자만 HIV 양성인 부부의 의사소통 향상시키기

사이코드라마의 기본 도구 중 하나인 역할교대는 한쪽 배우자가 HIV 양성인 부부(sero-discordant couple)와 작업할 때 활용될 수 있다. 자신의 배우자가 말하는 것을 듣고 상대방이 되어보는 것은 의사소통 기술을 높일 수 있는 기법이다. 그러나 역할교대라는 것은 인물 B가 말했던 것을 인물 A가 단순히 반복하는 것이 아니라 역할을 바꾸고 인물 B가 되는 것이며, 그의 감정을 느껴보고 다른 사람의 관점을 가져보고 그것을 전달하는 것이다.

부부가 함께하는 회기에서 역할교대를 할 때 누가 그것을 제일 잘할 수 있는지에 기준을 두고 뽑지 말아야 하며, 배우자는 자기가 말하는 것이 얼마나 어리석은지를 보여주도록 하여야 한다. 유명한 사회측정학자

인 Ann Hale은 이중결합 역할교대(Double Bond Role Reversal)라고 부르는 과정을 개발하였는데, 이는 인물 A가 인물 B의 역할을 수행하고, 그 또는 그녀가 "옳다."고 할 때까지 인물 B가 인물 A의 코치로서 행동한다(Hale, 1985). 부부의 각 구성원이 가능한 한 진정으로 상대방의 역할을 경험한 후, 그들은 배우자의 감정을 민감하게 느낄 기회를 가졌으며 더 많은 이해와 진정한 공감적 끈을 가질 수 있었다.

부부집단과의 작업에서 '어항(fishbowl)' 활동을 할 수 있다. 모든 HIV 양성자가 원의 중앙에 앉고, 바깥 원에 HIV 음성 배우자가 둘러서서 경청한다. 안쪽 원의 HIV 양성자가 자신의 경험을 말하고, 그에 따른 생각과 경험을 함께 이야기한다. 예를 들면, 다음과 같이 말한다. "언제나 내가 약 먹는 것을 잊지 않도록 하기 위해서 그가 내 주위를 맴돌고 있는 것 같은 느낌이 든다." 또는 "나는 때때로 재앙을 가진 사람이라는 죄책감을 느낀다."

그때 HIV 음성자는 조용히 목격자 역할을 하다가 그들의 배우자에게 말한다. 다음과 같이 말할 수 있다. "아내는 감염된 것에 대해 너무나 당당하다. 그러나 나는 아내를 잃을 수도 있다는 생각에 황폐화되어 간다." 이러한 행동은 각 원의 구성원들이 다른 구성원에 의한 지지를 느끼게 할 뿐만 아니라 다른 집단의 견해를 이해하도록 할 수 있다. 이러한 과정은 더 나아가서 집단 역할교대를 할 수 있다. HIV 음성 집단은 HIV 양성 배우자의 역할을 해보고 그 반대로 해보면, 서로 공감과 이해를 할 수 있다.

미국이나 선진국에 살고 있는 사람들에게 이러한 작업은 도전해볼 수 있지만, 개발도상국에서는 경제적인 자원의 차이가 있어서 어렵다. 정치적, 사회적, 문화적 규범과 전통이라는 체계가 매우 다르며, 그 결과 너무 다양해서 어디에서 시작해야 할지 알기 어렵다. 이 장의 나머지는 남아프리카와 같은 개발도상국에서 작업할 때 특별한 도전에 직면할 수 있는 행위 접근법을 사용하는 데 중점을 두고자 한다.

개발도상국에서 작업하기

남아프리카가 민주주의를 꽃피우기 위해 억압적인 제도를 종식시키려 수십 년간 인종차별 속에서 투쟁을 해왔던 것을 말하지 않고는 HIV/AIDS의 유행에 대해 말했다고 할 수 없다. 이러한 민주주의를 위한 지속적인 고통과 이 나라에 있는 다양한 부족들의 문화적 변수들은 지속적으로 스트레스를 유발한다. 복합적인 문제가 해결되어야 하고 유행병의 범위도 방대하다.

2003년 남아프리카의 성인 20~30%가 HIV 감염자인 것으로 추정되었다(Avert.org, 2009). 의료적 개입의 필요성이 매우 많으나 정부는 대규모 치료 프로그램에 참여하는 것도 꺼렸다. '제3세계'에서 약물치료를 할 수 있도록 제약회사에 국제적인 압력을 가했다. 치료가 시작된 후 2006년 말까지 치료가 필요한 사람의 33%만이 치료를 받을 수 있었다.

치료와 예방적 노력에 대한 걸림돌 없애기

2009년 3월 27일, AP 뉴스에서의 AT&T 비즈니스 인터넷 서비스 홈페이지의 머리기사는 다음과 같다. "교황 베네딕토 16세가 콘돔이 아프리카의 AIDS 문제를 해결할 수 없을 것이며 더 악화될 것이라고 하였다." 베네딕토 교황은 전체 아프리카 대륙을 언급했다. 이 나라를 괴롭히는 심각한 공중건강에 대해 정치적, 사회적, 종교적 지도자가 아직도 효과적인 예방 프로그램을 개발하고 교육시키기 위해 연합된 노력을 하고, 공통의 기반을 얻기 위해 함께 노력하고 있다. 남아프리카의 HIV 감염 발생은 최근 몇 년 동안 안정된 것처럼 보이며 많은 사람이 매해 죽는 만큼 새로운 감염자들이 발생한다(Simpson, 2009).

소시오드라마와 집단 트라우마(*Sociodrama and Collective Trauma*)에서 저자는 다음과 같이 말한다(Kellerman, 2007). "매우 트라우마적인 사건… 개인의 고통 범위와 우주적 및 집단적 범위를 초월하여… 트라우마에 대한 집단적인 근원이 언급되지 않는 한 어느 누구에게도 완전한 치료란 있을 수 없다."

AIDS라는 질병은 남아프리카 사람들에게는 명백히 하나의 사회적 트라우마다. 사실 HIV의 예방 및 치료에 대한 오해와 신화가 많다(Alers, 2009). 무수한 자원과 노력이 현재 남아프리카를 지탱해주었다. 소시오드라마와 사회측정학은 수많은 도전과 이러한 노력을 직접적으로 도와주곤 하였으며, 효과적인 결과를 얻기 위해 도전의 방향을 바꾸기도 한다. Kellerman(2007)은 집단 트라우마에 접촉하기 위해서 큰 이해관계 집단과 일하는 모델을 소개했다.

감염자들과 그들을 위한 봉사자들을 지원하기

2005년부터 여러 해를 걸쳐 저자는 남아프리카공화국과 요하네스버그 근처에서 ATUA(Acting Thru Ukubuyiselwa)라고 불리는 비영리기관에서 일할 기회가 있었다. 'ukubuyiselwa'는 줄루족 말로, "당신의 존엄성을 포함하여 당신에게 속한 것을 되돌린다."는 의미다. ATU는 트라우마 생존자에게 행위화 기법(사이코드라마, 드라마치료, 음악치료, 미술치료 등)을 통해 힘을 부여하고 치유하고 자신을 자각하게 하고 자존감을 찾도록 하는 것을 전문적으로 다뤘다.

저자가 그곳에 마지막으로 방문하였을 때 우리는 남아프리카공화국의 HIV 양성자들을 위해 외상 후 스트레스 장애 관련 문제들, 예를 들면

자존감 저하와 사회적 고립과 같은 내용에 관한 프로젝트를 하기 위해 제안서를 작성하였다. 이러한 요인은 사용 가능한 건강 프로그램에 대한 무관심과 기존의 건강 관련 식이요법을 잘 따르지 않기 때문이다(Alers, 2009). HIV/ AIDS에 관한 수많은 프로그램이 남아프리카 사람들을 위해 개발되었음에도 불구하고 핵심적인 개인적 및 문화적 문제점은 언급되지 않았다(Alers, 2009). 이 프로젝트를 다시 수정하여 현재 기금을 마련하고 있으며, 설계에서 사회측정학적 요소를 사용하고 실연을 할 때 소시오드라마와 사이코드라마 그리고 그 이외의 실행 기법을 혼합하려고 한다.

AIDS에 대항하는 행위 프로젝트(Taking Action Against AIDS Project)의 원래의 관심사는 최첨단의 기법, 표현적인 집단치료 또는 상담 전략을 활용하여 남아프리카 지역사회 지도자와 상담자 집단에게 훈련을 하는 것이었다. 즉, 행위집단상담은 AIDS 감염자들(Persons Living with AIDS, PLWAs)에게 꼭 필요한 지원을 할 수 있도록 돕는 것이라든지 HIV/AIDS에 감염되거나 그 영향을 받을 수 있는 사람, 그들을 돌보는 사람들을 위한 지역사회 지원 네트워크를 만드는 것 등이다.

행위화 기법은 위험에 처한 성인과 청소년의 치료를 위한 효과적인 양식이라고 증명되었다. 왜냐하면 이러한 방법은 자기성장, 자기통제, 안전, 치료집단 장면에서의 의식 변화 등의 문제를 전문적으로 언급하였기 때문이다(Kellerman & Hudgins, 2002). 이 프로젝트에 도입된 주요 사이코드라마적 모델은 **치료적 나선형 모델**(Therapeutic Spiral Model, TSM)이고, 이를 응용하여 범문화적으로 사용한 것이 증명되었으며, 남아프리카의 다양한 문화에 적합하도록 수정하였다. 더구나 이 방법론은 문제점을 트라우마에 대한 신경생물학적 연구로 밝히려고 하였다. 이른바 트라우마에 대한 기억은 뇌의 중간과 우뇌의 다양한 부분에 '고착' 되는 것으로 보이며, 전통적인 '대화(talk)' 치료법으로 접근하는 것이 적절하지 못하다고 하였다(Soloman & Siegal, 2003).

AIDS 감염자들(PLWAs)은 프로그램을 진행하기 전과 후뿐만 아니라 그 이후에도 상담을 받는 것이 중요하다. 남아프리카의 가장 취약한 지역에서는 매우 힘들기는 하지만, 이러한 서비스를 받지 못하면 가정 폭력, 낙인, 고립 그리고 따돌림 등 이차적 피해가 지속된다(Alers, 2009).

HIV 양성 진단을 받으면 AIDS 감염자들은 인생에 대한 태도도 변화할 뿐만 아니라 생활방식도 극적으로 변하기 때문에 트라우마적인 사건이다(Alers, 2009). HIV에 영향을 받는 사람들, 즉 가족, 동료, 친구, 치료자, 그리고 의료인들의 부정적인 충격의 범위 또한 과대평가될 수 없다. 트라우마 상담은 수혜자, 그들의 사랑하는 사람, 더 나아가서 지역사회에 긍정적인 결과가 되도록 해야 한다. AIDS 감염자들은 지역사회가 현재 과거의 효과를 더 잘 이해할 수 있게 하는 데 기여한다. 모든 이해관계자는 낙인과 편견을 극복할 수 있는 전략을 개발하기 위해 협동적으로 일한다. 이런 방법을 통하여 의료와 상담영역에서 계속적인 참여를 유지하는 것이 가능해질 수 있다.

AIDS에 대항하는 행위 프로젝트의 목표

이 프로젝트의 장기적 목표는 비용 효과적인 방법으로 HIV/AIDS 감염자들의 자아 실현과정, 자기수용, 긍정적 자아존중감 등을 촉진하는 데 있으며, HIV/AIDS의 낙인을 감소시키기 위해 지역사회교육을 하며 심리적 지원을 병행하는 데 있다. 또한 이 접근법은 감염된 사람과 그들을 도와주는 사람들이 고립되는 것을 방지하는 데 있다. 더 나아가서 지역사회에 연계되어 있는 서비스제공자를 교육하는 데 있다.

구체적인 프로젝트 목표는 다음과 같다.

- 효과적이고 행위 중심적이며 표현 예술적인 집단치료 전략을 활용
  하여 지역 상담자 팀을 훈련하기
- AIDS 감염자들과 그들의 질병으로 인해 영향받은 사람들을 도와주
  기 위해 상담자 집단을 형성하기. 8명에서 12명으로 구성된 8개의
  집단을 적어도 8회기 동안 진행하기
- AIDS 감염자들을 위해 여러 지역에서 동료지원단을 만들어서 계속
  지지해주기

프로젝트 활동

TSM으로부터 활용되고 개발되고 적용된 치료적 접근법은 다문화를 가
진 남아프리카에 잘 맞으며, 전통적인 이야기치료는 비용 효과적이지도
않고 적용하기도 어렵다. 또한 부족의 전통적 음악, 드라마, 예술 등을
치유과정에 활용한다(Alers, 2009).

  AIDS 감염자들을 위한 지지집단을 개발하기 위해서 여러 부분에서
기존 구성원을 위한 사회측정학적 선택과정을 받아들일 것이다. 회기는
가능한 한 참가자의 모국어로 진행될 것이다. 남아프리카는 11개의 '공
식 언어'가 있는 것으로 알려졌다. 참가자의 사회적 원자가 많아짐으로
써 집단 지도자는 가능한 더 많은 지역 프로그램, 1차 병원, 보건 의료인,
병원 등과 조화를 이루면서 문화적 원자를 더 풍부하게 개발하는 데 노
력한다.

  1차 집단은 ATU와 연계된 핵심 직원에 의해 훈련받는다. 다음 회기부
터는 새롭게 훈련받고 경험이 있는 지역사회 지도자 또는 상담가에 의해
제공되며, 이때 ATU 직원이 함께하고 슈퍼비전을 준다. 프로젝트가 끝
난 후 이 집단은 계속 진행되고 자조집단으로 있게 된다. Zeka Moreno
는 2007년 비디오에서 다음과 같이 말하였다. "당신이 이것을 다른 문

화에 도입하고 싶다면 가능한 한 사회에 나와서 영향을 줄 수 있는 원주민 지도자를 세워야 한다고 Moreno 박사는 말했습니다."

삶의 향상을 위해 작은 집단이 더 큰 원과 계속 연결하기 위해서 참가자들은 지역사회와 지속적인 동료 네트워크를 세워나가도록 안내받을 것이다. 이는 지역사회교육 프로그램을 세우기 시작할 뿐만 아니라 AIDS 감염자들의 지지를 마련하게 될 것이다. 의료 제공자 네트워크를 통해 치료도 이 네트워크와 연결될 것이다. 의료 제공자 네트워크는 동정심이 점점 줄어들 때 해독제처럼 지역사회 지도자가 자기케어(self-care)를 할 수 있도록 정기적인 슈퍼비전과 지지를 할 것이다.

Moreno의 비전은 노력을 통해 전 세계적인 의식을 유지할 것을 요구하는 것인데(Moreno, 1993), 방법론 그 자체로 잘 제공되며 프로젝트에 '상승효과'가 나타난다. 실험모델이기 때문에 모델에 대한 기법과 원칙을 참가자가 이해하는 것은 자기표현을 향상시킨다. 그래서 이러한 참가자는 아직 참여하지 못한 사람을 위해 동료 교육자로서 봉사하기 위한 '훈련'을 받는다. 전문가와 지역사회 지도자는 이 모델을 HIV 감염자들과 함께 일하는 직장에서도 사용할 수 있을 뿐만 아니라 다른 지역사회의 워크숍이나 지역사회에서 다양한 지지 집단을 개발할 때도 활용 가능하다.

결론

표현 치료자로서 저자는 종종 참가자가 발견할 수 있도록 은유적으로 '이야기 아래 이야기'에 대해 설명한다. 여러 가지 방법으로 HIV라는 유행병은 우리의 현시대를 괴롭히는 강력한 상징이다. HIV는 거의 전 세계에 퍼져있다. 이는 건강을 유지하기 위해 신체의 타고난 능력인 면역 체계를 공격한다. 질병에 걸린 모든 사람이 죽는 것은 아닐지라도 많은 사람이 아주 건강한 것을 즐기지 못하게 된다. 이는 계속적인 관심과 모니터링이 요구되며 모든 일이 잘되고 있을지라도 장기간의 효과를 적절하게 평가하는 것이 어려울 수 있다. 각자의 건강을 위한 이와 같은 노력은 사회적 건강을 위한 사회의 노력을 반영한다.

저자는 행위화 기법이 개인 및 사회적 치유에 상당히 기여를 할 수 있다고 본다. 표현치료와 그와 유사한 사회적 및 교육적 방법들이 한 번에 전 세계, 개인, 집단, 지역사회를 변화시킬 수 있는 힘이 있다고 믿는다. Moreno가 말하기를 "정말로 치료적 절차의 목표는 인류 전체다 (1993)."라고 하였다. 트라우마로 시달리는 세상에서 아직도 희망은 살아있다. 우리는 소시오드라마, 사이코드라마, 사회측정학, 행위화 기법을 다음과 같이 활용할 수 있다.

- 다른 사람에게 봉사하기 위해 자신의 삶을 헌신하는 치료자를 치료한다.
- 어떻게 좀 더 건전한 선택을 할지 스스로에게 그리고 사람들에게 교육한다.
- HIV에 감염자들과 인생을 변화시키는 상황을 가진 사람들과 일한다.
- 정치적, 사회적, 문화적, 그리고 개인적으로 발전하는 것을 막는 걸림돌과 싸운다.

이는 현시대에 초대된 것이라고 저자는 믿는다. 우리가 응답할 차례이다.

참고문헌

About.org. (2009). *The history of HIV/AIDS.* Retrieved October 26, 2009, from http://aids.about.com/od/newlydiagnosed/a/hiv+melive/htm

Avert.org. (2009). *History of HIV and AIDS in Africa.* Retrieved October 26, 2009, from www.avert. org/history-aids-africa.htm

Clayton, G. M. (1994). *Effective group leadership.* Caulfield, Victoria: ICA Press.

Cossa, M. (2006). *Rebels with a cause: Working with adolescents using action techniques.* London: Jessica Kingsley Press.

Courtois, C. (1993). Vicarious traumatization of the therapist. *NCP Clinical Newsletter, 3(2),* 2-9.

Dunham, W. (2008). *CDC says 1.1 million Americans infected with* HIV. Yahoo! News.

Figley, C. R. (Ed.). (1995). *Compassion fatigue: Coping with secondary traumatic stress disorder in those who treat the traumatized.* New York: Brunner Mazel.

Hale, A. (1985). *Conducting clinical sociometric explorations.* Roanoke, VA: Royal Publishing Co.

Hudgins, M. K. (2002). *Treating PTSD in action: The therapeutic spiral.* New York: Springer Publishing Company.

Kellerman, P. F. (2007). *Sociodrama and collective trauma.* London: Jessica Kingsley Press.

Kellermann, P. F., & Hudgins, M. K. (Eds.). (2002). *Psychodrama with trauma survivors: Acting out your pain.* London: Jessica Kingsley Press.

McCann, L., & Peralman, L. (1990). Vicarious traumatization: A framework for understanding the psychological effects of working with victims. *Journal of Traumatic Stress 3,* 131-149.

Moreno, J. L. (1993). *Who shall survive? Foundations of sociometry, group psychotherapy and sociodrama* (Student Ed.). McLean, VA: ASGPP.

Resnick, M. D., Bearman, P. S., Blum, R. W., Bauman, K. E., Harris, K. M., Jones, J., et al. (1997). Protecting adolescents from harm: Findings from the National Longitudinal Study on Adolescent Health. *Journal of the American Medical Association, 278*, 823-832.

Simpson, V. L. (2009). *Pope Benedict says condoms will not solve Africa's AIDS problem, could make it worse.* Associated Press-AT&T Business Internet Service, 3/17/09.

Solomon, M., & Siegel, D. (Eds.). (2003). *Healing trauma: Attachment, mind, body, and brain.* New York/London: W.W. Norton.

5

당신 뒤에 숨겨진 자신을 보라 : 사이코드라마의 주인공을 위한 반억압적 모델

LETICIA NIETO

저자 프로필

나는 J. L. Moreno의 소시오드라마와 사이코드라마를 젊은 시절 멕시코의 한 도서관에서 처음으로 접했다. 미국에서 공부를 마치고 교수이자 전문가로서 다른 표현치료법들과 사이코드라마 및 소시오드라마에 대한 관심은 개인적이고 사회적인 변화를 향해 자연스럽게 나의 직업에 흘러들어 내 일의 한 토대가 되었다. 이러한 접근법들을 통해서 유폐된 공간의 청소년들과 대학생들―특히 기숙사들―중독 분야, 위탁 청소년, 추방자, 이주민, 이민 사회 등의 소외된 공동체의 구성원에게 나의 초기 작품이 알려졌다. 나는 미국에 있는 Ann Hale, John Mosher, Brigid Mosher, Jonathan Fox와 같은 인물에게 지도와 훈련을 받는 혜택을 입었다. 또한 멕시코의 대학들과 María Elena Sánchez Azuara, Rafael Pérez Silva와 같은 훈련가에게 많은 도움을 받았다. 반억압 모델과 사회정의 모델, 공동체 역량강화 자문들을 개발시키며 20년 이상의 일을 되돌아보면 나는 소시오드라마와 사이코드라마의 방법들, 표현 예술의 기술, 플레이백 시어터 등이 나의 반억압(anti-oppression) 교육의 성공에 있어 가장 핵심적인 공헌을 했다. 상담심리학 대학원 과정을 지도하는 교수로서 나는 이러한 영향력을 심리치료 분

야에서 학생들과 함께하는 작업에 들여왔다.

임상심리학박사인 Leticia Nieto는 소외된 집단을 대상으로하는 작업들로 알려져 있다. 인종차별주의와 억압 영역의 선구자로 일하면서 그녀는 독창적이고 포괄적인 작업과 최신 기법 연구를 결합하는 혁신적인 방법을 대표하는 것으로 유명하다. 그녀는 미국과 멕시코의 대학에서 교육과 작업을 진행하였고, 정교수로 부임한 세인트마틴스대학교에서는 연구를 인정받아 상담심리 부문 올해의 우수한 교수진으로 선정되기도 했다. 그녀는 또한 멕시코유럽고전사이코드라마학교(EEPCM)뿐만 아니라 국제 트라우마 치료 프로그램(ITTP)의 교수다. 또한 국제 플레이백 시어터 연합(IPTN), 미국 결혼 및 가족치료협회(AAMFT) 회원이기도 하다.

서론

J. L. Moreno는 저자가 사이코드라마 치료자이자 반억압(anti-oppression) 교육자가 되도록 영감을 불어넣었다. Moreno는 비엔나에서 진행된 피난민과 성매매 여성들과 함께한 초기 작품에서 낙인찍히고 박해받는 사람들에 대한 관심을 보여주고 있다(Marineau, 1989). Haworth(1998)는 "Moreno는 사이코드라마를 사회측정학, 소시오드라마 및 다른 집단 심리치료와 함께 사회와 개인의 이슈를 표현하는 하나의 방법으로 발달시켰다(p. 16)."는 것을 강조했다. 저자는 이러한 비전을 받아들인다. 이 장에서 한 사람의 사회집단 구성원이 발휘하는 사회적 힘을 분석함으로써 사이코드라마적이고 소시오드라마적인 작품들의 예를 기술하고 싶다. 저자의 목적은 Moreno의 접근을 사회나 개인의 문제들을 표현하는 하나의 통합적 방법으로 사용하는 것이다.

가치 절상되었거나 소외된 사회 구성원의 영역에 대해 광범위하게 동의한다. 사회적 조건화에 의해 영향을 받은 집단을 위한 통합적인 구조를 보면, 하나의 특정 집단에 초점을 맞추어 보는 것보다 확장시키면 도움이 될 것이다. 예를 들면, 인종, 계급과 성(Andersen & Collins, 2001)에 그러한 중요 개념들을 잘 포함하고 있다. Adams, Bell, Griffin (1997)의 사회정의와 차별 철폐를 위한 교육(*Teaching for Diversity and Social Justice*)에서 반유대주의, 성차별주의, 동성애차별주의, 장애인 차별주의, 계급차별에 대한 커리큘럼을 위한 자료들을 제공해준다. Sue 와 Sue(2003)는 아프리카계 미국인과 아메리칸 인디언과 알래스카 원주민, 아시아계 미국인, 라틴아메리카인, 다인종 혼혈 출신, 성적 소수자(동성애자 등), 고령 내담자, 여성, 장애인 등을 상담해서 주요 부분을 나눠 텍스트에 광범위하게 사용하였다. 그들 연구의 정도는 실천가들이 고려해야 할 복잡성을 알려준다.

저자는 Pamela Hays의 실천에 있어서 문화적 복잡성에 대한 언급 : 임상가들과 상담자들을 위한 틀(*Addressing Cultural Complexities in Practice : A Framework for Clinicians and Counselors*, 2001)에 표현된 포괄적 모델을 택하고 싶다. 그녀의 연설 구조는 미국과 캐나다의 교수 조직체의 지침에서 나온 것으로 "실천가의 초점이나 관심을 전통적으로 무시되었던 집단에 두는 것이다(p. 4)." 그녀의 언어나 범주의 사용은 정체성에 있어서 새로운 다면적 사회적 영향을 연구하는 새로운 영역을 찾는 독자들에게 친숙하지 않을 것이다. 반억압 작품들은 이 구조가 내담자 집단과 활성 집단의 연출자 모두에게 유용한 것이다. 나이, 장애, 종교, 민족성, 사회경제적 상태, 성적 지향, 원주민 유산, 국적, 성 등을 함께 토론함으로써 그녀는 우리의 내담자가 아마도 가지고 있을, 전체적인 범위의 멤버십에 대해 각성해야 함을 상기시키고, 둘째로 목록에서 얼마간 교차하는 멤버들과 함께 개인에게 미치는 영향력을 고려해보아야 한다고 말한다. 그녀의 연설은 그들의 사회적 범주를 위한 연상 도구이다. 이 틀은 반억압 작업에서 연출자의 규칙 선택을 위한 소시오드라마적 정보를 제공해준다.

반억압 모델

다음은 사회적으로 소외된 집단으로 확인된 주인공을 찾아내고 지지해주기 위한 사이코드라마 작업의 한 예다. 저자는 그 모델들이 미국에서 오늘날 소외 계층이건 특혜를 받는 사람이건 간에 사회 구성원을 조명하는 데 쓰는 모델이라고 말하고 싶다. 또한 기술세트의 지도(map of skill set)에 대한 개관을 제공하고 구성원들의 협의를 통해 임상가를 위한 지침을 모았다. 이 구성안에서 사이코드라마를 사회 변혁을 일으키도록 하는 임상적인 예증이 되도록 할 것이다.

우리들 각자는 많은 집단 구성원으로 살아간다. 몇몇 집단들은 우리가 선택한 것들이다. 채식주의자, 오페라 팬, 정원 가꾸는 취미를 가진 사람이 되는 것을 선택할 수 있다. 그렇다고 해서 차별받지는 않는다. 반대로 우리는 보다 의미심장하게 의미를 가지고 있는 집단과도 함께 살아간다. 사회적으로 집단 구성원(membership)이라는 것은 소외나 특권이 경험을 야기하는 성, 인종, 사회 계층, 다른 정체성의 특정한 집단에 귀속되는 것을 말한다. 우리 사회의 몇몇 집단은 과대평가되고, 그 결과 다른 집단은 과소평가된다.

저자의 반억압 교육 작업에서 '계급(Rank)' 이란 용어는 특권과 불이익을 주는 집단에 소속된 구성원에 근거해 개인에게 주어지는 체계라는 의미로 사용한다(Nieto & Boyer, 2006a). 개인은 이동의 자유와 접근에 있어 차별을 경험한다. 부분적으로 사회적인 범주는 그들에게 귀속된다. 지배하고 이익을 누리고 가치 절상된 구성원들은 그들의 계급을 강화하고 그들의 유익을 정당화하는 사회화와 함께 노력하지 않고 이득을 얻는다. 사회적으로 가치 절상된 집단의 구성원으로 사는 사람들은 소위 억압 체계의 '수혜자들'로서 에이전트(agent) 집단 역할을 한다.

종속되고 불이익을 당하고 과소평가된 집단 구성원들은 사회적 소외와 권리박탈을 정당화하는 사회화와 함께 부당한 제약을 받는다. 사회적으로 과소평가된 구성원들의 역할은 표적(Target) 집단 역할이라고 지칭할 수 있다(Hardiman & Jackson, 1997).

각각 언급된 범주에는 에이전트 집단과 표적 집단의 역할이 있다. 범주 면에서 에이전트 집단 구성원들은 18세에서 64세의 성인들이다. 표적 집단의 구성원은 어린이, 청소년, 노인들이다. 에이전트 집단 구성원은 신체적으로나 정신적, 정서적으로, 지각에 있어서나 발달에 있어서 '할 수 있는' 사람들이다. 표적 집단 구성원은 장애자들이다. 종교적 문화적 분류에서 에이전트 집단 구성원은 기독교인, 불가지론자, 무신론자들이다. 표적 집단에는 유대인, 무슬림, 힌두교인, 다른 비기독교를 종교로 가지는 구성원들이 있다. 인종 범주 안에서 에이전트 집단 구성원들은 '백인', '유럽계 미국인'들이다. 표적 집단 구성원은 유색인종이다. 사회적 계급의 범주에서는 에이전트 집단은 중산층, 부유층 집단이다(Yeskel & Leondar-Wright, 1997). 표적 집단은 가난한 노동자 계급이다. 성적 성향의 범주에서는 에이전트 집단은 이성애자들이다. 표적 집단은 레즈비언, 게이, 양성애자나 성적 성향이 불확실한 사람들이다(간단히 말하면, 성적 성향을 잘 모르는 사람들을 왜 표적 집단 구성원에 포함시켰는지 이해하기 위해서는 어떤 사회적 압력이 한 개인에게 그들의 성적 성향을 알지 못하는 게 하는 건 아닌지 생각해보아야 한다. 그것은 아마도 이성애자 지상주의의 사회화된 메시지일 것이다.). 토착 유산의 범주에서 에이전트 집단의 구성원들은 토착민이 아니다. 모교 집단의 사람들이 원주민의 유산을 가지고 있다. 국적의 범주에서 에이전트 집단 구성원은 미국에서 태어난 개인이고 표적 집단 구성원은 이민자나 피난민이다. 성별의 범주에서 에이전트 집단 구성원은 생물학적으로 남성이며, 표적 집단 구성원은 여성과 중성, 성전환자들이다.

사회화는 초기의 삶에 다른 암시를 강화한다(Andersen & Collins, 2001). 학교, 또래 집단, 유명한 문화 그리고 미디어와 같이 생각을 전이시키는 가족, 직장, 경제적 체계, 국가, 문화적인 기관들은 모두 우리가 관습적인 사회 구조를 배우는 맥락(context)들이다. 사회 구성원은 지배적인 사회적 규범을 내재화하고 사회화시키는 환경과 기관에 노출된다. 결과적으로 모든 것을 에이전트 집단(성인, 비장애인, 이성애자, 비인민자, 백인 등)에 관련하여 과대평가하는 경향이 형성되고 그것이 독립적으로, 생각 없이, 무의식적으로 표현된다.

블링크에서 Malcome Gladwell(2005)은 내재적 연관 검사(IAT Corp., 2009)를 활용하여 연구했다. 이 검사는 매우 빠른 시간 내에(눈 깜짝할 사이) 인종과 같은 특정한 사회적 구성원에 대한 단어와 이미지의 연관된 반응을 — 긍정적이거나 가치절상되었든, 부정적이거나 가치절하된 반응이든 간에 — 의식하지 못한 채로 표현한다. 그의 연구는 우리 각자가 지속적으로 내재적 연관을 만들어가도록 사회화 시스템이 어떻게 우리의 인식을 형성하는가를 토론하도록 이끌어준다. 이 역동은 계급 시스템의 일부분이다. 이러한 것들을 비언어적으로 또는 간접적으로 배워왔기 때문에 이러한 인식들을 풀어놓는 데 어려움이 더해진다. 소시오드라마와 사이코드라마 및 기타 행위모델들은 역할과의 무의식적인 메시지들을 조사하는 데 아주 적합하다. Rafael Pérez Silva(2007, p. 88)는 사이코드라마에서 막혀있는 에너지와 사회화를 표현하는 것을 관찰하였다. "사이코드라마적인 개입은 활력을 회복하는 것이다. 그리고 또한 사회화의 과정을 통해 한때 막혀있었던 정서, 느낌, 감정을 표현하는 능력을 회복하는 것을 의미한다."

가치 차별은 조건화의 차별을 이끄는데, 그것은 불평등에 대한 무시와 함께 이러한 불평등의 내재화를 포함한다. 예를 들면, 남성은 성차별에 대해 상대적으로 간과하기 쉽고 무의식적으로 성적(性的) 우월주의를 내재화하는 특권을 누리며 살게 된다. 사회화를 통해서 이들 대부분의 대체적인 역할은 계급 시스템 안에서 자연스럽게 경험된다. 그 역할은 남성우월주의적인 태도와 여성과 중성 성전환자들이 무의식적으로 그들 집단을 평가절하하도록 하는 것을 포함한다. 성 표적 집단의 평가절하는 내재화된 성차별주의이다(Andersen & Collins, 2001).

사회적 관습은 또한 우리에게 '역할 안에서'의 행동을 유지하도록 요구하고 사회적 구성원으로 귀속되어 행동하게 한다. 누군가가 그들의 범주와 관련한 규정된 역할에 반해 행동한다면 "기존의 역할 관습에 따르라."는 반응을 얻게 된다. 이러한 반응은 무언의 불승인에서 직접적인 비판이나 폭력적이고 법적인 제제에 이르기까지 연속체를 이룬다.

연습 : 진실과 현실

계급 범주는 본질적으로 결함이 있는 것으로 잘못된 정보에 기반을 두고 임의로 적용된다. 동시에 계급 범주의 존재는 특히 그 삶이 종종 황폐화되는 영향을 받는 표적 집단의 일상생활 일부에 뚜렷이 나타난다. '진실과 현실' 연습은 구성원에게서 종종 억압의 교란적인 속성을 은유적으로 연구해보는 방법이다. 구성원들에게 '진실'을 한 손에 들고 '현실'을 다른 한 손에 들라고 요구하고 에이전트와 표적 범주를 생각해보라고 한다. "이들 계급 범주는 거짓이지만 현실이다."라는 말을 전한다. 예를 들면, 성을 표현하는 2개의 범주로 여러 종류의 성을 묘사하기에 얼마나 부족한지를 증명하는 대화가 있다(Wilchins, 2004). 이 토론은 중성인 사람이 주요 인물인 유명한 소설 미들섹스(Eugenides, 2002)와 타고난 성 만들어진 성(Colapinto, 2000)과 같은 비소설 분야에 대한 일반 대중의 의식 속에 나타나고 있다. '한편으로는' 우리는 성을 2개의 영역으로 나눌 수 없다는 진실을 마주하고 다른 한편으로는 사회적 상황에서 성을 이분법으로 분류하는 '현실'에 직면한다. 우리의 언어적인 측면에서부터 관습적으로 지정하는 화장실까지 우리는 성이 제한적으로 남성과 여성이라고 생각하도록 사회화된다.

에이전트 기술 세트와 표적 기술 세트

우리는 '기술세트'라는 단어를 사회적 조건에 부합하기 위해 사람들의 기술을 끊임없이 개발시키는 것을 강조하기 위해 사용한다. 저자는 학생들의 발달 이론에서 지켜보았던 위험성에 대처하기 위해서 기술 세트 개념을 도입하고, 발달 연속체를 묘사할 때는 자연의 위계질서에 충실한 감성(holarchical sensibility)에 의존한다. 발달 단계에 대한 한 도표는 일련의 사다리꼴 모양의 계단으로 개념화할 수 있고 우리는 오직 한 방향으로만 올라간다. 그러나 Wilber(1996)가 말하기를 "어떤 누구도 그저 한 단계의 지점에만 머물지는 않는다. 거기에는 여러 종류의 퇴보, 회전, 임시적인 비약, 절정의 경험 등이 있는 것이다(p. 148)." 사람들은 자신의 가장 정교한 능력을 늘 사용하지는 않는다. 어떤 사람은 과거에 복잡한 전문 서적을 읽는 능력을 키워왔을지 모른다. 그러나 아플 때는 보다 낮은 에너지의 상태에 있을 것이고, 이때에는 그 기술을 사용하는 데 제한을 받을 것이고 노력이 덜 요구되는 쉬운 책을 찾게 될 것이다. 그 사람은 아마도 잡지를 볼 것이다. 혹은 TV를 볼 것이다. 보다 복잡한 기술은 에너지원이 더 많은 사람이 사용해야 할 것이다. 기술의 이미지는 초콜릿 분수의 이미지를 예로 들 수 있다. 각각의 기술이 하나의 용기(그 릇)이고 그것은 에너지로 채워져야 다른 한쪽으로 흘러내린다. 이러한 기술의 사용은 좁고 제한된 것에서부터 보다 넓고 포괄적인 것으로 확장 시킬 수 있다. 기본적인 기술은 결코 시들지 않지만 그것들은 만약 '가득 차고', '건강하다면' 보다 복잡하고 업데이트된 기술 목록의 한 요소가 될 수 있다.

에이전트와 표적 집단의 멤버십에서 개인은 사회적으로 한정되고 제한된 역할에서 보다 확장되고 자유화된, 자율적이고 반억압적인 구성요 소들을 포함한 역할로 향한다. 기술 모델은 비록 억압적인 사회 조건화에도 불구하고 구성원들이 보다 더 자발성을 가지고 반응하는 것을 돕도록 디자인되어 있다(Nieto & Boyer, 2006b). 집단에서 저자의 목적의 일부는 참가자들이 새로운 기술을 습득하는 데 있어서 성공과 실패의 경험을 건설적으로 감당하고 그 상황에서 다른 사람들과 공감할 수 있도록 돕는 것이다. 그 기술은 보다 연속체적으로 묘사되지만 우리는 하나를 졸업하고 그다음으로 넘어가서 다시 돌아가지 않는 것은 아니다. 대신에 그들의 사용은 한 개인의 능력 범위에서 자신의 음계만큼 확장될 수 있 다. 누구나 무대에서는 자신의 음계를 확장시킨다. 그러나 한 음계에서 새롭게 발성하는 능력을 얻고 난 이후에도 여전히 새롭게 획득된 음계만 사용하지는 않는다. 우리는 여전히 이전의 음계를 사용해 노래하고 때때 로 '도달'한 부분을 현재의 음계 안으로 가져온다. 우리는 보다 많은 시 간을 기본으로 돌아가 우리의 가장 기초적인 기술을 사용하는 경향이 있 는데 기초 기술은 심지어 우리가 훨씬 복잡한 능력에 접근한 다음에도 사용된다. 저자는 에이전트 역할과 표적 역할을 위해 서로 분리된 기술 세트 모델을 묘사하는데 그것은 개인의 계급 역동(rank dynamic)에 대한 반응을 탐색하고 그들의 변화와 일생에 걸친 발달을 시험해보기 위한 것이다. 기술 세트와 그것이 어떻게 기능하는지 보다 자세하게 알고 싶으면 *Beyond Inclusion*과 *Beyond Empowerment*(Nieto, Boyer, Goodwin, Johnson, & Smith)를 읽어보라.

에이전트 기술 모델

에이전트 기술 모델은 다섯 가지 기술 세트를 포함한다. 무관심, 거리 두기, 포함하기, 인식하기, 유대이다(Nieto & Boyer, 2007).

무관심

이 행동을 '기술'로 이름을 부여해 사용한다는 것은 아마도 놀라운 일일 것이다. 첫 번째 기술 세트를 '무관심'이라 부르는 것은 에이전트 구성원이 관계되지 않은 것을 구별해내는 능력이라고 설명하고 싶다. 표적 집단 구성원과 또한 표적 집단의 가치나 행동과 관련된 어떠한 것도 에이전트 구성원의 인식 레이더 기준에는 미치지 못한다. 무관심의 기술은 무의식적 선택적 인식의 한 형태인데 이것은 최소한의 에너지 소비를 요구한다. 예를 들면, 성적인 편향의 에이전트 집단 구성원인 이성애자는 수용된 사회화 역할 범위 내에서 이렇게 말할 것이다. "나는 우리 기관에 게이나 레즈비언이 있다고 생각하지 않아요."

우리의 의식 외부에 있는 행동을 기술이나 능력으로서 생각하기는 쉽지 않다. 저자가 묘사하고 있는 무의식적인 측면의 무관심 기술의 일부분은 일단 쓰기를 배우고 나서는 의식적으로 할 필요 없이 식료품 목록을 작성하듯이 단순히 적게 되는 것과 유사하다. 많은 기술은 일단 배우고 나면 내재화되며 의식하지 않고도 수행이 가능하지만 여전히 이것들은 '기술'로 남아있다.

반억압의 방법을 사용하는 집단 활동은 사회적 조건화의 결과로, 억압의 영속과 결과로 자각을 통해 알게 된 상황에 대한 인식을 의미한다. 왜냐하면 이것은 무의식적으로 배웠기 때문에 그것을 알아채는 것은 쉽지 않다. "나는 백인이 백인의 특권을 인식하지 못하도록 조심스럽게 배웠다고 생각하며 그것은 남성이 남성의 특권을 인식하지 못하도록 배운 것과 같다(p. 95)." 이 점을 깨달은 후에 Peggy McIntosh(2001)는 그녀의 널리 읽힌 에세이를 통해 자신의 생각을 보여준다. 그녀가 관찰한 대로 인식하지 못하는 것 자체가 하나의 배운 기술인 것이다.

거리 두기

이것은 우세한 집단이 표적 집단 구성원들을 경험하거나 노출되는 것에 한계를 주어서 표적 집단과 일정한 거리를 유지하도록 하는 기술이다. 이러한 능력을 실행함으로써 집단 구성원이 아마도 두려움, 죄의식, 불편함 등 초래될 수 있는 그들 자신의 인식에 도전하는 정보를 처리하지 못하도록 한다. 거리 두기 기술은 표적 집단의 상상의 결핍과 '다름'에 초점을 둔다. 에이전트 집단 구성원들은 '그들'이 '우리'와 얼마나 다른지를 언급하는 데 있어 거리 두기 기술을 이용한다. 한 사람, 그 혹은 그녀가 미국에서 태어났고, 에이전트 집단의 출신 국적을 가지고 있기 때문에 "나는 너무 많은 외국인들이 내 조국에 있는 것을 원하지 않는다."라고 말한다. 그 사람은 사회화에 의해 확립된 역할을 하는 것이다. 좀 더 넓은 시야에서 그 노력은 아마 에이전트 집단이 노력하지 않고 얻은 이득이라는 궁극적인 인식으로부터 거리를 두게 하는 데 기여할 것이다.

포함하기

포함하기는 표적 집단 구성원과 에이전트 집단 사이의 유사점에 초점을 둔다. 우리가 동일하다는 것과 "우리는 모두 하나님의 자녀이다.", "우리는 차이점을 초월하기 원한다." 또는 "모두를 하나의 개인으로 대하라."와 같은 관련성을 강조하여 표현한다. 사회화는 적절하게 인종 집단의 에이전트 구성원인 한 사람이 역할 안에서 행동(in-role behaviour)하는 것을 지지한다. 왜냐하면 그들은 백인이고 "나는 모든 사람을 평등하게 받아들인다. 나는 피부색을 보지 않는다."라고 말할 것이기 때문이다. 포함하기 기술을 사용할 때는 에이전트 집단 구성원은 '관용과 수용'을 가지고 확인하는 경향이 있고 공공연한 편견을 '그(the)' 문제로 강조한다. 이것을 하나의 '기술'로 생각하기는 상당히 쉽다. 왜냐하면 관용은 수많은 다양성을 주도하는 목적이 되기 때문이다. 만약 우리가 '관용'과 '대화'를 포함하기 기술을 사용하는 징표가 되는 하나의 단어들로 받아들인다면 몇몇 집단에게는 포함하기가 문화 간 이해의 가장 중요한 요소가 될 수도 있다. 표적 집단 구성원은 그들의 동료에게 인내하도록 배우는데 이것은 덜 적대적인 취급방법이 될 것이다. 그들은 여전히 '다른'이고, 여전히 명백히 보이지 않는다.

포함하기 기술의 한계를 알아차리는 데는 시간이 좀 걸린다. 포함하기 기술의 사용은 계급 체계에서 차별성 있게 가치가 있는 생득성을 알아채지 못하게 하거나 저항하도록 하는 것이다. 에이전트 집단 구성원은 (제도화되고 내재화된) 계급 체계의 끊임없는 과대평가의 항상성(statua-quo)에서 유익을 얻는다. '포함하기' 기술을 사용할 때 개인은 계속해서 인식하기 기술을 사용하지 않고 불평등, 자신의 노력 없이 얻은 특권을 의식하는 것 등에 초점을 유지한다.

인식하기

인식하기 기술의 사용은 계급 체계의 실체에 대한 인식과 그것이 얼마나 에이전트 집단에게 호의적인지에 대한 인식이 열리도록 깨닫게 하는 것을 의미한다. 에이전트 집단 구성원은 이 기술의 출현을 지지하기 위해 무관심, 거리 두기, 포함하기를 발전시킬 것이다. 인식하기 기술을 사용할 때는 한 사람에게 작동하는 억압과 특권에 대해 의식하고 고심하기 시작한다. 한 대상자에게 이 기술을 사용하면 죄책감이나 부끄러움 같은 감정에 의해 동작이 마비되거나 방향감각이 교란된 것처럼 느낄 것이다. 구성원들에게 있어 도전은 표적 집단과 관련되어 있는 갈등에서 그들 자신의 일부분을 보도록 훈련되지 않았다는 것이다. 인식하기 기술을 사용하는 사람은 사회화에 의해 지지받지 못하는 어떤 역할에 발을 들여놓게 된다. 한 사람에 의해 수행되는 역할은 원래 미국 조상들의 것이 아니라 그들의 인식하기 기술을 원주민 유산의 영역에 사용하는 것이고, 그것은 아마도 이렇게 들릴 것이다. "나는 내가 노력하지 않고 유익을 얻었다는 것을 알게 되었다. 나는 그것을 받을만한 어떤 것도 하지 않았고 그것은 미국 원주민들이 매일 지불하게 되는 것이라는 것을 인식하게 되었다. 나는 그 집단에서 어떤 사람들과 어떤 경험을 할 것인지를 온전히 상상할 수 없다는 생각을 받아들이게 된다."

유대

에이전트 집단 구성원은 인식의 불편함을 다루는 것을 배울 수 있고 표적 집단에게 귀 기울이는 역량을 배양할 수 있으며 억압과 경험에 대한 그들의 묘사를 신뢰할 수 있다. 유대는 인식에 더하여 행동으로 이해될 수 있다. 에이전트 집단 구성원들은 계급 구조를 인식하는 것을 배울 수 있다.

생물학적으로 남성인 개인은 에이전트 집단의 성에 속한 구성원이며 다른 성의 에이전트 집단에 이렇게 말할 것이다. "우리는 여성의 불평등한 급여에 대해 관심을 기울여야만 하고 그 문제에 있어서 변화를 가져와야만 한다." 이것은 유대의 방법이 계급 체계의 확장된 각성과 그 기초에 있는 불의에 대항해 비판하고 행동하는 능력에 의해 사용되는 일례를 보여준다. 관습화된 사회화로부터 보다 더 큰 자발성과 해방이 이루어질 때 유대는 가능해지는 것이다.

표적 기술 모델

표적 기술 모델은 생존, 혼돈, 역량강화, 전략, 재중심화라는 다섯 가지 기술 세트를 포함한다(Nieto & Boyer, 2006b). 인종적 또는 문화적 정체감 개발 모델(Sue & Sue, 2003)을 인식하고 있는 사람들은 상관관계들을 고려함으로써 보다 깊은 통찰력을 얻을 수 있다.

생존

생존 기술은 표적 집단의 구성원들에 의해 흡수된 가장 최초의 기본적인 기술 세트의 형태다. 표적 집단 구성원들의 계급 체계의 중심 역동은 에이전트 집단을 과대평가하는 것이다. 그래서 표적 집단 구성원의 역할은 에이전트 집단의 규범을 만족시키고, 가능한 만큼 에이전트 집단과 유사하게 그들에게 허락된 행동을 하는 것이다. 대안적으로 표적 집단 구성원은 종종 에이전트 집단이 기대하는 판에 박힌 행동으로 모양 변화(shape-shift)를 한다. 소녀와 여성에게 이것은 사회적으로 기대되는 '여성스러운' 행동을 하는 것을 요구한다. 즉, 불가능해 보이는 몸무게를 가지고 바른 억양의 목소리로 이야기하며, 특히 남성에 대해 바른 태도를 가지는 것을 말한다. 생존 기술을 사용함으로써 그들은 남자들을 편안하게 만드는 것을 위해 필요한 것은 무엇이든 하는 성향을 내재화시킨다.

반복적인 역할놀이를 하며 표적 집단 구성원은 에이전트 집단을 편안하게 하기 위해서 그들 자신의 원래의 성격을 숨기는 것을 배운다. 생존 기술의 생생한 예는, 한 게이 남성이 자신에게 '커밍아웃' 하지 못하는 것을 들 수 있다. 우리는 이것을 자기 존재의 한 중심적인 부분을 부정함으로써 에이전트 집단의 기대를 충족시키는 것이라고 기술할 수 있다. 생존 기술은 계급역동에 대해 개인적인 비판적 사고를 금지한다. 이러한 기술의 사용은 집단의 구성원이 성차별, 인종차별 또는 계급주의 같은 "그러한 것은 없다."고 말하는 것이다. 표적 집단의 생존 기술은 심지어 그들 자신을 비판하거나 그들 집단의 다른 구성원을 비판한다. "억압적인 믿음은 희생자에게 내재화되었을 뿐만 아니라 후원자에게도 내재화되었다 (Adams et al., 1997, p. 5)." 이것이 내면화된 억압 과정이다.

혼돈

혼돈이라고 부르는 표적 집단 구성원의 두 번째 기술 세트는 다른 말로 학습된 능력과 관련되어 있지 않다. 그러나 저자는 그것의 기능성을 설명하기 위해서 계급구조 안에서 하나의 기술로 설명한다. 호의적인 조건 아래에서 생존 기술이 충분히 개발되었을 때 표적 집단 구성원은 다른 사람들이 즐기고 있는 노력하지 않는 특권들을 점차적으로 알아차리게 될 것이고 계급 역동에 대해 인식하게 될 것이다. 그들은 아마도, 때때로 미묘하거나 그다지 미묘하지 않은 불평등을 요구받게 될 것이다.

혼돈되는 능력은 자기방어적이 된다. 혼돈 기술을 사용하면 비록 그 것을 논리적인 말로 형언하거나 표현하지 못해도 표적 집단의 구성원들은 부분적으로 억압을 알아차릴 수 있게 된다. 이러한 아는 것과 알아차리지 못하는 것 사이의 혼합은 기술을 위한 적절한 수준의 혼동을 만들어낸다. 어떤 사람이 혼돈 기술을 사용하면 에이전트 규범에 끊임없이 적응할 수도 있지만 또한 알아채기 시작한다. 직장에서 리더는 백인인 반면 라틴계나 아시아인은 직원일 뿐이고 그곳에 있는 남성은 여성보다 더 많은 수입을 얻는다. 대학원 교육을 받은 대학에서 일하는 전문직 여성은 복사기에 남겨진 종이를 우연히 보게 되는데 거기에는 피고용자들과 그들의 급여 목록이 적혀있다. 그 숫자들은 보수에 있어 분명한 차이를 보여준다. 심지어 여성이 더 나은 교육을 받았더라도 더 낮은 임금을 받는다. "이럴 리가 없어, 이건 분명히 오류일 거야."라고 말하는 그녀의 반응은 혼돈 기술을 보여주는 예다.

역량강화

역량강화는 집단에 접근할 수 있을 때 발달될 수 있는데 그것은 '단지 표적만 강화된' 공간이다. 이 공간은 공통되게 사회적으로 가치절하된 구성원들이 생각을 나눌 수 있는 장소다. 그들은 그들이 무엇에 직면해있는지, 어떻게 느끼고, 무엇을 해야 하는지 이야기할 수 있다. 여성 집단, 흑인 학생들의 연합, 레즈비언, 게이, 양성애자, 성전환자, 중성인, 의혹이 있는 센터나 노동조합원 등이 그 예다. 단지 표적만 강화된 공간은 인식을 날카롭게 하거나 새로운 목소리를 연습하는 하나의 상황일 수 있다. 억압 경험을 표현하는 욕구나 능력을 강요하는 것은 역량강화 기술의 특징적인 성격이다. 표적 집단 구성원은 갑자기 아무것도 더 말하고 싶지 않을 수 있다. 에이전트 집단의 계급 규범을 비판하고 묘사하는 데 계속해서 초점을 맞춤으로써, 일단 그것이 하나의 관점이 된 이상, 이는 계급 체계의 인식으로 정착된다. 억압의 고통을 표현하고 음성 감각을 확장하고 (좀 더 크게 분노하게 되면) 새로운 분명함을 강화하고 조용한 억압의 부정과 반대되는 것을 확립시키게 된다. 한 청각장애인이 역할 안에서의 표적 조건화를 깨뜨리고 역량 강화 기술을 사용해 해방된 역할 을 만들게 된다면, 아마도 이러한 메시지를 표현할 것이다. "이번 행사 에서는 오직 수화만 사용할 것입니다."

전략

표적 집단 구성원들은 어떤 것이 되고 어떤 것이 안 되는지를 분석하기 시작하며, 그들은 에이전트 집단과의 상호작용에 있어 상황의 문제를 가 져오는데, 언제 다른 문제행동에 집중해야 하는지 더욱 의식적인 선택을 할 것이다. 그들은 전략 기술을 발달시키고 전투 방법을 선택하며 가장 효과적인 행동들을 분별한다. 전략 기술의 사용은 다른 표적 집단 구성 원과 함께 일할지 또는 언제 사회 기관에 요구할 것인지, 언제 개인적으 로 에이전트 집단에 직면할 것인지, 언제 행동을 하지 않을 것인지에 대 한 결정을 내릴 수 있다. 표적 집단 구성원들이 전략 기술을 사용하는 것 은 그들 자신이 표적 집단의 최고 가치와 규범에 제휴하게 하는 역할을 하고 에이전트 집단 구성원들은 기대보다 더 적은 노력을 하게 된다.

한 유대인이 알게 모르게 한 사람과 은밀히 이야기 하는 것을 선택하 는 것은 유대인 휴일에 이벤트를 계획하는 것일지 모른다. 침묵을 유지 하기보다는 생존과 혼돈 기술을 사용해서 또는 공공연하게 직면해서 역 량강화 기술을 사용하며 그러한 전략 기술의 사용은 그들의 행동을 선택 하는 역할을—그들의 에너지를 효과적이고 안전한 방법으로—확장할 수 있다.

재중심화

재중심화(Re-Centering) 기술은 표적 집단의 구성원들이 그들 자신을 최적으로 자유화시키는 규범과 가치들에 접근하고 비인격적인 것들로부터 자유로워질 수 있도록 해준다. 그들은 에이전트 중심의 규범들을 과대평가하는 것에서 돌아선다. 표적 집단 기술 세트의 개관을 살펴본 독자는 아마도 이러한 기술이 에이전트 집단 중심으로 되어있다는 것을 알아차렸을 것이다. 거기에는 에이전트의 이익을 '생존시키기' 위한 기술과 에이전트의 규범에 대해 '혼돈하기' 기술이 있다. 개인은 억압에 직면해 '역량강화' 되어 있고 에이전트 우월주의에 대처하기 위해 '전략화' 되어 있다. 반대로 재중심화는 에이전트-규범의 참고자료 없이 다른 중심을 가지고 사는 것을 말하는 것이다. 이 모델에서는 처음 세 가지 에이전트 기술 세트(무관심, 거리 두기, 포함하기)와 처음 두 가지 표적 집단의 기술 세트(생존, 혼돈)가 한 사람의 사회적 집단 멤버십에 기초를 둔, 보수적이고 비인간화된 에이전트 또는 표적 집단의 역할에 대한 제한된 반응을 보일 것이다. 그것에는 또한 마지막 두 에이전트 기술 세트(인식하기, 유대)와 마지막 세 가지 표적 기술 세트(역량강화, 전략, 재중심화)를 이용함으로써 나타나는 자발적인 역할을 강화시킬 기회를 가진다.

재중심화 기술을 사용해 창조한 역할에 있어서 표적 집단 구성원은 단순히 살아가는 관찰자로 나타난다. 비록 이것이 보기에는 단순해 보여도 억압을 면전에 두고 평형, 동정, 현실에 기반을 둔 자세를 유지하고 살아가는 데는 막대한 에너지가 든다. 재중심화 기술을 사용하는 한 청소년은 지혜로움, 개인적인 힘과 평정을 포함한 그들의 역할을 확장할 것이다. 같은 표적 집단의 다른 구성원과의 조직화는 아마도 의사 결정 과정에서 몇몇의 성인을 선택적으로 포함시켜서 독립적으로 기능을 배울 수 있도록 그 집단을 지도할 것이다.

기초작업 : 집단 모델을 사용한 한 사이코드라마적인 웜업

집단은 안내 도표와 표적 그리고 에이전트 기술을 이용한 질문과 관련된다. 집단 구성원의 친밀도와 기초작업(groundwork)을 형성하는 새로운 기술 세트를 발달시키고자 하는 그들의 공통된 관심은 참가자들로 하여금 그들의 사회화 요소를 드러내게 한다.

사회측정학과 안내된 요소들로 형성된 웜업은 집단 공간을 창조한다. 방을 가로질러 아홉 줄을 지정해주고 구성원의 '지도'를 만들라고 하라. 각 줄은 나이, 무능력, 종교적인 문화, 민족성, 성적 성향, 사회적 계급, 원주민 유산, 원래의 국적, 성과 같은 다른 범주를 대표한다.

참가자가 각각의 줄에 서면 그들이 표적 집단에 속했는지, 에이전트 집단에 귀속되었는지를 평가해보도록 질문한다. 만약 에이전트 집단 구성원이 오른쪽으로 움직이면 표적 집단 구성원은 왼쪽으로 움직인다. 연출자는 구성원들을 분석하기 위해 각각 특정한 사회적 구성원의 목소리로 한 문장씩 말하도록 요구한다.

예를 들면, 지도상의 '연령선'에서는 참가자들이 선을 밟고 서도록 하고, 자기가 18세 이상 64세 이하인지, 자신이 에이전트 집단 구성원의 나이인지 여부를 정하고 자신의 연령집단의 과제가 노인 차별 수혜자인 에이전트 집단인지를 발견하게 한다. 그러고 나서 연출자는 참가자를 오른쪽으로 움직이게 하고, 그 목소리로부터 한 줄에게 '성인'이라고 말하게 하며 그 집단의 한 구성원이 된다는 것이 무엇을 의미하는지를 충분히 맛보게 한다. 독백이라는 사이코드라마적 기술을 통해서(Marineau,

1989), 주인공은 그 멤버십과 함께 얻게 되는, 노력하지 않고 얻은 이익이 무엇인지 목록을 말해보도록 권해질 수 있다.

참가자는 이렇게 말할 것이다. "단순히 18세 이상이어서 받는 혜택에 대해 조금밖에 알지 못했다는 사실을 나는 깨닫지 못하고 있었어요."

인터뷰로 "당신은 성인이 된다는 것이 무엇을 의미하는 것인지 어디서 배웠습니까?" 또는 "무엇이 이러한 역할들의 긍정적이고 부정적인 측면입니까?" 또는 "그 역할의 어떤 부분이 성인 우월주의에 오염되어 있다고 느끼십니까?"와 같은 질문으로 탐색할 수 있다. 처음의 탐색 뒤에 연출자는 모든 9개의 범주에 대해 이러한 방식으로 작업할 수 있다. 반복해서 각각의 참가자는 자기에게 적용된 구성원 지도를 탐구해보고 다른 구성원에게 어떻게 적용되는지 증언할 수 있다. 각각의 범주에서 그들은 다른 역할의 짐보따리를 가질 것이다. 연출자는 어떤 색인된 채널들이 있고, 그 활동에서 정서적인 대가를 가지고 활성화되지 못한 채널들이 있는지 관찰해볼 수 있다.

비록 이것은 단순한 질문이지만 에이전트 서열의 어떤 사람은 어떤 특권이 그들의 세계관과 경험을 형성했는지를 실험해봄으로써 아마도 기술들을 그들 자신의 현재의 능력 이상으로 연습할 수 있다. 표적 집단 구성원은 아마도 보호된 공간에서 "이러한 영역에서 나는 불공평함을 경험했다."라고 목소리를 내기 시작할 것이다.

여행지도는 참가자들의 사회 구성원 프로파일을 구체화한 것이며 그들이 공간에서 하나의 구체화된 형태로 경험하는 것을 허락해준다. 만약 보조자들이 각각의 색인된 역할에 익숙하다면 참가자들은 그들의 사회적 프로파일을 증명할 수 있다. 활성화가 계속된다면 참가자들은 보다 깊이 있는 하나의 주제를 가지고 사이코드라마의 시작이 가능한 시점부터 말해보도록 요구될 수 있다.

저자는 연출자로서의 경험상 이러한 성격의 일에서는 연출자가 주인공과 함께 주의 깊게 보조자들이 그들의 선에서 "이것이 맞는가?"라고 질문할 때 체크해보아야 한다. 예를 들면, 보조자들의 대표성을 향상시키기 위해 역할교대를 위해서 만약 필요하다면 주인공은 내용이 깊어질수록 새로운 언어를 발견해나갈 것이다. 보조자의 말투를 날카롭게 하고 말이 중요할 때는 느끼도록 형성시켜 나간다.

사이코드라마의 예 : 지나

다음 부분에서는 반억압 모델이 주인공이 표적 집단에서의 소외된 측면을 어떻게 지지하는지 설명하고, 그녀가 속한 에이전트 집단에 미치는 부당한 이득에 대해 새로운 인식을 불러일으키고, 보다 더 도움이 되는 기술에 접근하도록 도와주는지 설명할 것이다. 다음의 내용은 복합적 서술이다. 그러나 정확한 서술을 유지하기 위하여 서술의 핵심 요소는 참가자의 실제 이야기를 기반으로 하고 있으며 사생활 보호를 위해 변형된 형태로 기술한다.

이번 회기의 주인공인 지나는 창의적이고 지적이고 카리스마가 있는 재주 많은 사람이다. 장애가 없는 중산층 30대 가톨릭 신자로 그녀는 나이, 장애, 종교, 사회계급에 있어 에이전트 집단의 특징을 갖고 있다. 동시에 원주민 조상을 둔 태평양 섬 주민이자 양성애자, 이민 여성으로서 그녀는 인종, 성적 취향, 토착유산, 국적, 성별에 있어 표적 집단의 특징을 가지고 있다. 저자는 연출자로서 이러한 모든 에이전트 집단 및 표적 집단의 신분이 다음의 논의에서 각각 구체적으로 언급되지 않았을지라도 그것들이 그녀의 사회화 요소라는 것을 인식하고 있다.

성별과 어머니 조상들에 대한 지나의 작업

지나는 그녀가 구성된 신분지도에서 성별에 따른 위치에 참여하기로 결정한다. 연출자는 그녀에게 표적 집단의 성에 관련된 목소리로 말하라고 요청한다. 지나가 약간의 에너지를 가지고, "해고당하는 것이 지겹다."라고 말한다. 연출자는 누가 그녀를 해고시켰는가를 물어본다. 지나가 대답하기를 그녀 직장의 남성들에게 말하는 것이라고 한다. 역할교대를 해봄으로써 지나는 해고당하는 느낌과 그녀의 지식이 무시되는 것에 대해 탐색한다. 그녀에게 직장에서의 남성 역할을 하게 하고 연출자는 보조자에게 지나가 "나는 해고당하는 것이 지겹다."라고 말한 것을 그대로 지나에게 말하게 하고 지나에게는 "당신이 뭘 말하는지 모르겠어요."라고 말하게 한다.

기술 세트 모델을 사용해서 우리는 지나가 역량강화 기술을 사용할 수 있도록 접근할 수 있다. 그녀는 성에 있어서 표적 집단 구성원으로서 경험의 항상성을 흩트려 보게 되고 그녀의 분노에 대해 소리 내보게 된다. 이러한 역할교대로 남성이라는 주류 집단의 사회화로부터 형성된 메시지는 억압적인 역동을 기록하는 데 실패하는 무관심 기술의 증거가 된다.

드라마가 깊어지면서 지나의 직장에서의 경험이 노출되고 분노가 자라난다. 드러나는 반응에서 자신의 직업적 위치와 노력은 남성인 상대 동료의 것보다 덜 주목받고 가치가 덜 부여된다는 느낌이 포함되어 있다. 그녀의 반응 가운데 하나는 '무엇을 해야 하는지 모르겠다는 것'이다. 그녀는 신체적으로 가냘픈 여인이다. 그녀의 질문은 "나는 좀 더 커지고 목소리도 크게 내며 더 저속하고 거칠어져야 하는가?"이다.

그녀의 경험의 다른 측면은 직장에서 때때로 노골적이게, 그러나 대부분의 경우는 은밀하게 성적인 태도를 가지고 표적화되는 것과 성적으로 면밀히 관찰되는 것이다. 그녀는 이러한 행동들을 선명하게 기억하고 있지만 그녀의 반응은 흔들리고 있다. 이를테면 "나는 이런 태도들에 대해 불평하고 이런 것들이 전부 멈추도록 주장해야 하나?" 그리고 "만약 그것이 이곳의 방식이라면 나는 그냥 여기서 일만 하면 돼, 당신은 내 가슴을 보고 있군요. 그렇다면 나는 내일 좀 더 몸에 꼭 끼는 옷을 입을 것이고! 그러면 내가 운영하기 원하는 프로그램의 예산을 얻게 될 거야!" 와 같은 반응들이다.

때로는 남자의 반응을 수용하고자 하고 또 한편으로는 그녀의 목적을 달성하기 위해 이러한 비인간화된 고정관념에 맞춰 살고자 하는 충동은 생존기술을 반영한다. 직장을 지키기 위해 그녀는 상황을 수용해야 한다고 느낀다. 그녀의 경험을 크게 이야기해야 할지 말아야 할지에 대한 불확실성과 뒤섞인 그녀의 분노는 그녀에게 '독' 이 된다. 이것은 혼돈 기술의 예다. 잘못된 대우에 대해 그녀가 분노를 말할 때 그녀는 역량강화 기술에 접근하게 되는 것이다.

지나의 울음은 분노로, 분노는 다시 울음으로 바뀌고 연출자는 지금 그녀에게 일어난 일을 말하라고 요청하자 그녀는 엄마에 대해 생각하고 있었다고 대답한다.

사이코드라마를 위한 분명한 방향이 정해지고 또 다른 장면이 요구되며 적정 규모의 집단이 필요하기 때문에 이 시점에서 완전히 보조자를 배제시킬 필요는 없다. 그들이 무대나 관객석이 아닌 한쪽에 앉아있기를 요청한다.

지나는 어머니를 조용하고 자기중심적이고 불평하는 사람으로 묘사하며 자신이 이전 세대의 남자들, 즉 아버지, 삼촌과 할아버지와 자기 세대 남자들, 즉 오빠들, 남편 양쪽에 의해 "상처를 받았다."고 말한다. 그녀는 다음 세대에 대해서도 똑같이 느끼는데 자기 아들들이 그녀에게 종종 포학하게 대한다고 말한다. 역할교대를 통해서 연출자는 무엇이 여성다움인지에 대하여 어머니가 지나에게 주었던 메시지들을 도출해낼 목적으로 어머니를 인터뷰한다. 어머니의 교육은 다음과 같이 요약될 수 있다. "굴러 넘어져도 잠잠히 있고 자신을 드러내지 않는 것이 인내하는 방법이다." 지나의 경험으로 어머니는 어려운 환경에서 차분한 인내심의 소유자였지만 지나는 어려운 상황에서 자신의 문제를 해결할 돌파력을 찾아낼 가르침을 어머니로부터 얻지는 못했다고 느낀다.

인터뷰에서 지나의 어머니는 자신의 어머니에 대해서 말하고 연출자는 지나에게 할머니와 이야기하는 것에 관심이 있는지를 묻는다. 지나는 일곱 세대와 연결될 필요가 있다고 대답하고 지나, 어머니 그리고 5명의 모계 인물 등 모두 7명의 인물과 활동하면서 사이코드라마는 과거 개인적인 기억, 과거의 할머니, 더 많은 전형적인 여성 인물들로 옮겨갔다. 유럽, 아시아 및 토착적인 특성이 드러나고 그리스 합창처럼 세계에서의 여성의 역할, 아름다움, 여성이 무엇을 성취해야 하고 하지 않아야 하는지, 어떻게 처신해야 하는지 그리고 무엇에 대하여 관심을 가져야 하는지에 대하여 갈등하는 메시지를 환기시켰다.

이 인물들과 그들의 사고는 여성다움이 무엇을 의미하는지에 관한 지나의 내면된 감각의 합성물을 나타낸다. 연출자는 이 메시지에 깊숙이 박혀있는 성 역할의 사회화를 이해하고자 한다. 비록 우리가 성 역할을 바라보는 활동에 들어갔지만 색인틀의 아홉 가지 요소는 모두 역동적이다.

그런 틀을 활용하는 것은 우리가 여성 조상들의 '목소리'가 구현된 태평양의 섬 출신으로서의 지나의 사회화가 다른 힘들 사이의 성 역사뿐만 아니라 유럽인들에 의한 토착민들의 식민지 역사를 포함한다는 사실에 집중하도록 도움을 준다.

역할교대를 통해 그녀의 모계 일곱 세대 각자와 만나고 대화를 나누며 마지막으로 역할교대를 해본 뒤에 지나는 이 드라마가 종료되었다고 말한다. 연출자는 각 조상의 역할을 한 보조자를 뒤로 물러서도록 하고 그들에게 치유적인 말, 그리고 그녀가 원한다면 이해의 말을 하도록 그녀에게 요구한다. 이 단계가 그녀를 어머니에게 돌아가게 한다. 어머니와 긴 역할교대가 끝날 무렵 지나는 혼잣말로 다음과 같이 말한다. "나는 엄마가 왜 그런 선택을 했는지 알겠어요. 내가 원하는 선택에 대해 엄마는 심지어 선택권조차 갖지도 못했다는 것을 이제는 알아요. 나는 엄청난 용서를 찾았어요. 내가 삶의 충만함을 가질 수 있게 나를 위해 길을 보존해주신 것을 이해해요."

연출자는 지나의 직장 남성들을 대표하는 보조자를 무대로 가게 하고 지나가 그들에게 말하도록 유도한다. 그녀는 다음과 같이 말한다.

"당신들의 게임은 하찮고 이곳은 단지 내가 지금 일하는 곳에 불과합니다. 여러분은 내가 누구인가라는 본질적인 문제가 중요치 않아요. 나는 나의 싸움을 선택할 수 있고 내가 하는 일에 있어서 당신들 누구보다 두 배나 뛰어나다는 점을 입증하기 위해 긴장하고 중압감을 느낄 필요가 없어요. 내가 보기에 이치에 맞는 방식으로 모든 일에 우선순위를 둘 것입니다."

연출자로서의 저자는 그녀의 남성 직장 동료들의 목소리로 "나는 당신이 무슨 말을 하고 있는지 모르겠어요."라는 메시지를 반복한다. 역할의 더 깊은 울림의 징후들을 관찰한다. 예를 들어, 그녀가 "나는 당신들이 얼마나 나를 부당하게 취급하는지, 존경하지 않는지를 말하고 있는 거예요. 또 얼마나 내가 참아야 하는지를 말하고 있어요."라고 남자들에게 응답했다면 그녀는 무관심 기술에 반응해서 역량강화 기술을 쓰고 있었던 것이다. 대신에 사이코드라마의 결론 부분에서 지나의 언급은 자신이 전략 기술을 사용하고 있음을 증명해준다.

지나의 아버지, 그녀의 청소년기 자아와 국가적 근원에 대한 문제

다른 회기에서 연출자는 색인 범주에 바탕을 둔 사회 구성원의 자격에 관한 지도를 포함하는 웜업을 활용한다. 지나는 활동에 참여하기 위해 뽑혔고 국가적 근원인 출생지에 대한 영역을 통해 들어간다. 그녀가 국가적 근원의 표적 구성원 자격을 상징하는 보조자에 직면할 때 연출자는 그녀에게 역할교대를 유도한다. 지나는 이주민으로서의 자신의 목소리로 말하고 "내가 여기서 무엇을 하고 있는지 모르겠어요. 우리가 여기에 왔을 때 나는 두 살이었고 선택권이 없었으며 나는 이곳에 속해있지도 않아요. 더 나쁜 점은 저곳에도 역시 속하지 않는다는 것이며 어떻게 해야 하는지 내가 누구인지 모르겠어요."라고 말한다.

연출자는 그녀의 경험을 나타내는 보조자를 대하면서 그녀를 본래의 위치로 돌려보내고 보조자에 나타난 그녀의 일부분에게 말하도록 요청한다. 지나가 그녀를 지지한다. "그래, 너는 정말로 네가 누구이고 어디에 소속되는지를 몰라. 당연히 나는 너를 어떻게 도와야 할지 모르겠어. 너를 위해 무엇을 해야 할지 모르겠고 단지 네가 거기에 있지 않기를 바라." 연출자가 "이민 경험이 너에게 존재하지 않기를 바라니?"라고 묻는다. 지나가 "그래요."라고 대답하고 연출자가 그녀에게 "말해봐."라고 한다. 지나가 "나는 네가 존재하지 않기를 바라."라고 이민자 보조자에게 말한다. 연출자가 그 부분과 또 역할교대를 요구한다. "나 역시 존재하기를 원하지 않아."라고 지나가 이민자 보조자로서 말할 때 참가자들이 지나의 보조자 역할을 담당해주며 "나도 역시 네가 존재하지 않기를 바라."라고 반복해서 말하게 한다.

연출자가 재빨리 "내가 존재하지 않는다면,"이라고 제의하자 지나는 "내가 존재하지 않는다면 아빠는 너무 고독할 거예요."라고 대답한다. 아버지의 역할이 정해지고 "이름이 무엇이죠? 나이는 어떻게 되죠? 그녀가 두 살 때 당신이 미국에서 살기 위해 딸과 가족을 데려왔다는 것을 들었어요. 그 당시에 당신의 나이는 어떻게 되죠?"라고 자신의 아버지가 인터뷰를 받는 것처럼 지나도 인터뷰를 받는다. 이 장면에서 우리는 지나와 아버지의 가족 배경에 관한 정보를 얻는다. 지나가 집단에 드러냈던 다른 사실들과 더불어 인터뷰를 이용해서 우리는 이제 태평양 섬 출신인 그녀의 가족이 스페인, 포르투갈, 미국의 군사행동을 포함해서 계속된 식민 지배를 경험한 지역에서 왔음을 알고 있다. 그녀의 가계는 토착인과 유럽인이 섞여있다. 색인 목록의 영역들은 우리에게 그녀가 비미국계인 유색인종으로서 민족 정체성을 가지고 미국에 살고 있으며 자신의 경험들이 다른 에이전트와 그녀에게 귀속된 표적 집단 구성원의 지위에 의해 드러난다는 사실을 보여준다. 활동방향은 한 태평양 섬 출신 이민자로서 그녀의 사회적응 갈등에 집중되어 있다.

연출자는 그녀에게 아빠 역할로서 이야기해볼 것을 지시하고 "왜 미국에 오려고 결심했어요?"라고 지나에게 묻는다. 그는 "글쎄요. 상황이 나빴고 내 가족을 위한 더 나은 삶에 대한 기회가 있었어요."라고 대답한다. 감독이 지나를 원래의 위치로 돌려보내고 보조자가 그녀의 역할을 한다. 연출자는 "당신의 아버지가 말하는 것을 들을 때 몇 살이었죠?"라고 묻는다. 지나는 13세였다고 대답한다. "당신이 13세 때 무슨 일이 일어났나요?"라고 묻고 "내 사촌과 삼촌이 함께하기 위해 우리 나라에서 왔던 때였어요."라고 대답한다.

우리는 그녀의 가족 중 더 많은 사람이 그 집에서 살기 위해 계속해서 왔으며 이로 인해 지나가 자신의 침실을 포기하고 그녀의 언니와 함께

방을 썼으며 부담스럽고 짜증 나는 경험을 하게 되었음을 발견하게 된
다. "이 사람들이 내 방에서 나를 쫓아냈고 심지어 그들은 영어로 말하
지도 않아요." 자신의 방에서 쫓겨났을 때 집단은 어린 10대의 반응을
쉽게 이해한다. 표적 기술 모델을 이용해서 집단 구성원은 가족 구성원
들에 대한 적대감이 생존 기술 세트에 의해 형성된다는 점에 주목하게
된다. 지나는 이민자라는 신분으로 인한 특성들에 대해 친척들을 멸시했
다. 지나의 활동은 개인이 같은 표적 집단 구성원들에 대한 경멸감을 표
현하는 수평적 억압 이면에 있는 역학 관계를 조명해준다.

지나는 13세 이후의 경험을 좀 더 깊이 탐색해나감에 따라 또 다른 중
요한 요소를 드러낸다. "아빠는 내게 고국이 있다는 것과 정말로 가족의
일부가 된다는 것이 무엇을 의미하는지 한 번만이라도 배우도록 고향으
로 돌아갈 필요가 있다고 결정하셨죠." 연출자는 여행 장면을 통해서 지
나와 아버지 역할을 하는 보조자를 안내한다. 사이코드라마 속의 이 여
행을 완성하기 위해 연출자는 남아있는 현실을 이용해서(Moreno,
Blomkvist & Rützel, 2000) 지나가 자신이 필요로 하는 것을 찾도록 도
와준다. 그녀는 자신의 출생을 싫어했던 나이에 그것을 드러내는데, 자
신의 표적 집단에 대한 멸시는 생존 기술의 특징이다. 그녀는 가족의 환
영과 자신의 고국 주민들로부터 받은 환대에도 불구하고 더 많은 부적응
경험을 기억했고 여전히 그 여행은 강압적인 인상을 풍겼다.

지나는 그 여행을 애매모호한 경험 그리고 하나의 참고사항 정도로 생
각했으며 비슷한 상황에 처해있는 다른 사람들과 활동하면서 회복의식
주위에 사이코드라마를 구성하는 것은 도움이 되었다(Mosher, 2000).
연출자는 지나를 줄곧 자신의 고국에서 생활하는 분열된 13세의 지나 역
할을 위해 지나를 보조자로 등장시킨다.

잉여 현실을 이용해 극 중에서 비행기를 타고 돌아오면서 지나는 아버

지와 그녀 자신의 일부분인 13세 소녀와 함께 여행을 한다. 그들은 미국으로 돌아오고 연출자가 "13세 소녀는 어디에서 생활할 것이며 당신의 방을 같이 쓸 거예요?"라고 묻자 지나가 웃는다. 연출자가 "지금 이 13세 소녀와 함께 지내면 어떻게 될까요? 당신의 출생 시에 머물렀던 당신의 일부분인 13세 소녀. 그녀가 지금 당신과 있는 것을 어떻게 가치 있게 할 것인가요?"라고 묻는다. 역할교대를 이용해서 연출자는 지나와 그 13세 소녀 사이의 대화를 유도하고, 대화를 통해 지나와 자신의 13세 보조자와의 친근감이 만들어지고 드러나서 마침내 서로 포옹하게 된다. 그 장면을 마무리하기 위해 지나는 "당신은 소속된 곳이 있고 나와 함께 속해 있다."라고 말한다. 사이코드라마의 이런 부분의 기능을 통해 지나는 자신의 일부분과의 재통합을 이끌어내는 경험을 얻을 수 있는데 관련된 방식으로 그녀의 토착 문화집단에 대한 정체성도 마찬가지라고 할 수 있다. 자신의 표적 집단을 재평가하는 것은 그녀가 역량강화 기술을 행사하기 위한 기초적 부분이다. 연출자는 지나가 아버지에게 말하도록 요청하며 그녀는 "고마워요. 고향으로 갈 준비가 되어있거나 그것이 필요하다고 생각하지 못했어요. 그러나 지금은 가지 않았더라면 아마 방황했으리라 생각해요. 아빠 덕분에 내가 어디 출신이고 누구인지 알았으며 이 점이 그것이 왜 중요한지를 내가 알도록 도와주었어요."라고 말한다.

마지막 독백에서 지나는 "처음에 내가 여기에 오도록 많은 사람들과 사건들이 움직여야만 했고 이제 다시 많은 것들이 진행되고 있으며 결국 여기에 와서 '소속감을 느낀다'라고 말할 수 있다. '나는 많은 사람, 장소들과 관계되어 있으며 전 세계는 나의 고향이 될 수 있고 나는 유럽인이며 아시아인이고 태평양 섬주민이자 미국인이다."라고 말한다.

결론

드라마 이전에 수년 동안에 지나는 꽤 규모가 있는 기관에서 성공적으로 실적을 올렸으며 그 일에 이어서 그녀는 자신의 사업체를 설립하기로 결심했다. 그녀가 말하는 표적은 자기 방식대로 일하고 그녀와 직업에 대한 접근을 지지해주는 사람들과 일할 수 있도록 허용하는 상황을 만들어 내는 것이었다. 이러한 삶의 선택사항들은 주제 면에서 그녀의 모계 조상들과 관련된 드라마의 이야기와 일치되게 보여질 수 있다. 또한 사이코드라마 이후로 지나는 그녀가 세계 다른 지역을 여행하면서 시간을 보낼 수 있도록 하는 방식으로 자신의 사업을 발전시켜 왔다. 이런 발전은 또한 사이코드라마의 주제를 반영하는지도 모른다.

이 사례에서는 단지 사이코드라마의 적용만을 보여주었다. 참가자 가운데 한 사람 이상이 똑같은 표적 집단 범주를 가지고 있을 때는 소시오드라마 기법을 적용할 수 있다.

지나의 사례는 우리에게 어떻게 반억압 문제의 분석이 주인공의 인생경험에 대해 통찰력을 줄 수 있으며 연출자에게 알려진 사이코드라마적 선택들을 통해 어떻게 성장과 치유 그리고 해방을 만들어낼 수 있는 도구를 주는지 보여준다.

참고문헌

Adams, M., Bell, L. A., & Griffin, P. (Eds.). (1997). *Teaching for diversity and social justice: A sourcebook*. New York: Routledge.

Adams, M., Blumenfeld, W. J., Castañeda, R., Hackman, H. W., Peters, M. L., & Zúniga, X. (Eds.). (2000). *Readings for diversity and social justice*. New York: Routledge.

Andersen, M. L., & Collins, P. H. (Eds.). (2001). *Race, class and gender: An anthology* (4th ed.). Belmont, CA: Wadsworth.

Colapinto, J. (2000). *As nature made him: The boy who was raised as a girl.* New York: Harper-Collins.

Eugenides, J. (2002). *Middlesex.* New York: Farrar Straus Giroux.

Gladwell, M. *(2005). Blink: The power of thinking without thinking.* New York: Little, Brown.

Hardiman, R., & Jackson, B. W. (1997). Conceptual foundations for social justice courses. In M. Adams, L. A. Bell, & P. Griffin (Eds.), *Teaching for diversity and social justice: A sourcebook* (pp. 16-29). New York: Routledge.

Haworth, P. (1998). The historical background of psychodrama. In M. H. Karp (Ed.), *The handbook of psychodrama.* New York: Routledge.

Hays, P. A. (2001). *Addressing cultural complexities in practice: A framework for clinicians and counselors.* Washington, DC: American Psychological Association.

IAT Corp. (2009). *Project Implicit.* Retrieved January 20, 2010, from http://www.projectimplicit.net/generalinfo.php

Marineau, R. (1989). *Jacob Levy Moreno 1889-1974: Father of psychodrama, sociometry, and group psychotherapy.* New York: Routledge.

McIntosh, P. (2001). White privilege and male privilege: A personal account of coming to see correspondences through work in Women's Studies (1988). In M. L. Andersen & P. H. Collins (Eds.), *Race, class and gender: An anthology* (4th ed., pp. *95-105).* Belmont: Wadsworth.

Moreno, Z. T., Blomkvist, L. D., & Rützel, T. (2000). *Psychodrama, surplus reality and the art of healing.* New York: Brunner-Routledge.

Mosher, J. R. (2000). *Cycles of healing: Creating our paths to wholeness.* Seattle, WA: Blue Sky Counselors.

Nieto, L., & Boyer, M. F. (2006a, March). Understanding oppression: Strategies in addressing power and privilege. *Colors NW Magazine, 5,*

30-33.

Nieto, L., & Boyer, M. F. (2006b, October). Understanding oppression: Strategies in addressing power and privilege, second installment, skill sets for Targets. *Colors* NW *Magazine, 6, 48-51.*

Nieto, L., & Boyer, M. F. (2007, March). Understanding oppression: Strategies in addressing power and privilege, Part 3: Skill sets for Agents. *Colors NW Magazine,* 6, 34-38.

Nieto, L., Boyer, M. F., Goodwin, L., Johnson, G. R., & Smith, L. C. (in press). *Beyond inclusion, beyond empowerment: A developmental strategy to liberate everyone.* Olympia, WA: Cuetzpalin.

Pérez Silva, R. (2007). Un modelo de intervención. In M. E. Sánchez Azuara, A. De Luca, & R. Pérez Silva (Eds.), *Emociones, estrés y espontaneidad.* México: Editorial Itaca.

Sue, D. W., & Sue, D. (Eds.). (2003). *Counseling the culturally diverse* (4th ed.). New York: John Wiley.

Wilber, K. (1996). *A brief history of everything.* Boston, MA: Shambhala Publications.

Wilchins, R. (2004). *Queer theory, gender theory: An instant primer.* Los Angeles, CA: Alyson.

Yeskel, F., & Leondar-Wright, B. (1997). Classism curriculum design. In M. Adams, L. A. Bell, & P. Griffin (Eds.), *Teaching for diversity and social justice: A sourcebook* (pp. 231-260). New York: Routledge.

6

역사의 상처 치유하기 : 독일인과 유대인의 홀로코스트 유산 직면하기

EVA LEVETON & ARMAND VOLKAS

저자 프로필

Leveton : 나는 히틀러 시대에 혼혈 유대인(아버지가 유대인)으로 태어났고, 이 일은 나에게 개인적인 의미가 있다(Leveton, 2000). 나의 유대인 아버지는 나라를 떠날 것을 결정하지 못한 '조국'을 믿었던 많은 유대계 독일인 중의 하나였다. 아버지가 마침내 네덜란드를 통해 도망치도록 설득되었을 때는 이미 너무 늦어버렸다. 비록 아버지는 미국으로 갈 수 있었지만 그 당시 나와 어머니는 완전한 유대인이 아닌 사람의 망명을 받아주지 않는 엄격한 법을 가지고 있던 네덜란드 정부에 의해 떠날 것을 명령받았다. 베를린으로 돌려보내져서 조부모님과 함께 살아가면서 어머니와 나는 이민 갈 수 있는 비자를 받을 수 없었고 제2차 세계대전 중에 베를린에서 살아가도록 남겨졌다.

에바의 베를린, 전쟁 중 유년의 기억(Eva's Berlin Memories of a Wartime Childhood, 2000)은 한 가족이 헤어져서 정치적인 억압하에 상처를 받는 이야기이다. 내 어머니와 아버지와 함께 살고자 하는 간절한 소망, 나 자신에게 닥친 독일 나치문화에서의 소외와 함께 유대인 전통에 대한 무시, 그리고 우리를 위험에 빠뜨리는 두려움에 대해 언급조차 못하던 것들이 내 삶을 무겁게 하던 주제였다. 비록 베를린이 다인종에 가장 관대한 도시 중 하나였지만―나의 아버지의 배경은 이미 알려져 있었고 어머니는 자주 공 공연하게 저항해야 했다―나에게는 정체성에 있어 깊은 문제들이 생겼다. 나는 유대인이었지만 독일인으로 살았다. 나는 독일인이었지만 어머니와 나는 아웃사이더였다. 히틀러 유겐트(나치가 만든 청소년조직)에 가입하기 원하지만 할 수 없던 사람들과는 달리(Massaquoi, 1999), 나는 온통 내 주 변을 둘러싸고 있는 나치를 무서워하면서 성장했다. 다른 아이들이 베를린 의 혹독한 폭격을 피하기 위해 시골로 보내지는 동안 나는 도시에 머물러 야 했고 나의 공교육은 강제 수용소에서 되돌려 보내진 한 개인 교사로 대 치되었고 어른들은 공습 동안 나를 고통스럽게 했다.

나는 이 나라에 열한 살에 도착해서 적으로 간주되는 독일인의 억양을 가지고 나와 다른 문화에 적응하기 위해 고투했다. 최근까지도 외상 후 스 트레스 장애 문제는 대체적으로 무시되거나 다루어지지 않았다 (Kellerman, 2007). 집단 트라우마, 인종차별주의, 폭력과 기아의 여파로 고통당하는 아이들과 부모를 위한 프로그램은 없었다. 샌프란시스코의 학 교에 도착해서 나는 독일 소녀로서 나 자신을 찾을 여지가 없었다. 그리고 나는 곧 미국인으로 '변화'하기로 했다. 그것은 성공적인 변신이었고 아주 약간은 나 자신에게 수용하고 적응하는 것을 허용해주었다. 그러나 나 자 신에게서 연속성과 지지를 빼앗아갔고 극도의 내적 충돌과 불안을 야기시 켰다.

극장이 나를 구해주었다. 비록 내가 정체성 문제나 후기 트라우마에 대 해 직접적으로 언급하지 않아도 그곳에서는 감정적인 표현, 피난처, 도피 가 허락되었다. 한 극장의 여배우가 된다는 것은 대부분의 사회적 계약이 요구하는 것과 같이 충성을 요구하지 않고도 한 집단에 소속되는 것을 보 장해주었다. 극장은 나 자신을 하나의 역할 안에 충분히 표현하고 잠시 도 피하며 연기가 끝나면 떠날 수 있는, 자유가 주어지는 나의 일시적이고 의 미 있는 가족이 되어주었다.

융의 개인 심리치료, Fritz Perls의 게슈탈트 심리치료, 사이코드라마, 드라마치료는 미국에서의 나의 삶과 함께 나의 유산들을 통합하는 측면을 도와주었다(Leveton, 2007). 심리학에 대한 나의 관심은 어느 정도는 가족치료에서 나의 정체성을 탐구해보거나 전쟁의 트라우마나 독일인과 유대인 정체성 사이에 내재화된 갈등에 대해 목소리를 내어보도록 이끌어주었다. 극장에서의 경험은 내가 샌프란시스코에 있는 첫 번째 사이코드라마 집단을 발전시키도록 했고, 그 활동적이고 경험적인 일은 많은 트라우마를 입은 생존자들에게 적합한 것이었다. 나는 캘리포니아통합학문연구소에서 드라마치료 프로그램 학부에 속하게 되어 Armand Volkas를 만났고 유사한 경험을 한 사람들을 도울 수 있는 기회를 얻었다. 나는 억압받으며 살아온 사람들과 제2차 세계대전 이후의 홀로코스트 생존자들을 위한 워크숍의 형태로 가르치게 되었다.

Volkas : 나는 프랑스에서 말할 수 없는 굴욕과 수모, 인간의 순전한 존엄성에 대한 강제 수용소에서의 트라우마에서 살아남을 수 있었던, 괄목할 만한 두 사람 사이에서 태어났다. 나는 그분들의 이야기를 모유를 먹는 과정에서, 그리고 매일의 식탁에서 내 접시에 쏟아부어진 부모님의 침묵으로, 이야기의 홍수와 감각기억, 감정의 기억을 통해 삼투압 현상처럼 빨아들였다. 나는 그 이야기들을 통째로 삼켰다. 나는 오랜 시간 이것들을 무시하기로 했지만 그 이미지는 나의 시냅시스에 각인되었고 내 마음에서 결코 지울 수 없었다.

내 부모님의 이야기는 용기와 영웅주의 그리고 그들의 인간성을 지키기 위한 결단 등이 혼합된 하나의 경주 같은 것으로 점철되어 있었다. 리투아니아에서 태어난 나의 아버지는 20대 초반부터 비밀결사 조직에 참여하고 살아남았던 활동가였다. 그는 프랑코에 저항해 스페인 내전 동안 국제 여단에 소속되어 싸웠고, 백인 러시아 적군 전선(White Russian Enemy Lines)에서 12명의 낙하산병 중에 유일하게 살아남으며, 나치 열차에 폭탄을 던졌고, 게토에 있는 유대인들을 돕다가 체포되어 아우슈비츠에서 강제 노동을 하도록 강요당했다.

폴란드에서 태어난 나의 어머니는 파리의 핍박에서 살아남았다. 그녀의 첫 남편은 전쟁 동안 프랑스의 포로가 되었고 어머니는 지하 운동의 한 구성원으로 활동하면서 나의 배다른 형제를 양육했다. 후에 그녀가 발각되고 프랑스 경관에게 쫓겼을 때, 그녀는 2층 창문에서 뛰어내려 가까스로 체포를 면했다. 그녀는 자유로운 나날이 얼마 되지 않을 것이라는 것을 알고 아들을 노르망디의 프랑스인 가족에게 보냈고 그녀가 잡혀 고문당하고 아우슈비츠에 강제 이송될 때까지 레지스탕스로 싸웠다. 거기서 어머니는 Dr. Josef Mengele와 Dr. Clauber가 단종(斷種)실험(sterilization experiment)을 하는 악명 높은 'Block 10'에 배치되었지만 감사하게도 체코인 의사의 도움으로 수술을 피하게 되었다.

나의 부모님은 두 분 모두 강제수용소의 지하 레지스탕스였고 아우슈비츠에서 만났다. 아버지는 가스실에서 죽은 유대인들의 압수된 물품을 다루는 일을 했고, 멀찍이서 내 어머니를 보시고는 장화 한 켤레를 몰래 가져다주는 데 성공했다. 아우슈비츠의 철군 시기에 그들은 각각 다른 수용소로 보내졌다. 전쟁 이후에 나의 어머니는 그녀의 전남편과 아들과 마침내 재회했지만 결혼에 실패하게 되었다. 리투아니아에 돌아가 그의 전 가족이 나치에 의해 살해된 것을 발견한 아버지는 프랑스로 와서 나의 어머니를 찾았다. 그들은 파리에서 만났고 나의 형제와 함께 새로운 생활을 시작했다.

나는 파리에서 전쟁 이후에 태어났다. 피투성이가 된 유럽을 떠나기 원했기 때문에 나의 부모님과 형제, 그리고 나는 미국으로 이주해 새로운 삶을 시작했다. 나는 1950~1960년대 남캘리포니아의 문화 속에서 나 자신에 대해 자각하기 시작했다. 극장은 나를 괴롭히던 나의 실존과 정체성에 대한 질문을 언급할 수 있는 방법을 알려주었다. 나는 UCLA의 예술학 석사를 졸업하고 다른 홀로코스트 유산을 가진 나와 비슷한 전후 세대인 유대인들과 함께 작은 극장을 창립했다. 종교보다는 문화적으로 더욱 동일시되는 것을 느끼며 유대인 문화와 가치를 탐구하기 위해 실험적인 극장을 만들었다.

1970년대 중반 미국에 있는 홀로코스트 생존자의 자녀들은 생존자들의 자녀 지지 집단에서 자신들의 경험을 나누며 서로를 발견해가기 시작했다.

처음에 나는 이들 집단이 도움이 된다고 생각했는데 곧 이 집단이 그것을 변화시키는 길을 찾지 않고 그들의 희생을 영속화시키려고 한다는 것을 발견하게 되었다. 나는 또한 내 세대의 독일인들에 대해 궁금해지기 시작했다. 가해자들의 자녀는 그들의 유산 때문에 내가 그랬듯이 괴로워했을까? 나는 '우리 모두가 가해자'라고 말하는 것에 대해 이해하기를 원했다. 그들은 교화가 가능한 사람들인가? 그렇다면 어떻게?

1989년에 나는 홀로코스트 생존자와 나치의 자녀들을 7명씩 초대했고 그들의 유산적 잔재인 역사의 상처를 치유하기 위해 소시오드라마와 사이코드라마 그리고 드라마치료를 도구로 하여 탐구해보기로 했다. 그 첫 번째 워크숍에서 나는 뭔가 깊고 혁신적인 것이 일어났다고 증언하고 싶다. 워크숍에서 우울하고 격분되어 있던 참가자들은 새로운 관점을 가질 수 있었을 뿐만 아니라 그들의 집단 트라우마의 유산을 보다 긍정하는 관점(life-affirming stance)으로 통합하는 것을 돕는 방법을 알게 되었다. 나는 이 작업이 집단 트라우마의 유산을 가진 사람을 도울 수 있음을 알게 되었다. 나는 세상에 영향력을 미쳤고 내 자신의 필생의 일을 찾게 된 것이다.

Eva Leveton은 미국, 유럽, 인도, 아프리카 등지에서 지난 50년 동안 가족치료와 사이코드라마를 가르쳤다. 그녀는 Zerka Moreno의 수상자이며 사이코드라마, 사회측정학, 집단심리학에 있어 뛰어난 인물로 세 권의 저서, **심리치료사를 위한 사이코드라마가이드**(*A Clinician's Guide to Psychodrama*)와 **위기의 사춘기-드라마치료의 방법**(*Adolescent Crisis : Approaches in Drama Therapy*) 그리고 **에바의 베를린, 전쟁 중의 유년기 기억**(*Eva's Memories of a Wartime Childhood*)을 썼다. 그녀는 캘리포니아 통합학문연구소의 드라마치료 프로그램과 신체화 프로그램의 부교수다.

Armand Volkas는 캘리포니아 통합학문연구소의 드라마치료 프로그램 부교수다. 그는 사이코드라마와 드라마치료법을 강의하고 플레이백 시어터 집단을 지도하는 LACC의 감독이자 설립자다. 게다가 Volkas는 자신의 출생지인 프랑스뿐만 아니라 하와이에서도 정기적으로 가르친다. Volkas

의 방식, 즉 HWH의 개발은 이 장의 이론적 배경을 형성하고 HWH에서
사용된 과정은 두 사례에서 상세히 제시될 것이다.

역사적인 상처에 영향을 받은 집단의 공동 지도자로서 Volkas와
Leveton은 이 장을 홀로코스트 1세대에서 3세대 유대인 생존자의 후손과
나치 독일의 관련성에 초점을 맞춘다. 두 저자는 억압 집단에 대한 광범위
한 활동을 해왔고 독일인과 유대인에 대한 활동 이외에 Leveton은 일본계
미국인, 미국 원주민, 크로아티아인과 세르비아인들에 관한 활동을 해왔
다. Volkas는 유대인과 팔레스타인인, 아르메니아인과 터키인, 일본인과
중국인 집단의 문화적 갈등과 집단 트라우마가 발생하는 많은 다른 집단들
에 관한 워크숍을 실시해왔다. 저자들의 견해는 이 장에서 기술된 과정은
특히 자신들이 깊이 알고 있는 홀로코스트 잔재의 세대 간 전달에서 촉진
자(facilitator)들의 개인적 과거와 매우 깊은 관련성이 있다는 점이다. 따라
서 그러한 과거들이 여기에 어느 정도 자세하게 제시된다.

HWH 과정

역사적 상처 치유하기(HWH)는 홀로코스트와 같은 집단 트라우마와 문
화적 갈등을 알리기 위하여 개발되었다(Volkas, 2009). 우리의 정신 구
조에 행해진 집단 트라우마의 영향력은 많은 세대를 통해서 추적할 수
있다. 우리의 경험을 통해 각각의 피해자 집단은 의식, 무의식적으로 흡
수되고, 또한 강하게 민족적, 문화적 정체성에 영향을 끼치는 구체적인
이야기를 발전시킨다는 점을 알게 된다. 생존자들은 가족 내에서 자신들
의 이야기를 가지고 있을 뿐만 아니라 표현되지 않은 슬픔의 형태로 그
들의 2세대와 3세대에게 남겼을 수 있다(Hoffman, 2004). 게다가 생존
자들의 가족들은 문화적으로 자신들의 민족적 정체성 측면에서 고립, 소
외, 부적응을 경험한다. 억압의 역사는 가해자와 피해자라는 정체성의

이분화된 결과를 가져온다. 모든 인간은 가해자가 될 수 있으며 분열을 치유하는 것은 양 집단의 인간성을 대면함으로써 그들 양 집단이 서로를 인간으로 바라보도록 그리고 과거 비인간화와 잔인성에 대한 책임을 지도록 도와줌으로써 통합으로 나아감을 의미한다는 입장을 HWH는 견지한다. HWH 워크숍 집단은 가족 내에서 억압된 주제를 대면하고 표현하도록, 개인적으로 집단적으로 자신들의 상실감을 애통해하도록, 창의적 행위와 서비스를 통해서 고통의 의미를 찾도록 배운다(Sichrovsky, 1988).

HWH 과정은 집단 구성원들이 자발적인 역할놀이를 통해 개인적, 집단적 이야기들을 경험할 수 있도록 드라마 요법, 플레이백 시어터뿐만 아니라 기념비적인 자료, 문서 그리고 소시오드라마, 사이코드라마 기법을 활용한다(Moreno, 1993). HWH 과정의 후반부에서 시와 음악의 창작은 경험을 강화시켜 주며 집단적, 창의적 과정에 참여해 활동하기를 배우면서 반대 집단 간의 긴장이 순간적으로 완화된다. 각 사례에서 제시되는 다양한 기법을 통해 자신들의 이야기를 말하게 되고 '적에게 말하기 금지'라는 규칙이 깨질 수 있다. 용감한 참가자인 '감정적 인도자'와 함께 촉진자(facilitator)는 갈등을 겪고 있는 집단 내 감정적 잔재에 대항하여 '저항을 깨뜨리는 자들'의 역할을 담당한다.

참가자들의 감정이 매우 격해져서 촉진자는 집단이 참여하기 위해 요구되는 용기를 갖도록 조력하고 강한 감정을 누그러뜨리는 다양한 방법들을 개발해야 할 때가 있다. 촉진자는 효과적으로 듣기, 공감적이고 비방어적인 자세 그리고 사과 방법 이해를 포함한 갈등해결의 모든 원칙과 요소들을 숙지하고 있어야 한다.

기법들

홀로코스트와 제2차 세계대전의 독일, 유대인 생존자들과 그들의 후손에 대한 활동에서 많은 기법들이 트라우마의 여러 가지 면을 표현하고 그것을 바꾸도록 초기 믿음과 신뢰를 구축하는 데 도움을 준다. 워크숍은 하루에서 일주일까지 다양하게 진행되며, 각 활동에는 웜업이 있고 각 사례의 상황에 따라 심화활동이 진행된다. 이 활동의 웜업을 시작하기 위해 참가자들은 자신들의 역사적 유산의 개인적 측면을 나타내는 물건을 모임에 가져오도록 요청받는다.

집단의 공식적인 시작에 앞서 집단 구성원들은 꽃뿐만 아니라 장식 촛대, 독일군 메달, 여권, 제단포, 그리고 기도 숄 등의 물건을 정돈된 제단에 올려놓는다. 거기에 놓여진 물건에는 개인 사진이나 신문 사진, 의류, 가족과 강제 수용소 관련 문서, 신문 기사, 관련 책들, 그리고 집단의 시작을 위해 상황과 연관되는 개인 품목들이 포함되어 있다. 이 활동 중 워크숍을 위해 개인적, 정치적, 영적인 차원을 포함하는 장면이 설정된다. 물건들에 이름이 붙여지고 나중에 토론 시 사용하기 위한 돌이 든 바구니가 제단 위에 있다. 게다가 각 집단들이 보통 아침 9시에 만나기 때문에 아침을 제공하는데 각 집단이 사회관계 측정용으로 선택하도록 (Dayton, 2005), 그리고 자발적으로 비공식적 교제를 할 수 있도록 여러 가지 빵, 크림치즈, 과일, 커피 등이 있다.

이 집단에 참가한 사람들은 일반적으로 소시오드라마나 사이코드라마의 기법에 관한 사전 지식이 없기 때문에 우리는 보통 원 형태로, 짝으로, 작은 집단으로 여기에 온 이유를 짧게 언급하면서 시작한다.

이제 각 집단이 현 상황에서 자신의 위치를 정했기 때문에 우리는 그들에게 사이코드라마(Leveton, 1991, 1996, 2000), 소시오드라마 (Dayton, 2005), 드라마치료(Emunah, 1994; Landy, 1986)에서 발췌한 기법을 이용해서 그들이 친해지도록 하는 여러 활동을 제공한다. 가장 단순하게 시작하는 것이 가장 효과적이다.

원을 그리고 먼저 내가 어떤 느낌인지를 보여주는 몸동작을 취하면 집단이 그 몸짓을 모방하는 활동을 오른쪽으로 돌아가면서 실시한다.

소리를 추가해서 이 활동을 반복할 수 있고 이후 아주 편안한 사람들은 한쪽 끝에, 두려워하거나 걱정하는 사람들은 다른 쪽 끝에 있게 하는 기준으로 집단 구성원들을 줄 세우는 분광기법이 이어진다. 그다음 집단 구성원들은 자신들의 경험에 가장 들어맞는 공간을 선택하고 선택한 이유에 관한 구체적인 내용을 공유한다.

이 집단들에 일어나는 매우 많은 문제들이 내적 외적 권위에 대한 문제가 발생하는 관계를 다루기 때문에 우리는 종종 외부 집단 한 사람과 내부 집단 한 사람 사이에 짝이 형성될 수 있는 이중 원으로 시작한다. 초기 웜업에서는 홀로코스트나 전쟁 경험에 접근할 수 없는데 초기 웜업은 집단이 친해지고 어울리는 것을 배우도록 도움을 주기 위해 만들어졌기 때문이다. 그다음 한 사람은 자동차를 원하는 10대 역할을 맡고 나머지 한 사람은 부모 역할을 맡는 신속한 역할놀이 지시가 주어진다. 각 역할놀이에서 바깥의 원이 오른쪽으로 한걸음 이동하면서 새로운 파트너가 형성된다. 각자가 좀 더 독창적으로 발전함에 따라 역할은 더욱 초현실적인 성격을 띤다. 예를 들어, 한 사람은 아이스크림, 나머지 한 사람은 다이어트 중, 한 사람은 소년범, 나머지 한 사람은 보호관찰관 등이 된다.

이중 원 활동을 계속하면서 우리는 집단 구성원들이 인도자들로부터 주어진 문제에 어떻게 반응하느냐에 따라 자신들을 공간에 위치시키는 더 많은 분광기법과 로코그램을 하도록 선택할지도 모른다(Dayton,

2005). 예를 들어, 로코그램에서 방은 뿌리가 다른 국가와 가족을 나타내는 다른 공간으로 분리될 수 있고, 그 집단에 대해 자신들의 과거를 확인하기 시작할 수 있다. 이 활동으로 드러나는 결과에 따라 집단들은 이동 전에 자신들의 뿌리에 대한 한두 가지의 문장을 공유하도록 요청받을지도 모른다.

독자는 우리가 아직 제단에 있는 물건들에 관해 언급하지 않았음을 주목하게 될 것이다. 그것은 집단이 개인적인 공유를 시작하기에 충분히 준비가 될 무렵인 오전 끝까지 남겨두는 활동이다. 잃어버린 가정과 친척에 관한 사진들, 기도 숄, 강제수용소에서의 사망자와 생존자들의 기록물, 물려받은 귀중품, 박해 내용을 자세히 담고 있는 노랗게 변한 신문, 독일군으로부터 받은 메달, 이 모든 물건과 이야기는 더 깊이 사회관계 측정용 유대감을 형성하기 시작한다. 서로 공유한 뒤에 집단 구성원들은 자신들이 듣고 본 것을 대답하도록 오후의 소시오드라마 또는 사이코드라마에서 원하는 활동이 있는지 우리에게 말하도록 초대받는다. 우리는 부엌에서 공유했던 사회적 역할과 이중 원에서 이루어진 포괄적인 역할로부터 개인적 과거사로 옮겨갔다. 이제 우리는 집단적 상처의 잔재로 발생한 트라우마의 무게와 만날 준비가 되었다. 활동의 좀 더 깊은 측면으로의 진전은 다음의 두 가지 과거 사례에서 제시될 것이다.

사례 1 : 애런 블룸

상황

연구를 통해 홀로코스트 생존자들의 고통은 아동의 정체성과 자존감, 인간관계, 세계에 대한 그들의 입장에 영향을 끼친다는 점이 증명되었다. 가끔 생존한 부모들이 홀로코스트에서 살아남도록 했던 품성인 적응성, 주도권, 강인성 같은 회복적 특성들이 전달된다(Danieli, 1998;

Epstein, 1979; Fogleman, 1998; Kellerman and Hudgins, 2002). 한 부류의 '생존자 아이' 신드롬이 나타났다는 보고도 있다. 생존자 부모는 자녀의 인생에 지나치게 관여하고 질식할 정도까지 과잉보호하는 경향이 있었다. 그들은 외부 환경에 대한 불신 때문에 그들의 자녀가 자기주도적이지 못하게 하고 가족 밖의 사람들을 불신하게 되었다. 분리는 죽음에 대한 두려움과 연계되었고 홀로코스트의 자녀들은 분리와 개별화로 어려움을 겪었다. 그들은 부모의 보호자로 행동하려는 강한 필요성을 느꼈다.

저명한 트라우마 전문가인 Yael Danieli(1998)는 '피해자 가족', '전사자 가족', '마비된 가족' 그리고 '그렇게 만든 사람들의 가족' 등 네 가지 적응 가능한 생존자 가족 유형을 서술한다. 이러한 역할들은 오랜 세월 동안 홀로코스트 트라우마의 세대 간 전달을 예시해준다. 이러한 전후 적응 유형 또는 역할과 적응 능력은 홀로코스트와 홀로코스트 후의 인생경험에 나타난다. 한 유대 집단 구성원과 한 독일인의 복합물인 이러한 사례는 홀로코스트 잔재의 더 깊은 문제들이 표면화됨에 따라 HWH 과정의 발전을 설명해줄 것이다.

사례 자료

애런이 홀로코스트 생존자와 나치의 후손을 초대한 3일간의 HWH 워크숍 안내서를 받았을 때, 그는 나치 자녀들과 함께한다는 생각에 표정이 찡그러지고 혐오감을 느꼈다. 그러나 홀로코스트 잔재와 대면하고자 하는 호기심과 충동이 유년 시절 악몽의 '괴물' 자손들과 마주하기를 꺼려 하는 금기 사항을 압도해버렸다. 하지만 3일간의 워크숍 첫날 참가자들의 얼굴을 자세히 보았을 때, 그는 가끔씩 특이한 억양의 어조를 제외하고는 독일인과 유대인을 구별할 수 없다는 현실에 놀랐다. 그는 여전히 불안했지만 활동에 참여했다.

Sound Ball(자신만의 창의적인 말을 표현하면서 가상의 공을 원 주위에 던지기) 같은 활동이 홀로코스트와 어떠한 관련이 있는지를 이해하지 못했기 때문에 놀이 같은 드라마치료 활동의 시작이 애런을 혼란에 빠뜨렸다. 그러나 그는 점차 역할놀이를 배워 나갔다. 각각의 역할놀이를 통해서 그의 저항감이 해소되기 시작했다.

워크숍의 다음 단계에서 애런은 독일인과 한 조가 되었다. 그들은 서로를 인터뷰하고 나서 역할교대라는 단순한 행위로 집단 구성원 각자에게 발표하도록 요청받았다. "내 이름은 한스 되링이고 나의 아버지는 나치 당원이었다."라고 말하기가 어색했다. 자신이 두려워하던 적에게 억지로 감정이입된 그 과정을 통해서 애런은 독일인에 대한 자신의 고정관념이 흔들리기 시작했다. 스탈린그라드 전투에서 돌아와서 상처투성이인 채 아들과 자신의 고통을 공유하지 못했던 한스의 아버지에 관한 이야기를 들으면서 애런은 한스의 분노, 수치심, 죄의식에 대한 경험이 자신의 경험과 유사함에 충격을 받았다. 계속된 활동에서 촉진자는 홀로코스트의 잔재와의 관련성의 본질을 언급하면서 집단 구성원들로 하여금 자신들이 가져왔던 물건을 제출하도록 요청했다. 애런은 독일어 *Jude*에 해당하는 유대인이라는 단어가 선명하게 새겨진 폴란드 나치 점령자들이 발행한 아버지의 신분증 서류를 보여주었다. "이 모든 사람들이 죽었다."라고 말하면서 한 장의 아버지 사진을 보여주는 동안 그의 목소리는 떨렸다. 그 사진에는 3세대 15명의 사람들이 등장하는데 이들 모두가 아우슈비츠 수용소에서 사망했다. 이어지는 강한 침묵 속에 애런은 자신의 깊은 비탄과 분노로 인해 놀랐다.

성장하면서 애런은 홀로코스트를 가족의 삶을 뒤덮어버린 짙은 그리고 억누르는 안개처럼 경험했다. 두 분 다 폴란드 우츠 외곽 유대인 마을 출신인 애런의 부모님은 아우슈비츠 수용소로 추방되기 전 우츠 게토에서 Mordecai Rumkowsky가 운영하는 악명 높은 공장에서 노예와 같은 노동에 시달렸다. 그 가족을 아우슈비츠로 데려왔던 기차 플랫폼에서 할머니의 손을 놓친 그의 어머니는 언니들과 함께 전쟁에서 살아남았다. 그의 할머니는 가스실에서 돌아가셨고 아버지의 부모님과 10명의 형제, 자매들이 모두 강제수용소에서 사망했다. 전쟁이 끝난 후 애런의 부모님은 결국 난민수용소로 가게 되었다. 그들은 1947년 팔레스타인으로 가는 도중에 키프로스에서 만났고 1950년대에 그의 가족은 브라질로 이주해서 그 후 미국으로 들어왔다. 애런은 브루클린에서 성장했고 어른이 되어 샌프란시스코만 지역으로 이사했다.

비록 부모님이 특별히 종교적이진 않았지만 애런에게 유대인의 강한 문화적 정체성을 주입시켰다. 가족은 가정에서 유대어를 말했고 그들은 독일인에 대한 증오심을 모든 독일산 제품을 불매운동하는 것으로 표현했다.

이미 홀로코스트 기록물로 가득 찬 제단에 여권과 사진을 놓고 안내자의 지시를 따르면서, 애런은 바구니에서 돌을 들고 "나는 부모님의 분노와 절망에 대한 이야기가 있다."라고 말했다.

또 다른 HWH 활동에서 애런은 많은 사람 앞에 서서 "내 이름은 애런 블룸이고 유대인입니다."라고 말했다. 촉진자가 자신에 대해 무엇이 떠오르냐고 물었을 때 애런은 유대인의 정체성에 대해 자부심을 느끼지만 유대인이란 단어를 사용할 때는 여전히 위험의식을 느낀다고 말했다. 그는 자신이 표적이 된 것 같은 느낌이었다. 기쁨을 누리지 못하는 부모님의 깨어진 마음이 그의 삶 전체를 관통하였다. 그 방에 모인 독일인 참가자들을 보았을 때 응어리진 분노감이 그를 에워쌌다.

애런이 독일인과 유대인의 모임 때마다 촉진자들이 알고 있는 내면에 존재하며 종종 표현되지 않는 분노를 기꺼이 표출할 수 있을 정도로 그 집단에서 중요한 감정의 인도자인 점은 분명했다. 그는 다른 참가자들이 감정적 금기 영역에 진입할 수 있도록 길을 열 수 있었다.

둘째 날에 구체적인 소시오드라마 시연을 통해 홀로코스트의 역사적 실체를 체감하면서 오전을 보낸 후에 촉진자는 방 한가운데에 서로가 마주 볼 수 있도록 2개의 의자를 놓았다. 둘 중 하나는 제2차 세계대전과 홀로코스트를 향한 독일인 전체의 자세를 나타냈고, 나머지 의자는 유대인 전체의 태도를 상징했다. 그러고 나서 촉진자는 참가자들이 교대로 그 의자 뒤로 걸어가 독일인과 유대인의 관계에 대하여 각각의 문화로부터 자신들이 받은 집단적인 메시지를 말하도록 요청했다. 참가자들이 나중에 '화난 목소리'라고 이름을 붙였던 그 만남을 통해 다음과 같은 대화가 이루어졌다.

유대인 : 나는 당신에게 이미지와 기억으로 수치심과 굴욕감을 주고 싶으며 또한 과거의 고통을 겪게 하고 싶어요.

독일인 : 왜 나를 핍박하죠? 나는 거기에 있지도 않았으며 아직 태어나지도 않았어요.

유대인 : 나의 가족은 당신의 아버지, 삼촌 그리고 할아버지와 같은 사람들의 손에 의해 돌아가셨고 그들은 살인자들이며 나는 결코 잊을 수 없고 당신들 중 어느 누구도 용서할 수 없어요.

독일인 : 나는 왜 항상 비난받아야 하는지 모르겠어요. 잘못한 사람들은 따로 있고 심지어 당신의 민족도 잘못했어요.

유대인 : 당신 독일인들은 항상 우리를 증오할 거예요.

독일인 : 우리 또한 고통을 겪었고 상실감은 당신들만의 전유물이 아니에요.

유대인 : 당신의 고통은 우리의 것과 비교할 수 없으며 독일인들의 사과와 회개를 원합니다.

독일인 : 나는 혼자 있고 싶고 안식을 원합니다.

유대인 : 독일인을 만날 때 그들이 내 가족에게 일어났던 일을 알기를 원합니다. 그들이 부끄러워하고 수치심을 느끼기를 바라며 그래야 마땅합니다.

독일인 : 유대인을 만날 때마다 그들은 똑같은 말을 합니다. 나의 부모님이 어디에 있었는지 그리고 전쟁 중 무엇을 했는지 알기를 원하지만 내가 상관할 바가 아닙니다.

유대인 : 나는 바로 당신 가족이 내 가족을 살해했는지를 알 권리가 있습니다.

개인적 역할보다는 집단적으로 말하는 감정상 거리감이 보호 요인으로 작용하며, 보통 이 활동은 숨겨져 있는 정치적으로 불명확한 느낌이 드러나도록 허용함으로써 그 과정을 심화시켰다.

놀랍게도 애런이 활동 중에 분노를 드러내는 것을 보고 참가자들은 안도감을 표현했다. "당신의 분노를 지켜보는 것과 느끼는 것이 상상하는 것보다 덜 놀라워요."라고 한 참가자가 말했다. 촉진자는 애런이 그의 고통의 근저에 있는 개인적인 이야기의 구성 내용을 공유하도록 부탁했다.

> 내가 8세 때 아버지는 1960년대 인기가 있었던 제2차 세계대전 당시 독일군과 전투를 벌이는 미군에 관한 'Combat'(Pirosh, 1962~1967)라는 주간 TV 프로그램을 보기 위하여 텔레비전 앞 커다란 의자에 앉아있곤 하셨다. 항상 그랬듯이 미군이 전투에서 이겼을 때 아버지는 마치 미식축구 경기에서 환호하듯이 격분해서 "Fabrendt zostau veren, Fabrendt zostau veren."이라고 소리를 지르곤 하셨다. 그가 황홀한 광적인 분노에 빠져들었을 때 나는 매우 두려워지곤 했다. "Fabrendt zostau veren, Fabrendt zostau veren."은 "너희들은 타 죽어야만 해."라는 의미였지만 아버지가 바로 작년에 나를 만나러 오셨을 때에야 비로소 그 어구의 전체적인 의미를 이해할 수 있었다. 우리는 테라스 위에서 도시를 내려다보며 폴란드 출신 유대인들이 아우슈비츠 수용소로 보내지기 전 강제 노역을 당해야 했던 우츠라는 유대인 거주 지역에 관한 한 권의 책을 쳐다보고 있었다. 그는 사진들을 가리키며 작은 삽화들을 보여주셨다 "나는 이 같은 기계에서 일했고 너희 할아버지께서는 저런 공장에서 일하셨고 엄마는 저 같은 항아리에서 요리를 했단다." 일평생 처음으로 나는 홀로코스트에서 구체적으로 무슨 일이 일어났는지 아버지에게 여쭈어보았다. 그는 어느 날 밤 독일군들이 문을 두드리고 들어와서 할아버지와 삼촌을 끌고 갔다고 말씀하셨다. 나중에 그들은 할머니와 고모 그리고 내가 커다랗고 순수한 눈에 눈부신 하얀 드레스를 입은 것으로 상상했던 다섯 살 정도의 막내 고모까지 잡아갔다. 그들은 'Fabrendt'였다고 말씀하시고 울먹이기 시작하셨다. 나는 울고 계시는 아버지를 꽉 잡았다. 그때가 내가 마침내 'Fabrendt'가 아우슈비츠 수용소 화덕에서 태우기를 의미한다는 것을 이해했던 시간이었다.

플레이백 시어터(Fox, 1994)들은 애런이 자신의 과거를 정화시켜 다시 경험할 수 있도록, 그래서 마침내 자신의 고통스러운 기억으로부터 필요한 거리감을 두도록 도와주었다. 집단 구성원은 여덟 살짜리 애런, 다섯 살짜리 고모를 잡아갔던 나치 당원들 그리고 TV 프로그램 'Combat'를 보면서 독일인에게 깊은 분노심을 표현하는 아버지의 성격을 통해서 독일인-유대인 집단 구성원들이 행하는 관련된 역할들(fluid sculptures)과 독백 속에 애런의 경험을 드러내는 구체화된 미학적 표현들을 제공해주었다. 그 활동은 이야기를 통해 깊은 감동을 받고 동요된 참가자들로부터 하나의 감정적으로 관용적인 행위를 요구했다. 애런의 자기노출 용기는 집단 내에서 위험 감수 및 공감 능력과 조화를 이루었다. 즉흥적인 표출 내용들은 매우 진실되고 감동적이어서 강력하고 심미적인 영향을 끼쳤으며 애런은 집단에 사로잡힌 느낌이었다.

플레이백 연기는 사이코드라마로 발전되었다. 애런에 의해 아버지의 역할을 맡은 독일인은 담대하게 그 역할 속의 상황으로 뛰어들었다. 그의 팔에 아버지(아버지 역할을 맡은 보조자의 이중자)를 묶은 애런은 "내 가족에게 이런 짓을 하다니 나쁜 사람들! 난 이러한 유산을 원하지 않았어. 그것은 내 인생을 망친 짐일 뿐이야."라고 말하면서 자신의 아버지에게 그렇게도 많은 고통을 안겨주었던 나치 당원들과 그 지배 체제에 분노를 퍼부었다. 그러고 나서 자신의 팔에 묶인 아버지를 붙들고 "아빠에게 일어났던 일은 매우 유감이지만 나는 더 이상 그 짐을 질 수가 없고 그 짐은 너무도 많아요. 저는 일생 동안 아빠의 고통을 마음에 품어왔고 더 이상은 그렇게 할 수 없어요."라고 속삭였다.

더 많은 반성적 순간에 그는 자신에게 또한 그 방 안에 있는 독일인에게 분개했음을 깨달았다. 그가 부모님의 고통의 짐을 물려받은 반면에 독일인들은 아무런 부채 의식 없이 살아왔다고 생각했다. 비록 그 또한 그들의 경험에 대한 많은 공감을 느꼈지만 이 계속되는 불의에 관한 분노를 통해 그가 어떻게 살아가야 할지를 알 수 없었다.

HWH 과정의 한 가지 중요한 점은 참가자들로 하여금 분노와 공감과 같은 서로 다른 감정의 복잡성을 파악하는 능력을 발전시키도록 도와주는 것이다. 사이코드라마에서 이어지는 나누기가 홀로코스트의 그늘 아래 성장하는 독일인과 유대인 공통의 경험을 드러내주었다.

집단에서 유대인들의 분노를 목격하고 이해하면서 생존했던 독일인들은 자신들 또한 그들의 진실된 감정에 관한 권리를 주장할 수 있음을 깨달았다. 유대인 참가자들은 독일인 상대방에게 동정심을 느꼈으며 이전의 적에 의해 진실로 보여지는 잠재적인 치료 측면을 이해했다. 워크숍의 마지막 날은 미래의 홀로코스트 기념식을 투영하면서 최고조에 달했다. 직접적인 내용은 다음과 같았다. "지금으로부터 500년 뒤, 홀로코스트가 역사 속에서 사라졌다고 상상해보세요. 이번 행사를 위해 독일, 유대인 문화계에서 기념식을 주관했습니다. 미술, 운동, 음악, 극장 그리고 여러분이 자연에서 발견할 수 있는 요소를 이용해서 우리는 여러분이 홀로코스트의 내용과 이번의 끔찍한 사연들로부터 의미를 도출해내는 시도들을 결합하는 의식을 진행시키면서 이후의 시간을 보내기를 원합니다." 독일인과 유대인 참가자들은 3일 동안 공개된 감정을 통합하기 위해 이 활동을 이용하는 데 협력했다.

워크숍이 끝날 무렵에 애런은 처음에 만들어져있던 제단에 돌을 도로 가져다놓고 "나는 무거운 짐 앞에서 내 자신의 회복을 포함해서 내 부모님과 인간 영혼의 회복을 위해 이 돌을 내려놓습니다."라고 말했다.

"3일 전에 가져왔던 여권과 사진을 들고 이제 나는 치유를 위한 탐색을 계속하겠다는 결심을 가지고 갑니다."라는 말로 마무리 지었다.

애런은 독일에서 홀로코스트 기념일 의식을 치뤘던 베를린에서 한 번, 그리고 독일인과 유대인 간에 있었던 몇 번의 HWH 모임에 참석했다. 그는 독일과 폴란드에서 시간을 보내기 위해 1년을 쉬기로 결심했고 맨 마지막 일정은 잠시 동안 유대 신비주의를 연구했던 이스라엘로의 성지순례였다. 의미 있는 행동으로 그 과정을 종결하려는 HWH의 목적을 인식한 애런은 성서드라마를 연구했고 비폭력 대화의 실천가이자 훈련가가 되었다.

사례 2 : 프리츠 발제르

상황

이 연구는 나치 독일의 아이들이 그들의 유산으로 인한 문제로 고통을 겪고 있다는 점을 입증하려는 HWH의 경험을 지지한다. 순환적인 죄의식, 수치심, 그리고 분노에 사로잡힌 그들의 가족은 과거 자신들의 역할에 대하여 거의 의사소통을 할 수 없었다. 특히 전쟁이 끝난 뒤 수십 년에 걸쳐 술집이나 다른 전직 군인들의 모임에서 방심한 순간 아버지에 대한 과거가 드러났고 어머니들은 부정적인 측면들을 말하지 않고 그 경험을 정당화하려고 했다. 많은 아버지는 자신이 저지른 범죄 행위의 죄의식으로부터 벗어나려는 시도로 자살했다. 다른 아버지들은 분노를 품은 채 러시아의 전쟁 포로 수용소에서 돌아와 엄격하고 잔인한 프러시아식 부권 제도로 다시 돌아가는 데에서 위안을 찾았다. 하지만 회개하지 못한 다른 가족들은 은밀히 나치독일 시대를 동경했다.

60대 독일인 세대는 히틀러 치하에서 만들었던 도덕적 선택 때문에 그들 부모에게 수치심을 느끼면서 그들에게 분노를 품었다. 계속적으로 순환되는 수치심과 죄의식 속에 나치 독일 세대에게 자신들의 수치심과 죄의식을 쏟아부었던 그들은 이번에는 다음 세대를 위한 교사가 되었다. 그리고 계속해서 한편으로는 부인과 무관심이, 다른 한편으로는 분노와 비난에 대한 싸움이 이어진다. 나치 독일의 많은 2세대와 3세대가 그들이 과거에 목격했던 것에 대해 토론이나 감정적 지지 없이 반복해서 홀로코스트에 관한 진실로 인해 공격당하는 트라우마를 기술한다. 홀로코스트에 관한 잘 알려진 그래픽 다큐멘터리 영화 '밤과 안개(Night and Fog)'를 시청하면서 난도질당한 유대인 시체 더미가 불도저로 구덩이에 매장되는 것을 본 후, 그 영화에 대한 아무런 토론 없이 학생들은 다음 수업을 준비하면서 그들의 학급으로 돌아간다. 많은 학생이 그 주제에 관련되기를 꺼리면서 학교에 다니는 중에 반복해서 여러 차례 그 끔찍한 경험을 회상한다.

사례 자료

프리츠는 제2차 세계대전 당시 독일군 장교였던 아버지와 친한 유대인 여자 친구가 있는 한 어머니의 아들이었다. 그는 히틀러의 잔혹함에 대해 반대하는 것을 두려워했던 어머니에게 유감을 표명했다. 50년대에 자신이 학교에서 겪었던 홀로코스트 이미지 공격에 분개하면서 젊은 시절을 완전히 비정치적으로 보낸 후에 프리츠는 아우슈비츠 수용소에서의 경험을 알려준 한 유대인을 매우 감동적으로 만났고, 홀로코스트 연구에 인생의 일부를 바쳐 과거에 일어났던 일을 보상하고 싶어 하는 한 독일인으로서 자신이 할 수 있는 것을 하기로 결심했다. 그는 베트남 전쟁에 반대하고 1960년대 유럽과 미국의 많은 지역을 휩쓸었던 학생운동에 참여했다.

프리츠는 즉흥곡 교사로서 Armand Volkas와 관련되었을 때 거의 시작부터 독일인과 유대인의 HWH 활동에 관여해왔다. 단지 극장 일에만 관심이 있었던 프리츠는 HWH를 통해 자신이 독일인의 뿌리와 홀로코스트에 연결되어 있음을 알고 놀랐다.

프리츠는 첫 번째 HWH 워크숍에서 자신과는 다르게 전후 독일에서 살지 않았던 일단의 독일인들을 만났다. 그들은 독일인의 정치적 정확성을 추구하려는 뚜렷한 노력에 변화가 일어난다면 직면할 필요성이 있는, 더 깊고 부정적인 생각들을 덮어버렸다고 생각했다. 동시에 그 집단 내 유대인들과 친해지면서 그는 유대인 구성원과 현악 4중주를 구성하여 연주하거나 자신과 많은 공통점을 발견했다. 그는 어머니의 유대인 여자 친구분의 자녀들을 방문할 때 그들과 매우 친숙해졌음을 알았다. 워크숍에서 두 가지 장면이 프리츠의 기억에 두드러졌다. 한 장면에서 한 유대인 참가자는 비록 우스꽝스러운 어색함을 드러냈지만 권위적인 나치 장군역을 맡았다. 그 참가자는 독일에서 몇 벌의 오래된 제복을 구입했는데 그것은 나치 당원이 입지 않았던 동독 국경 경비대와 독일 해군 제복을 섞은 옷이었다. 프리츠는 그 부조화가 기뻤고 이를 통해 나머지 다른 사람들은 그와 대면할 수 있었을 뿐만 아니라 자신의 역할을 하기 위해 역할교대를 할 수 있었다.

두 번째에는 '독일인이 된다는 것은 무엇을 의미하는가'를 증명하기 위한 장면을 만들었다. 프리츠는 독일인들이 저질렀을 뿐만 아니라 견뎌왔던 오랜 기간 동안의 수치심과 죄의식을 탐색할 방안으로 30년 전쟁을 연기하기로 선택했다. 연기의 감정적인 부분, 즉 독일인들이 로마 가톨릭을 핍박할 때 사용한 고함지르기, 소리치기, 문을 쾅쾅 두드리기 등은 그로 하여금 자유롭게 홀로코스트 내용과 자신의 싸움에 거리감을 두게 했다. 그는 젊은 전사들의 열정과 패배감 속의 고통, 굴욕감을 이해하고 감정이입되었다. 끝없는 황폐화에 직면하면서 하나의 독일이 되기로 예정되었던 다른 나라들과 계속 싸움에 따라 많은 국민이 짓밟혔고 생존자들은 "다시는 이런 일이 일어나지 않게 할 것이다."라는 말을 반복해서 했다. 프리츠는 비록 두 부모님이 다음과 같이 말씀하시지는 않았지만 전쟁이 끝난 뒤 자신의 조부모님에게서 느꼈던 감정들과 연결되어 있음을 알았다. "독일인은 비스마르크와 더불어 자신들의 역사를 시작한다.", "그토록 오랫동안 그들이 일으켰던 그밖의 수많은 참상을 어떻게 직면할 수 있었을까?"라고 그는 말했다.

워크숍은(프리츠는 첼로를 가지고 왔는데) 즉흥적인 음악과 반대 의견을 연결해주고 화평의 가능성을 위한 상징으로서 숲 속의 다리 건설을 기념하기 위한 노래로 끝맺었다.

프리츠를 위한 또 다른 눈에 띄는 행사는 아우슈비츠 해방을 다루는 제2차 세계대전 50주년을 기념하기 위한 HWH 플레이백 공연이었다. 그의 어머니가 참석해서 프리츠가 가장 좋아하는 형과 러시아에서 탈출하는 난민보호 임무를 맡고 돌아와 전쟁 막바지에 돌아가신 해군 출신 삼촌에 관해 말했다. 그는 외투 안에 한 권의 시집을 간직한 채 묻혔다. 반감과 반대 없이 버클리에서 한 독일인에 대한 공적인 경의를 통해 프리츠와 그의 어머니는 자신들의 어려운 과거사를 통합하는 또 다른 한 걸음을 내디뎠다.

이 행사가 끝난 후 프리츠는 자신이 바라는 것은 이 활동을 정치적, 사회적 행동으로 전환해야 한다는 점이라는 것을 알게 되었다. 그는 화해모델연구를 위한 기관(ISMR)을 설립했고 이 기관은 가해자와 피해자가 적극적인 화해행위를 위해 새로운 태도를 취하도록 무엇을 할 수 있는지를 탐색하기 위해 몇 번의 회의를 주관했다. 그는 제2차 세계대전 후 운명이라는 짐을 짊어진 사람이라면 화해에 적극적으로 기여해야 할 책임감이 있을 것이라고 생각했다. 빈번한 독일 체류 동안에 그는 남미, 베트남, 미라이 그리고 캄보디아 크메르루즈 생존자들 사이에 사용된 화해 모델을 찾도록 도와주었다. 그는 회보를 만들고 샌프란시스코 뉴 칼리지에서 강연했다. 과거의 잔인성을 미래를 위한 적극적 행위로 전환하기 위한 방법들을 찾기 위해 그의 노력은 계속된다.

그는 스스로 유대인 역사와 문화에 뛰어든 후 유대인 여성과 결혼했고 유대교의 기본적인 내용을 배웠으며 회당 예배에 참석했다. 현재 그는 금요일 밤마다 집에서 안식일을 지키고 있지만 독일인의 뿌리를 무시할 수 없기 때문에 때때로 참기 어려운 내적 분열감을 느낀다.

최근의 HWH 워크숍에서 프리츠는 이 분열감을 다뤄보기로 결심했다. 그의 사회적인 밑바탕에 가장 강력한 관계는 자신의 유대인 부인과 어머니였다.

그는 어머니를 열심히 공부해서 성공하라고 재촉하는 '의식적인 어머니'의 역할과 자신보다 더 나은 사람이 되라고 부탁하면서 그에게 부담을 주는 '무의식적인 어머니'의 역할로 분리했다. 그녀는 전쟁에 참여한 것에 대해서는 말하지 않았다. 이제 프리츠가 성인으로서 그 문제를 거론했기 때문에 그녀는 자신이 홀로코스트에 저항하지 못했으며 이들이 독일인의 죄책감과 책임감에 관해 알림으로써 잘못된 것을 바로잡도록 도움을 주고 있는 것을 지켜보고 있다고 알려주었다. 그러고 나서 프리츠는 한 집단 구성원에게 자신의 신분과는 전혀 다른 그의 유대인 부인 역할을 맡도록 했다. 그녀는 홀로코스트는 잊어버리고 "그냥 유대교로 개종하고 가족을 양육하고 부양하는 데만 신경 써라."라고 말했다. 또 다른 집단 구성원이 맡은 성인이 된 그의 딸 또한 동의했지만 똑같은 이유는 아니었다. 그녀는 아버지가 홀로코스트 장면에 관해 중언부언하는 모습이 당혹스러웠다. 그녀는 단지 똑같은 이야기를 반복해서 하는 아버지가 친구들 앞에서 자신을 당황하게 한다고 말했다. 과학자인 프리츠의 누나 역할을 맡은 또 다른 집단 구성원은 그의 입장이 미성숙하고 비이성적이며 비과학적이라고 비판했다. "과거사 자체는 단지 유년시절 행위에 불과하며 홀로코스트 연구는 과학적 객관성의 장점을 이용해서 이루어져야 한다."라고 말했다.

우리의 가장 중요한 문제는 그의 일상생활의 일부분을 차지하는 모순된 주제들의 화해였다. 드라마 실연 중에 진행자 중 한 사람이 그가 정반대 입장을 취했던 두 여자, 즉 부인과 어머니 가운데 서도록 부탁했고 그의 팔을 양쪽에서 서로 반대 방향으로 끌어당기게 했다. 다시 말해 그 '무의식적인 어머니'는 "나치와 홀로코스트를 기억해야 하며 우리의 책임에 관해 알리기를 중단하지 말아라."라고 말하고 있으며 동시에 그의 아내는 반대쪽에서 "나치와 홀로코스트에 대해서는 이제는 충분해요. 그냥 유대교로 개종하고 가족이나 부양하세요, 알았어요?"라고 말하며 끌어당기고 있다. 몇 번 반복된 후에 연출자는 비록 일시적이었지만 주인공에게 갈등을 끝내라고 요청했다. 그 키 큰 독일 남자는 놀랍게도 매우 자신감 있는 동작으로 자신의 어머니와 아내를 껴안기 위해 몸을 굽혔다. 그는 두 사람에게 그가 경험했던 사랑이 양쪽 세계에서 살아가려는 노력을 지속시키도록 도와주었다는 점을 알게 되었다고 고백했다.
집단의 피드백이 그에게 용기를 주고 그의 관계를 다루는데 '감성적 방법'을 제공해주었다. 많은 집단 구성원이 그의 감정을 반영했고 감정 표현하기와 침묵 지키기의 문제는 다시 한 번 나누기의 핵심 부분이 되었다.

결론

이 장에서 저자들은 어떻게 민족과 문화가 감성적, 정신적으로 가해와 피해의 유산 그리고 현재 진행 중인 집단 트라우마를 통합할 수 있는지를 이해하려고 애썼다. 유대인의 피해자 신분은 역사적 실체이며 독일인과 유대인의 만남에서 감성적으로 가장 중요한 부분을 차지한다. 많은 유대인은 화해를 위해서 이런 극단적인 고통에 대한 주장을 포기하지 않는다. 그러한 도덕적 태도와 홀로코스트에 관한 유대인의 분노에 대한 두려움으로 인해 전후 많은 독일인은 현재의 분노를 세계로 돌리면서 수치심, 부인 그리고 죄의식의 고리를 끊는 데 있어서 감성적으로 융통성이 없고 패쇄적으로 된다. 자신들의 잘못 없이 가해의 잔재 속에서 태어난 2, 3세대 독일인들은 자신들의 분노뿐만 아니라 가해 유산에 대한 슬픔을 표현할 적절한 통로를 찾는 데 어려움을 겪고 있다.

우리는 개인과 사회에 대한 피해 효과를 바꾸려고 노력하면서 집단 트라우마가 어떻게 세대에서 세대로 이어지는지 이해하려고 애써왔다. 표현되지 않고 해결되지 않은 집단적 슬픔은 한 세대에서 처리되지 않고 역사적 상처를 내포한 채 다음 세대로 이어진다. 세계의 상황을 고려해 보면 트라우마가 개인 및 집단 정신병에 미치는 영향력을 알리는 혁신적인 방법을 찾아내고 트라우마의 고리를 끊을 방법을 찾는 것이 매우 중요하다고 믿는다.

HWH는 워크숍, 세미나, 묵상, 시 읽기, 연기, 설치미술, 공공기념식 등의 많은 형태를 가지고 있다. 탐구와 표현의 수단으로서 드라마, 사이코드라마, 소시오드라마, 미술, 시 그리고 음악을 조합시키는 치료 과정 외에도 HWH의 각 참가자는 인종주의를 극복하면서 아이들의 윤리적, 도덕적 발전 그리고 홀로코스트 역사에 관한 가르침 같은 문제에 관해 공동체 내에서 예술적, 교육적 또는 서비스 프로젝트를 개념화하고 실행한다. 이런 방식으로 참가자들은 슬픔과 수치심, 분노를 구체적으로 창조적이면서 건설적인 행위로 바꾼다. 사이코드라마, 소시오드라마, 드라마치료법 그리고 플레이백 시어터 등은 상황을 바꾸는 잠재력이 있으며 이러한 트라우마를 가진 사람들을 위해 나아가는 강력한 수단들이라고 우리는 믿는다.

참고문헌

Bar-On, D. (1989). *Legacy of silence: Encounters* with *children of the Third Reich.* Cambridge, MA: Harvard University Press.

Clayton, G. M. (1994). *Effective group leadership.* Caulfield, Victoria: ICA Press.

Danieli, Y. (1998). *International handbook of multi-generational legacies of trauma.* New York: Plenum.

Dayton, T. (2005). *The* living *stage. A step-by-step* guide *to psychodrama, sociodrama, sociometry, and experimental group therapy.* Deerfield Beach, FL: Health Communications.

Emunah, R. (1994). *Acting for real, drama therapy, process, technique, and performance.* New York: Brunner/Mazel.

Epstein, H. (1979). *Children of the Holocaust: Conversations with sons and daughters of survivors.* New York: G. Putman's Sons.

Fogelman, E. (1998). In J. Kestenberg & C. Kahn (Eds.), *Children surviving persecution: An international study of trauma and healing.* Westport, CT: Praeger.

Fox, J. (1994). *Acts of service: Spontaneity, commitment, tradition in the non-scripted theatre.* New Paltz, NY: Tusitala Publishing.

Hoffman, L. (2004). *After such knowledge: Memory, history, and the legacy of the Holocaust.* New York: Public Affairs TM, a member of the Perseus Book Group,

Hudgins, M. K. (2002). *Treating PTSD in action: The therapeutic spiral.* New York: Springer Publishing Company.

Kellerman, P. F. (2007). *Sociodrama and collective trauma.* London: Jessica Kingsley Press.

Kellermann, P. F., & Hudgins, M. K. (Eds.). (2002) *Psychodrama with trauma survivors: Acting out your pain.* London: Jessica Kingsley Press.

Landy, R. (1986) *Drama therapy, concepts and practice.* Springfield, IL: Charles C Thomas.

Leveton, E. (1996). Is it therapy or what?: An exploration of boundary issues between teacher and students of psychodrama and drama therapy. In A. Gersie (Ed.), *Dramatic approaches to brief therapy.* London: Jessica Kingsley.

Leveton, E. (2000). *Eva's Berlin: Memories of a wartime childhood.* San Anselmo, CA: Thumbprint Press.

Leveton, E. (2001). *A clinician's guide to psychodrama.* New York: Springer Publishing Company.

Leveton, E. (2005). Escaping the blame frame, experiential techniques with couples. *Journal of Group Psychotherapy, Psychodrama & Sociometry, 58,* 55-69.

Massaquoi, H. J. (1999). *Destined to witness.* New York: William Morrow.

McCann, L., & Peralman, L. (1990). Vicarious traumatization: A framework for understanding the psychological effects of working with victims. *Journal of Traumatic Stress, 3,* 131-149.

Moreno, J. L. (1993). *Who shall survive? Foundations of sociometry, group psychotherapy and sociodrama* (student ed.). McLean, VA: ASGPP.

Pirosh, R. (1962-1967). *Combat.* New York: ABC Films: Selmur Productions.

Sichrovsky, P. (1988). *Born guilty: Children of Nazi families.* New York: Basic Books.

Volkas, A. (2009). Healing the wounds of history: Drama therapy in collective trauma and intercultural conflict resolution. In D. R. Johnson & R. Emunah (Eds.), *Current approaches in drama therapy.* Springfield, IL: Charles C Thomas.

제 **2** 부

국가별 실제 적용

7

신체, 공간, 장소의 퍼포먼스 : 토속적 퍼포먼스 창조하기

THOMAS RICCIO

저자 프로필

저자는 뉴욕대학교 퍼포먼스 연구과정 학생으로 있는 동안 서양 전통의 연극 예술가로 훈련을 받으면서 드라마치료를 접하게 되었다. 처음에는 알래스카의 페어뱅크스에 위치한 알래스카대학교에 원주민 퍼포먼스 집단인 투마(Tuma) 극장의 감독으로 있으면서 토속 퍼포먼스와 소시오드라마를 진행했다. 알래스카의 원주민과 작업하면서 이들이 얼마나 사회적 문화적으로 트라우마를 경험했는지 알게 되었다. 서양 연극과는 달리 퍼포먼스의 표현은 인정해주기와 여흥하기의 전통적 매개체가 될 뿐 아니라, 개인적 문화적 치유가 일어나는 원 발생지가 되어주었다. 이후 저자는 다문화적 연구, 워크숍, 퍼포먼스를 진행했는데 다양한 문화적 사회적 현장에서 다양한 문화들과 만나 작업하였다. 이 중에는 부시면족, 중앙시베리아의 사카족, 남아프리카의 줄루족, 중국의 먀오족 등이 있다. 저자는 현재 다문화적 맥락에서 의례적이고 주술적인 기법들을 적용하는 일련의 퍼포먼스 집중 훈련을 개발 중이다. 저자가 관심을 두는 신화, 미디어, 실험연극, 의식, 주술, 로봇공학, 그리고 토속 퍼포먼스 등을 합하여 인간의 총체적인 문화와 관련된 이슈들에 반응하고자 한다.

저자는 매우 모험심이 강한 사람으로서 전 세계를 돌며 토속민과 작업하며 자신의 연극 경력을 적용해왔다. 연극을 가르치는 일을 계속하고 있고 토속민과의 작업뿐 아니라 알렉산더 오나시스 재단으로부터 극본 분야에서 국제명예상을 수상한 바 있다. 다른 저자들과는 달리 그는 또한 미디어에도 경험이 있다. 최근 활동으로는 저서 아프리카의 퍼포먼스 : 전통, 연극, 문화의 재혼합(*Performing Africa : Tradition, Theatre and Culture*, 2007)이 있고 한슨로봇공학의 내러티브 엔지니어로 일하면서 쿠퍼-휴위트박물관과 시카고의 과학산업박물관에 여러 개의 로봇 캐릭터를 공동 창조한 바 있다. 프로젝트 X에서 제작한 퍼포먼스 작품인 〈그리고 거기에 오렌지색 오렌지(2008)〉와 〈어떤 사람들(2009)〉의 작가이자 감독이기도 하다. 현재 댈러스에 위치한 '스토리 랩' 이라고 하는 후학문의 발상을 운영하고 있고, 에티오피아의 아디스아바바에 있는 룰 극장에 상주 예술가로 활동 중이다.

서론

토속 퍼포먼스는 매일의 일상을 이 땅에 살아가는 연속선상에서의 맥락과 관점 안에 집어넣은 것이다. 퍼포먼스(의례, 의식, 사회적 표현 등의 형태)는 인간에게 초기 이해, 교류, 통제감을 주었다. 퍼포먼스는 인간에게 힘을 부여했고 이 힘을 가지고 그들이 살고 있는 땅에서 이해하고 배려하고 창조하도록 하였고 주위에서 일어나는 매일의 기적들을 깨달아 알게 되었고 생존과 보존을 할 수 있었다. 토속 퍼포먼스는 둘러싸고 있는 세상으로부터 요소들을 수집하는 것에 의존하였다. 새소리, 동물의 움직임, 특정 바람 소리, 사냥감 쫓기, 영적 느낌 등이 그 예이다. 보이는 것, 들리는 것 그리고 특정 장소에서의 리듬이 순간적으로 포착되어 찬양되었다. 토속 퍼포먼스는 땅에 속한 그들의 부분을 춤과 노래와 드럼을 통해 실존하게 하였다. 이러한 유형의 퍼포먼스는 복합체적, 자발적 직관을 통해서 시행착오의 소통과 과정을 거쳐 만들어졌다. 인간이 퍼포먼스를 하였을 때 영성과 조상, 자연 요인과 동물을 위한 것만큼이나 자기 자신을 위한 것이었다. 장소는 지리학이나 물질세계에 국한되지 않았고 함께 더불어진 공통체의 반영이었고 총체적인 것, 구체적이자 추상적인 시스템, 주제와 객체, 증인, 참가자들의 총제적 표현이었다. 장소는 동작화되었다. 장소는 질서와 중요성을 가져다주는 전체적인 것이었고, 치유해주었다(Kawagley, 1995; Riccio, 2003).

토속 퍼포먼스는 인간의 사고처럼 실존에 있어 중요하고 필요한 것이었고, 사고의 또 다른 종류로서 사고로부터 나와서 스스로 관망하는 집단 방식이라고 본다. 퍼포먼스는 촉각적이고 자기발견적이며 심리신체적인 방식으로 공동체 사고를 하는 것으로, 눈에 보이지도 않고 순간적인 것들을 잠시 동안이나마 볼 수 있게 하고 만질 수 있게 하였다. 퍼포먼스를 통해 생각하며 존재하고 있는 것은 반영과 적응, 생존 그리고 진화를 촉진하는 실제적이면서도 만질 수 있는 수단이 되어주었다.

그러나 현대적이고 비토속적인 퍼포먼스는 각각의 문화 원천들과의 결속을 상실하여 원천들과 힘과 잠재력으로부터 떨어져 나갔다. Moreno(in Fox, 1987)는 이러한 문화적 보존들이 온갖 창조적인 활동의 밑받침이 되어 온갖 창조적인 표현들을 결정지어준다고 긍정적으로 주장하였다. Moreno의 관점에서는 문화적 보존을 활성화했던 것은 자발성 혹은 창조성의 과정이었고, 이 과정은 모든 문화적 표현의 중심에 있으며 초기 단계가 되어준다는 것이다. 자발성의 모든 유형은 창조성과 연결된다. 문화적 보존의 모든 유형은 자발성과 연결된다. 이 둘은 함께 존재한다. 만약 어떤 사람이 문화적 보존과의 관계를 상실한다면 자발성과 창조성은 심하게 제한되어서 표현의 활력이 줄어든다.

토속적이고 혼합적인 문화의 사람들과 작업할 때에 이러한 인식과 가정을 토대로 하였다. 퍼포먼스는 실제적이고 즉각적인 상호교류의 과정이라고 저자는 믿으며, 이러한 과정을 적용하면서 퍼포먼스는 개인과 공동체와 세계를 다시 전체가 되도록 돕는 수단이 되어준다. 저자가 칭하는 토속 퍼포먼스는 서양의 연극의례 모형과는 형태와 기능 면에서 다르다. 토속 퍼포먼스의 성격 및 필요상, 이것은 참여적이고 상호교류적이다. 이러한 퍼포먼스는 공동체 모든 요소—인간, 동물, 영적인 것, 지리적인 것, 환경적인 것—를 사용하면서 효과를 내기 위해 상호교류와 참여를 요구한다. 이러한 맥락에서, 동작과 물체와 언어 표현은 음악과 함께—노래, 드럼, 딸랑이, 또는 영창—내용을 부여하고 채워서 요소들 간에 있던 벽들을 해소하여 공동체를 창조한다. 토속 퍼포먼스의 틀과 적용은 오랫동안 무시되고 과소평가되고 천박한 것으로 여겨졌으나 진화하는 세계적 의식에 기여할 수 있다. 이러한 퍼포먼스의 형태와 기능 내에 담겨진 것은 총제적인 인간 그리고 비인간의 공동체에 개인이 가지는 책임과 상호교류를 모으고 재인정하고 치유하고 드러내고자 하는 욕구이다. 이러한 능동적 창조 행위는 참여 표현과 경축 그리고 특정 장소가 가지는 전체성이다.

토속 퍼포먼스 (재)창조하기

토속인들의 전통 퍼포먼스는 저자로 하여금 인간 퍼포먼스가 가지는 근본적인 기능에 대해 심오한 통찰을 갖게 하였고, 토속 문화 장면에서 작업할 때에 필요한 효과적인 방법론을 점점 많이 개발하도록 도와주었다. 이러한 문화로는 남아프리카의 줄루족, 부시먼족, 잠비아와 케냐의 부족들, 그린란드의 이누이트, 스리랑카의 타밀족, 브루키나파소,

탄자니아, 사하(중앙 시베리아) 그리고 한국의 부족집단들이다. 비토속적 집단과의 작업으로는 핀란드, 러시아, 이탈리아, 영국, 스웨덴, 덴마크, 미국 등이다.

　모든 집단 ─ 토속이든 비토속이든 ─ 에는 각각의 집단에 적합하게 정교화된 방법론이 존재하였다. 고정된 방법론은 없었다. 전통 토속들은 어디서나 우세한 문화에 의해 위협받고 있다. 저자는 전통의 실마리를 찾아 작업하면서 실제적인 필요에 따라서 적용하고 조정했다. 저자의 작업은 각자의 지방색, 사회적 문화적 장면, 성격 특성, 그리고 외부 환경에 의해 만들어졌다. 대인관계, 정서, 심리 그리고 신체적인 민감성 측면에서 여러 겹의 과거와 현재에 주의를 집중하면서, 집단이 옛것과 새것을 함께 조합하도록 해주는 새로운 타협을 할 수 있었다. 예를 들어, 옛날에 어떤 부족의 경우 계급선상에 따라 결정권을 할당했을 수 있는데, 추장의 권한 아래에 부족 회의원이나 장로급, 그다음에 부족의 남자들, 마지막으로 여성에게는 거의 권한이 주어지지 않았을 것이다. 예를 들어, 남아프리카의 전반적인 문화와 조합을 이루는 보다 새로운 경험들은 정부 기관과의 상호협력을 통해 인류학자들과 학교 교사, 지방 병원에서 근무하는 의사와 간호사들이 ─ 그 무엇보다도 ─ 여성들에게 더욱 많은 권한을 누리게 해주었고, 추장으로 하여금 주위의 도시와 국가 내의 권력자들과 힘을 나누게끔 하였다. 이러한 변화의 결과들을 잘 해결하는 데에는 타협과 융통성, 인내, 헌신, 고양된 민감성, 통합적 지능, 환경을 읽을 수 있는 능력뿐만 아니라, 외부인에게는 새로운 환경 속에서 자기 자신과 타인을 신뢰하는 능력을 요구한다. 어떤 면에서는 이러한 작업이 사냥꾼 혹은 수집가의 전통적인 과제와 닮은 점이 있다.

　토속 민족과 퍼포먼스를 창조하는 과정에 어떤 고정된 양식이 있는 것은 아니다. 양식이 없는 것이 당연하다. 성격 특성, 변화하는 지지 구조, 외부 환경, 보다 넓은 문화나 타 부족과의 오래된 갈등 등은 토속 퍼포먼스를 창조하기 위해서 끊임없는 조정과 적응, 타협을 요구한다. 이 작업은 지속적인 시작이며 학습할 수 있고 즉흥적일 수 있고 불시의 일을 다룰 수 있는 리더를 필요로 한다. 토속 민족들(또는 다문화적인 집단의 경우)과의 작업에서 일반적으로 존재하는 사회적, 정치적, 경제적, 심리적, 문화적 격정(트라우마는 아닐지라도)은 저자로 하여금 상당히 많은 책임감을 가지게 하였다. 토속 문화들은 규모가 작고 상처받기 쉽고 위협받고 많이 학대받은 경험이 있다.

공간 내 신체

공간에서 신체의 위치를 잡아 표현하는 행위화하기가 방법론의 핵심이다. 그곳이 원이든 무대든 영화든 그밖에 공공 모임 장소이든 간에, 장소의 퍼포먼스를 창조함으로써 공동체가 만나는 장소가 구체화된다. 장소의 퍼포먼스는 문자 그대로이자 은유적이다. 이전에 많이 달랐던 공간들과 물체들, 행동들을 의미 있는 체계로 조직화하는 곳이다. 예를 들어, 알래스카 원주민 집단과의 초기 작업이었던 투마극단에서는 전통 의식 표현을 토대로 하여 퍼포먼스 낱말들을 찾아내는 데 초점을 맞추었다. 낱말의 설정과 동반하여 전통 탈과 북, 춤, 노래, 역사적 이야기들을 탐색하였다.

전통 퍼포먼스 공간인 카심(kashim)을 재형상화함으로써 의미 있는 부호들을 전통 맥락으로부터 추정해내는 과정을 완성할 수 있었다. 관객들이 네 면에 앉고 가운데 바닥을 입구(행위자를 위한)로 한다는 점에서 카심은 중요성을 가지고 있었다. 추가적으로 천장에는 깃털로 만든 덮개를 올려서 우주를 표상하였고, 그 깃털 덮개는 북을 치는 사람들의 손목에 단단히 매어놓아 북의 리듬에 따라 움직였다. 카심은 단순한 표현 공간이 아니었다. 이것은 에스키모의 관점을 기억하게 하는 코드로서 사람들이 원의 부분이 되어 처음과 마지막, 혹은 계급 없이 하늘과 땅 사이에 위치한다는 것이었다. 전통적으로 모든 참가자는 중앙 구멍(땅)을 통해 공간으로 들어와서 동물처럼 앞쪽으로 기어간다. 사람들이 만든 원은 하늘의 별이 만드는 원들(동심원을 형성하는 깃털 덮개로 표상됨)로 메아리된다. 카심 전체가 북 리듬과 우주의 리듬과 함께 맥박을 치는 경험을 하며 하나이자 동일함으로 경험을 한다.

투마극단 작업은 전통적인 낱말과 부호들, 물체 그리고 공간 표상들을 새롭고 오래된 장소를 (재)창조하는 용기 또는 전환점으로 사용했다. 현재가 과거와 연결되어 공동 존재할 수 있는 수단이 되는 것이다. 저자가 가진 '장소' 개념은 에스키모족과 같이 토속 민족들과의 작업에서 발전했다. 이 개념은 그 핵심에 단어와 부호, 지표(제스처, 리듬, 물체 등)의 체계화를 두고 있어서 총체적인 것을 관련성으로 이해하는 방식을 통해 자신에 대한 좀 더 깊은 감각을 창조해낸다. '장소' 또는 카심은 인간관계로 정의되고, '공간'은 저자의 개념화에서 자신과 세계에 대한 관계적 이해를 따르지는 않는다. 우리 모두는 삶 속에서 많은 그리고 중복되는 '공간들'을 차지한다. '장소들'은 서로 다르고 또 좀 더 흔하지 않다.

간단히 말하면 장소의 퍼포먼스는 어떤 사회와 그 사회의 문화를 위한 촉매, 은유, 기억방법으로 동시에 기능한다. 장소를 창조하면서 참가자들은 자신의 환경, 가치, 특정 관점에 대해 현황을 점검하고 숙고한다. 본질적으로 장소는 그들의 환한 초상화로서, 그들의 움직이는 소우주로서—어떠한 질서와 기능을 하는지—세계에 대한 관점 안에서 각자의 관계와 장소를 찾아가고 인정하는 데 도움을 준다. 장소의 퍼포먼스는 또한 역동적이고 진화하는 실체로서 사회적 혹은 문화적 세계관에 따라 반응하고 반영하고 필요시에는 변화하는 실체이다. 그 장소가 잠시 있다가 사라지고 변형 가능할지라도, 그곳은 사람과 제스처와 낱말, 물체, 시간과 공간을 체계적으로 배치한 채 남아있어서, 특정 문화로 하여금 성장과 적응 그리고 궁극적으로는 생존을 가능하게 하는 영향력 있는 도구를 제공해준다.

신체

공간과 관련하여 신체의 위치를 잡고 표현하는 행위화가 방법론의 핵심에 있다. 이렇게 표현된 행동이 가지는 목표는 신체를 공간 내에 관계선상에 위치하게 하여 장소를 창조하는 데 있다. 층을 이룬 공간들을 체계화하는 것이다. 그곳이 원이든 무대든 영화든 그밖에 공공 모임 장소이든간에, 장소의 퍼포먼스를 창조함으로써 공동체가 만나는 장소가 구체화된다. 장소의 퍼포먼스는 문자 그대로이자 은유적이며 이전에는 별개였던 공간과 물체, 행동을 의미 있는 체계로 조직화해준다. 장소의 퍼포먼스는 자립적인 장소이며 동시에 촉매이자 은유이자 기억방법이며 궁극적으로는 사회와 문화가 어떻게 표현되고 형성화되는지 보여주는 역동적이고 소우주적이며 촉각적인 도해가 되어준다. 인간은 본능적으로 이러한 행동을 하는데, 왜냐하면 이러한 방법으로 신체가 가지는 반영 능력과 재고 능력, 생존 능력을 향상시키는 종족이기 때문이다.

　신체는 감각 수용체로서 신체를 통해 세상을 지각하고 세상과 상호교류한다. 공간(들)은 우리를 둘러싸고 있는 것이다. 환경, 기후, 물체,

다른 신체들, 에너지, 감정, 영성, 알 수 없고 방해받지 않은 부호들, 지표들, 사회적 문화적 관습들 그리고 상징들이다. 공간(들)은 명사이자 동사로서 공간 요소들의 의미화 행위이자, 다중 공간으로부터 의미 있는 통합 체계를 창조하는 체계화이다. 장소의 감각은 패턴과 부호들 그리고 신체적 관계들을 읽고 연결하는 능력으로부터 오며, 이것은 존재와 목적과 관점을 보다 넓게 창조해준다.

퍼포먼스(예 : 의식, 의례, 드라마)는 본질적으로 신체가 어떻게 살아 움직이고 이해하고 다양한 중복 공간들을 조직화하고 장소를 규정하는지 보여주는 소우주적 패러다임이다. 많은 전통적 퍼포먼스에서 보면, 신체는 재창조하는 단합 능력이며(Riley, 1997) 서로 다른 세상(예 : 공간들)을 합하는 능력과 모든 시간(모든 조상)과 모든 구성개념(예 : 하늘, 땅, 신화, 성별, 문화)을 구현화하는 능력이다. 퍼포먼스에서 표현하는 신체는 우주를 화합하고 균등하게 하며 조화를 이루고 통제하며, 이 세상을 다시 올바르게 가져다 놓는다(Riley, 1997). 도교 전통은 중국의 연극 전통의 기원인데, 퍼포먼스란 "신들을 축제, 즉 공동체 모임에 드러나도록 의도한 것이다. 따라서 전례는 통합과 질서에 목표를 두며, 더 나아가 모든 존재가 하나의 거대한 움직임 내에서 한 수 위로 '통과' 하도록 하는 데 있다. 그 결과, 전 세계는 하늘의 자연적, 자발적 질서를 얻게 되어 우주 체계 내에서 하나가 된다(Schipper, 1993, p. 66)."

Antonio Damasio(1994)는 신체의 감각(시각, 청각, 신체감각 등)이 신경생물학적 측면에서 환경을 이해하고 사고하고 다음에는 공간과 장소를 개념화하는 데 얼마나 중요한지 설명한다. 신체는 우리에게 세상이 어디서 어떻게 만들어지는지 알려준다. 우리가 다른 신체들, 동물들, 물체, 환경, 환경이 유발하는 감각들과 교류하는 것을 가르쳐 세상이라고 한다.

인간의 생명은 신체로 시작하여 신체로 끝난다. 만약 신체나 감각이나 인지가 없다면 환경과 공간의 관계성을 인지하지 못할 것이다. 우리는 세상을 숨으로 들이마시고 뱉는다. 우리는 앉아서 쉬면서 관점을 터득한다. 우리는 걸으면서 우리의 세상에 대한 지도를 그리고, 하늘을 보면서 비율과 거리감을 포착한다. 태양은 우리 몸을 따뜻하게 하고 우리는 기쁨을 느낀다. 구름이 지나가면 우리는 잠시 구름과 함께 여행을 한다. 독수리가 날개를 펴고 우리는 몸 안에 비상을 느낀다. 다람쥐가 재잘대면 그 소리는 우리의 뼈와 세포를 흔든다. 어두워져서 찬기가 우리 몸을 지나가면 우리의 감정은 보다 사려 깊어진다. 우리의 감정과 사고 그리고 생물의 변화, 상상력은 공간에 대해 좁혀진 감각을 보상하는 두려움을 창조해낸다. 그리고 우리의 상상력과 감정과 생물학적인 변화는 다시 광대한 새벽의 온기와 함께 시작된다.

그러나 신체와 우리 주위의 공간은 내재적인 의미나 체계를 가지고 있지 않다. 의미를 창조해내는 것은 신체와 공간 사이에 관계적으로 만들어져서 느껴지고 익숙해지고 부호화된 것이다. 장소는 우리에게 소속감, 지속성, 정체감을 준다. 장소는 다면적이고 중복적인 공간 내에서 신체가 생존하도록 갈망하고 능력을 주고 기능한다. 장소는 인간 사회와 문화의 창공이다. 장소는 위로의 기능을 하고자 고안된 구성개념이다. 장소는 정서와 가치, 기억, 중요성으로 가득 찬 수송 수단물이기 때문이다. 장소는 익숙하고 잘 알려진 것이다. 장소는 의미 체계이다. 서로 별개의 요인들을 반사적이고 상호 연관된 집단으로 만들어준다. 관계 패턴을 창조하여 일치성, 기능성, 궁극적인 생존을 가장 잘할 수 있도록 고안된 것이다.

토속 문화에서 영성과 물질세계는 하나이자 동일한 것이었고, 서로 간에 반영하고 계시해주는 것이었다. 유피크(Yup'ik) 에스키모의 족장인 Harold Napoleon은 세계관을 설명해주었는데, 그것은 저자의 작업에 있어서 고무적인 틀이 되었다. 그 세계관에는 영성, 신체, 물질 공간들이 반사적으로 세상에 물리적, 영성적, 조상 대대로의, 신화적, 의례적인 존재 방식들을 드러내주고 있다. 유야락(Yuuyaraq)이라는 말은 에스키모 말로 '인간의 길'이라는 뜻인데, 장소이나 동시에 존재 방식이기도 하다.

> 유피크가 툰드라로 걸어 들어가거나 카약을 가지고 베링 해 강가에 도착할 때, 그들은 영적 지역 내로 들어가는 것이 된다. 그들은 영적인 우주에 경의를 표하며 살아간다. 영적 우주에서 그들은 아마도 가장 약한 존재들일 것이다. 유야락은 이 영적 우주 안에 사는 방식을 에스키모를 위해 설명해주었다. 이것은 그들이 지키고 살아왔던 법이었다 (Napoleon, 1996).

세상 안에서 세상과 함께하는 과거의 방식들은 사라졌으나 잊히지는 않았다. 잊혀짐을 의미하는 것은 아니지만, 그들의 지혜는 많은 사람들이 필사적으로 만들어가는 새롭고 부상하는 토속 세계에 반응하고자 고갈되었고 재수정되었다. 장소에 대한 새로운 토속 체계를 만들고자 했다. 즉, 신체+공간=장소이다. 저자의 작업은 공간에 신체의 위치를 잡고자 하는 것이며, 하나의 (새로운) 장소를 만들고 타협하고 재상상하기 위해서 관계들을 규정하는 데 있다.

원

선사시대의 동굴 그림에서부터 원이 나타나고, 원의 추상화된 은유로 사이클(주기)이 있다. 원은 완전함을 찾고 참여하려는 인간성에 대한 욕망의 표현이며 존재의 본질을 붙잡으려는 것이며, 자연세계와 물질세계, 은유적, 메타물리적 세계와 조화를 이루고 완성시키고 패턴과 주기를 통합하고자 하는 욕망으로 표현된다. 원은 삶과 죽음, 생태 환경, 문화, 역사 등 우리 모두를 둘러싸고 우리 안에 움직이는 것들의 사이클에 대한 상징적 표상이라고 본다. 사이클은 재조합의 에너지인데, 영원한 주기적 움직임을 통해서 생명을 드러내는 힘을 가지고 스스로 다시 돌아와서 교체하는 에너지다(Riley, 1997). Van Gennep과 Victor Turner(Van Gennep, 1984; Turner, 1987)가 정의한 바에 의하면, 사이클이란 전환적이거나 아주 작은 분리 장소라고 하며, 이곳에서 공간이 변형되고 조정되어 개인의 삶과 공동체 전체에 재통합될 수 있다고 한다. 원은 또한 세상을 보는 방식, 관점을 만들어주는 의미를 가지고 있는데 반대로 모든 결과물이 흘러나오는 구조가 되기도 한다. 우리의 초기 훈련에서는 작업 방식과 습관을 설정했는데 중요한 것은 사이드 코칭을 연습했다는 점이다.

훈련 : 산

이 훈련에서는 참가자가 자신을 산으로 상상하게 한다. 신체의 모든 측면이 산의 서로 다른 부분을 나타낸다. 머리는 산봉우리, 피는 강과 개울물 등이다. 이러한 명상 속에서 참가자는 산이 주는 영향력 있는 측면을 갖는다. 산의 평온함, 산의 뿌리와 같은 이러한 특징은 참가자로 하여금 주의를 산만하게 하는 생각이나 감정을 주지하도록 안내할 때에 사용할 수 있는데, 이러한 것을 평온하게 알아차리고 마치 비구름이 산을 넘어가듯이 흘러가게 할 수 있다. 이 훈련의 목표는 참가자들에게 힘을 부여하여 수동적으로 당황해하지 않고 자신의 생각과 감정 안에서 자유롭게 선택할 수 있도록 하기 위함이다.

원 안에서 고요함으로 시작하는 것은 작동적 동기, 즉 **원, 사이클,** 순환이 된다. 그리고 저자가 작업했던 토속 문화 어디서나 원 모티브의 유기적 진화가 만연하다. 원은 중심이 된다. 오후오카이(ohuokhai) 원형 댄스는 중앙 시베리아의 사카족에게 중심이 되며, 부시먼족의 치유적 원들, 에스키모의 전통 공동체 하우스인 카심에 이르기까지 그러하다. 이것은 단순한 원이 아니라 세상 안에 있고 세상의 부분이 되는 방식을 기억하는 방법이다(Eliade, 1961). 저자가 작업했던 모든 토속 집단들의 경우 원은 계시와 진리와 안전의 장소였다.

리듬

다양한 토속, 비토속 집단과의 경험에서 볼 때 행위자의 신체와 그들의 삶 속에 리듬의 인식을 재설정하는 것이 중요함을 알았다. 리듬은 또한 신체적 리듬과 사물의 리듬, 톤과 결(Abram, 1996)과 같은, 저자가 '리듬 실체'라고 이름하는 것 사이에 또 다른 조율과 동시성에 대한 지각을 일깨우고 활기를 돋운다.

리듬 인식의 시작은 개인적 그리고 다음에는 문화적 리듬 인식을 재설정해주며 이러한 토대에서 추후의 작업이 흘러나온다. 초기 훈련은 생명의 근본적인 리듬을 인식하도록 돕는다. 심장박동과 호흡이다. 종종 반 정도의 명상적인 이 탐색 훈련은 근본 생물학적 자기 자신과 근본 리듬을 설정해준다. 이러한 탐색은 또한 단순하고 근본적인 진리를 행위자에게 기억나게 해준다. 즉, 자기 자신이 퍼포먼스의 기원이자 매체라는 사실이다. 신체는 내적-외적-영원의 자기 자신을 표현한다. 내적 자기를 이해함으로써 자신의 사회적, 문화적, 영적, 잠재적으로는 영원한 감각을 보다 잘 표현할 수 있게 된다.

훈련 : 횡격막 호흡하기

호흡하기는 저자의 작업에서 즉각적이고 촉각적인 초석이 되는데, 호흡으로부터 자기 자신, 공간, 장소를 반복하고, 재인정하고, 재상상하기 때문이다. 이 훈련에서 참가자들은 이완된 정상 호흡으로부터 인도하여 정상 호흡을 인식하게 하고, 점차 인식이 배 위쪽으로 올라오는 것에 주의하게 하면서 숨을 입으로 들이쉬고 코로 내쉬도록 한다. 그다음 지시사항은 보다 깊게 많이 호흡하면서 하체에 생기를 느끼도록 한다. 그리고 허파 가득 공기를 채우고 가능한 한 길게 숨을 멈춘 후, 소리를 내면서 완전히 숨을 내쉰다. 중요한 것은 자주 정상 호흡으로 돌아와야 하는데, 허파의 용량이 더 커지기 위해서는 숨을 처음 2번의 심장박동 기간 동안 멈추고 있는 것이며, 차츰 숫자를 늘려가면서 심장의 리듬에 대한 인식뿐만 아니라 멈추는 능력을 증가시킨다.

이 훈련을 좀 더 확장할 경우 참가자들이 자신의 신체 다양한 부분에 심장박동의 리듬을 표현하도록 하는 것이다. 예를 들어, 손가락, 손, 머리, 발 등으로 표현한다.

리듬을 점점 더 성공적으로 사용하게 되면 참가자는 신체 부분을 바꾸어가면서 리듬을 표현할 수 있다. 리듬이 사라져서 인식이 재설정되어야 할 때면 멈춤으로 돌아온다. 이 훈련이 끝나면 참가자에게 자신의 심장박동 리듬을 토대로 춤과 같은 동작을 즉흥적으로 창조해내도록 지시한다. 서로 같이 춤을 추면서 소리를 동작에 추가한다. 의상과 가면을 추가하면서 춤이 발전된다.

박자를 외현화하기 위해 막대기를 사용하면 전통 리듬을 재도입할 수 있으며 춤 동작, 영창, 퍼포먼스 등의 발전이 집단에게서 차후 이루어진다. 막대기는 손목에서 팔꿈치 정도의 길이여야 한다. 막대기를 사용할 때 박자는 심장박동과 동일하게 시작하다가 개인적(호흡, 걷기, 뛰기) 그리고 전통적 리듬과 춤의 발견과 나눔에 맞추어 두들기며, 환경에서 그들이 발견하는 리듬에 맞추어 지속한다. 이러한 리듬을 나누면서 집단 리듬이 발전할 수 있는데, 차후 있게 될 모든 작업에 기틀이 되며 집단이 자신의 문화적 뿌리와 신체적으로 교류할 수 있는 간단하고도 효과적인 방법이 되어준다.

토속 문화는 모두 그들의 음악적 핵심에 단순한 리듬 박자(들)를 가지고 있다. 어떤 문화에서는 여러 가지 박자가 있다. 저자는 이것을 가리켜 근원적 박자라고 한다. 근원적 박자는 종종 춤과 퍼포먼스 동작의 토대가 된다. 조상들과 동물과 영성들과의 춤은 문화적 리듬으로부터 진화하여 집단에 의해 창조되고 재창조된다. 투마극단(알래스카 원주민)에서 이 훈련이 매우 계발적이었는데, 새의 종류와 기후 변화 그리고 툰두라의 전형적 계절별 리듬을 보여주었다.

소리가 탐색되면서 이 훈련은 확장될 수 있으므로 집단이 하나가 되어 각 계절별 소리들을 내도록 한다. 바닥에 누워서 할 수 있는데 점점 함께 소리를 내다가 각 계절별 집단 소리가 만들어질 때까지 지속한다. 소리는 계속 탐색된다. 개인적으로 또는 집단이 함께 작업하고 싶은 한 가지 짧고도 문화 특정적 언어 표현을 고르도록 하고, 눈을 모두 감은 채 그 낱말을 3~4분간 반복하도록 한다. 매번 같은 방식으로 같은 어조와 리듬을 사용하게 한다. 그런 다음, 집단은 그 낱말을 소리내는데 개별로 모두 함께 그리고 코러스로 그 낱말을 나누어 반복하게 한다.

사카국립극장에서 근무하는 동안 연기자들이 서너 가지 사카 낱말을 제안한 후 그중에 한 가지를 선택했는데, 그것은 '니하우 우주가이(Nihau Oujugay)' 라는 말로 '매우, 매우 좋다' 라는 의미를 가진 인기 있는 표현이었다. 연기자들은 큰 원으로 앉아서 눈을 감았다. 사카족은 힘 있게 목으로 노래하는 전통을 가지고 있는데 그들은 이 훈련을 오페라 노래로 확장하였고, 연기자들은 본능적으로 함께 작업하며 서로에게 역할을 맡게 하였으며, 한 시간 넘게 이 훈련이 지속되면서 계속 확장되는 것 같았다.

이 훈련은 또한 훈련, 자기통제, 자신의 신체 권한에 대한 신뢰를 도모한다. 습관적으로 얕은 호흡을 하면서 종종 상실해버린 어떤 것들이 된다. 남아프리카와 러시아와 같이 독재적 문화에서 온 토속 민족들은 개인적 인식을 단념하곤 한다.

공간에서 연기자들의 동작을 발전시키는 훈련은 그들의 리듬을 포함시켜서 각기 다른 기분과 패턴을 탐색하도록 해준다. 예를 들어, 지시사항을 "움직일 때 힘을 가지고 하세요. 두려움을 가지고 하세요. 사랑을 가지고 하세요. 권위를 가지고 하세요. 혼란, 영적 확신을 가지고…." 등으로 준다. 신체의 다양한 부분을 활용한 동작을 하게 한다. "가슴으로부터, 심장으로부터, 눈으로부터 움직이세요." 이 모든 동작에서 연기자들은 서로를 인식하면서 하도록 지시하고, 공명하는 동작을 반복하도록 한다.

적합하다면 일상에서의 세 가지 서로 다른 직종의 사람들을 떠올리고 신체를 통해 이들의 특유한 리듬을 집단에게 제시하도록 한다. 걸음걸이의 주제는 원의 주제처럼 종종 반복되고 정교화된 모티브가 되어서 퍼포먼스에서 증폭되어 사용될 수 있고 집단의 자신감을 심화시켜 준다. 퍼포먼스를 개발할 때 이러한 훈련은 소리 탐색, 음악적 작업, 상상력 쌓기, 스토리텔링, 기술 나누기, 신체 훈련, 앙상블 만들기 등과 함께 보강되고 정교화될 수 있다. 이 모든 사항은 역할놀이와 즉흥 기법을 설명해주는 도서에서 쉽게 찾을 수 있다. 토속 민족들과 작업할 목적으로 저자는 선물하기와 기술 교환하기라는 훈련을 탐색하고자 한다.

선물하기와 기술 교환하기

다른 문화(토속이든 아니든)의 맥락 내에서 작업을 할 때 이미 존재하는 퍼포먼스 언어들에 대한 평가를 해야 한다. 많은 토속 문화에서 근본이 되는 것이 선물하기라고 하는 개념인데(Hyde, 1983), 이것은—저자의 관점에서—인간에게 모든 것을 부여한 땅에서 사는 것과 일관성이 있다. 저자가 만난 많은 문화에서 볼 때 인간으로서 이에 대한 적합한 반응은 자기 자신과 그들이 가진 소유물을 나누어줌으로써 세상을 균형 있게 유지하는 것이다. 이누피아트(Inupiat) 에스키모의 경우 각자 얼마나 많이 나누어주는가에 따라 부귀가 결정되는데, 이것은 키픽(Kiviq)이라고 하는 독수리-늑대 메신저 축제가 되었고, 아직도 알래스카에서 행하고 있다. 본질적으로 이야기는 다음과 같다. 독수리 엄마가 인간에게 북과 리듬을 주었고 늑대들은 인간에게 춤을 추는 방법과 땅에서 살아가는 방법을 가르쳐주었고, 그들에게 대가를 치르는 최상의 방법은—왜냐하면 인간은 많은 혜택을 누리며 원의 한 부분이 되기 때문에—선물을 교환하는 것임을 가르쳤다. 선물 교환하기는 동시에 물질적, 공동체적, 영적 행위이며 독수리 엄마를 행복하게 하고 늑대들에게 감사를 전하며 서로에게 선물을 주는 것으로 의도된 것이다(Riccio, 2003).

특정 문화와 친해지기 위해서 저자는 집단에게 간단히 '보여주며 말하기' 기법을 사용한다. 각자 자기가 알고 있는 무엇인가를 집단에게 주면서 하는 것이다. 잠비아에서 2주간 워크숍을 진행할 때 서양에서 훈련을 받은 도시 출생의 연기자들이 포함되어 있었다. 많은 경우 국제

NGO 단체로부터 지원을 받아 공동체 연극 공연을 하면서 먹고사는 사람들이었다. 예를 들어, HIV/AIDS 예방, 위생, 정치적 부패, FGM(여성 성기 훼손) 등의 주제를 극화하여 시골에 사는 사람들을 관객으로 공연하는 것이었다. 잠비아에서 서넛의 부족과 작업하였는데 많은 경우 이들은 부족 간 갈등과 민족 간 갈등의 역사를 가지고 있었다. 이들에게 선물하기와 기술 교환하기가 필수적인 시작점이었다. 잠비아 워크숍에서는 또한 전통적인 연기자들을 포함하였는데 이들은 공연 경험이 없었으나 다양한 부족으로부터의 탈춤, 드럼, 스토리텔링 경험을 가진 전통 수혜자들이었다.

루사카에서 2주간 워크숍을 진행한 적이 있는데 이후 6주간의 퍼포먼스 개발 기간 전에 가진 워크숍이었다. 이때 거의 40명이 참가했으며 그중 몇 명은 전국 32개의 민족으로부터 전통적인 '적들'이었다. 우리의 작업 목표는 잠비아 국가에 있는 모든 다양한 민족이 어떻게 구성되어 있는지를 보여주는 것이었다. 서양에서 훈련된 도시의 배우들은 전통 퍼포먼스에도 노출된 적이 거의 없거나 전혀 없었다. 한편 나머지 사람들은 자기 고유의 전통 퍼포먼스에 국한하거나 아니면 주변에 있는 집단들의 전통만을 경험했었다. 이 프로젝트를 위해서 춤과 이야기와 개인사에 대한 기술 교환이 절대적으로 필요하였다. 사하라 이남의 아프리카 지역에서는 뿌리의 문제를 가진 민족의 다양성이 있다는 맥락에서, 국가 전역을 다니며 이렇게 다양한 전통 퍼포먼스를 함께 공연한다는 것은 국가적 단합과 치유와 이해를 생생하게 보여주는 것이었다.

잠비아 사람들을 개인의 리듬 탐색으로부터 문화적 리듬으로 옮길 때 집단 구성원들이 강력한 민족 전통의 퍼포먼스가 있었기 때문에 용이하게 달성되었다. 이러한 실제적인 기술 교환은 집단 전체로 하여금 표현적이고 확장된 어휘들을 만들도록 하였다. 그러나 주지해야 할 중요한 점은, 작업 방법과 집단 내 영성의 측면에서 볼 때에 이 적용이 전통적인 선물하기의 가치를 재각성시켜 주었기 때문에 공동체와 장소 만들기라고 하는 과정을 증폭시켜 주었다. 도시 지역에서 온 연기자들의 경우 많은 사람이 자기 고유의 전통 퍼포먼스 표현들이 부족했는데, 그런 가운데 행위 연습들을 제공해주었다. 흥미로운 점은 서양에서 훈련된 연기자들의 경우 처음에는 시골에서 온 참가자들을 경시하였으나 교환하기에 몰두하게 되면서 이들은 다른 사람들이 가지고 있는 문화 지식에 대해 건전한 존중감을 발전시켰다. 기술 나누기는 선물하기가 전통적인 공동체에서 그러했던 것처럼(Hyde, 1983) 많은 사회적 유대를 창조해냈듯이, 대단한 평형 장치가 되어주었다. 또한 기술과 선물 교환의 맥락에서 볼 때 상속되어 온 민족적 이슈들(어떤 집단은 전통적인 '적들'이었다.)이 밝혀지고 공공연히 논의되었다.

이와 같은 개방 정신에서부터 집단은 민족 싸움이 잠비아를 정체시켰고, 예술가로서의 그들이 이제 스스로 리더가 되어 그들 모두가 잠비아 사람임을 나타냄으로써 민족적 차이를 치유하는 기회를 가지고자 결단하였고 문제를 해결하였다. 퍼포먼스가 발전하면서 이 주제는 전통적 전설로 진화하여 연결되었다. 이러한 결과는 그들이 처음에는 하나의 민족으로 창조되었는데 그동안 욕심, 공포, 인색함으로 인해 흩어졌음을 보여주었다. 동지애의 제스처로서 '전통적 적들'이었던 사람들은 서로에게 자신의 전통 춤을 가르쳐주었고 그들의 이전의 적이었던 부족을 퍼포먼스로 묘사하였으며 이것은 추후 전국적인 공연으로 이어졌다. 전국의 공연(종종 들판이나 시장터에 수천 명의 관객을 대상으로)에서 퍼포먼스는 연기자와 관객과 언론으로부터 의도했던 반응을 유발하였고, 이들은 모두 자기 자신과 국민성에 대해 새롭고도 계몽적인 지각을 드러내는 과정을 볼 수 있었다.

　　매우 다양한 문화적 맥락에서 퍼포먼스 훈련과 창조라고 하는 분야에서 작업한 지난 30년간의 경험에서 볼 때, 저자가 알고 직관하고 있는 것을 기반으로 집단의 욕구와 목표에 맞는 새로운 훈련을 보완하거나 창조하였다. 모든 과정에서 작업에 대해 논의하고 개방적으로 반성하면서 이론적 근거를 설명하고 훈련에 대해 해설하고 평가하면서 더 많이 나누어 작업이 투명할 수 있도록 했다는 점을 강조하고자 한다. 저자의 과정에서 중요한 목표는 참가자들로 하여금 이해하도록 힘을 부여하는 것이며, 만약 그들이 원하면 그들의 방식으로 작업을 지속하거나 정교화하는 것이다.

공간

위에서 논의한 모든 작업은 서론으로 간주될 수 있다. 원과 공간에서의 신체, 리듬과 선물하기 등을 내면화하면서, 작업은 이제 자기 자신을 투사하는 데 초점을 두기 시작한다. 상상적이고 문화적이며 창조적인 공간들로 투사하는 것이다. 논의, 자유 놀이와 즉흥성, 그 밖의 훈련들이 적용된다. 아래의 예는(수백 가지 중에서 발췌됨) 어떻게 작업이 발전할 수 있는지 보여주는 것인데, 기억할 점은 작업은 항상 특정 상황과 목표에 의해 형태를 달리한다는 것이다. 모든 예는 다양한 문화적 사회적 환경에서 적용된 것이며 공명적이고 적응 가능하다.

초점 여행 훈련

참가자들은 반대편 벽이나 양쪽 벽에 하나의 초점을 정하고 그 초점에 주의를 집중한 후, 그곳을 향해서 가능한 천천히 그리고 조용히 움직인다. 마치 그 초점이 세상에서 가장 중요한 것인 듯이 그 초점을 향해서 움직여야 하며, 인내력을 가지는 것은 인식을 가져오는 은유가 된다. 가능한 최대한 가까이 그 초점에 도달하면, 눈을 감고 서서 코로 숨을 들이쉬고 입으로 내쉰다. 서너 사람의 참가자가 초점에 도착하면 눈을 감은 채 돌아서도록 한다. 이후 눈을 뜨라고 하고 또 다른 초점을 정하도록 한다. 참가자들은 이제 동작에 소리를 추가하도록 한다. 처음에는 낮은 숨소리로 시작하다가 초점에 가까이 다가가면서 자신의 느낌을 크게 표현하도록 한다. 여기까지 되면 그들의 목표 달성을 축하는 '노래'나 소리를 내도록 한다.

다가가서 노래를 부른 후에 눈을 감고 계속해서 노래를 하는데 점점 많은 참가자가 자기의 목표에 도달하면서 서로에게 점차 음을 맞추어서 부르고 마침내 노래를 하나로 통일한다. 그다음, 눈을 떠서 초점이 아닌 반대편의 참가자를 본다. 천천히 그 사람에게 다가가면서 그 사람에 대해 느끼는 점과 그들 자신의 여행에 대해 반응하는 소리로 발전시키도록 한다. 참가자들은 파트너를 만나서 함께 계속 노래를 한다. 도착, 여행, 목적지 또는 희망의 노래를 '부르도록' 하는 제안은 노래에 초점을 맞추도록 도울 수 있다.

참가자들이 위의 단계를 달성하면 이 훈련은 확장이 가능하다. 참가자를 전체 집단으로 모이게 하고 눈을 감은 채 운명, 희망 또는 도착의 집단 노래를 만들어내도록 한다. 낱말이나 의미 있는 언어 사용은 피해야 하는데, 이러한 언어는 참가자로 하여금 본능적 방식으로부터 빠져나와 지적이고 자기검열적인 방식으로 가게 하는 경향이 있기 때문이다.

세 가지 동작 훈련

집단을 두 사람씩 짝이 되도록 한다. 각각 세 가지 동작을 만들어내도록 하는데, 재미있고 표현성 있는 것으로 아무것이든 된다. 동작을 짝에게 가르쳐준다. 짝은 더불어 세 가지 동작을 창조함으로써 총 여섯 가지 동작이 된다. 일반적으로 최대 약 3분간 전체 집단에 이 동작들을 보여주도록 한다. 발표되는 동작들이 일반적으로 매우 재미있는데, 몰입과 함께 종종 문화적 또는 사회적으로 특유한 제스처들이 나타난다. 진행자는 코멘트나 판단의 말을 하지 않는다. 모든 팀이 여섯 가지의 동작을 보여준 다음, 유기체적으로 하나의 시나리오를 만들도록 한다. 동작을 반복할 수 있고 시나리오에 가장 알맞게 순서를 바꿀 수 있는데, 이야기를 만들 필요는 없다. 각 팀은 시나리오에서 적어도 한 번씩은 여섯 가지 동작 모두를 해야 한다. 세 번째 훈련 시에는 소리 또는

사례

폴란드의 크라쿠프에서 진행한 워크숍에서 서너 사람의 여성이 전통적인 남성-여성 관계와 사회-문화-역사적 성역할에 대한 신체 신화에 대해 알아보고자 하였다. 성역할 탐색이 워크숍의 목표가 아니었는데, 참가자들에게 반대의 성역할을 하도록 하는 과정에서 도출된 것이었다. 남성들이 보여준 여성의 수동성과, 여성이 보여준 남성의 공격성이 즉각적으로 지각의 불일치와 성역할의 불일치에 대해 붙어 주제로 드러났다. 이것을 끈으로 하여 반대 성역할을 계속하면서 시나리오 만들기 훈련으로 작업이 발전하였다.

처음에는 동시대의 가족 장면에 초점을 둔 훈련이었는데 점차 이들의 조부모 시대로 돌아가게 되었다. 다양한 시나리오에 참가자들은 구체적인 것을 추가하고 사이드 코칭을 시도하였는데, 각 세대마다 하나의 상징적이고 집단적인 기억 장면으로 폭락해버렸다. 기대와는 달리 이 과정은 워크숍의 목표를 재정의하게 했고, 이후의 작업 과정의 형태를 만들었으며, 이후 작업에서는 변화하는 폴란드 사회에서 성역할 이슈와 성적 정서적 학대와의 관련성에 대해 탐색하게 되었다. 과정이 어떠한 것을 유발하고 드러내게 하는지 아무도 예측할 수 없다. 중요한 것은 진행자가 비판단적이고 방심하지 말고 반응적이어야 한다는 것이다. 워크숍 리더에게 목표는 신체와 정서와 마음을 통해 감지하는 것이다. 그곳에 함께하면서 집중하여 관찰하여야 필요한 정보가 드러나게 된다.

대화도 추가할 수 있으며, 시나리오를 전체 집단에게 발표한다.

이 훈련은 정교화될 수 있다. 참가자들은—짝이 아니고 각자— 세 가지 동작을 더 만들어내도록 한다. 그러나 이번에는 한 동작은 문화적, 하나는 개인적, 하나는 영적 동작이어야 한다. 그런 다음 그 동작을 집단 발표한다.

(요구하는 동작들은 욕구, 맥락, 목표에 따라 달라질 수 있다.) 이처럼 변형된 훈련으로 동작을 집단에 발표한다. 이렇게 변형된 세 가지 동작 과정은 원재료가 되는데 이것을 가지고 집단 특유의 의식 준비(사례 참조)를 개발하기 시작한다. 그러나 중요한 것은 세 가지 동작의 훈련 목적을 알려주어서는 안 된다. 알려주게 되면 즉각적인 목표보다는 결과물을 내려는 경향이 있기 때문이다.

퍼포먼스

신체/사이클/의사소통/집단/리듬의 주제들이 만들어지면 프로젝트의 목표에 따라서 어떤 방향으로도 움직여갈 수 있다. 이 지점에서 중요한 것은 신체를 지속적으로 관여하게 하는 것이다. 신뢰감 형성과 놀이적인 훈련법의 사용을 통해 신체적 표현은 점차로 억압되지 않은 채 종종 깊이 자리 잡은 개인적, 사회적, 문화적 표현들을 드러낸다. 감사나 '공연' 이라고 하는 압력 없이 제시되는 이러한 훈련은 소시오드라마 웜업 훈련처럼(Sternberg & Garcia, 2000) 퍼포먼스 행위로 쉽게 이어지는 길이 된다. 이전의 훈련 중에서 창조해낸 주제와 시나리오를 토대로 정점의 퍼포먼스를 하나 만들어내고자 결정한다(Emunah, 1994). 충분한 시간이 있는 프로젝트의 경우—최소 2개월으로 워크숍이 시간, 토의, 필요한 탐색에 걸리는 필요 시간임—문화 특유의 웜업들을 개발할 수 있는데, 아래에 설명할 '의식 준비'가 그 예이다.

퍼포먼스를 하려는 욕구는 사회적 문화적으로 새겨진 역할과 행동 간의 불일치에 존재한다. 일상생활에서 우리는 이전에 행했던 것들의 변형된 모습을 연기하며 살아간다. 이것을 가리켜 '두 번 행동된' 또는 '회복된 행동들'이라고 하였고(Schechner, 2002, p. 22), '일상에서의 자기 자신의 표상'(Goffman, 1959, p. 28)이라고 불렀다. Jung(1998)은 원형이 정체감, 즉 개인의 '인생 극본'에 있어서 근본이 된다고 하였다. Jung에 의하면 개인의 원형은 '신화, 법, 사회적, 문화적, 정치적, 종교적, 경제적 패턴'으로 나타나는 사고의 초기 형태일 뿐이라고 하였다(Segal, 1998).

도시(토속과 복합 문화적) 맥락에서 작업을 할 경우 저자는 종종 문화적 사회적 역할을 탐색하고자 다양한 원형 탐색을 적용해왔다. 다음은 한 예이다.

훈련 : 문화적 원형들

참가자들에게 자신의 문화 특유의 원형을 하나 고르라고 한다. 물론 출처는 다양할 수 있다. 토속민의 경우 일반적으로 원형은 춤과 의식, 신화, 일상의 행동에서부터 유래된다. 예를 들어, 이전의 워크숍에서 까마귀와 코요테 형상이 아메리카 원주민, 인도의 크리슈나, 줄루의 전사, 이누이트의 사냥꾼에 의해 선택되었다.

진행자는 참가자가 원형적 동작을 만들도록 도울 때 다음과 같은 질문을 한다. 인물은 어떻게 움직이나요? 몸은 어떤 자세를 취하나요? 굽히나요? 똑바로 있나요? 원형적 에너지는 어디서 오나요? 중심은 어디인가요? 신체의 어느 부분에서 나오나요? 세상에 대한 원형적 태도는 무엇인가요? 행복한가요? 슬픈가요? 분노하나요? 다양한 감정을 탐색하세요. 원형의 어떤 점이 당신에게 매력을 느끼게 하나요? 당신은 어느 정도 비슷한가요? 다른가요? 원형의 어떤 점이 당신을 편안하게 하나요? 당신을 두렵게 하나요? 만약 참가자가 원형에 대해 가지고 있는 심상과 생각이 막연하다면 참가자가 알고 있는 것에서부터 확장하고 추정하도록 한다. 한 회기 내에 서너 가지 다른 원형 탐색이 이루어질 수 있다. 진행자가 해야 할 것은 어느 원형이 참가자 개인과 특별한 연관성이 있는지 보아야 한다. 이 훈련은 심리신체적 토대를 제공하므로 퍼포먼스와 인물들이 여기서 발달될 수 있다.

최근의 원형적 탐색(복합 그리고 비토속 집단과의 작업, 그중 2008년 시카고 연출자 연구소가 포함됨)에는 성별이 없는 원형들이 포함되었다. 연인, 영웅, 전사, 무법자, 결백자, 탐구자, 통치자, 마술사, 광대, 양육자, 창조자, 그리고 현인 등이었다. 이러한 탐색은 일련의 질문들과 심리신체적 반응 혹은 탐색들을 통해 원형을 규정하는 데 중점을 둔 것이었다. 질문으로는 당신의 핵심 욕구는 무엇인가? 당신의 목표는 무엇인가? 당신의 두려움은 무엇인가? 당신의 전략은 무엇인가? 당신의 재능은 무엇인가? 등이었다.

예를 들어, 탐구자의 원형은 다음 특징들을 불러왔다. 보다 진정성 있고 충만한 삶을 경험하려는 목표를 가지고 자기 자신을 탐색하는 자유, 공허함에 빠지는 두려움, 새로운 것을 찾으러 여행을 시작할 때의 전략, 목적 없이 방황하는 함정에 빠짐, 부적응하게 될 가능성, 자립심이라고 하는 선물, 자기 자신의 영혼에 진실하고자 하는 야망 등이다. Eliade(1961)가 쓴 바와 같이 원형은 자기 자신의 고향, 지방의 역사를 넘어서 무언가 '위대한 시간'을 회복하려는 추구를 드러낸다고 한다. 저자가 알게 된 바는 원형 작업이 참가자로 하여금 신화와 이야기, 원초적인 행동 양식에서 자기분석을 향해 개방하도록 해주기 때문에 사회-문화적 의미가 행위화될 수 있다는 점이다.

문화적 원형적 탐색은 퍼포먼스 언어를 표현하도록 이끌어주기 때문에 차후의 퍼포먼스 탐색이 도출된다. 어휘의 설정은 집단이 공유하는 집단 정체감을 반복하고 재인정하는 중요한 단계로서 이후의 작업을 위한 기초를 놓아준다.

훈련 : 요소가 되는 형태를 창조하기

이 훈련에서 참가자들은 하나의 특정 집단을 연구하게 된다. 자기 자신의 문화나 또는 다른 문화를 선택할 수 있다. 집단과 하부 집단 모두를 알아낸다(그림 7.1 참조). 예를 들어, 집단 구성원들이 종교적 원형에 대해 연구하고자 할 경우 하부 집단은 오순절 침례교, 힌두교, 가톨릭교, 이슬람교 등이 된다. 이 연구는 개인적으로 또는 체험 연구 또는 미디어 혹은 비디오를 통해 할 수 있는 집단에만 국한해야 한다. 참가자는 전형적인 동작, 제스처, 소리내기, 물체, 인물들을 위한 공간 사용에 대해 알아보도록 한다. 필사와 비디오 녹취를 하도록 한다. 이 훈련은 도시화된 토속인들에게 특히 유용한데, 이들로 하여금 자기가 기억하고 있지만 원래의 의미를 모르는 가운데 기억하는 동작들을 가지고 자신의 문화와 전통을 재방문하고 조사하도록 돕기 때문이다. 새로운 것과 오래된 것을 조합하고 재발명함으로써 전통의 맥락 내에서 특정한 현재의 욕구를 표현해주는 퍼포먼스 표현을 창조할 수 있게 된다.

의식 준비

의식 준비라는 용어는 저자가 만든 것인데 저자가 반복적으로 사용했던 과정이 일종의 의식과 같은 행위를 만들었기 때문이다. 신체 동작,

그림 7.1 덴마크 파트링에서 그린란드 이누이트 집단인 투칵극단과 함께 의식 준비 오프닝에서 각성의 시간을 가졌다.

제스처, 행위, 소리내기는 리듬과 조합하여 문화를 표현하는 일종의 부호화된 표현을 창조하였다(그림 7.2 참조). 여기에 가득 찬 의미들은 문

그림 7.2 러시아 상트페테르부르크에서 메타모포시스극단과 함께 의식 준비 오프닝에서 하늘을 찬양하는 회기를 가졌다.

화와 문화의 장소와 세계관에 대해 살아있는 감각을 보여주었다. 이와 같이 부호화된 언어를 통해 자기 자신을 표현하는 것은 능동적으로 문화를 살아가는 것이다. 무시되어 온 토속 집단에게 있어서는 이러한 참여가 힘을 부여하는 것이 되는데, 이것은 세상 속에 있는 그들의 방식에 대한 심리신체적 모델이 되기 때문이다.

저자의 경험으로 볼 때 이것이 그들 문화의 표현이기 때문에 전통적 부호를 발견하고 재작업하는 방법은 사회적 그리고 문화적 치유의 가치를 가지고 있다고 본다. 참가자들은 퍼포먼스 요소를 하나의 문화적 생동감의 살아있는 예제로 재참여하고 재구성함으로써 자신의 것으로 만들 필요가 있다. 퍼포먼스가 이러한 참여 과정을 통해 만들어질 때 집단이 창조한 명백한 프로젝트가 될 수 있으며 보다 큰 공동체가 관객으로서 참여 가능해진다.

유피크 에스키모 관객이 보여준 반응은 어떻게—그의 현대적 그리고 전통적 세계라고 하는 복합 공간들을 뚫고 가서—매우 작은 퍼포먼스 장소에 들어올 수 있었는가였다.

의식 준비 과정은 집단이 장소를 대중 퍼포먼스의 목표에 맞게 그림으로 표시하는 것이 된다. 의식 준비는 이전에 탐색되었던 공연적 요소를 자기 자신과 문화를 합치는 긍정적인 행위로 조직화하도록 해준다. 참가자들은 현시대의 서양 문화에 영향을 받은 세계에서 한 걸음 나와서 자신의 리듬과 퍼포먼스 언어와 공동체를 재각성함으로써 자신만의 세계관을 '재시동'한다. 모든 요소, 모든 공간, 모든 참가자가 퍼포먼스 장소에서 유합된다(그림 7.3 참조).

의식 준비는 다양한 토속 그리고 비토속 장면에서 성공적으로 활용되었다. 알래스카 원주민, 잠비아, 줄루족, 한국, 시베리아의 사카, 상트페테르부르크의 슬라브족 그리고 유럽과 미국의 다양한 부족과 다문화 집단 등이다. 의식 준비는 하부 문화의 광장이 되어준다. 주술적 관습에 의해 창조된 관례의 퍼포먼스 형성이나 종종 그들의 전통에 의해

그림 7.3 러시아 상트페테르부르크에서 메타모포시스극단과 함께 의식 준비의 전사 모험 회기를 가졌다.

서 성문화되는 것들과 다르지 않은 일련의 행사와 활동이 되기도 한다.

저자의 경험으로 다양한 문화에서 주술적, 의식적 치유 관습을 체험 연구했는데 ─ 사카족(시베리아), 줄루족, 먀오족과 야오족(중국), 한국, 부시먼족(칼라하리 남부) ─ 이들의 주술적 치유 의식 중에는 패턴과 방법, 기능 면에서 유사점을 알아낼 수 있었으며, 이것은 의식 준비라고 하는 과정을 만드는 데 영감이 되어주었다.

진행자로서 저자의 역할은 전통적인 주술의 진행자 역할과 다르지 않은데, 주된 기능은 "상호교류의 상태를 창조하고, 매개자로서의 역할과 의식 퍼포먼스의 초정상적 형상의 역할을 모두 발휘하는 것이다 (Siikala, 1978)." 근본적으로 이러한 행위는 참가자들이 사회적 역할 변화라고 하는 예술에 동참하는 것을 요구하며, 이들이 리듬을 주는 드럼과 노래 또는 영창, 춤(성문화된 동작)에 따라 점진적으로 의식 상태를 바꾸어갈 때에 종종 무아경의 역할 맡기 기법들을 수반하는 변형에 동참하는 것을 요구한다(Siikala, 1978).

알래스카 원주민과 작업하는 동안 세 가지 동작 훈련에서 많은 동작이 사교춤에서 파생되었다. 중요한 동물들, 예를 들어, 까마귀, 해마, 독수리 등이 몸짓으로 표현되었고, 바다표범을 창으로 찌르거나 얼음덩어리를 뛰어다니는 등의 사냥 행동이 보여졌다. 우주의 소유자를 찬양하는 등의 영적 믿음이 제스처 체계에서 한 부분이 되었다. 집단의 크기에 따라서 수십 가지의 동작이 발표될 수 있다. 그다음에 진행자는 어떻게 준비를 시작할지 결정하기 위해 집단과 토의를 이끈다. 동작과 동작의 의미를 경청하는 것이 필수적인 것만큼, 하나의 소리나 리듬이라도 행동과 연합시키는 것이 필수적이다. 리듬의 사용은 동작이 생명을 가지도록 해준다. 토속적 의식과 춤 전통처럼 리듬은 행위화하는 행동 없이 표현되기 어렵고 또 그 반대로 마찬가지다. 이 두 가지는 불가분이며 구별이 어렵다.

이 과정은 모든 행동, 리듬, 춤 스텝, 소리내기가 이해되고 구체화되고 다른 요소들과 조합되어야 한다. 예를 들어, 어떤 부족의 춤 스텝이 소개되면 그 맥락에 대해 토의하고 학습되어야 할 필요가 있으며 다른 전통들과 비교되어야 하고, 이후 프로젝트의 욕구에 맞도록 보완 및 적응되어야 한다. 이 과정은 공동체 만들기로서 긍정적이고 참여적 틀이 되어주는데, 단지 퍼포먼스 작업을 위한 것이 아니라 세상에 대한 창조적이고 교육적인 관점을 개발하기 위한 것이기도 하다. 이 과정은 다음과 같은 교육 목적이 있다. (1) 모든 사람이 창조자이자 소유권을 가지고 있다. (2) 새롭고 오래된 과정이 계시되고 경험된다. (3) 문화적 자원이 밝혀진다. (4) 과거와 미래의 설화가 재생된다. (5) 명백하고 공유되는 표현이 완성된다. 참가자들은 의식 준비를 다양하게 기술하곤 하는데, '치유', '조상과 함께 걷기' 등이 있으며, "내가 누구인지에 대해 그리고 나의 문화에 대해 자랑스럽게 느낀다.", "이것으로 나는 이제 그리 외롭게 느끼지 않는다." 등의 소감이 많다.

아래의 예는 잠비아에서 26개의 부족 및 인종 집단과 함께 개발된 의식 준비의 초기단계와 알래스카 원주민 퍼포먼스 집단인 투마극단의 의식 준비이다.

의식 준비 : 잠비아

집단은 원을 만들어 무릎을 꿇고 경건한 자세로 앉는다. 1분간의 침묵 이후 단순하고 낮은 드럼 박자가 들린다. 참가자들은 살아나서 바닥에 무릎 한쪽을 대고(경건 자세), 손바닥을 치기 시작하며 퍼포먼스의 영을 환영한다. 드럼 소리가 커지며 참가자들은 격정적으로 몸으로 영을 받아들이며 움직인다. 손을 머리 위로 올려 하늘을 향하고 초기 동작은 절정에 달한다. 참가자들은 발을 닦는데, 한쪽에 두 번씩 닦는다. 이것은 그들을 쫓아왔던 악령을 닦아버리는 행위이다. 그다음, 탐부카

(Tambuka) 부족 여성들의 성년식 춤을 거행하는데, 팔과 손을 안팎으로 움직이며 발을 끌며 스텝을 밟는다. 원으로 서서 시계 반대 방향으로 움직인다.

의식 준비 : 알래스카

불 주위에 원으로 모인다. 무릎을 꿇고 눈을 감은 채 중앙에 그들의 막대기를 모아놓았다. 희미하던 드럼 소리가 점차 커진다. 참가자는 천천히 '불'에서부터 막대기를 끄집어내어 박자에 맞추어 땅을 깨운다. 영창이 부드럽게 시작되고 반복된다. 뉴-크눔 나-룬-기트-다 마-크니 마-크니 마-크니 위-달-부트(의미는 "땅이 우리가 여기 있음을 아노라."). 영창, 드럼, 막대기 박자는 속도가 빨라지고 절정에 이르면 모든 참가자가 힘 있는 새들로 변신한다. 새가 되어 날아다니면 드럼 소리는 처음에 광란적이다가 점차 안정된 2박자 리듬으로 속도가 느려지고 새들은 각자 어떤 스토리나 춤 혹은 노래를 부른다. 새들은 다시 원으로 돌아와 땅에 앉고 다시 사람이 되어 서서 드럼치는 사람으로부터 신호를 기다린다.

의식 준비는 약 30분 정도 걸리는데 신체와 목소리를 요구하므로 각각의 작업 회기를 위해 집단 웜업이 되곤 한다. 알래스카에서 투마극단과 함께했던 첫 1년간 개발한 의식 준비는 이후 5년간 진화되고 변화되었는데, 시금석이 되어서 오랜 구성원과 새로운 구성원들이 지식의 폭을 넓히는 데 참여할 수 있었다. 진행자로서 저자의 작업이 발전되면서 퍼포먼스를 개인의 비전에서 창조되는 것으로 간주했던 것에서부터 이제는 집단의 비전으로 보고 있다. 상업적인 소모나 더 많은 관객을 위해 만들어지는 것이 아니라 이러한 의식들은 집단 그리고 공동체 행사로서 간주된다. 퍼포먼스는 완성을 만들어내는 방법이다. 집단 이외에 어느 누구도 퍼포먼스를 경험하지 않았던 때에도—부시먼족과의 작업이 그러한 예이다—퍼포먼스는 공동체에 활력이 되었고 의식의 기원으로 돌아가도록 했으며 거기서 공동체는 조상과 영성과 동물 그리고 장소라고 하는 보다 넓은 공동체로 합해졌다.

의식 퍼포먼스의 증거가 되는 것은 개인과 그들의 공동체의 삶을 변화시키고 풍요롭게 하는 능력이다. 투마극단의 일원인 Wilma Brown은 위에서 언급한 훈련과 탐색 모두에 참가했다. 처음 만났을 때 그녀는 화이트 마운틴(인구 350명)이라고 하는 고립된 마을에서 온 이누피아크 에스키모 여인으로 수줍어하였는데 이후 저자에게 말하기를, 자신의 오빠와 삼촌들이 수년간 성적 학대를 해왔다고 한다. 개인치료와 집단치료를 수년간 받았으나 고대의 경로를 찾아가는 이 작업이 그녀를 변화시켰다고 소감을 말했다. 우스터대학교에서 온 Dale Seeds와의 면담에서 Wilma는 다음과 같이 자신의 경험을 기술하였다.

투마극단이 저를 위해 해준 것을 이해하기 전에 제가 어떤 세상에서 왔는지 이해하는 것이 중요하다고 생각해요. 투마극단에 들어오기 전에 저는 제 문화 유산과 우주에서의 장소에 대해 내재된 질문들을 가지고 있었어요. 저는 음주, 마약, 도박, 학대와 함께 성장했는데 조부모로부터 약간의 희망과 사랑을 받았지요. 대학에 가는 것은 저에게 있어서 비극으로부터의 도피였어요. 분노감은 백인 사회를 향한 원동력이 되었고 저는 부족이 답해주지 못한 많은 질문을 가지고 집을 떠났어요. 예를 들면, 우리 부족은 어디서 왔는가? 여기서의 내 책임은 어떤 것인가? 여기서의 좋은 점과 나쁜 점은 무엇인가? 투마극단에 들어오기 전까지 저는 영적으로 정서적으로 많은 방식으로 트라우마를 겪었습니다. 투마에 들어와서 왜 내가 병든 사람처럼 느끼는지에 대한 엄청난 두려움에 직면하게 되었습니다. 투마극단과 Tom Riccio는 저를 완전히 변화시켰어요. 저의 세상이 열리기 시작했지요. 우리 부족을 향한 부당한 행위들을 인정하게 되었고 예전에 힘을 가졌던 우리 부족의 힘을 요구하게 되었으며 제가 비탄에 젖어서 스스로 질문하는 것이 안전한 것임을 알았지요. 3년간 투마극단과 함께하면서 매년 저는 성장했어요. 힘을 부여받고 자신감이 생기고 저의 분노를 다른 방식으로 집중하는 법을 배웠어요. 이제 저는 보다 잘 표현하고 우리 부족에게 과거에 있었던 일과 현재 일어나고 있는 일 그리고 제가 그것에 대해 무엇을 할 수 있는지에 대해 보다 깊게 이해하게 되었습니다(Riccio, 2003, p. 7).

결론

뉴스를 들으면 매일 우리의 삶 속에서 불가피한 변화들이 일어나고 있음이 새롭게 증명되곤 한다. 지구 전체의 온난화는 모든 국가 사람들에게 염려를 준다. 경제 변화가 뉴스에 가득하다. 고도의 기술화와 가상현실이 빈번한 토론 주제이다. 저자는 많은 장소에서 작업을 하면서 사람들은 지구와 지구인들이 이전부터 오랫동안 견고히 해왔던 존재 방식에 도전하고 있으며, 근본적으로 우리가 누구이고 무엇을 하는 사람이고 어떻게 서로에게, 자신에게, 지구에게 관계하여야 하는지 재평가해야 하는 시기에 도달하였음을 인지하고 있다. 출현하는 의식(Macy, 1991)은 토속 문화와 매우 공통점이 있는 장소를 기반으로 한 체계로부터 배우고 있다(Tarnas, 1991). 이러한 의식이 정치적, 환경적, 경제적 생존의 필요에 의해 동기화되든지 아니면 보다 넓은 역사적 개혁이나 사이클의 전조인지 간에 그것은 중요하지 않다. Macy가 말하는 대로 우리의 자아감과 타인들, 환경, 동물, 영성과의 연결에 대한 감각이 변화하고 있다고 믿는다. 이러한 감각은 독립감과 총체감에 민감한 참여적 현실로 형태를 만들어가고 있다. 인류의 지혜와 능력이 퍼포먼스를 포함한 이 과정에서 요구된다. 풍요로운 춤, 음악, 연극 공연, 케이블 공연의 폭발, 영화, 비디오 게임이 부분적으로는 세계의 변화를 설명하고 위로하고 준비시키는 시도가 될 것으로 보인다. 이러한 변화가 우리 모두에게 관심이 되고 있다. 퍼포먼스는 가장 근원적인 개인적, 사회적, 문화적 표현의 하나로 최고의 중요성을 가진다. 근원적인 변화의 시기에 근본적이고 토대가 되는 자원이 요구된다. 퍼포먼스는 다양한 형태를 모두 가지면서도 가장 중심에는 지표와 부호의 체계를 통해 감정에게 형태를 주어서 보이지 않는 것을 보이게 만드는 노력이다. 예전에는 없었던 변화로 보이는 것들을 직면하면서 저자가 함께 작업했던 집단들의 경우 역사적 문화적 자원에 접근하고 재검토하고 있다(이전에는 많은 경우에 있어서 무시되거나 오해되었던 것들이다.). 그중에는 의식, 주술, 전통 치유 그리고 물질과 영적 세계를 조화롭게 하는 데 초점을 둔 토속 퍼포먼스가 있다.

퍼포먼스는 참가자로 하여금 우리의 세상을 재창조하게 도우며 또한 하나의 광장이 되어주는데, 우리 안에 그리고 우리 주위에서 떠오르는 새로운 토속적 장소를 이해하도록 돕는다. 우리의 희망은 우리 모두가 지구인이 되는 것이며 그렇게 함으로써 보다 잘 인지하는 부분이 되어 존재하도록 요구되는 하나의 전체가 되고자 하는 것이다.

참고문헌

Abram, D. (1996). *The spell of the sensuous.* New York: Pantheon Press.

Damasio, A. (1994). *Descartes' error: Emotion, reason, and the human brain.*

London: Penguin Book.

Eliade, M. (1959). *Myths, dreams, and mysteries: The encounter between contemporary faiths and archaic realities.* New York: Harper Collins.

Eliade, M. (1961). *Cosmos and history: The myth of the eternal return.* New York: Harper Collins.

Emunah, R. (1994). *Acting for real: Drama therapy process, technique, and performance.* New York: Brunner-Routledge.

Fox, J. (Ed.). (1987). *The essential Moreno: Writings on psychodrama, group method, and spontaneity.* New York: Springer Publishing Company.

Goffman, E. (1959). *The presentation of self in everyday life.* London: Penguin Press. Hyde, L. (1983). *The gift: Imagination and the erotic life of property.* New York: Vintage Books.

Kawagley, O. (1995). *Yupiaq worldview: A pathway to ecology and spirit.* Prospect Heights, IL: Waveland Press.

Macy, J. (1991). *World as lover, world as self.* Berkeley, CA: Parallax Press.

Napoleon, H. (1996). *Yuuyaraq: The way of the human being.* Fairbanks, AK: Alaska Native Knowledge Network.

Riccio, T. (2003). *Reinventing traditional Alaska native performance.* Lewiston, NY: E. Mellen Press.

Riccio, T. (2007). *Performing Africa: Remixing tradition, theatre, and culture.* Berlin: Peter Lang.

Riley, J. (1997). *Chinese theatre and the actor in performance.* London: Cambridge University Press.

Schechner, R. (2002). *Performance studies: An introduction.* New York: Routledge.

Schipper, K. (1993). *The Taoist body* (K. Duval, Trans.). Berkeley, CA; University of California Press.

Segal, R. A. (Ed.). (1998). *Jung on mythology.* Princeton, NJ: Princeton University Press.

Siikala, A. (1978). *The rite technique of the Siberian shaman.* Helsinki:

Suomalainen tiedeakatemia: Akateeminen kitjakauppa.

Steinberg, P., & Garcia, A. (2000). *Who's in your shoes?* Westbrook, CT: Praeger.

Tarnas, R. (1991). *The passion of the Western mind.* London: Pimlico.

Turner, V. (1987). *The anthropology of performance.* New York: PAJ Publications.

Van Gennep, A. (1984). *The rites of passage* (2nd ed.). Chicago: University of Chicago Press.

8

방글라데시와 인도에서 억압된 사람들과 이들의 조력자들에게 힘 부여하기

HERB PROPPER & SABINE YASMIN SABA

저자 프로필

Propper : 이 작업을 하게 된 기회가 온 것은 일련의 상황을 통해서였는데 그러한 상황들은 예견되지 않았을 뿐 아니라 예기치 않은 연관성의 예증이 되어주기도 한다. 이러한 연관성은 종종 '텔레(tele)' 라고 하는 작용을 통해 발생한다. 텔레는 J. L. Moreno의 혁신적인 집단기법인 사회측정학의 토대가 된다. 간단히 말하면, 텔레는 개인 간에 끌리고 밀어내는 법칙을 가리키는데, 이것은 우리의 사회적 선택에 있어서 보이지 않는 원인이 된다(구체적인 설명은 제2장 참조). 2001년 미국 사이코드라마학회의 운영위원으로 있으면서 이메일로 받은 질문에 답변하는 자원봉사를 하고 있었다. 이때 저자는 치타공대학교의 *Mostafa Kamal Jatra*로부터 간청을 받았다. 그는 사회행동을 위한 연합극단(UTSA)의 창립자이자 사무총장인데, 사이코드라마에 대해 좀 더 배우고자 원했다. UTSA는 지방의 사립 NGO인데 벵골인 민속극장 형태를 가진 사회적 의식각성극단을 활용하여 장애인과 사회적 약자들과 작업하는 광범위한 임무를 가지고 있다.

저자는 그에게 책과 논문을 소개하였고, 이것이 방글라데시에 사이코드라마를 가져오려는 그의 열정을 점점 증가시켰다. 사이코드라마는 즉석에서 경험되어야 하는 것이므로, 얼마 지나지 않아서 저자는 방글라데시로 자원하여 찾아갔고 그곳에서 매년 국립극장 워크숍이 시작되었다. 2006년에는 방글라데시 치유극장연구소(BTTI)가 태동하게 되었다. 그리도 먼 땅에서 우리가 함께 작업하는 기회를 인정하였다는 사실은 우리의 '텔레'를 나타낸다. 사이코드라마와 소시오드라마, 사회측정학 훈련에 추가하여 이러한 워크숍은 플레이백 시어터 훈련도 포함하고 있다. 플레이백 시어터는 훈련된 연기자로 하여금 관객으로부터 이야기를 듣고 행위화하는 것으로 공동체를 창조하는 데 효과적이고 영향력 있는 형태이다.

2003년 저자가 방글라데시 훈련 워크숍을 처음 시작한 이후, 소시오드라마는 수년간 주요한 초점이 되어왔다. 더 최근에는 참가자들의 경험 수준이 증가하면서 그리고 임상심리사, 상담사, 대학원생을 위한 워크숍을 진행하면서 보다 외현적인 사이코드라마를 포함하는 것이 가능해졌다. 현재 저자는 방글라데시 사이코드라마 치료자를 위한 철저한 훈련 구조화를 완성시키게 되었다.

Saba : 저자는 방글라데시 사람이며 Herb Propper의 훈련에 참여하여 그를 만나게 되었다. 저자는 15세부터 극단 실천가로 활동해왔고 사회적 발달을 위한 극센터에 가입한 적이 있으며 이후에는 아인-오-샤리쉬 켄드로라고 하는 단체에서 연극을 활용하여 인권 인식을 가르치고 있다. 많은 방글라데시 사람이 문맹이어서 연극은 사회와 정치, 문화적 쟁점들을 전달하는 데 인기가 있다. 정치가가 3시간 연설을 할 경우 사람들은 듣기를 중단하고 지루해한다. 연설이 끝나면 들었던 내용을 종종 잊는다. 하지만 연극은 우리 문화에 중요한 장소를 차지해왔고 많은 관객을 사로잡는다. 단순히 오락이 아니라 연극은 문제, 비평, 소망 등을 표현하는 방법을 제공하고 있다. 아인-오-샤리쉬 켄드로에서 우리의 목표는 이처럼 영향력 있는 미디어를 활용하여 인권 문제에 대한 인식을 창조하고자 하는 데 있다.

그러나 저자에게 명확한 사실로 다가온 것은 인식 창조가 변화 창조와 동일하지는 않다는 점이다. 인식은 워크숍 자체 내에 제한된 소통인 것 같다. 보다 구체적인 기법들이 억압이라고 하는 문제를 다루는 데 필요했다.

억압 문제는 워크숍 참가자들 가운데서도 끊임없이 보고되는 것이었다. 한편 소시오드라마는 다르다는 것을 저자가 배우게 되었다.

2003년 Herb Propper가 진행하는 사이코드라마와 소시오드라마 워크숍에 참가할 기회를 가지게 된 저자는 이처럼 멋진 기법이 있음에 경탄했다. 단 한 번의 워크숍 이후에도 소시오드라마가 개인적 그리고 전문가적 삶에 미치는 영향력을 이미 느낄 수 있었다. 워크숍 동안 우리는 서로 가장 개인적인 생각들과 이야기를 나누었고, 인식 훈련에서 부재했던 신뢰와 팀 작업이 사회-사이코드라마적 기법들을 통합함으로써 창조되었다. 그 증거로 5년 전 처음 워크숍에 참가했던 집단들이 아직도 견고한 결속력을 유지하고 있다. 사이코드라마와 소시오드라마 기법은 우리로 하여금 우리 자신과 타인들을 이전보다 더 잘 이해하도록 도와주었다(Propper, 2004, 2008).

Herb Propper 박사는 버몬트주립대학교의 연극 명예교수이며 소시오드라마와 사이코드라마의 최고 훈련가 중 한 사람이다. 평생 연극과 사이코드라마 활동을 해왔고 광범위하게 저술 활동을 해왔다. BTTI 단체의 창립자로서 현재 방글라데시와 인도에서 작업하고 있다.

Sabine Yasmin Saba는 연극과 운동을 활용하는 정치 실천가로서 미국과 영국, 인도, 방글라데시에서 활동하며, BTTI 단체에서 훈련가로 있다. Propper 박사와 함께 BTTI를 창립하였고 지금까지 사회 실천가들, 사회사업사, 정신과 의사, 심리학자, 그 밖에 전문가들을 위한 사이코드라마-소시오드라마 훈련을 지속하고 있으며 종종 비정부 기관들과 작업하고 있다.

서론

이 장에서는 2003년부터 현재까지 방글라데시에서 억압된 사람들을 대상으로 사이코드라마와 소시오드라마, 사회측정학을 사용하여 두 가지 집단 작업을 한 것에 대해 기술한다. 한 가지는 이 기법들을 가지고 수많은 방글라데시 사립 NGO와 정신건강 전문가들을 대상으로 훈련을 했던 예로서 새로운 치료적 개입과 치유법을 제공하였다. 두 번째는 인도에서 몇몇 어려운 대상들과 함께 현장 작업을 한 예들을 소개하였다. 더불어 방글라데시에서의 플레이백 시어터 훈련의 예를 담았다.

방글라데시 사회를 떠올리면 억압이라고 하는 개념이 가장 광범위하게 적용된다고 본다. 억압을 단순히 무장한 갈등, 내전, 인종 정화, 살인, 테러 등으로 국한한다면 중요한 포인트를 놓치는 것이다. 방글라데시 사회는 상당한 수준의 정치 폭력에 노출되어 있는데, 예를 들어 매질, 칼질, 총, 주요 정당과 불의하게 관련된 무장군의 폭격 등이 있다. 이러한 사건들은 일상적으로 '테러'라고 부른다. 예를 들어, 2004년에 대학 교수인 동시에 시인이자 한 정당의 탁월한 당원이 대중 연설을 하던 중 칼을 휘두르는 한 남자로부터 공격을 받았다. 공격한 사람의 정치적 연관성이나 모티브에 대해서는 결코 밝혀지지 않았다. 하지만 그런 사람을 '테러리스트'라고 일상적으로 일컫는다. 이러한 사건은 투표권자들 사이에 명백히 위협적 분위기를 조성한다.

추가로 우르두 언어를 사용하는 파키스탄 사람들의 기본권을 거절하는 문화적 억압이 존재하는데, 이들은 원래 동파키스탄이었던 곳에 정착해서 살다가 1971년에 독립운동 과정에서 갇히게 된 것이다. 국내적으로는 뿌리 깊게 견고해진 가부장적 문화로부터 신체적, 정서적, 법적으로 검열되는 협작이 존재한다. 과부와 남편이 '제쳐둔' 아내들의 경우—남편이 이혼이라고 공식적 주장을 하기만 하면 되는 것이 흔한 법적 조치임—경제적, 사회적 차별을 경험한다. 시골에서는 남편이 사소한 이유로 아내를 공격하는 사건이 정기적으로 보고되는데, 아내에게 잿물을 뿌린다거나 살인까지 하는 경우가 있다. 그러나 시간이 지나면서 빈

도는 낮아지고 있다. 이러한 행동들이 협박과 억압이 만연한 분위기를 자아내고 있다. 마지막으로 사이클론과 지진과 홍수, 몬순 기후로 인한 진흙 사태가 정기적으로 이 나라를 찾고 있어서 소위 '자연재해로부터의 억압'으로 고통을 당하고 있다고 해도 될 것이다. 홍수 지역, 강둑 또는 해안가에서 바람과 비와 불어나는 강물의 약탈을 견디지 못하는 쉼터에서 살아야 하는 보다 가난한 사람들의 경우가 특히 그러하다.

치유적 전략들

역할 이론(J. L. Moreno, 1977)은 BTTI 단체의 훈련 작업을 가르치는 일반적인 치유 전략의 개발에 견고한 토대가 되고 있다(소시오드라마, 사이코드라마, 역할 연극에 대한 구체적인 정보는 제2장 참조). 트라우마를 다룰 때 BTTI에서는 Kate Hudgins 박사가 개발한 많은 작업을 활용하는데, Hudgins 박사는 임상심리사이자 사이코드라마 훈련가로서 치유적 나선 기법을 창조한 바 있다(Hudgins & Drucker, 1998; Hudgins & Kellerman, 2000). Hudgins 박사는 트라우마를 경험한 집단들이 재트라우마를 경험하지 않도록 보호하는 것의 중요성을 강조하여 소시오드라마적 작업을 확장시켰다. 트라우마 피해자들의 경우 종종 핵심 문제로 뛰어들어 가려는 열망을 보이는데, 수많은 기법을 개발하여 이 과정의 속도를 늦추었다. 은유적이고 보호적인 상징뿐 아니라 서넛의 지지적 이중자(double)들을 활용하여, 주인공(들)이 고통스러운 기억과 만남을 가지기 전과 가지는 동안 자신의 강점과 탄력성을 기억해 내는 지지 체계를 개발한 바 있다. 집단 구성원은 기억인출을 위해서 각자 스카프나 상징적 소품을 고른다. 예를 들어, 수정 구슬을 자신의 내면의 힘을 상징하는 것으로 고를 수 있고 녹색 스카프를 선택해서 봄의 즐거움을 느끼는 능력을 불러오기도 하는데, 이러한 소품을 트라우마가 행위화되는 동안 보이는 곳에 놓아둔다.

BTTI는 또한 융학파의 심리치료사인 Donald Kalsched의 작업으로부터 많은 혜택을 얻고 있는데, 그는 트라우마 생존자들에게 있는 원형적 방어 구조를 설명하였다(Kalsched, 1996). 그는 두 종류의 역할을 찾도록 하면서 트라우마 작업을 시작하는데, 이 두 역할 중 하나는 긍정적인 힘 역할로 명명하고, 나머지는 부정적이거나 부적응적인 역할로 명명한다. 이후 다양한 사회-사이코드라마적 기법들이 행위화를 완성하는 데 사용된다. Kalsched의 작업에서 다음 단계는 한 가지 이상의 긍정적 힘의 역할을 행위로 탐색하는 데 초점을 두는데, 확장된 역할 면담과 이 역할과의 대인관계적 관계성에 대한 사이코드라마와 미래투사 역할 훈련 사이코드라마 등을 통해서 가능하다. 여기서 주인공은 지지해주고 강화해주는 동맹 역할들을 발견해냄으로써 내적 지지 체계를 쌓는 내적 심리적 사이코드라마뿐만 아니라 다양한 상황과 대인관계를 직면하는 연습을 할 수 있다. 내면의 긍정적 역할들의 이러한 '팀 세우기' 작업은 트라우마를 경험한 사람을 지지하는 데 도움이 되는 것으로 드러났다.

훈련 예제들

이 과정의 단계는 경력 있는 사이코드라마 치료자에게는 익숙할 것이다(Treadwell, Kumar, Stein, & Prosnick, 1998). 그러나 이러한 형태에 대해 잘 알지 못하는 독자들이 있기 때문에 이해와 명료함을 목적으로 몇 가지 설명하고자 한다. 방글라데시는 벵갈어를 모국어로 사용한다.

집단 구성원이 모두 영어를 잘하는 경우는 거의 없다. 잘한다고 해도 강렬한 순간에는 역할 연기자로 하여금 그들의 모국어로 돌아가 사용하도록 하는 것이 유익하다. 이해가 안 되던 부분을 모국어가 가지는 자발성 증진으로 인해 상쇄되곤 한다. 모국어 사용이 가지는 보다 덜 명확한 유익성은 진행자로 하여금 신체 언어, 목소리 톤, 감정의 역동성에 보다 충분히 주의하도록 해주는 점이다.

2007년 11월 15일 밤, 사이클론 시드르가 방글라데시를 덮쳤다. 여름 장마에서 겨우 회복했던 나라가 10년 만에 찾아온 치명적인 폭풍으로 인해 수확하기 바로 전에 남부지방을 휩쓸면서 막대한 황폐와 수확의 파괴를 초래했다. 수천 명이 사망하고 10만여 명이 상해를 입었다. 생존자들은 수개월간 식료품과 의료품, 주거지 없이 살아야 했다.

사례 : 한 장면 소시오드라마 - '2007년 사이클론 시드르 이후의 희망'

이 한 장면 — 또는 짧은 장면 — 은 작은 규모의 집단 구성원이 모두 행위화에 참여하는 소시오드라마다. 이 방식으로 진행할 경우 소시오드라마는 15명 내외의 집단에게 유용한데, 짧고 압축된 행위화가 필요하다. 이유는 시간에 제약이 있거나 혹은 집단이 익숙하지 않기 때문이다. 집단 형성 초기 단계에서 이러한 한 장면 행위화가 소시오드라마 소개로 그리고 웜업으로 기능할 수 있다.

3일간의 워크숍 중 마지막 날은 자한기르나가르대학교에서 '참가자의 창조성과 사회적 이슈를 위한 소시오드라마와 사회측정학의 활용'이라는 제목으로 진행했고, 집단은 사이클론 시드르의 황폐화에 대해 다루는 소시오드라마를 하기로 결정했다. 집단이 하나의 추상적인 역할에 대해 짧은 시간 동안 탐색하면서 내용이 만들어졌다. 이 작업은 Herb Propper와 Danielle Forer가 맡았다.

웜업 사례 : 전체 집단/하나의 역할

진행자는 희망이라고 하는 역할의 행위 탐색을 창조해냈는데 Moreno가 설명했던 역할 발달의 3단계 과정을 보여주었다. 즉, 역할맡기, 역할놀이 그리고 역할창조이다(Sternberg & Garcia, 2000). 처음에 집단 구성원이 각각 희망이라고 하는 추상적인 역할을 입는다. 동작과 한 가지 이상의 색깔 천을 사용하여 자신이 지각하는 희망의 본질적 특징을 표현하도록 하였다. 일반적으로 충분한 시간을 할애하여 역할에 웝업되도록 한다. 짝을 골라서 두 사람이 함께 역할에 대한 개인적인 소견을 탐색하였다. 그런 다음 3~4명씩 한 집단이 되어 '공유된 희망'을 조각으로 만들어 역할의 개인적인 소견들을 형태화하도록 하였다. 이 기법은 집단 구성원으로 하여금 인상적인 장면을 형태화하게 해준다. 마지막으로 공동 작품에서 표현된 역할 특징을 통합하는 제목을 하나 만들어내도록 하고 전체 집단에게 보여주게 한다. 발표하는 동안 전체 집단이 그 경험의 깊이를 느끼도록 각 집단에게 노래 하나를 부르도록 한다. '공유된 희망' 웝업은 사이클론 시드르와 관련된 깊은 감정의 우물을 구체적인 측면에서 보여준 집단 구성원들이 한 사람씩 말로 느낌 나누기를 함으로써 끝난다.

집단 구성원의 많은 사람이 다치거나 재산 피해를 얻은 것은 아니었으나 모두들 심한 피해를 입은 사람과 밀접한 관계를 가지고 있었다. 집단적 수준에서 나라에 대한 자긍심과 정체감이 부정적으로 손상을 받은 것이다. 국가적 열등감이라는 기저의 느낌이 반복해서 드러났다.

워크숍 진행자들은 이러한 집단을 위해서 이후에 진행할 많은 역할훈련 활동을 계획했었다. 그러나 이 계획을 진행했더라면 충분히 표현되지 않은 웝업으로 부추겨진 무망감, 부적절감, 수치감을 남겨놓을 수 있었다. 그래서 진행자는 원래의 계획을 바꾸어 희망의 손실에 대해 소시오드라마를 시작했던 것이다. 희망과 무망감에 대한 갈등을 행위화하도록 돕는 역할을 위해 새로운 웝업이 필요했다. 진행자는 모인 장소에 3개의 역할을 나타내는 장소를 구분해주었다. 집단, 희망에의 **장애물** 그리고 **희망**

그 자체였다. 한쪽 구석에는 **집단**이라고 하는 소시오드라마적 역할을 맡은 사람들이 모였고, **장애물** 역할은 다른 한쪽 구석에 빈의자를 무질서하게 쌓아놓았으며, **희망** 역할은 또 다른 구석에 색깔 천을 많이 쌓아두었다. 숫자적으로 안전성 원칙에 따라 전 집단이 하나의 역할을 맡도록 하거나 두 가지 역할을 전 집단이 나누어 맡도록 하는 소시오드라마적 기법은 다양한 트라우마를 경험한 집단과 작업할 때 중요한 유익성을 가진다. 하나의 역할을 맡음으로써 시선의 집중을 받는 부적절감과 당혹감을 피할 수 있기 때문이다. 그리고 전 집단이 늘 행위하게 된다. 수동적인 관객이 되려는 집단 구성원들의 경향성을 피할 수 있다. 그러나 다중 역할을 맡게 될 때라도 진행자는 덜 표현적이거나 덜 자발적인 사람들에게 신경을 써주어야 하는데, 그 역할이 더 공격적인 역할자의 지배를 받지 않도록 막아야 하기 때문이다.

장애물 역할은 새로운 역할이어서 집단은 이 역할의 성격을 규정할 필요가 있었으며 집단 구성원들이 지각하는 희망찬 느낌에 장애물이 되는 것을 집단적으로 표현하였다. 전체 집단이 소시오드라마적 **집단** 역할 속에서 **장애물** 역할에게 자발적으로 일련의 언어적 표현을 하도록 함으로써 행위를 시작했다. 진행자는 자주 이중자 역할을 하였고(제1장 참조), 이중자-메아리 역할을 하였다(이것은 집단 구성원의 언어표현을 강하게 반복해주는 것으로 집단 행위화를 통해 눈에 띄도록 해준다.). 그다음, 전 집단이 역시 소시오드라마적 **집단** 역할 속에서 **희망** 역할에게 자발적인 언어 표현을 전해준다. 이처럼 자발적인 집단 표현에서 목표는 잘 정의되고 논리적으로 일관성이 있는 진술을 전하는 것에 있지 않고, 자발성을 자극하는 데 있다고 하겠다. 집단 구성원들은 겸손을 버리고 서로서로에게 마구 말하도록 격려하였고, 그중 자기 생각이나 느낌으로 들리는 것이면 따라 하도록 하였으며, 각자 느낌 표현을 최대화하도록 하였다. 관객이 없었으므로 말을 모두 들어야 하거나 이해해야 하는 관찰자도 없었다.

그다음 역할교대를 통해 전 집단은 희망의 역할을 맡았고, **집단** 역할이 전해준 말에 대해 반응하였다. 전형적인 사이코드라마나 소시오드라마에서는 처음 역할이 전해준 말을 그대로 반복함으로써 역할교대를 시작하는 것이 통례이다(Schramski, 2000). 그러나 전 집단이 역할을 맡고 있을 경우 그러한 과정은 다루기 힘들고 시간 낭비일 수 있다. 이러한 곤혹의 해결은 각자가 자신의 언어 표현을 기억하는 데 의존하는 것이다.

이제 희망이라고 하는 집단 역할을 맡은 집단 구성원들에게 진행자가 신호를 준다. "좋아요, 희망 씨. 사람들이 당신에게 무어라고 말하는지 방금 들었지요. 어떻게 답할 건가요?" 집단은 이제 희망의 역할에서 또 다른 자발적인 반응을 만들어낸다. 이후 공동 진행자는 두 번째 역할교대로서 **장애물** 역할을 맡도록 하고, 다시 **집단**의 역할로 돌아가도록 하면서 양편에서 자발적으로 말하도록 한다. 집단 구성원들이 이 세 가지 역할들을 집단적으로 해낼 때 진행자는 중심 주제를 끄집어낸다. **희망**은 다음과 같은 표현으로 특징지어졌다. "행복한 미래가 있을 수 있어! 내 가족은 좋은 집을 가질 거야! 우리는 재건할 수 있어! 나는 돕고 싶어!" 등이다. **장애물**은 다음과 같이 표현되었다. "방글라데시는 절대 회복할 수 없어! 상황이 좋아질 거라고 생각하는 것은 어리석어! 정부가 할 수 있는 것은 없어! 도움은 없어! 더 나은 삶을 살아야 할 이유가 뭐야! 사이클론은 다시 올거야! 아무도 방글라데시에 관심이 없어!"

극 행위를 격렬하게 하기 위해서 진행자는 두 사람에게 자원하여 **장애물** 역할을 맡도록 하였고, 나머지 사람은 **집단** 역할을 그대로 하게 하였다. **집단**은 분노와 원망을 표현했다. "너는 도움이 되지 않아! 그렇게 느끼면서 왜 떠나지 않는 거야!" **장애물** 역할은 계속해서 냉소적이고 반항적인 태도를 보였다. "우리가 맞다는 걸 너희는 알아! 아무것도 되는 게 없어! 너희는 그럴만해!"

정서적 억압이라고 하는 사이클을 부수기 시작하는 수단으로 진행자는 사이코드라마적인 '침묵의 원뿔'을 장애물 역할 주위에 만들었다. 이 기법으로 인해 원뿔 안에서 말하는 것을 집단 구성원들은 들을 수 없다. 이 장면에서 공동 진행자는 **친절한 면담자** 역할을 맡는다. "말해봐요, **장 애물** 씨, 우리 사이에. 당신이 말하는 건 저 사람들에게 말하지 않는다고 약속하지요. 당신이 가진 힘의 비밀은 무엇인가요?" 두 사람의 자원 연기자가 답한다. "우리의 힘은 사실 저 사람들의 자신감 부족과 낮은 자존감이지. 저들이 자기 자신을 믿을 때 우리의 힘은 사라지지." 정중하게 감사를 표현한 후 진행자는 침묵의 원뿔을 치운다. **면담자**는 진행자가 되어서 **집단**에게 그들이 조금 전에 **장애물**이 가진 힘의 비밀에 대해 엿들었다고 기억을 상기시킨다. 집단 구성원들은 이제 충분한 통찰을 가지게 되었고 힘의 균형을 맞추기 위해서 자신감과 성취라고 하는 개인적인 강점을 육성하고 집단적 희망을 강화하게 된다.

시간이 더 있다면 이러한 새로운 정보가 가지는 영향력에 대해 탐색을 계속할 수 있었을 것이다. 사이코드라마처럼 소시오드라마도 종종 비교적 짧은 행위화라 할지라도 참가자 사이에 영향력 있는 감정을 부추기곤 한다. 만약 집단 구성원에게 이러한 감정을 표현하고 통합하는 시간이 주어지지 않을 경우, 진행자는 회기 후 프로세싱을 계획하도록 집단을 돕는 것이 의무이다. 이 사례에는 이 과정을 가지기에 충분한 시간이 있었다.

소시오드라마 종결에서 **집단** 역할을 함께 맡은 참가자들이 마지막으로 말로 표현하도록 하는데, 처음에는 **장애물**에게, 다음에는 **희망**에게 한다. 이 과정은 행위화 중에 드러난 사항을 통합하는 과정을 시작하는 방법이 된다. 마지막으로 집단 구성원들을 집단 역할에서 탈역할하는데, 행위 공간 밖으로 한 발짝 나와서 그 역할에게 자발적으로 몇 마디 말을 해준다.

소시오드라마는 소시오드라마 특유의 나누기로 끝마친다. 각자 이 경험에서 어떤 특정한 학습 경험을 하였는지에 대해 말로 표현한다. 집단 구성원들은 만장일치로 보다 많은 명료함을 경험했다고 말했다. 많은 집단 구성원들이 희망과 비관을 모두 보유할 수 있게 되어 기분이 더 좋아졌다고 하였다. 몇몇 사람은 소외감을 덜 느끼게 되어 자신감을 얻었다고 하였다. 어떤 사람들은 사이클론 시드르의 황폐화로부터 회복하는 데 심한 실제적 어려움을 강조했지만, 대다수의 사람이 역시 미래에 대한 희망의 증진을 표현했고, **장애물 역할놀이**로부터 얻은 통찰이 이와 관련된다고 말했다.

사례 : 기억하고 싶은 순간

이 사례는 치타공에서 열린 2일간의 워크숍에서 '사이코드라마와 사회측정학'이라는 제목으로 진행했던 것이다(Propper, 2008). 19명이 참가했고 사립 NGO 현장 스태프, 상담사, 사회사업가, 대학생이 포함되었다. 오전에 집단 만들기 사회측정 훈련, 소집단 이중자 연습, 그리고 집단 '안전한 원'(Hudgins, 1998) 만들기 등의 웜업을 연속적으로 진행했다.

'한 장면'이라고 부르기도 하는 이 사이코드라마 장면은 이 워크숍에서 진행한 두 번째의 것이었다. 기법은 개념과 실행 면에서 모두 매우 간단하다. 일반적으로 주인공이 깊고도 고통스러운 감정을 검토하거나 트라우마 상황에 직면하도록 요구하지 않는다. 동시에 이 기법은 주인공과 집단이 모두 자발성과 창조성을 활용하여 진정한 느낌을 드러내도록 해준다. 따라서 이 기법은 집단으로 하여금 편안하게 사이코드라마적 과정으로 부드럽게 들어가도록 하는 효과적인 방법으로 점차적으로 신뢰감과 친밀감의 단계를 창조해준다. 비교적 평범하고 매우 유쾌한 감정을 일으키는 긍정적인 과거 경험을 작은 규모로 행위화하는 것이 트라우마를 경험한 집단과 작업할 때 초기 단계로 특히 유용하다. 이러한 작업은 서로서로에게 자신에 대한 어떤 부분을 드러내는 기회를 부여해준다. 따라서 긍정적인 집단 사회측정학을 형성하게 하여 강력하고 고통스러운 감정들, 예를 들어, 공포, 수치, 슬픔으로 가득한 상황이 다시 오기 전에 사이코드라마적 행위화 기법에 익숙하도록 돕는다. 예를 들면, **긍정적인 경험을 한 사람**이라고 하는 일반적이면서 추상적인 역할에 머무는 과정은 자신감과 긍정적 자아강도를 형성해준다. 웜업을 위해 전 집단은 최근 기억하고 싶은 순간을 하나 찾으라고 지시한다. 이 순간은 감정적으로 대단히 깊거나 심오한 의미를 가진 것일 필요는 없으며, 그렇다고 가볍고 행복해야만 할 필요도 없다고 말한다. 그러나 사람마다 그 순간은 어떤 개인적인 중요함이 있어야 한다고 말해준다. 웜업 이후 자원자가 있는지 묻는다. 이것은 일반적이고도 종종 가장 시간 효율적인 방법으로 주인공을 선택하는 것이다. 여기에 반응하여 첫 번째 자원자가 나와서 생생한 감각적 구체화로 사건의 장면을 창조하는 '기억나는 순간'의 드라마를 전면적으로 만들어냈다. 그다음, 집단에서 보조자를 골라서 중요한 역할을 맡도록 했고 이들의 역할을 훈련시켰다. 다음 실제 행위화에서 주인공은 보조자들과 함께 필요시 역할교대를 통해서 적절한 행동을 보여주었고, 독백을 통해 내면의 생각과 감정을 표현했다. 행위화를 종결하는 데 다양한 선택 방법이 있다. 흔한 방법은 행위를 고정시키고 주인공을 거울의 위치로 데려오는 것인데, 다른 사람들은 각자 역할 속에서 그대로 있다. 그다음, 주인공은 기억나는 순간에 있는 자기 자신의 역할에게 말을 하도록 지시한다. 상황에 따라 필요시에는 역할교대를 통해 두 주인공 역할이 서로 대화하도록 할 수도 있다.

　이 사례에서 행위화를 종결하고자 진행자는 '사이코드라마적 사진' 기법을 선택했는데, 이 기법은 매우 간단하지만 그 자체로서 미니-행위화로 사용될 수 있는 효과적인 행위 작업이며 사이코드라마의 웜업으로도 사용 가능하고, 이 사례에서처럼 한 장면 행위화에 종결 수단으로도 사용할 수 있다. 주인공은 이 순간을 '마음의 눈'으로 보고 하나의 장면 또는 살아있는 하나의 조각으로 상상의 카메라를 가지고 사진을 찍도록 한다. 이 기법은 강한 기억 자극을 창조하는 데 효과적이다. 진행자의 면담에서 주인공 S는 30대의 사회사업가였는데, 두 가지 서로 관련된 순간을 기억하고 싶다고 말했다. 첫 번째 순간은 20여 년 전에 가족을 떠나는 순간이고, 두 번째는 5년 전 가족과 함께 살기 위해서 집에 돌아오는 순간이었다. 이처럼 드문 요청은 진행자로부터의 자발적이고 창조적인 반응을 요구하였으며 진행자는 주인공으로 하여금 두 순간 모두를 재행위화하도록 하였는데, '주인공으로 하여금 자기 자신의 드라마의 책임자가 되게 하는 것'(Z. Moreno, 1995)이었다. 주인공에게 하나만 고르게 한다면—보다 일반적인 형태임—선택이 어려웠을 것이며 드라마로 이끈 정서적 웜업을 약화시키거나 왜곡시킬 위험성이 있어서 주인공과 집단 모두를 비생산적인 순환으로 빠지게 하여 집단의 자발성을 심하게 저하시킬 수도 있다(그림 8.1 참조).

　초기 면담에서 관객으로 하여금 충분히 웜업시켰기 때문에 진행자는 장면을 세세하게 설정하는 단계를 생략할 수 있었다. 주인공 부모의 집 문을 2개의 의자로 표시하였다. 또 다른 2개의 의자로는 15년 후 다시 들어가는 문으로 표시하였다. S는 두 사람의 이중자를 선택하였는데 각각의 순간을 위한 것이었다. 그런 다음, 진행자는 6명의 보조자를 선택하

그림 8.1 Yasmin이 연기자를 격려한다.

도록 하였고 이 두 순간 중 첫 번째에서 가장 중요한 사람 3명을 나타내도록 하였는데, 그의 어머니와 두 형제였다. 각각 역할의 성격을 규정하기 위해 주인공으로 하여금 3명을 하나의 정지된 장면으로 '빚도록' 하였고, 각 역할에게 짧고도 중요한 메시지를 주는데 집을 떠날 때 그들 각각의 감정 상태를 표현하도록 했다.

첫 번째 순간에서 옆에 이중자를 데리고 S는 가족의 집을 떠나는 순간을 재행위화하였다. 행위는 짧았는데 문 안에서 시작하여 문을 통과하여 좀 더 넓은 세상으로 나오는 행위였다. 정서적 내용을 보다 깊게 경험하도록 하기 위해 느린 동작으로 서너 차례 그 행위를 반복하도록 하였다. 그러는 동안 보조자들은 그들의 중요한 메시지를 반복하여 말하였다. 그런 후 S는 이중자의 도움으로 자신의 감정 반응을 탐색하였고 때로 자기의 생각을 이중자와 나누거나 때로는 역할을 교대해서 이중자가 되어 자신의 생각과 감정의 내적 상태를 탐색하고 표현하였다. S가 충분히 집을 떠나는 순간을 탐색한 후에 진행자는 행위 밖으로 나와서 거울 위치에 서도록 한 다음, 이중자가 그 행위를 하도록 하였다. 여기서부터 떠나는 순간의 자기 자신을 '사이코드라마적 사진' 으로 찍게 하여 첫 번째 순간의 행위화를 완성시켰다.

주인공과 관객 모두가 두 순간 사이에 15년의 기간을 경험하도록 진행자는 사이코드라마적으로 '시간 교량' 을 창조하였다. 모두 함께 진행자와 주인공은 느리게 두 문턱 사이의 공간을 뚫고 지나가면서, 진행자는 지나가는 횟수를 세었으며 매해 그에게 일어났던 경험의 몇 가지를 조용히 떠올리도록 하였다.

15년 후 가족과 함께 살기 위해 돌아오는 두 번째 순간에 도착하자마자 S는 3명의 보조자를 더 골라서 이때 그에게 가장 두드러진 사람들을 나타냈고 이들을 하나의 장면으로 조각한 후에 간단하고 중요한 메시지를 각각에게 심어주었다.

이 두 순간에서 공통적인 역할은 어머니 역할이었다. 또 하나의 짧은 행위화에서 진행자는 S로 하여금 도착 행위를 서너 차례 반복하도록 하여 감정 경험을 증진하였다. 그리고 이전과 마찬가지로 행위에서 나와서 거울 위치에 들어가 이중자가 하는 행동을 지켜본 후, 귀가 순간을 사이코드라마적 사진으로 찍었다.

이 작업의 간단한 종결 기법으로 진행자는 S의 옆에 그의 사이코드라마적 카메라를 손에 든 채 서서, 그의 경험을 통합하도록 돕기 위해 행위화를 요약해주었다. 이렇게 하는 동안 주인공 역할 속에서의 그의 경험의 깊이가 명백해졌다. 그의 얼굴은 평온한 격렬함의 표현이었고, 눈에는 눈물이 약간 맺혀있었다. 사이코드라마가 끝나고 집단 구성원들은 그의 작업에 의해 북돋워진 느낌과 경험을 나누었다. 많은 사람들이 그의 용기와 개방에 감사했다. 나누기에서 또한 집단 구성원들이 S를 보는 관점에 분명한 변화가 드러났는데 이전에는 소외된 사람으로 보았으나 이제는 따뜻하고 열정적인 사람으로 보았다. 사이코드라마가 집단의 사회측정학을 변화시키는 방법의 예를 보여준 것이다.

집단 구성원들의 목소리 톤과 표현은 가족 결속을 중요하게 강조하는 전통을 가진 방글라데시 집단에서 심금을 깊이 울렸음을 보여주었다. 방글라데시에서 청년들은 종종 부모와 함께 사는데 경제적 그리고 정서적 이유 모두에서다. 가족이 아직 시골에서 사는 사람들의 경우 자주 집에 가서 밀접한 관계를 유지한다. 이처럼 강한 결속의 사례는 2003년 NTTW 1차 워크숍에서 드러났다. 웜업에서 나누기를 하는 중 한 젊은 남자가 갑자기 펑펑 울면서 긴 시간을 흐느꼈다. 진행자는 즉시 서너 사람의 이중자를 활용하였고, 전 집단이 그 주위에 가까이 둘러서서 목례로 동의함을 표시해주었다. 그의 쏟아지던 눈물이 사그라진 후 집단이 알게 된 것은 그가 어젯밤에 시골에 계신 어머니에게 생신 축하 전화하는 것을 잊었다는 것이었다. 자신의 게을리했던 임무로부터 죄책감과 수치심이 이러한 폭발의 원인이었다.

전체 집단 다중장면 소시오드라마 : 테러리즘

이 소시오드라마는 치타공의 5일간 워크숍에서 진행한 것으로 '소시오드라마와와 사회측정학'이라고 하는 제목이었으며 13명이 참가하였다(Propper, 2004). '하나의 중심 역할'이라고 하는 소시오드라마 유형 속에서 행위는 하나의 주요 역할을 중심으로 진행되며, 수많은 다른 역할들과 상호 교류하는 것이다. 이러한 행위화는 또한 중심 역할 내에 보유된 중요한 내적 하부 역할들을 수많이 창조해내도록 해준다.

워크숍 초기에 테러리즘이라고 하는 중요한 주제가 집단으로 하여금 긴 사회측정학적 선택 과정을 걸쳐서 선택되었다. 이때 두 가지의 비교적 동일한 중요성을 가진 주제가 떠올랐는데, 첫 번째 주제였던 '방글라데시 정치 정당들'은 그 전날에 다중장면 소시오드라마를 통해 탐색되었다.

이 행위화의 시작은 빈 의자를 하나 세워두고 테러리스트라고 하는 중심 역할로 나타낸다. 웜업으로 집단 구성원들은 이 역할이 유발하는 느낌에 특히 초점을 맞추어서 그 역할에게 간단한 말을 하도록 한다. 진행자는 집단 구성원의 표현을 ─ 벵갈어로 말하므로 ─ 소리와 제스처 표현으로 동참하거나 이중자나 이중자 메아리를 해줌으로써 흐름을 맞춘다. 집단 구성원 중에 이러한 역할이 부정적인 감정과 적대감 혹은 집단으로부터의 언어적 공격을 자아낼 것에 대해 저항을 보일 수 있기 때문에 진행자는 언제든지 중단할 수 있으므로 한번 시도해보도록 지시한다. 한 남자가 그 역할을 즉시 시작했는데, 평온하고 자신감 있고 이완된 방식으로 하였다. 진행자는 존중을 표하는 배려 있는 면담자 역할로 그 사람에게 감사를 표한 후에 다음과 같은 질문을 하였다. "이름을 어떻게 부를까요?" 그가 대답하기를 "오사마 빈 라덴입니다."라고 하였다. 집단에 충격의 물결이 흘렀고 즉시적으로 자발성이 증가했다. 진행자의 역할 면담이 잠시 동안 계속되었고 역할 연기자, 집단, 진행자가 점차적으로 웜업되어 갔다. 진행자는 열린 마음을 가진 사람으로 보이기를 확신하고자 자신의 면담자 역할로 돌아와서 '서양 제국의 언론인들'과는 다르다는 것을 확실하게 하였다.

빈 라덴 역할을 하던 사람은 다른 사람들로부터 오해받고 비방을 받는 것에 대해 비난하는 듯한 말을 하였다. 빈 라덴의 목표와 목적, 동기들을 표현함으로써 그 역할의 초기 정의에 대해 말한 후에 진행자는 행위 단계로 드라마를 옮겼다. 진행자는 그 사람에게 질문하기를, 젊은 방글라데시 NGO 직원들이 그와 그의 활동에 대해 관심 있어 하므로 서로 대화를 할 것인지 물었고, 집단 구성원들은 행위화로 들어갔다.

감정 수준이 깊어지면서 진행자는 집단 구성원들이 빈 라덴의 역할에 대해 동의하든 반대하든 간에 도발적인 질문을 하기보다는 자신의 느낌과 관점을 표현하도록 지시하였다. 진행자의 목표는 빈 라덴 역할을 어느 정도 탐색하는 것이었으며 매체가 종종 보여주는 협소한 고정관념의 이미지와는 대조적으로 복잡한 인물 묘사의 방향으로 작업해갔다. 한 사람의 역할 연기자를 나머지 집단으로부터 갈라놓는 것은 위험한 일이다. 사회측정학적으로 소외자가 되거나 또는 부정적인 중심인물이 될 수도 있기 때문이다(J. L. Moreno, 1978). 그 대신 진행자는 전체 집단에게 빈 라덴 역할을 하도록 하였다. 이와 같은 역할 이동을 위한 웜업으로 집단 구성원들은 시간을 갖고 서서히 그 역할 속으로 들어가도록 하였으며 그 역할에 자신의 느낌, 태도, 동기를 투사하면서 빈 라덴의 어떤 부분을 표현하고 싶은지 결정하도록 지시하였다. 집단 구성원들은 이슬람 개혁자, 게릴라 투사, 힘을 상실한 무슬림의 챔피언, 군인 전략가 등의 역할들을 만들어냈고, 진행자와 면담을 하였다.

가장 자발적이고 유발적인 반응은 자신을 빈 라덴 심장의 숨겨진 부분과 동일시한 남자였는데, 집단 구성원들로 하여금 그 역할의 내적 조망을 심오하게 들여다보게 하였다. 진행자는 "당신의 심장의 이 숨겨진 부분을 알고 있습니까?"라고 질문했다. 그는 잠시 생각한 후, "예, 압니다."라고 답했다. "당신은 이 부분을 인정하십니까?"라는 질문에 다시 그는 잠시 생각한 후 말했다. "거기 있다는 것을 압니다. 그러나 아주 자주 그곳을 인정하지는 않지요. 저 스스로에게도요. 그렇게 한다면 저의 임무가 분산되니까요.", "그러면 당신의 임무는…?" 약간 미소를 지으며 그가 말했다. "서양 제국의 힘에 반대하는 것. 모두 쓸어버리는 것." 빈 라덴의 다른 부분의 역할을 하던 집단 구성원원들도 그들의 결심이 바위처럼 모두 단단했으나 이 깊은 내면의 존재 역할이 열정과 취약성을 잠재적으로 가진 채, 드라마의 감정 상태를 바꿔놓았다.

휴식 시간에 행위의 자연스러운 정지와 함께 행위화 과정에 대해 나누는 시간을 가지게 한 후 집단은 초점을 바꿀 준비가 되었다. 진행자는 드라마를 외현적이고 사회적, 지리정치학적 장소로 움직여서 계속하도록 제안하였다.

몇몇 참가자들이 억압된 **중동 무슬림**이라고 하는 광범위한 역할을 창조하기 원했는데, 이 사람들은 실제 빈 라덴이 섬기기 원한다고 공표한 사람들이다. 억압된 **사람들**이라고 하는 이 집단적 역할을 구체화하기 위해서 5명의 참가자가 하부 역할을 맡았는데 **농부, 공장 직원, 빈민가 사람, 주부, 종교인**이었으며, 종교인이란 종교적 신조를 강하게 믿는 사람을 가리키는 용어로 집단 구성원들이 만들었다. 이와 같이 일반적인 명칭을 활용함으로써 종파 간에 있을 수 있는 집단 갈등을 피했다. 방글라데시에는 80% 이상의 인구가 무슬림인데, 역할 연기자들은 보수파 소수 무슬림을 지칭하였고, 이들은 국민 중에서 가장 불우한 부류들이다. 따라서 **종교인**이라고 하는 보다 광범위한 명칭을 사용하여 낙인찍는 것을 피하였다.

세 사람의 집단 구성원들이 관객으로 남아있기를 원했고 진행자는 전체 집단이 행위화하기 원했기 때문에 이들에게 공동의 역할 하나를 창조하라고 말하였다. 자발적으로 이들은 언론인 역할을 창조했으며, 스스로를 CNN 리포터, BBC 리포터, 알자지라 리포터가 되어 문화적 관점과 가치관 영역을 추가함으로써 드라마의 깊이를 더해주었다. 동일한 방식으로 **억압된 사람** 역할을 맡은 참가자들도 보다 구체적으로 역할을 만들도록 하였고 학생, 농부, 시골 사람, 낮은 임금의 도시 일꾼, 여성 등이 되었다.

그러는 동안 원래의 빈 라덴 연기자는 그 역할을 지속하기로 결정했다. 타 집단 구성원들로부터의 부정적인 전이와 투사의 위험성에 대한 이해를 돕기 위해서 진행자는 면담을 통해 연기자와 역할을 분리하는 책임이 있음을 상기시켰다. 더 나아가 부정적인 전이를 최소화하고자 다른 집단 구성원에게 이 역할을 함께 하도록 초청했다. 그러나 모든 사람이 원래의 자기 역할을 고수하고 싶어 하여 진행자의 경고는 또 한 번 거절되었다.

이 드라마의 두 번째이자 나머지 부분의 행위화를 시작하고자 억압된 사람들의 하부 역할들로 하여금 각각 빈 라덴에게 그들이 필요한 것이 무엇인지 그리고 그에게서 희망하는 것이 무엇인지 말하도록 하였다. 빈 라덴은 친절하게 답하도록 하였다. 생생한 상호교류가 잇따라 일어났는데 다양한 역할의 사람들이 빈 라덴이 충분히 도와주지 않고 있다고 의사를 표명하였고, 그의 관심이 테러리스트의 군사 작전에 너무 많이 전용되고 있다고 말했다.

국가의 기본 자원이 부족하다는 인식이 깊이 심어져 있는 것이 행위로 드러났다. 빈 라덴은 그들의 경제적 상태를 개선하고자 보다 직접적인 일을 수행하고 싶다는 점을 인정했다. 억압당하는 사람들을 무시하게 된 것을 서양 제국인 미국과 그 동맹국들로 비난을 전가하려고 시도했다.

이러한 갈등이 막다른 곤경에 처하자 — 논쟁이 반복되고 연기자들의 에너지가 약해지는 것 — 진행자는 언론인들을 행위하도록 하였다. 날카로운 대화를 통해 언론인들은 빈 라덴의 주장과 그의 행동 간에 모순이 있음을 지적하려고 했다. 빈 라덴은 언론인과 협동하여 자신의 메시지를 세상 밖으로 전달하도록 도와주는 것을 필요로 하였으나 CNN과 BBC 리포터의 객관성을 의심하였다. 억압된 사람들은 언론인들이 자기들을 묵

인하고 있다며 그들을 향해 원망을 표현했고, 세상 사람들이 그들의 개인적 이야기를 알도록 보다 깊이 있는 정보 전달을 요구했다.

이런 과정에서 예기치 않던 역할이 하나 등장했는데 집단의 관심을 더 깊은 차원으로 끌어갔다. 오사마 빈 라덴 심장의 숨겨진 부분 역할을 했다가 CNN 언론인 역할을 했던 동일인이 자발적으로 부처 역할을 맡은 것이다. 그는 빈 라덴이 말하는 민족에 대한 사랑과 그가 사용하는 폭력 수단 사이의 모순에 직면하였다. 잠시 후 진행자는 이 이슈가 집단 내에서 바로 해결되지 않을 것임을 관찰했다. 이러한 상황은 복잡하고 논란이 많은 주제를 다루는 소시오드라마에서 종종 만나는 경우이다. 소시오드라마의 목표는 — 진행자가 전달해야 할 중요한 점 — 참가자들로 하여금 반드시 의견 일치에 다다르지 않고도 갈등적인 신념을 탐색하고 가치관을 검토하며 반대되는 관점에 대한 인식을 얻는 기회를 주는 것으로 국한된다.

진행자는 자신이 지각한 바를 확인하고자 행위화의 수준을 역할 그 자체로부터 역할자에게로 바꾸었는데, 빈 라덴 역할자와 부처 역할자를 모두 실제 역할로부터 한쪽으로 나오도록 하였다. 각각의 역할에서 자신의 입장에 대해 충분히 말할 기회를 가졌는지 그리고 상대방의 입장을 충분히 듣는 기회를 가졌는지 묻자, 모두 그렇다고 하였다. 이제 그들은 역할을 교대하도록 하였는데 잠시 침묵하며 상대방의 입장에서, 즉 자신의 도덕적 혹은 철학적 대항자의 입장에서 잠시 서 있기만 하도록 했으며, 이후 다시 자기 역할로 돌아오도록 지시하였다. 역할교대 기법을 확장시키는 이러한 방법은 역할자와 전체 집단의 관점을 넓혀준다. 이 훈련은 전체 집단에게도 반복하여 실시하였다.

빈 라덴의 역할과 억압당하는 사람들의 역할을 역할교대하여 간단하게 말하게 하고 나서 다시 자신의 역할로 돌아온 후 마무리 표현을 하도록 함으로써 종결하였다. **억압당하는 사람들**의 경우 마지막 표현은 5명의 하부 역할에서 각각 이야기하도록 하였다. 가장 중립적인 역할인 언론인 역할을 한 사람들은 **언론인** 역할에게 마무리 말을 할 기회를 가지도록 하였다. 더 이상 그 역할이 아닌 사람들은 **언론인** 역할에게 각자 다음과 같이 말했다. "당신처럼 나도 보고만 있고 싶어요. 하지만 당신과는 다르게 중립으로 있을 수만은 없어요."

탈역할하기는 빈 의자를 각지고 각각 **언론인**과 **억압당하는 사람들**의 하부 역할을 표시함으로써 진행하였는데, 역할자들은 각자 유사점과 차이점을 설명하도록 하였고, 마지막으로 자기 의자로 돌아가서 그 역할과의 분리를 완성했다. 빈 라덴 역할은 가장 복잡하고 감정적으로 충전된 역할이어서 진행자는 역할자에게 충분히 시간을 가지고 분리와 거리감의 과정을 가지도록 지시하였다. 동일시나 투사가 남을 수 있는 가능성을 피하고자 진행자는 집단 구성원들로 하여금 주요한 빈 라덴 역할을 했던 참가자 주위에 모이도록 하였고, 그 사람의 실명을 부르면서 그 사람의 개인적인 특징을 말하도록 했다. 마지막으로 그는 집단으로 돌아가 말과 포옹과 어깨 두들김과 끄덕임과 미소로 환영받았다.

'테러리스트' 소시오드라마는 심오한 사이코드라마가 요구하는 가장 정교한 탈역할하기 과정의 한 사례가 된다. 이 소시오드라마 과정에서 역할자들은 많은 시간과 깊고 감정적인 에너지를 쏟았다. 이 소시오드라마가 가지는 깊이와 복잡성 때문에, 진행자는 2단계의 나누기 과정을 선택하였다. 첫 번째 나누기는 소집단으로 하는 것인데 이렇게 할 경우 관심을 가지려는 경쟁 욕구가 줄어든다. 다음에는 전체 집단에서 그들이 배운 것이 무엇인지에 초점을 두어, 한 사람씩 소시오드라마와 소집단 느낌 나누기에서의 경험을 두세 가지씩 명명하도록 한다.

진행자가 집단 구성원이 사용하는 벵갈어의 구체적인 내용이나 뉘앙

스 같은 많은 것을 이해할 수는 없었으나 이 경험이 참가자들에게 의미 있고 중요한 학습으로 가득했다는 것에 전반적으로 의견이 일치했다. 대다수의 집단 구성원들은 테러리스트에 대한 자신의 지각이 좀 더 색깔을 가지게 되었다고 하였다. 폭력의 거부를 사회적 경제적 억압에 대한 해결이라고 보는 가치관을 굳건히 하면서 동시에 테러리스트도 역시 가치 있는 동기를 가질 수 있다고 인정했다. 거의 예외 없이, 집단은 — 대부분 고학력의 중간계급 학생들 — 또한 다양하게 **억압당하는 사람들** 역할을 하면서 가장 불우한 사람들의 운명을 개선하려는 그들의 열망이 강화되었다고 하였다. 몇몇 참가자는 널리 알려진 외국인 테러리스트(빈 라덴과 같이)와 지방의 테러리스트(폭력적인 정치 간부나 광기 있는 사람은 영락없이 경멸과 동정을 받을만하다.) 사이에 차이를 두었다. 마지막으로 모두 **부처** 역할로서 비폭력 관점을 행위화했던 참가자에게 통찰과 자발성 그리고 용기를 인정해주었다. 종교적 관점의 다양성에 대해 개방하고자 하는 그들의 결단이 강화되었다. 모든 집단 구성원이 무슬림이었는데 대부분이 종교적 실천의 정도에서 전반적으로 자유롭고 다양했다. 매우 적은 수의 참가자들만이 금요일 점심시간에 기도하러 나갔다.

사이클론의 피해로 트라우마를 경험한 5세에서 12세의 아동 대상 워크숍

아동과 청소년에게 폭풍의 밤은 끔찍하고도 트라우마를 주는 경험이었다. 흑색처럼 깜깜한 밤에 폭풍이 그들을 강타했고, 새벽이 오자 그들의 집뿐만 아니라 가축과 고기잡이배와 그물 등 수입원이 되는 귀중물들이 사라진 것을 발견했다. 아동과 청소년은 이 경험으로 심하게 트라우마를 입었다(그림 8.2 참조).

그림 8.2 아동 : 사이클론 후 워크숍

'보다 나은 삶을 위하여'라고 하는 단체가 사이클론 이후 도착해서 타격을 입은 가족과 고아들에게 먹을 것을 나누어주고 심리적인 응급처치를 제공하였다. 이 단체에서 Saba로 하여금 아동 대상으로 워크숍을 진행하도록 부탁했는데, 대부분의 아동이 수줍어하고 침잠하고 있었으며 홍수와 익사에 대한 악몽에 시달리고 수면장애를 경험하며 또래하고도 놀지 않았다.

처음에 아동들은 그들의 경험에 대해 말하고 싶어 하지 않았다. 분광기법을 활용하여 그들에게 사탕이나 따뜻한 밥, 초콜릿, 과일을 좋아하는지 선택하도록 하면서 웜업을 시작했다. 아이들의 자발성은 즉각적으로 올라갔다. 색깔과 음식, 그다음에는 출생 순서 그리고 형제 수에 대해 웜업을 계속했다. 이러한 주제는 용이하고도 정상적인 주제여서 조용하고 우울해하는 아동을 놀이하는 아동으로 바꾸어주었다. 사이클론의 개인적 경험을 표현하도록 돕기 위해서 진행자는 방 가운데 빈 의자를 하나 놓고 다음과 같이 말했다. "여기 의자는 사이클론이야. 여기에다 말하렴. 너희에게 어떤 짓을 했는지 말하자." 이 훈련은 집단을 바꾸어 놓았다. 아이들은 무자비하게 덮치는 물과 흩어지는 가족들, 죽어있는 사람들, 파괴, 뒤죽박죽, 혼돈이 왔다고 말했다. 이중자를 활용하여 진행자는 아이들에게 짝을 골라서 한 사람이 먼저 사이클론의 밤에 어떻게 했는지 말하도록 한 후, 나머지 한 사람은 짝이 말하지 않았을 수 있는 것을 말하도록 했다. "나는 괜찮았어. 마침 언덕으로 뛰어올라서 아무렇지 않았어."라고 하면, 짝은 "난 내내 몸을 떨고 있었어. 난 너무 무서웠어."라고 말했다. 두려웠다고 말하면 짝은 "하지만 내가 할 수 있는 걸 해냈어. 그리고 난 살아있어."라고 말했다.

아이들의 자발성과 에너지를 더 높이기 위해서 그들이 좋아하는 게임인 '살인자 게임'을 하였다. 아이들은 원으로 서서 눈을 감고 진행자는 한 사람을 골라 어깨를 두드려서 그가 살인자가 되도록 한다. 살인자는 때가 오면 두 눈으로 살인을 한다. 모두 눈을 뜨고 방 안을 걸어 다니는데 말은 하지 않고 누가 살인자인지 알아내는 것이다. 잠시 후에 피해자가 된 사람에게 죽으라는 지시를 주면서 어떠한 죽음인지 상상하도록 한다. 아이들은 극적인 방법으로 죽었는데 총에 맞아 갑자기 소리를 지르며 넘어지거나 또는 신음하며 뒹구는 등의 행동을 했다. 아이들은 이와 같이 섬뜩한 드라마에 어려움을 보이지 않았다. 적대적이고 부정적인 역할을 해내는 기회를 가진 것을 분명 즐기는 모습이었고, 에너지 넘치는 희극적인 방식으로 그들의 유능함을 보여주었다(그림 8.3 참조).

억눌렸던 느낌을 표현하도록 격려하고자 진행자는 빈 의자 하나를 방 가운데 놓으면서 아이들이 **말을 건넬 수 있는 사람**이 있다고 말했다. Saba는 이 의자에게 그날 밤 일어난 일을 말하도록 하였다. 직접 질문을 할 경우 아이들은 낯선 사람과 권위자에 대한 두려움이 자극된다는 것을

그림 8.3 사이클론 생존자가 기쁨을 표현한다.

진행자는 알고 있었다. 빈 의자는 아이들에게 놀이하도록 허락해주었
다. 많은 아이들은 그날 밤 무서운 꿈을 꾸었다고 말했다. '검은 것' 이

덮쳤고 온통 물이고 벽이 무너지고 부모님이 사라지고 친척들을 찾아다니는 아이들, 피가 많이 보이고 사람들이 죽어가는 것 등이었다. 어떤 아이들은 정반대로 말했다. "정말 아무 일도 없었어요. 저는 잘 다루거든요. 저는 용감해요."

워크숍의 다음 부분으로 Saba는 플레이백 시어터의 변형을 활용하여 아이들의 이야기를 보다 자세하게 이끌어냈다. 그런 다음, 4명의 아이들이 한 집단이 되어 화자의 이야기에서 일어난 일을 조각이나 또는 소리와 동작으로 해보도록 하였다. 사이클론의 경험을 보여주는 2개의 드라마가 등장했다. 처음에는 집단 구성원들끼리 했던 드라마가 열광적으로 받아들여지면서 이후에 반복되었고, 마침내는 워크숍에 참가할 수 없었던 300명의 아이들이 초대된 곳에서 발표하였다.

이 작업은 성공적이었다. 아이들과 '보다 나은 삶을 위하여' 단체 직원들 모두, 많은 아이들이 다시 놀이를 할 수 있는 능력을 회복했고 보다 낙관적이 되었으며 자신의 경험에 대해 덜 부정하게 되었다고 보고했다.

플레이백 시어터 훈련 : 사이클론 시드르 워크숍—Jennie Kristel이 진행

Herb Propper가 초대한 Kristel은 훈련된 플레이백 시어터 진행자로 2003년에 방글라데시에서 작업을 시작하여 지난 7년간 일곱 차례나 방문하였다. Kristel은 특정 기법을 가르치는 교사로서의 역할뿐 아니라 방글라데시 사람들 고유의 문화적 규범과 종교적 유래와 사회적 관점에 중심을 둔 플레이백 시어터에 지방색의 형태를 창조하는 것이 중요하다고 느끼는 협동가의 역할을 해주었다.

28명의 학생, 스태프, 교수들이 참석했는데 대부분이 영어를 어느 정

도 할 수 있었고 영어를 모르는 사람에게는 통역해주었다. Kristel은 역
할훈련을 집중적으로 하여 참가자들로 하여금 많은 역할을 이해하도록
하면서 감정적으로 도전적인 다양한 역할을 차례차례로 맡을 수 있게 도
왔다.

훈련을 시작하면서 진행자는 참가자들에게 각자 상상으로 안전한 장
소를 하나 그리도록 하였고 워크숍 중 그곳은 언제든지 갈 수 있는 장소
가 될 거라고 하였다. 또한 '동맹자'가 되어줄 한 사람을 골라서 워크숍
내내 짝이 되도록 하였다. 이 워크숍의 대부분의 참가자가 개인적인 트
라우마를 경험한 사람이 없음을 진행자는 곧 알게 되었다. 그러나 참가
자들은 피해자들에게 도움과 지원을 제공하는 데 매우 필요한 도구가 되
어줄 기법을 배우고자 하는 열망을 표현하였다.

방글라데시 부모들은 자기가 늙었을 때 자녀들이 자신을 돌보아주기
를 기대하며 결혼이나 기타 삶의 결정에 관해서 부모의 선택을 자녀들이
받아들이기를 기대한다. 가족 결속의 주제들이 집단에게 가장 활기를 주
었고 부모가 기대하는 바에 대한 많은 이야기를 나누었다.

웜업에 인생 곡선을 활용했다. 바닥에 천을 놓고 각자의 인생을 나타내
면서 탄생에서 지금까지 개인적으로 중요한 사건을 표시하게 하였다. 많
은 경험이 이야기와 유동적 조각을 통해 나누어졌는데, 이 작업은 개인의
경험을 '다시 돌려보기' 위해 소리와 동작을 사용하는 집단 형식이다.

하루가 끝날 즈음 이야기 하나가 시선을 모았다. 그 이야기는 화자와
집단 모두에게 해당되는 것으로 대부분의 참가자가 오랜 전통과 현대 사
이의 갈등을 경험해왔기 때문이다. S는 가족 이야기를 했는데 할아버지
와의 관계에 관한 것으로 할아버지는 수년 전에 사망하셨다고 한다. 어
릴 때 어머니가 오랜 시간 일을 해야 한다는 것을 이해하기는 했으나 여
전히 버림받은 느낌을 가지고 있었다. S는 유년시절 배고프고 더러웠던

것을 기억한다. 그러나 청년이 되었을 때 할아버지의 정서적 지원으로 대학에 가게 되었고 심리학자로의 꿈을 좇게 되었다.

화자의 의자로 나올 때 그는 이 이야기를 하는 데 어려움을 보였다. 우느라고 진행자와 연기자들이 그의 말소리를 제대로 듣기 어려웠다. 지지해주기 위해 진행자는 그의 동맹자인 T를 나오게 하여 이야기를 행위화하는 동안 그와 진행자 옆에 앉도록 하였다. T가 나옴으로써 S가 자신의 이야기에 참여하고 함께 나누는 데 도움이 되었다. S가 연기자를 골라서 자기 자신, 그의 어머니, 할아버지 역할을 정해준 후에 진행자는 연기자들에게 버림받았던 장면을 너무 자세히 반복하는 대신에 — 그 경우 화자가 재트라우마를 경험할 수 있기 때문에 — 그가 설명했던 장면을 보여줄 때 진실과 중요한 자세한 장면들 간의 균형을 찾는 민감성이 필요하다고 말해주었다. 고정된 조각과 유동적 조각, 그리고 간단한 대화를 가지고 작업하면서 그의 이야기는 민감하게 다시 펼쳐졌고, 천과 간단한 소품을 사용하여 S와 그의 형제들과 대화가 부족했던 어머니의 은유를 영향력 있게 탐색하였다. 마지막 장면에서 행위자는 할아버지가 그의 꿈을 지지해주신 것에 대한 감사와 존경을 표현하였다. S는 깊이 감동하여 약간 눈물을 흘렸으나 S 역할자와 할아버지 사이의 교류를 지켜보면서 평온해졌다. 관객으로 돌아가서 그의 동맹자와 함께 앉아 그는 많은 참가자들이 눈물을 흘리고 있는 것을 보았다. 그의 이야기는 투쟁과 초월을 공통적으로 경험함으로써 집단을 하나로 묶어주었다.

플레이백 퍼포먼스는 종종 짧게나마 음악 간주를 사용하기도 하는데 이러한 음악이 위로를 주고 감정을 평온하게 하여 참가자들이 조용히 생각에 젖어서 이야기를 통합하도록 해준다. 이것이 끝나면 진행자는 대개 또 다른 이야기를 듣는다. 그러나 시간이 짧아 Kristel은 함께 부를 수 있는 방글라데시의 잘 알려진 자장가 하나를 떠올리게 하였다. 그다음,

각자의 삶에 이 이야기가 의미하는 바가 무엇인지 나누도록 하였다. 마지막으로 유동적 조각을 활용하여 오늘의 주제와 이야기의 변형을 생각하였다.

이제 마지막 사례는 인도에서 Saba가 진행한 것으로서 Saba는 BTTI 회원들에게 훈련을 받은 바 있다.

사례 : 인도 뉴델리의 히즈라 프로젝트

히즈라(hijras)라는 말은 일반적으로 서양에서는 성전환자(트랜스젠더)로 알려져 있는데, 수천 년간 남아시아의 한 부분을 차지하고 있다(그림 8.4 참조). 이들은 남성으로 태어났으나 여성의 특징을 가지고 있는데 종종 어릴 때부터 성기에서 차이가 두드러지거나 지역사회에서 여성적인 것으로 간주되는 방식으로 행동한다. 성정체감이 두드러지게 다르므로 이들은 경멸받고 무시되는 소수가 되었으며, 인도의 천민 계급보다도 더 낮은 취급을 받았다. 이들은 가족과 문화로부터 무시와 차별을 경험하면서 심각한 피해로 고통당한다.

히즈라가 경험하는 극심한 사회적 소외는 강한 공포, 수치, 낮은 자존감을 초래하고 있다. 이 프로젝트에서 사회측정학의 주요 목표는 히즈라로 하여금 이러한 소외감을 다루는 능력을 갖게 하는 데 있었다. 집단 리더로서 Saba는 자신의 경험을 바탕으로 이 공동체에게 공감하는 방법을 알고 있었다. 집단 밖에서 진행자는 상상력과 자신이 수집한 정보를 활용하여 히즈라와 역할교대하여, 버림받은 사람들의 역할 속에 들어가 문화와 가족 모두에게 버림받은 피해자를 느껴보았다. 유년기부터 다른 사람으로, 원하지 않는 사람으로 산다는 것이 어떤 것인지 상상해보았다.

대부분의 집단에서 역할교대는 집단 내에서라도 쉽게 활용할 수 있는

그림 8.4 히즈라 웜업을 위한 드럼

도구이다. 이 집단은 부적절감과 유기감이 현저하여 적극적인 역할교대
가 저항을 만들어낼 수 있지 않을까 진행자는 두려웠다. 차후에 진행자는
자신의 삶 속에서 이 집단과 공통으로 느꼈던 점을 나누었다. 방글라데시
에서 여성이기 때문에 존중되지 못하고 경시되었던 경험들이 끊임없는
공포와 경계, 그리고 신체 보호로 이어졌던 점이다. 한동안 Saba 역시 가
능한 한 자신의 몸을 많이 숨기고자 했으며 남자 동료와 노인들로부터 원
하지 않는 접촉이나 코멘트를 피하고자 했다. 히즈라의 사회적 차별 경험
보다는 훨씬 덜한 경험이기는 하였으나 Saba가 나눈 이야기는 집단 구
성원들과 진행자 사이의 거리를 좁혀주는 길이 되어주었다.

　히즈라로 하여금 자신의 감정을 개방하도록 하는 것은 도전이었다. 전
생애에 걸쳐 거절과 무시의 역사를 가진 히즈라 집단은 외부인을 불신한

다. 다양한 사회측정학 훈련을 통해 공동의 결속을 형성하였다(Hale, 1981). 분광기법과 로코그램을 활용하여 히즈라들이 좋아하는 먹거리와 싫어하는 먹거리, 좋아하는 색깔, 가족 구조 등을 서로 나누었다. 방을 돌아다니면서 자기와 유사한 기호를 가진 사람들을 찾으면서 그들은 점점 더 자발적이고 창조적인 집단으로 형성되기 시작했다. 그다음, 진행자는 색깔 천을 이용하여 인도의 지도를 만들게 한 후 그들의 고향을 표시하도록 했다. 지도는 같은 고향에서 온 사람들을 만나게 했고 집을 떠난 연령이 언제인지 친척들과 얼마나 많이 교류하고 있는지 지금 어떤 생활 환경인지 등을 알아보게 했다. 지역별로 소집단을 만들어 서로에게 질문하게 하였고 고향에 대해 기억하고 있는 특별한 것에 대해 서로 말하게 하였으며 각자의 재주를 서로 나누도록 하였다. 집단이 서로 나누는 동안 분위기가 밝아졌다. 이때 로코그램을 활용하여 보다 고통스러운 기억을 표현하게 하는 것이 가능해진다. 의자 4개를 사용하여 다양한 생활 환경을 다루는 로코그램을 진행하였다. 의자 하나는 히즈라의 현재 상황이다. 이 의자는 부모, 파트너, 집, 거리 등 지금 살고 있는 곳이 된다. 서서히 진행자에 대한 신뢰가 쌓이면서 자발성이 증가하기 시작했다.

참가자들은 자신의 삶 이야기를 나누고 행위화하기 시작하면서 서너 사람이 집에서의 생활 장면을 보여주었는데, 거기에서 히즈라는 두 번째 부인으로 살고 있었다. 그녀는―늘 '그녀'라고만 불림―첫 번째 '진짜' 아내가 시키는 대로 요리하고 청소하고 아이들을 돌보아야 했다.

워크숍 동안 한 참가자가 눈물을 쏟으면서 어머니에 대한 자신의 감정을 나누었는데, 어머니를 매우 사랑하지만 더 이상 볼 수 없다고 하였다. 갑자기―그녀의 개방으로 자극되어―나머지 참가자들이 모두 동참하여 자신의 감정을 표현했다. 원가족과 더 이상 연결되지 못하는 상태에서 대부분의 참가자는 친척들에 대한 기억이 거의 없다고 처음부터 말했었다. 동료의 감정으로 갑자기 직면하면서 댐이 터졌고 과거가 쏟아져 나왔으며 슬픔이 표현으로 떠올랐다. 자신감이 커지면서 히즈라는 그들 사이에 HIV/AIDS와 그 밖의 성병의 확산이 동반하는 문제와 그들이 경험하는 공공연한 수치심을 행위화하였다. 그들은 초크라(chokra), 히즈라 등의 모욕적인 호칭을 들을 때, 소리를 지르고 신발을 던지며 분노했다고 말하였다. 훈련을 위한 행위화를 통해 히즈라는 이러한 상황에서의 선택들을 확장했는데 덜 공격적인 반응이 연습되었다. 차츰 이들은 자신들의 분노와 절망감을 행위로 표현하였다. 집단 구성원은 공개적으로 울기 시작했다. 그들 모두가 동일한 상황 속에 있음을 인식하면서 마침내 이들을 하나의 집단으로 뭉치게 했다.

워크숍이 끝났을 때 히즈라는 그들의 힘을 재발견한 것이 명확했다. 처음에 보였던 무망감과 체념은 생동감 넘치는 자발성으로 바뀌었다. 대부분의 참가자는 언제 어떻게 자기들이 피해자 역할을 해왔는지 이해하게 되었는데, 이제는 신발을 던지거나 분노로 소모하지 않고도 자기 스스로를 옹호하는 보다 긍정적인 방법을 경험할 준비가 되었다. 이후 한 참가자가 말했다. "저는 좋아요. 이 집단에서 훨씬 더 기분이 좋아졌어요. 우리도 자랑할 수 있는 것들이 있어요. 우리는 강해요. 우리는 살아남았어요." 또 다른 사람이 말했다. "제 최악의 적인 히즈라가 되고 싶지 않아요. 히즈라로서의 저의 역할은 진짜예요. 하지만 그것만이 저의 유일한 역할은 아니니까요. 제 고통에 연민을 가지고 현재의 상황을 더 잘 수용하는 역할을 하고자 노력중이에요. 저는 늘 분노하고 싶지 않아요. 저의 최악의 적에게 제 역할을 주고 싶지 않아요. 저는 저 자신에게 잘할 수 있고, 저 자신이 치유되도록 도울 수 있어요."

결론

앞에 기술한 논의와 설명이 방글라데시와 인도에 사는 불우한 사람들의 조건과 상황에 적용했던 Moreno의 방법이 가지는 치유적 힘에 대한 통찰을 제공하고자 원한다. 이 방법들은 이미 뿌리를 내리기 시작했고, 특히 자연재해의 트라우마와 같이 제한된 상황에서 효과 있게 사용되고 있다. BTTI의 출현은 심리사회적 보살핌을 제공하는 지방 NGO 직원들과 전문가들을 성장하게 하는 기틀이 되고 있다. 또한 치료자와 상담사, NGO 조력자들이 정신건강 이슈들의 중요성에 대해 국가적인 인식을 증진하도록 해주는 중요한 부분이기도 하다. 왜냐하면 이제까지 이 이슈들에 많은 관심을 주지 못했기 때문이다. 훈련 전문성의 주입과 지역사회의 대학들, 교수들의 협력으로 혜택은 증가될 수 있고 꽃을 피울 수 있다.

참고문헌

Hale, A. (1981). *Conducting clinical sociometric explorations: A manual for psychodramatists and sociometrists.* Printed privately by the author.

Hudgins, M. K., & Drucker, K. (1998). The containing double as part of the therapeutic spiral model for treating trauma survivors. *International Journal of Treating Action Methods, 51(2),* 63-74.

Hudgins, M. K., & Kellerman, P. F. (Eds.). (2000). *Psychodrama with trauma survivors: Acting out your pain.* London: Jessica Kingsley.

Kalsched, D. (1996). *The inner world of trauma: Archety pal defenses of the personal spirit.* New York: Routledge.

Moreno, J. L. (1973). *The theatre of spontaneity* (rev. ed.). Beacon, NY: Beacon House.

Moreno, J. L. (1977). *Psychodrama, Vol. 1* (4th ed.). Beacon, NY: Beacon House.

Moreno, J. L. (1978). *Who shall* survive? *Foundations of sociometry, group psychotherapy and sociodrama* (3rd ed.). Beacon, NY: Beacon House.

Moreno, Z. T. (1995). *On surplus reality.* Unpublished manuscript.

Propper, H. (2004). *National Therapeutic Theatre Workshop 2004; II. Chittagong Workshop.* Unpublished manuscript.

Propper, H. (2008). *Trainer process report: National Therapeutic Theatre Workshop '08.* Unpublished manuscript.

Schramski, T. (1989). *How to role reverse.* Unpublished manuscript.

Steinberg, P., & Garcia, A. (2000). *Sociodrama: Who's in your shoes* (2nd ed.)? Westport, CT: Praeger.

Treadwell, T. W., Kumar, V. K., Stein, S. A., & Prosnick, K. (1998). Sociometry: Tools for research and practice. *The International Journal of Action Methods; Psychodrama,* Skill *Training, and Role Playing, 51(1),* 23-40.

9

문화드라마를 활용한
문화갈등의 이해와 화해

JON P. KIRBY & GONG SHU

저자 프로필

Kirby : 가나 여행은 나의 종교관을 자극했다. 13년 동안 선교사 훈련에 많은 시간을 들이고 집중한 끝에 나는 삶의 나머지를 선교사 역할에 집중할 것인가에 대해 자문했다. 나는 항상 진정한 선교와 아마존의 깊은 곳에서 인류학을 연구하는 것을 상상했다. 물론 가끔은 상황이 기대에 미치지 못한다. 사무실에서 돌아오던 어느 날, '가나'는 내가 '원하는 것'이라는 단어가 들렸다. 그것은 마치 운명적인 순간의 소리 같았다. 내가 가나로 떠날 때 무척 사랑하는 동료 *Fr. Kofi Ron Lange*는 위로가 되어주었다. 그의 수고로 나는 가나의 첫 번째 선교사로 6개월간 언어를 연구할 수 있게 되었다. 곧 나는 그들의 관점에서 세계를 볼 수 있게 되었다. 나의 인류학 연구는 그 사람들로부터 더 넓게 배우는 것과 그들과 깊은 관계를 유지하는 데 의미를 두었다. 그것은 아름다운 비전이었다. 그리고 그것은 문화드라마에 진정한 뿌리가 되었다.

Shu : 1979년 나는 긍정의 집에서 사이코드라마와 미술치료를 표현했고 종교단체에서 운영하는 정신과 치료센터(아프리카 교회에 소속된 일꾼들)에서 사이코드라마와 미술치료를 사용했다. 나의 이러한 활동은 다양한 방

법으로 세계 선교를 가까이 할 수 있게 하였다. 이 문화드라마는 거주자들 사이의 갈등 해결을 돕는 데 사용되었다. 나는 처음에 아프리카에 끌렸다. 가나의 선교 활동이 나의 일이기 때문이다. 그 지역의 종교 단체는 나의 선교 활동의 진가를 알아보았고 1989년 가나는 나를 요청했다.

그는 세계 선교사들과 지역 종교 공동체 사이의 갈등과 세계 여러 지역들에서 온 선교사들 사이의 갈등해결을 돕는 데 나를 원했다. 그는 한 달 동안 6개의 워크숍을 나에게 맡겼다. 남쪽 아크라를 시작으로 북쪽의 와(Wa) 지역까지 이 지역의 워크숍을 통해 잘못된 의사소통의 원인이 되는 문화적 차이를 가진 집단을 도울 수 있었다. 문화드라마의 과정을 통하여 계속해서 싱가포르, 말레이시아, 대만 그리고 중국 등 세계 여러 나라의 문화를 연구하고 프로그램을 개발할 수 있었다.

Jon Kirby는 타말레문화연구협회 감독으로 가나지역 와에서부터 아크라까지 6개의 워크숍에 참여했다. 그는 아프리카의 다른 지역과 가나 모두에서 사이코드라마와 인류학 연구 그리고 문화드라마와 문화훈련법을 개발 훈련 중인 나와 합류했다.

John Kirby는 가톨릭 신부이자 신학자, 그리고 사회인류학자이다. 1972년부터 그는 가나에서 인류학자로, 크로스문화트레이너로 36년간 선교사로 활동했다. 1989년 문화드라마 조력자로 활동했다. 그는 가나의 대학교에서 25년간 강의와 일과 연구를 했고 타말레문화연구협회(www.ticccs.org) 창립자이며 감독으로 각종 조사와 사제 지원자들을 가르치고 연구 개발했다. 미국에서 그는 가톨릭신학자연합과 보스턴대학교, 워싱턴신학자연합, 인류학협회 등 많은 전문가 조직에 소속되어 있으며 미국 인류사회학회, 아프리카인 사회연구회, 미국 종교아카데미, 미국 사회선교학회의 미국 가톨릭사회선교회에 소속되어 있으면서 폭넓은 발표와 활동을 하고 있다.

Gong Shu는 국제적으로 잘 알려진 사이코드라마와 소시오드라마전문가로 미국 집단치료 및 사이코드라마학회에서 Hannah Weier 상과 전통의

료에서 우수공로상을 수상했다. 그녀는 폭넓은 발표활동을 했고 그녀의 활동은 아시아, 유럽 그리고 미국에 알려졌다. 그녀는 또한 Zerka Moreno 국제협회를 창립했고 세인트루이스, 타이베이, 중국 등 여러 지역에서 창조개발센터를 창립했다.

서론

버스 안의 한 중년의 남성이 공포에 질려 두리번거리며 온몸이 뻣뻣하게 굳어있다. 그를 심판하려던 무리들은 그를 가리키며 "콘콤바족(Konkomba)이다!"를 연신 외치며 그를 버스에서 끌어냈고, 그의 발이 땅에 채 닿기도 전에 밀려오는 거대한 군중들에게 깔렸다. 그는 즉시 다곰바족(Dagomba) 대여섯 사람에게 두들겨 맞고 단검으로 살해되었다.

군중의 끄트머리에 서서 "죽여라! 죽여라!"를 외쳐대는 한 남자는 자신이 받은 충격과 공포감을 가까스로 숨기는 동시에 살인을 선동하는 모습이 어딘지 모르게 어색해 보였다. 그는 굉장히 수상한 태도를 보였다. 아주 조심스레 다곰바족을 응시했다가 자신의 닳은 캔버스 신발을 한 번 본 뒤, 승리의 기쁨으로 높이 든 피범벅이 된 칼로 시선을 옮겼다. 그도 역시 콘콤바족의 일원이었다. 그것에 대한 작은 힌트가 있다면 이마 위로 흐르는 식은 땀이었을 터. 그의 정체를 들킬 시에는 어떤 일이 일어날지 감히 상상조차 할 수가 없었다.

1994년 2월과 3월, 가나 내에서 '북쪽 분쟁'이라 불리며 악명 높았던 내전 때문에 이러한 장면이 수백 번씩 일어났음에도 불구하고 얼마 지나지 않아 일어난 르완다대학살과 가나 정부의 사건 은폐를 위한 노력으로 전 세계뿐만 아니라 가나 남부에서조차도 크게 관심을 두지 않게 되었다. 그렇지만 이 분쟁으로 인해 2만 명 이상 목숨을 잃었고 동시에

200만 명이 넘는 사람이 재산을 빼앗기고 난민이 될 수밖에 없었다 (Bogner, 2000; Katarga, 1994a, 1994b; Kirby, 2003; Pul, 2003; van der Lingde & Naylor, 1994). 이 분쟁이 일어난 지역에서는 아직까지도 종족 간의 차별이 심하고 심지어는 남아프리카공화국의 아파르트헤이트 정책보다 더 심한 정책이 집행되기도 한다.

8년이 지난 2002년 3월에 있었던 Kirby의 문화드라마(culture-drama) 워크숍의 오프닝 장면으로 이 분쟁을 묘사했다. 20명의 워크숍 참가자들은 콘콤바족과 다곰바족으로 이루어졌다. 분쟁의 한 가운데에 있었던 사람들로 이루어져 있다 보니, 한 사람 한 사람씩 조심스레 초대해야 했고 완벽하게 준비해야만 했다. 매우 조심스럽고 긴장된 분위기 속에서 저자의 동료 Gong Shu 박사와 함께 우리는 부족 사람들을 잘 설득시켜 내전의 상황을 자세히 재연해달라고 요청했다. 서로 간에 조화의 첫 걸음을 뗀 것이다. 조그마한 실수가 모두를 위험에 빠뜨릴 가능성이 충분한 상황이었고 우리 모두는 혹시나 큰 싸움이 발생할까 두려워 최대한 조심히 행동했다.

무인도 장면 : 함께 그리기

시작 장면은 본격적인 프로젝트 진행에 앞서 웜업으로 간단히 진행되었다. 그들이 조난 사고를 당하여 작은 섬 안의 사막에서 살아남은 생존자들이라 생각하고 그 모습을 큰 종이 위에 그려보는 시간을 가졌다. 사람들이 서로 조화를 이루는 모습과 조화란 찾아볼 수 없는 정반대의 모습이 좁은 캔버스 위에 공존하고 있었다. 마지막 완성작은 보이지 않는 장애물과 벽에 가로막혀 있었다. 농업 활동이라든지 가축 키우기, 학교, 훈련소 같은 공동체를 그린 창의적인 작품도 있었지만 그 속에서

조차 콘콤바족과 다곰바족은 둘로 나뉘어 있었기 때문에 일을 할 수 없는 상태였다.

무인도 활동을 끝낸 후 우리는 시작할 준비가 되었다. 모두들 느끼고 있는 두려움만이 우리를 감싸고 있었다: 결국 침묵을 깨고 한 사람이 말했다. "저는 왜 우리가 이 워크숍을 해야 하는지 잘 모르겠네요. 좋을 것 하나 없이 그저 똑같은 것만 계속 반복하고 끔찍한 기억들을 다시 생각해내야 하잖아요." 나머지 사람들도 수근거리며 동의한다는 신호를 보내왔다. Shu 박사가 사람들을 달래며 어떤 장면이 가장 떠올리기 싫었는지 묻자, "버스 장면이요."라고 대답했다. 우리는 바로 이 주제로 시작했다.

버스 장면

아직까지 다들 부정적인 눈치이지만 조심스레 장면을 만들어나가기 시작했다. 접힌 8개의 의자를 두 줄로 나란히 세워서 버스로 만들고 군중들은 잡지와 신문을 무기처럼 휘둘렀다. 생동감을 더하기 위해 몇몇 사람들은 보호용 부적을 만들었고 나머지는 도로를 막기 위해 가상으로 모닥불을 피웠다.

역할놀이 상황재연을 시작하자마자 우리는 그 자리에 멈추고 위치를 바꾸라고 지시했다. 역할교대 문화드라마의 중심이 되는 요소로 워크숍이 진행되는 내내 자주 사용하였다. 콘콤바족이 다곰바족의 군중으로, 다곰바족이 콘콤바족 희생자로 역할교대를 하도록 했다. 불만에 가득 찬 수근거림이 들리긴 했지만 곧 다들 바뀐 자리를 찾아갔다. 사람들이 역할교대를 하고 나서 Gong Shu 박사와 저자는 역할놀이를 진행하는 도중에 만약 틀리다고 생각되거나 이건 조금 아니다 싶으면 행

동을 멈추라고 지시했다. 그럴 때 빨간 깃발을 들어달라고 했지만 이들
은 질문이 있거나 틀리다고 생각되면 주저 없이 진행을 막고 이의를 제
기했다.

한번 멈추면 다시 진행하기가 힘들었지만 얼마 지나지 않아 빨간 깃
발이 올라가면 바로 행동을 멈추었다. 다곰바족이 먼저 말했다. "그렇
게 하는게 아니에요." 옆의 두 사람도 도왔다. "아주 크게 소리지르셔
야 해요. '콘콤바족이다! 콘콤바족이다!' 더 크게 소리쳐야 합니다. 더
강하게요!" 또 다른 사람이 끼어들더니, "아니, 그렇게 하는 게 아니라
고요! 남자를 이렇게 꽉 잡으세요! 온 힘을 다해서 꽉 잡으시라고요."
이제 콘콤바족에서 이의를 제기한다. "이봐요. 지금 장난하는 것 아니
죠? 그쪽은 지금 당하는 입장이잖아요. 이 사람들은 곧 당신을 죽일 텐
데 그렇게 당당하게 행동하시면 안 되죠. 지금 무기력한 상태여야죠."
설명 후 그는 다곰바족에게 무력한 모습을 몸소 보여주었다. 다곰바족
은 그의 지시대로 시도하였고 다시 실패하자 콘콤바족이 다시 한 번 도
와주었다.

그때 Gong Shu 박사는 효과가 확장될 수 있게 하는 자신만의 방법
을 설명했다. 다른 방법은 거의 말만 사용했는데 박사의 방법은 행동이
덧붙여졌다. "그냥 말로만 설명하지 마시고요, 그분 뒤로 가서 서보세
요. 팔다리를 잡아서 본인이 직접 조종하세요. 콘콤바족이라면 어떻게
행동했을지 직접 움직이며 보여주세요. 콘콤바족을 느낄 수 있게끔 해
주세요. 그리고 다곰바족은 자신을 잡고 있는 콘콤바족에게 몸을 맡기
고 어떻게 행동하는지 직접 느껴보세요. 결국 콘콤바족이 되는 거예요.
어때요, 이제 조금 콘콤바족 같지 않나요?"

그는 내심 이 장면을 통해서 콘콤바족 사람들이 자신이나 다른 다곰
바족 사람들을 놀리고 우습게 만들려는 건가 하는 의심에 콘콤바족 사

람들을 쭉 훑어봤지만 그런 기색은 찾아볼 수 없었다. 그가 느낀 감정
을 나머지 사람들과 공유하면서 그의 작은 반항은 큰 영향 없이 끝났
다. 그리고 우리는 그들을 이렇게 정리해보았다.

> 콘콤바족의 행동은 내가 생각했던 것과는 전혀 달랐다. 나는 이런 식으
> 로 행동하지는 않았을 것이다. 하지만 진정 콘콤바족은 이런 느낌이었
> 다는 말인가? 사실 나도 모르게 콘콤바족이 이끄는 대로 의지하고 있었
> 다. 난 그 사람을 믿지 않는데도 말이다. 그는 날 아주 민망한 상황으로
> 몰고 갈 수 있었지만 그렇게 하지 않았다. 내가 다른 사람들을 쭉 둘러
> 봤을 때 다들 동의하는 듯했다. 굉장히 순간적이었고 미리 계획된 것이
> 아님에도 말이다. 콘콤바족 사람들은 내 쪽에 서서 그들의 느낌과 감정,
> 그리고 어떤 것들을 보는지 내가 진심으로 느끼길 바라고 있었다. 처음
> 으로 난 그들을 믿을 수 있었다.

　다들 다시 재연하는 데 힘을 썼고, 이제는 한층 더 신중한 자세로 서
로에게 배우고 있었다. 매 행동 하나하나 시험 보는 것처럼 상대 집단
의 허락이나 지적을 기다렸고, 실수에 실수를 거듭하였다. 갈수록 참가
자들은 자신들이 얼마나 서로에 대해 몰랐는지 깨달아갔다. 또 서로에
대해 알아간다는 것이 얼마나 고마운 것인지도 깨달았다. 재연을 거듭
하면 할수록 우리들 모두 문화적 측면에서 얼마나 혼자였고 고립되어
있었는지 또한 절실히 느꼈다. 받아들이는 데 오랜 시간이 걸렸지만 여
전히 불안하고 어떻게 보면 잘못투성이지만 섣부른 판단은 다른 사람
들을 평가절하시킨다. 또한 미숙한 우리의 자화상이라 볼 수 있다. 이
시점에서 '숨겨진 자아'가 겉으로 드러나며 받아들이게 된다. 또한 이
자아가 바뀔 수도, 세상에 타협하게 될 수도 있다. 누군가 얼마나 기꺼

이 자신의 문화적 사고방식을 바꾸고 자신과는 다른 사람이 어떻게 행동하는지, 무엇을 믿는지, 모두 받아들일 수 있는지 스스로 묻게 된다. '변화'의 과정을 시작하기 전, 각각 어떻게 서로 하나가 될 것인지 상의하는 과정을 거친 후에야 비로소 진정한 변화를 만날 수 있을 것이다. 우리의 내재된 무의식 속에 존재하는 어둡지만 강력한 생각이나 의문 없이 우리를 움직이는 숨겨진 자아는 문화드라마가 아니었다면 밖으로 꺼내기 힘들었을 것이다. 동시에 우리 자신과 다른 사람에 대해 미리 추측해보는 계기도 생겼다.

문화드라마의 태동

Shu 박사는 미국에서 천주교 신부님들과의 작업으로 저명한 인사였다. 처음에 토론을 위한 만남을 요청했을 때 그녀는 그들이 입은 상처보다 문화적인 충돌이 더 큰 문제라는 것에 동의하고 요청을 수락했다. Shu 박사는 그저 앉아서 TV를 같이 보게 하는 것보다는 같이 섞여서 여가 활동을 하는 것이 해결책이 될 수 있을 것이라 했다(Kirby, 2003; Shu & Kirby, 1992). 이러한 목적은 공동 저자인 Jon Kirby와 팀을 이루면서 큰 도움을 얻었다. Jon Kirby는 인류학자로서 특히 가나의 다양한 문화적 배경을 가진 사람들과의 경험이 풍부하여 도움이 되었다. 둘은 힘을 합쳐 아주 독특한 '문화드라마'라는 방법을 창조해냈다.

문화차이와 갈등

문화적인 관점은 개개인의 차이점과 개인의 문제뿐만 아니라 유럽인과 가나인의 관점 차이와 문제에 관해 특별히 관심을 가진다. 갈등이라는 단어는 집단 내 반대를 설명하는 데 반해, 문화차이는 개개인의 차이점을 설명한다고 볼 수 있다. 이 관점의 중요성은 유럽과 아프리카에 각각 깊게 뿌리박힌 문화적 관념인 유럽의 자선 문화와 아프리카의 손님맞이 문화에서 찾아볼 수 있다.

유럽 사람들은 아프리카 사람들이 종교적인 이유로 따라야 하는 질서를 지키지 않아 공동체에서 '좋은' 구성원이 될 수 없다고 불만을 늘어놓는다. 이에 반해 아프리카 사람들은 더 목소리를 높여서 유럽 사람들은 아예 '좋은' 인간도 아니라며, 그냥 나쁜 사람들이라고 불평했다. 하지만 양쪽 집단 사람들 모두 자신들이 비난하는 이유가 무엇인지 비난의 근거가 무엇인지 제대로 설명하지 못했다. 이러한 경우에 우리는 대화를 끝내고 바로 역할놀이를 시작하게 한다.

휴게실 장면

한 공동체의 분쟁에 첫 번째로 초점을 둔 곳은 '휴게실'이다. 그곳은 문화드라마 회기를 시작하는 곳이기도 하다. 각자 집단에서 두 사람씩 연기자를 뽑고 첫 장면을 시작하기 전에 몇 가지 가구를 옮겼다. 아프리카 사람의 형제 중 한 사람이 방문하는 장면이었다.

첫 장면은 누군가가 현관문을 두드리며 시작했다. 아프리카 사람이 누가 왔는지 살피러 나갔다. 그들의 언어로 길고 긴 인사가 웃음소리와 함께 방안을 채웠다. 우리는 중간에 끼어들어 역할교대하는 것과 중간에 질문을 던지는 것을 알려주었다. 다들 머뭇거리며 바뀐 역할로 다시 시작했다. 얼마 지나지 않아 바로 이의를 제기했다. "그렇게 하는 게 아니에요." 가나인이 자신을 따라 하려던 유럽인에게 말했다. "창문으로 형이 보이죠? 손을 흔들면서 창문 쪽으로 가세요. 그냥 거기 서 있지 마시고 아주 기쁘게 형을 반겨주셔야 돼요."

유럽인 중 한 사람이 아주 화난 표정으로 앉아 신문을 읽고 있는 가나인을 불렀다. "왜 그렇게 화난 표정으로 신문을 읽죠?"라고 물었다. "지금 저 따라 하셔야 하는 것 아닌가요? 저는 신문을 그렇게 읽지 않는데요."

"지금 그쪽 따라 하고 있는 것 맞는데요." 가나인들이 한 목소리로 말했다. 그 후 잠깐 정적이 흘렀다.

그 유럽인이 침묵을 깨며 "뭐, 제가 그렇게 행동하는 데는 다 이유가 있습니다." 그러자 다들 "그럼 직접 보여주세요. 말로만 하지 마시고요."

계속 진행되면서 두 번 더 멈췄고, 손님을 맞는 장면에서 계속 벽에 부딪혔다. 이제 그들은 앉아서 다시 첫 장면을 시작했다. "어서 오세요!" 유럽인이 가나인의 역할을 하며 외쳤다.

그 즉시 가나인들은 빨간 깃발을 들었다. "환영인사를 하기 전에 먼저 물부터 건넸어야죠!"

다시 시작하였다. 하지만 냉장고 문을 열자 물은 없었고 그저 음식으로만 가득 차 있었다.

다시 빨간 깃발이 올라갔다. "이제 보여요? 매번 우리가 물을 채워둘 때마다 당신들이 다 치워버리고 치즈로 가득 채웠잖아요. 이제 뭐가 문제인지 알겠나요? 당신들이 그러면 우리는 손님을 제대로 맞이할 수가 없어요. 그래서 우리도 치즈를 다 없애고 물을 도로 채웠어요."

분석하기

문화드라마는 참가자들로 하여금 논리적이지 못하고 추측만 했던 자신들의 경험을 구체화시키고 규칙을 만들어가면서 문제의 원인을 찾게 한다. 문화적인 '사건'의 완벽한 의미는 전체 맥락에서 찾을 수 있고 공간, 대상, 행동을 모두 사용하기에 때때로 말보다 훨씬 간단하다. 이것을 행위통찰이라 한다.

이 장면에 있는 소재들은 문화적인 의미를 내포하고 있다. '휴게실', '냉장고', '물'은 사람을 맞이할 때 예부터 사용했던 가나의 관습을 보여주는 데 아주 중요한 요소이다. 예를 들어 갈등은 누군가를 대접하는 데 있어 예상했던 부분이 문화적으로 달라서 충돌하며 시작한다. 앞 장면에서 서로 기대했던 부분이 다르다는 것을 알 수 있다. 냉장고를 사용하는 부분에서 명백하게 보여주고 있다. 하지만 이것은 기본에 지나지 않는다. 음식과 마실 것의 사용법 차이는 각각의 문화마다 다른 의미를 갖고 있다. 유럽보다는 아프리카에서 음식과 마실 것이 손님을 맞이하는 데 굉장히 중요한 요소로 자리하고 있기에 냉장고는 이 문화의 복합적인 요소의 일부분인 것이다.

손님맞이의 사회적 맥락

아프리카에서 냉장고의 문화적 의미는 바로 손님맞이의 시작인 '마실 것'과 연결이 된다. 물론, 최근까지도 아프리카에는 냉장고가 없었다. 과거에 이 환영의 의미인 물 한 잔은 토기 그릇에 담겨 차가운 상태로 유지되었다. 차가운 물은 상쾌하고 평화로운 관계를 가져다준다고 생각한다. 음식이 결국 손님맞이의 완성임에도 음식은 물보다 먼저 제공될 수는 없다. 종교적인 의식 과정에도 똑같은 패턴이 적용된다. '제물로 바치는 음식'인 신주(神酒)를 먼저 바친다. 하지만 음식은 마실 것과는 다르게 절대 차가운 상태로 나가지 않는다. 항상 신선한 상태로 따뜻하게 제공되어야 한다. 이것은 다 같이 둘러앉아서 이야기를 나누며 먹고 하룻밤 자고 가는 것까지 포함한다. 아프리카는 주로 전분 음식이 많기 때문에 쉽게 상해서 이미 냉장된 식품이다 하더라도 앉은 자리에서 되도록 다 먹어야 한다. 냉장고에 넣을 것을 남기지 않는 것이 예의다. 그러므로 음식과 마실 것에서 생각하는 냉장고의 의미는 서로 다르게 적용된다고 볼 수 있다.

그런 이유로 가나에서 냉장고는 유럽이나 미국에서처럼 그저 부엌에만 국한되는 것이 아니라 사람들이 서로 만나서 이야기를 나누고 관계를 맺는 곳이라면 어디서든 찾아볼 수 있다. 예를 들어, 사무실 책상 밑에는 항상 작은 냉장고가 비치되어 있다. 아프리카 사람이라면 모두 집에서 손님을 맞을 때 항상 차가운 물을 건네며 시작한다. 사무실, 특히 사장실에서의 냉장고는 높은 지위의 사람이 계속해서 방문객들, 사업 파트너나 같이 일하는 동료들을 환영할 수 있게 한다.

손님맞이 의식

아프리카 전체에서 물은 손님맞이의 대표적인 상징이다. 물은 사람들 사이에서 관계를 형성하거나 유지하는 데 반드시 필요한 것이다. Edward Hall(1966)은 만약 문화의 큰 부분을 차지하고 있는 '표현과 소통행위체계'가 무너진다면 사람들의 예상이 깨지고 공포와 혼란을 주며 결국 싸움이나 분쟁을 야기한다고 말한다. 그러므로 '환영하는 의미의 물' 한 잔은 절대로 거부해서는 안 된다. 항상 감사하게 받아야 하고 아니면 적어도 의미 정도는 알고 있어야 한다. 왜냐하면 손님을 친절히 맞이하는 것은 모두를 하나로 묶어주고 적들까지도 모두 포함한 우리 인간의 기본적인 정체성인 것이다. 비슷하게 이것은 '보이는 세상', 즉 일상에서 사람들 사이에 일어나는 모든 행동에 영향을 주는 것은 물론이고 '보이지 않는 세상', 조상 또는 영적 세상에까지 영향을 준다. 여기서도 마찬가지로 물을 건네는 것이 관계를 만들어가고 유지하는 첫 번째 단계이다.

정리하자면 냉장고는 물을 위한 것이고, 물은 사람들 사이의 관계를 위한 것이며, 그 관계는 삶을 유지시키고 풍족하게 하는 역할을 한다. 아프리카에서는 영적인 삶과 육체의 삶은 하나이다. 만약 물, 더 나아가 냉장고까지 삶의 보고라고 한다면 영적 에너지를 주거나 창의적인 삶을 살아가게 해주는 하나의 상징이라고 볼 수 있다. 그러므로 그들은 종교적 의무와 도덕적 의무에 같이 묶여있다. 아프리카인에게 이 의무들은 신이 자신들을 지지하고 있고 의무를 요구한다고 강하게 믿고 있기에 아주 중요한 것이다(Lange, 1998).

이러한 관점에서 볼 때 유럽인들이 '신의 거룩한 행동'을 '거룩한 신앙'이라고 추측하고 줄여서 부르는 것에 아프리카인들이 이해하지 못하고 '그저 나쁜사람들'이라고 칭하는 데는 나름대로의 논리적이고 결과론적인 이유가 있다고 할 수 있다.

유럽인의 관점

유럽인은 또 그렇지도 않다. 유럽인에게 공동체의 개념은 굉장히 좁은 의미이고 이를 바탕으로 뜻을 생각하고 예상하는 것이다. 종교 공동체에서 '휴게실'의 역할은 그 구성원에게만 열린 수도원 속 깊은 내실이다. 아프리카인들이 마구 드나드는 '만남의 장소'가 아니라 그 종교 단체의 구성원 또는 성직자들만 드나들 수 있는 곳이다. 유럽인의 입장에서는 이 규칙을 깨는 것이 종교인으로서 옳지 않다고 생각했을 것이다.

역할놀이가 거듭되면 될수록 유럽인들은 '외부인들', 특히 아프리카 인들과 아프리카 토속 종교를 믿는 그들의 친구를 자신들만의 휴게실에 받아들이는 것을 옳지 않다고 생각했다. 아프리카 종교 단체의 구성원들은 신의 규칙이 사람이 만든 어떠한 규칙보다 더 중요하다고 여기기에 이것을 보고 굉장히 사악한 행동이라고 생각했다. 유럽인들은 자신들의 인간됨이 별로라고 하는 사람들에게 동의하지 않는 듯 보였고 많은 사람이 더욱 유럽인들을 보고 "인간도 아니다."라든지, "인종차별주의자들이다."라고 하고 심하게는 "매우 이기적이다."라고 까지 하게 되었다.

문화의 의미 이해와 공동체의 조화

역할놀이 전에 참가자들은 다른 집단이 잘못 표현하고 있거나 아예 개념을 잡지 못하고 있을 때만 의견을 낼 수 있었다. 아프리카인들이 유럽인들을 가리켜 "인간미가 없다."라고 할 때 그 속에는 숨은 이유가 있었다. 그 이유는 '물', '냉장고'에 내포된 문화적인 의미와 공간을 공유하는 것에 대한 개념의 차이에 영향을 받았다고 할 수 있다. 문화드라마는 이런 숨겨진 것을 밖으로 꺼내게 하고 서로 받아들일 수 있게 도움을 주었다. 열린 대화를 통해 더욱 단단해지고 솔직해지고 이해하기 쉽도록 도와주면서 공동체의 규칙을 설명하였고 결국 공동체 삶에 조화를 가져다주었다.

충분한 시간 동안 문화드라마는 사람들의 다른 관점, 믿음, 행동들이 서로 잘 조화될 수 있도록 도와주는 역할을 했고 이런 방법으로 다양한 문화 차이를 평화롭고 조화되게 하는 새로운 지평의 문을 열게 되었다. 다음에서 이 새로운 지평의 사례를 설명할 것이다.

북쪽 분쟁

많은 정치 분석가들이 1994년에 가나에서 발생했던 두 종족, 콘콤바족과 다곰바족의 심한 갈등에서 비롯된 '북쪽 분쟁'을 그저 부족한 자원으로 인해 발생된 분쟁이라고 지나치게 단순화시켜 판단하는 경향이 있다. 콘콤바족은 주변 국가들에게 매우 공격적이고 '거친 침략자'들로 유명했고, 다곰바족은 북쪽 지방 문화의 선두 주자로 알려져 있었다(Mahama, 1989).

북쪽 분쟁은 정부의 지시에 따르는 매체로부터 '호로새 전쟁'이라고 조명받으며 조롱거리로 전락했다.

특별히 호로새라는 별칭이 붙은 이유는 콘콤바족과 다곰바족이 서로 호로새의 시장 가격을 정하는 과정에서 다툼이 시작되었고, 그것을 계기로 분쟁이 시작되었기 때문이다. 실제로 북방 지역의 거의 모든 사람이 내전 총공격에 참가하였다.

가나의 북방 지방 사람들은 서아프리카 사바나 초원을 가로지르는 다른 나라들처럼 정파가 2개로 갈린다. 한 종류는 지배자가 있고 정치적으로 구조를 갖춘 '전통적인 주권 국가 체계'를 가지고 관료제를 의심하며 계급제로 자신의 부족을 다스린다(Eyre-Smith, 1933; Goody, 1954, 1967/1969, 1971; Staniland, 1975; Wiks, 1961, 1971). 다른 언어, 관습을 가진 사람을 자신들에게 종속되게 하였다.

또 다른 종류는 지배하는 사람이 없고 정부와 같은 어떠한 체계도 갖고 있지 않은 그저 가족 관계의 연장선인 형식이다. 이런 지배자가 없는 집단은 소수자 취급을 받았지만 사실 인구 수는 주권 국가의 집단보다 3배 정도 많았다. 그들은 정치, 경제의 문제가 화두될 때 특히 소수자 취급을 받았다.

지배 계층과 피지배 계층의 대립

나라의 체계를 갖춘 부족과 갖추지 않은 부족의 구성원들은 서부 수단 사람들이 고대 15세기 무렵의 주권 체계 형식을 알아냈을 때부터 심한 의견 차이를 보여왔다(Middleton & Tait, 1953). 모레-다본 민족 사람들은 다곰바족을 자신의 부족에 종속시키고 지금은 가나의 북쪽 지방이지만 13세기에 북쪽으로 거슬러 올라가 주권 체계를 가진 또 다른 부족을 급습했던 곳으로 들어갔다(Wilks, 1971). 갈수록 그 사람들은 글을 읽고 쓸 줄 아는 무슬림 성직자와 가까이 지냈고 결국 무슬림 식의 달력 사용부터 시작해서 예술, 옷, 문화에까지 영향을 받고 신념까지 받아들여 그들 문화의 일부분이 되었다(Levtzion, 1968). 17세기부터 20세기까지 넘어가는 과정에서 아주 강력한 아샨티족이 다곰바족을 포함한 북부 지방 주권 체계 부족들을 제압했다. 그들을 노예로 삼기도 하고 음식과 가축들을 매년 빼앗았다. 물론 이 음식과 가축들은 소수 부족에게서 빼앗은 것이었다. 20세기 초, 영국의 식민지가 되면서 영국 정부는 북부 지방의 제일 큰 3개의 주권 체계 부족에게 약 40~50개 정도 되는 소수 부족을 같이 관리하라고 시켰다(Ferguson & Wilks, 1970; Tait, 1961). 공식적으로 이 지배 관계를 정상화하기 위함이었다. 가나가 독립한 후에도 지배 부족에 의해 지배 관계가 계속 유지되었다(Ladouceur, 1979; Staniland, 1975).

영국 정부는 북부 지방 주요 부족들에 사람들을 파견하여 시스템을 제공하도록 교육시켰다. 하지만 1950년대 초에 영국인들이 북부 지방에 선교 활동을 하러 가서 학교, 병원 등을 짓고 그에 따른 서비스를 제공하였다. 이때 처음으로 소수 부족도 이러한 혜택을 누릴 수 있었다. 이 활동은 독립 후에 1960년대부터 1970년대에 이르기까지 점차 규모를 넓히며 사람들을 도왔다. 1970년대 중반에는 지배 집단보다 소수 집단에서 더 많은 엘리트가 배출되었고, 70년대 말에 이르러서는 자신들이 그동안 얼마나 정치적으로, 경제적으로 억압되어 왔는지 완전히 깨우쳐 정치에 반기를 들었다.

인종 분쟁은 피지배층 부족이 지배층 부족에게 그들의 동등한 권리와 땅, 부족장을 요구하면서 시작되었다. 요구는 즉시 묵살당하였고 분쟁 시작 일주일 만에 북부 지방 전체가 무장한 상태로 전체를 에워쌌다. 1979년에 시작되어 1993년까지 이어졌다(Katanga, 1994b).

분쟁 시작 한 달 만에 지배층 부족 연합이 피지배층에게 완전히 패배하였고 모든 사람이 다곰바족이 점령한 북부 도시(타말레, 옌디)에서 언제 터질지 모르는 공포감에 떨고 있었다. 무장한 군대는 '정부군' 이라고 불렸고 아주 무자비하게 '소수 집단' 을 공격했다. 정부의 압력에 더 이상 싸울 수 없는 상태가 되었고, 군법에 의해 자신들이 지배하던 북부 지방을 1년 이상 떠나야 했다. 아주 천천히 북부 지방으로 다시 삶을 찾아가고 있었다.

분쟁의 후유증으로 NGO를 비롯한 많은 반정부 집단의 평화 운동은 실패로 돌아갔다(Assefa, 2001). 시간이 지날수록 모든 것이 제자리를 찾아가고 있었다. 하지만 아직까지도 전쟁은 해결되지 않았다. 예를 들어, 전쟁이 끝난 지 15년이 지난 2009년까지도 피지배층 사람들, 특히 콘콤바족 같은 경우에는 어떠한 재산의 소유도 허락되지 않고 북부 지방의 대표적인 대도시에서 직업을 구하지도, 살지도 못하게 철저하게 금지당했다.

가나워크숍

다곰바족으로 대표되는 지배 계층과 콘콤바족으로 대표되는 피지배 계층, 이 두 집단의 갈등의 골은 매우 깊고 복잡하게 얽혀있다. 2002년 문화드라마 워크숍에서 처음으로 이들이 소개되었다. 워크숍은 가나의 천주교 재단에서 후원했고 전쟁이 일어났던 곳과 500마일가량 떨어진 남부의 한 회의장에서 진행되었다. 각 집단별로 10명씩 팀을 이루어 진행했다. 일주일간 온전히 워크숍에만 집중하여 그들과 가나 북부 전체의 평화를 위해 열심히 참여했다. 몇몇의 중요한 장면은 색다른 관점에 초점을 맞추고 진행하였다(Kirby, 2002).

'거인 대 소인', '주인 대 신하', '땅에 대한 거주권 대 소유권'에도 의문점을 두고, 특히 '자유와 제약' 사이에서 생기는 기대 차이 때문에 발생하는 갈등을 주로 다루었다(Kirby, 2002, 2003). 워크숍의 주된 목표는 진실된 믿음과 독립성을 가져서 서로의 갈등 원인을 찾고, 여러 해결책을 서로 공유하여 평화롭게 새로운 문화를 만들어나가는 것이다 (Kirby, 2007). 첫 번째로 소개되었던 '버스 안에서'의 장면을 제외하고 앞으로 또 다른 4개의 장면들을 더 소개하겠다.

부족장 장면

콘콤바족이 부족의 족장인 야나(Ya Na)를 연기하는 것은 굉장히 인상적이었다. 다곰바족의 일원이 콘콤바족의 머리 위로 왕관을 씌워줬을 때 그는 놀라 눈이 커지고 어딘가 모르게 기쁘면서도 동시에 불신하는 표정을 지었다. 그는 가나의 북부 지역에서 가장 힘이 셌던 족장인 야나의 역할을 맡게 되었다. 콘콤바족 사람들 중 그 누구도 야나가 어떻게 행동하는지, 어떤 것이 예의에 어긋나지 않는 행동인지, 어떤 주술을 사용하는지 알 길이 없었다. 이 역할을 제대로 하기 위해서는 조심스러운 과정을 거쳐야만 했다. 왕의 예복은 대단히 중요한 것이고 실제로 가까이서 보는 것도 제한되며 금기시되어 있다. 역할놀이에서 사용하려면 굉장한 요령이 필요했다. 실제 공예품을 가지고 왔는데 효과는 아주 대단하였다.

역할놀이를 시작하려는데 콘콤바족 사람이 다곰바족의 반응을 살폈다. 그저 서로 역할놀이만 하는 것이 아니었다. 그들이 겪었던 최악의 공포가 사라졌을 뿐만 아니라 마음이 진심으로 움직였다. 다곰바족이 야나 족장을 연기하는 콘콤바족을 도울 때 족장의 예복을 직접 입혀주고, 어떻게 앉아야 하는지부터 서는 것, 움직이는 것, 사람들에게 지시하는 것 등 진짜 왕족처럼 보이게끔 도와주었다. 콘콤바족은 다곰바족을 자신들을 깔보고 존엄성도 없으며 규칙이나 족장 자리에는 어울리지 않는 사람들이라고 생각했는데, 이러한 행동이 선입견과 공포심을 모두 떨쳐내게 했다. 다곰바족 사람들이 어떻게 야나를 완벽히 재연할지 콘콤바족에게 알려주기 위해 서로 다툴 때, 두려움은 완전히 사라져 버렸다.

다곰바족 중 한 사람이 실제로 미온라나(Mionlana)라고 불리는 매우 영향력 있는 족장이었다는 사실은 신뢰성을 더했다. 미온라나는 야나를 이은 성공적인 족장이었다. 그리고 곧 다곰바족은 콘콤바족 사람들이 자신들을 미워하거나 지배하려는 생각이 전혀 없음을 깨달았다. 그들도 역시 힘과 존엄성에 밀려 움직일 수는 있겠지만 그저 그들의 문화에는 맞지 않을 뿐이다.

결혼 분쟁 장면

역할놀이가 계속 진행될수록 이러한 현상은 더욱 두드러졌다. 이번 장면은 결혼에 관련된 분쟁을 해결하기 위해 재판 형식으로 꾸며졌다. 다른 피지배층 사람들처럼 콘콤바족은 정착하면서 생길 수 있는 충돌을 미리 막기 위해 다곰바족의 족장들에게 허락을 받아야 했다. 콘콤바족은 집안끼리 여자, 가축 또는 땅 문제로 자주 다퉜다. 족장이 이러한 분쟁을 중단시키고 여자를 첩으로 삼는 행위는 흔했다.

실연하기

모두 준비되었다. 튼튼한 테이블이 족장의 연단에 자리한다. 족장은 와글거리는 간신들 위에 앉아 임시방편으로 마련한 법정에서 분쟁을 조정하고 있다. "이 남자가 내 아내를 훔쳐가고도 아무런 보상도 해주지 않아요." 첫 번째 남자가 말한다.

　잠시 멈추고 콘콤바족이 끼어든다. "이건 그저 보상받으러 오는 게 아니에요. 우리는 다곰바족 당신들과는 다르게 일부다처제라고요." "맞아요. 우리 다곰바족은 우리 여자들을 팔아넘기지 않아요." 다곰바족이 반박한다. "우리도 아닌데요." 콘콤바족에서 재빨리 맞받아친다. 아내를 얻기 위해서는 농장에서 7년을 일해야 한다. 이것을 통해 양가 집안이 미리 관계를 돈독히 하는 계기가 된다. 만약 아내를 다른 남자에게 뺏긴다면 누구든지 화나기 마련이다. 작은 보상 따위는 남편의 시간과 문제를 해결해주지 않는다. 새로운 아내도 소용이 없다. 세 가족 사이에 아주 나쁜 기류가 흐른다. 옛날 조상들은 피로 물든 복수로 갚았고 많은 사람이 목숨을 잃었다.

　자신이 얼마나 많은 것을 잃었는지 알리기 위해 다곰바족 사람은 콘콤바족처럼 말하길, "제발 부탁드립니다. 저는 제 아내를 뺏겼고 우리 가족은 큰 상실감에 빠져있어요." 원래 관습대로라면 이 말은 언어학자나 대변인을 통해 족장에게 전달되었을 것이다.

　그러자 족장이 피고인을 소환했다. "다른 콘콤바인이 와서 나에게 말
하도록 하라." 다곰바족은 다른 콘콤바 사람을 데려왔다. 하지만 말을
꺼내기도 전에 빨간 깃발이 올라갔다. 콘콤바인이 말하기를, "그게 아
니에요. 우리는 그런 식으로 행동하지 않는단 말입니다. 진짜 콘콤바
사람이라면 족장 앞에서 지켜야 하는 예의를 몰라서 스스로 창피를 당
했었겠죠." 말을 끝내고 그는 바로 다곰바족에게 진짜 콘콤바족이라면
어떻게 행동했을지 몸소 보여준다. 모든 사람이 배꼽을 잡고 웃었다.
"이제 좀 알겠나요?" 콘콤바족이 말한다. "우리는 지금 법정에서 아주
불리한 상태예요. 거기다 우린 관습이나 문화를 전혀 모르는 상태고 법
따위가 우리를 막을 수가 없는 상황이죠." 역할놀이를 다시 재개한다.
콘콤바족이 연기하는 다곰바족의 족장, 야나가 판결을 내릴 시간이 되
었지만 판결하기가 매우 어렵다는 것을 깨닫는다. 진짜 다곰바족이 다
가와 그에게 충고한다.

　"원로들과 의논해본 결과, 두 사람 모두에게 벌금으로 양 한 마리씩
을 내고 저 여자는 우리 집으로 데려와 더 이상 문제를 일으키지 않도
록 해라." 여자를 몰수해버리는 야나의 현명함에 다들 깔깔대고 웃었
다. 하지만 몇몇 다곰바족 사람들은 무언가 못마땅해 보였다. "그렇게
간단히 끝낼 것이 아니에요. 야나가 먼저 원로들과 문제에 대해서 의논
을 한 뒤 여자를 불러 그녀의 의견을 묻죠. 결국 문제를 일으킨 것에 대
해, 또 아내의 말을 무시한 것에 대해 벌금을 내도록 명령한 뒤, 야나가
아내를 데려가죠. 물론 이기적이거나 여자를 밝혀서는 아니고요." 족장
의 지배하에 있는 각각의 마을은 족장에게 아내를 바칠 의무가 있고 그
것은 여자의 가족과 책임감이라는 고리가 생기는 것이라고 그들은 설
명한다. 이것은 장점이 될 수 있는데, 이럴 경우에는 그 여자가 그녀의
가족이나 마을의 비공식적인 대변인이 되는 것이다. 결국 그 여자의 마

을과 족장은 이해관계가 생기는 것이고 후에 그녀의 아들은 족장 직위에 오를 수도 있게 된다.

야나 역할의 콘콤바족이 그가 머뭇거렸던 이유를 설명한다. "우리 콘콤바족 사람은 다른 사람들에게 이래라저래라 하지 않아요. 모든 사람은 신이 만드셨고 그 아래 우리는 모두 자유롭다고 생각하니까요. 다른 사람에게 대추 놔라 밤 놔라 할 수가 없어요. 상대방도 자신의 자유를 뺏어가는 아주 사악한 행위라고 생각할 거예요. 만약 상대가 아무렇지 않다고 하면, 조상님들께서 독립심을 주장하시고 그 상대를 벌하실 거예요."

모두 다른 사람들의 관점을 이해하기 시작한다. 그러고 나서 조력자들이 참견해온다. "하지만 지금 당신은 다곰바족의 통치자이잖아요. 콘콤바족이 아니에요. 해야 하는 것은 눈치보지 말고 꼭 하세요." 야나는 판결을 발표했고 모든 사람이 동의한다. 심지어 콘콤바족까지도 말이다. 안도하는 동시에 뿌듯해하는 얼굴을 볼 수 있었다. 이런 게 바로 권력의 맛이다! 진짜 다곰바족 사람들이 모두 일어나 기립박수를 쳤고 콘콤바족 사람은 곰곰히 생각해본다. "우리도 저렇게 할 수 있을 텐데. 우리도 누군가를 통치자로 세울 수 있을 거야. 정말 좋을 것 같은데?"

있다는 것이 좋을 수도 있다는 사실을 배웠다. 여러 방면에서 더 확실해지는데, 콘콤바족은 지배 체계가 줄 수 있는 여러 가지 영향이나 이득을 완전히 이용하기엔 아직 부족하다. 그리고 그들의 불만은 체계에 그렇게 반하지 않는다. 그리고 다곰바족 같은 경우에는 자신들의 통치자의 이기적인 선택이 무엇을 가져다주는지 확실히 배웠다. 결국 양쪽 모두 교훈을 얻고 서로 믿을 수 있게 된 셈이다.

2개의 다른 체계에서 모두 '존중'이 가장 중요한 요소이고 가장 필요한 덕목임을 보여주었지만 각각 다르게 받아들였다. "권력자의 호로

새는 숲 속에 하나뿐이다(Lange, 1998)."라는 속담에서 다곰바족이 존중의 의미를 어떻게 이해했는지 알 수 있다. 이것은 훌륭한 통치자는 손님을 대접할 때 자신이 키우는 모든 호로새를 주고, 숲 속에 자신의 저녁 찬거리로 가장 사나운 호로새 딱 한 마리만 남겨놓는다는 의미이다. 다곰바족이 그렇게 콘콤바족에게 화나 있었던 가장 근본적인 이유는 콘콤바 사람들이 그들의 통치자에게 존경심을 보이지 않는다는 오해에서 비롯된 것이었다. 이번 족장 장면을 통해 양쪽 부족이 서로에 대해 오해하고 있었다는 것을 배웠다. 아주 다른 방법이었지만 각 부족들 모두 꽤 상대를 존중해주었다.

시장 장면

각 집단에서 한 사람씩, 2명의 여자가 자신들의 갈등을 재연해낼 장소로 시장을 골랐다. 여자들에게는 시장이 가장 익숙하고 공공적인 장소이기에 고른 듯하다. 콘콤바족은 거의 영세 농민으로 이루어져 있다. 남자는 주로 얌이나 곡물을 재배하고 여자는 그것을 이용해 자신들이 기른 채소와 함께 수프를 만든다. 이들의 주식은 옥수수와 솔검, 수수를 섞고 수프로 덮어서 만든 걸쭉한 죽이다.

다곰바족은 반대로 주로 상거래를 하며 산다. 다곰바족의 여성 상인은 콘콤바족 시장에 가서 콘콤바족 여성을 만난다. 여자들이 같이 마을 시장을 재연해낸다는 것은 아주 괜찮은 방법이다. 토마토, 오크라, 말린 생선, 쌀, 수수, 콩 등 시장에서 팔만한 여러 가지 물품이 방 전체에 시장처럼 각자 자리에 펼쳐졌다. 콘콤바족의 여자가 농작물을 파는 입장이고 다곰바족 여자들은 구매자의 위치이다. 여자들이 그렇게 많지 않아 몇몇 남자가 시장 여상인 역할을 했다. 행동을 시작하자마자 역할교대를 했다. 다곰바족이 물건을 팔고 콘콤바족이 물건을 사는 형식으로 진행한다.

실연하기

콘콤바인이 소비자인 다곰바인을 따라 하며 시작한다. "안녕하세요! 반갑습니다. 토마토가 괜찮아 보이는데 얼마인가요?" 다곰바인은 판매자인 콘콤바인처럼 응대한다. "5개에 500세디입니다."

"여기 돈이요."라고 콘콤바인이 말한다. 그 직후 두 집단 모두 이의를 제기하며 멈추도록 했다.

콘콤바인이 실상에서는 그렇게 팔지 않는다고 말한다. 그저 딱 정해진 가격만 말하기보다는 "5개에 500세디입니다. 근데 조금 더 사시면 가격도 깎아드리고 덤으로 몇 개 더 얹어드릴게요."라고 한다.

다곰바인도 역시 그렇게 행동하지 않았을 거라며 평소대로라면 "너무 비싸! 여기 토마토 파는 가게가 한둘이 아닌데 조금 더 줘봐요. 자, 여기 400세디에 10개 주는 거 어때요?" 이런 식으로 말하고 옆에 있는 것들을 몇 개 더 주워 담아서 가져온다고 한다. 그리고 마지막에는 "이것들 트럭에 좀 실어줘요. 나는 쌀 가게 갔다 올 테니까."라고 한다.

그러자 소비자 역할인 콘콤바 여성이 자신은 차마 저런 식으로 행동할 수 없다고 한다. 특히 옆에 있는 토마토를 더 주워 담는 건 절대 못하겠다고 한다. 그러자 다곰바인이 나서서 "자, 해보세요. 이런 식으로 해보세요." 콘콤바인은 "아니요! 안 돼요. 진짜 못하겠어요!" 다곰바인은 놀라서 말한다. "왜 이걸 못하죠? 그리 어려운 것도 아닌데." 대답이 없었다. 그리고 판매자 입장의 다곰바인이 시범을 보여주기로 한다. 그녀의 손을 엉덩이에 갖다 얹으면서 "아니요, 난 못해요. 물건들 직접 트럭에 실으시고 제 가격 다 쳐주신 다음에 여기에 온 걸 아예 후회하게 만들 거예요." 또다시 진짜 콘콤바인이 나서서 문제점을 지적한다. "아니요, 콘콤바인은 그렇게 말하지 않는다고요! 손님이 원하신 대로 다 해드려야 해요. 원하시는 대로 다 드리고 트럭까지 실어주세요."

다곰바인은 너무 놀라 입을 다물지 못한다. "무슨 소리에요? 난 절대 그렇게 못해요."

진짜 콘콤바인이 다시 판매자의 입장으로 돌아가 콘콤바인이라면 어떻게 행동했을지 직접 시범을 보여준다. 다곰바인이 콘콤바인에게 묻는다. "어떻게 그렇게 참아요? 기분 안 나쁘세요?"

콘콤바인이 당황한 다곰바인에게 말한다. "이게 바로 우리가 서로를 존중해주는 방법이에요. 만약에 누군가 조금 더 원한다면 원하는 만큼 더 줘야 해요. 그걸 멈추려고 하면 안 되는 것이에요. 우리는 어른들께 그렇게 배워왔어요. 상대방이 자유롭게 고를 수 있도록 놔둬야 해요." 앞서 진행했던 족장 장면과 지금의 시장 장면에서 모두 다곰바족과 콘콤바족은 상대의 행동을 전혀 이해하지 못했다. 그들이 서로에게 요구한 것 전체를 이해하지 못하는 것이 아니라 특히 몇몇 행동들이 각각 부족의 문화적인 입장에서 봤을 때 전혀 용납되지 않기 때문인 것이다. 그들 머릿속에 뿌리박힌 문화적 관념이 가상의 상황임에도 옳지 않다고 생각되는 행동을 전혀 하지 못하게끔 막고 있다.

다곰바족은 자신들이 항상 해오던 행동을 보고 갑자기 마구 비난하는 콘콤바족을 도저히 이해할 수가 없었다. 예를 들어, 좀 전의 시장 장면에서 다곰바인이 옆에 있는 토마토를 마구 주워 담을 때 충분히 막을 수 있었는데도 막지 않은 그 상황을 특히 이해하지 못했다. "겁쟁이라 그런 거죠, 뭐." 다곰바인이 말했다. "그러고는 갑자기 등을 돌리고 화를 내다니요. 진짜 말도 안 되죠, 이건."

이때, Shu 박사가 나와서 그 남자 앞에 섰다. 갑자기 그를 계속해서 뒤로 밀고 거침없이 밀고, 또 밀쳐서 벽에 닿을 때까지 밀어붙였다. 그리고 질문을 던졌다. "기분이 어땠나요?" Shu 박사는 드라마 심리치료의 한 방법인 '행위해석'을 사용한 것이다. 끝까지 그를 벽으로 밀고 또 밀쳤다. 그러자 이번엔 그 남자가 Shu 박사를 밀었다. "아하, 이제야 반응이 나오네요." Shu 박사가 말한다. "콘콤바족 사람들이 수백 년 동안 이렇게 억눌리고 밀려나면서 살아왔던 설움들이 조금은 느껴지나요?" 그 후 침묵만이 주위를 에워쌌다.

천재지변 장면

가장 기본적인 구분법으로 아프리카를 나누어보면 강, 산, 숲 그리고 그밖의 자연지형에 의해 수천 개의 영토로 나뉜다. 영토는 각각 특정한 '대지의 정령'들이 관장하는데 각자의 영토 내에서 풍요와 안녕을 책임진다. 다곰바족과 콘콤바족 두 부족 모두에 존재하는 다음의 속담은 정령과 인간 사이의 관계를 규정한다. "인간은 '대지(대지의 정령)'를 알고 '정령'은 그의 주인을 안다(Lange, 1998)."

비록 콘콤바족과 같은 피지배층 사람들에게 족장은 없지만 '대지'와 인간을 연결하는 영적 지도자는 있다(Froelich, 1954). 다곰바족이 지금의 다곰바 왕국(다본)에 들어갈 때 먼 북쪽에서 온 기습조들은 이 영적 지도자들을 죽이고 그들의 지위를 빼앗았다(Cardinall, 1920/1960; Kirby, in press). 현재 벌어지는 갈등의 일부분은 이 사건과 관련되어 있고 지금까지 다양한 형태의 문제로 나타나고 있다.

장면을 만들기 위해 한 사람이 사원의 '제단' 역할을 하는 돌을 놓았다. 바로 그곳에 제물이 바쳐지고 토기와 금속 종 또는 '공공'과 같은 '대지'의 사원과 관련된 물건들이 정령을 모시기 위해 사용된다. 다곰바족은 콘콤바족이 되어 '대지사원의 관리인' 그리고 원로 역할을 맡았고 콘콤바족은 콘콤바족의 사원에 가서 비를 내려달라고 간청할 수밖에 없었던 다곰바족 역할을 했다.

실연하기

다곰바 족장과 원로들이 '대지사원의 관리인'의 집에 다가가 "똑똑똑."이라고 말한다.

"누구세요?" 관리인이 말한다.

"술래만입니다. 다몬의 족장입니다."

"오, 어서 오세요. 족장님, 정말 환영합니다." 물을 대접하고 용건을 묻는다.

"비를 내려주기를 원합니다. 모든 농작물이 죽어가고 있는데 우리는 어떻게 해야 할지 모르겠습니다. 우리를 위해 '대지'에 비를 간청해줄 수 있겠습니까?"

다곰바족이 연기하는 '대지'의 사제는 누더기 같은 겉옷을 입고 있는데 다곰바족 족장이 입은 장엄한 예복과 비교하면 형편없다. 그는 매끈하고 평편한 돌에 앉아 부스러지는 움막에 기대며 매우 어색하게 역할연기를 하고 있다. 그는 요청에 응하며 "네, 도와드리겠습니다. 저에게 흑염소와 흰 새를 가져오십시오."라고 한다.

콘콤바족이 끼어들었다. "아니에요. '대지 사원의 관리인'이라면 먼저 문제의 심각성부터 파악해야죠. 당신은 세 사람의 예언자를 보내서 무엇이 비를 막고 있는지를 확실히 알아내야 해요. 그것은 작은 제물만 요하는 간단한 일일 수도 있지만 '훼손된 대지'와 같은 몹시 심각한 일일수도 있어요."

두 부족 모두가 '훼손된 대지'의 의미에 대해 알고 있었다. 그것은 대지의 '죽음'으로 이어지는 극심한 분리 상태인데 대지가 메마르고 위험한 상태가 되어 경작과 수확이 어렵게 된다. '훼손된 대지'를 초래하는 가장 큰 원인은 인간의 피를 대지에 흘리는 것이다(Kirby, 1999).

모두가 전쟁 이후부터 동쪽의 다본에서는 땅을 치유하는 의식절차가 없었다는 것을 깨달았다. 매번 우기가 시작할 때가 되면 걱정스러운 눈빛이 여전히 동쪽으로 바라보며 비를 바라고 있다. 그러나 어떤 다곰바족 사람들도 감히 그것에 대해 말할 수 없었는데, 이것으로 인해 피지배층인 콘콤바족 쪽에서 '대지'의 사원을 도맡으면서 어떤 우월한 권한을 가지게 될 것이기 때문이었다. 곧 결과가 드러난다. 모든 사람이 두려워하는 가운데 예언자들은 '대지가 훼손'되었음을 알린다.

'대지'의 사제들은 다곰바의 족장을 불러 예언자의 계시를 듣게 한다. "자, 당신도 알다시피 예언자들이 '대지가 훼손'되었다고 말했습니다. 당신은 이제 손 놓고 있을 수 없습니다. 조치를 취해야 합니다. 이번에는 특별한 제물이 필요합니다."

"우리는 어떻게 해야 하죠? 무슨 일이든 기꺼이 하겠습니다." 다곰바족의 족장과 원로들을 연기하는 콘콤바족이 말한다.

이때 콘콤바족이 끼어들어 다곰바족이 연기하는 '대지'의 사제에게 말한다. "우리는 모두 '대지의 사원'에 모여서 '피 묻기' 의식을 행해야 합니다." 그들은 다곰바족에게 새와 흑염소를 제물로 바치는 것을 알려주며 두 부족이 활과 화살 등 그들이 사용했던 무기를 가지고 와야 한다고 말한다. 동물들은 제물로 바쳐지고 피는 부족의 부서진 무기와 함께 땅에 묻힐 것이다.

콘콤바족은 이 의식이 불모와 타락의 상태를 멈출 것이라고 말한다. '대지'는 되살아날 것이며 사람들이 예전처럼 하나가 될 것이다. 지금부터는 그 누구도 전쟁에 대해 언급하지 않을 것이다. 마치 한 번도 전쟁이 일어나지 않았던 것처럼 말이다.

단계적으로 의식을 행하다가 이번에는 진짜 콘콤바족이 맡아서 진행한다. 그들은 다곰바족이 미처 생각지도 못했던 절차를 주도하는데, 염소의 숨통을 끊을 때 양쪽 부족의 대표자에게 염소를 잡게 하는 것이다. 다곰바족으로부터 질문이 쏟아지고 콘콤바족은 열심히 답한다. 의식의 마지막에 들어서는 모두가 한마음으로 문제를 해결했음을 느낀다.

문화의 변화 : 함께 새로운 세상 만들기

워크숍이 끝나기 전날 밤, 한여름의 폭우가 몰아치기 전에 번개가 번쩍거리듯 분위기는 희열로 가득 차 있었다. 지극히 자발적으로 참가자들은 그들이 '무언가' 해야 한다는 것을 느꼈다.

한 사람이 말했다. "우리는 너무 긴 시간 고통을 받았어요. 우리를 갈라놓은 마음의 장벽을 허물어버립시다. 옌디를 재건합시다." 전쟁 이후로 콘콤바인은 다본의 중심 도시인 옌디에서 사는 것이 허락되지 않았는데 이것으로 인하여 두 집단 모두에 큰 고난이 닥쳐왔던 것이다.

장면이 준비되고 두 집단은 역할을 교대했다. 이번에는 콘콤바족의 지도자 역할을 하는 다곰바족이 더 떠들썩하다. 그들은 콘콤바족의 수도인 사보바 지역의 각 씨족들을 불러 모음으로써 장면을 시작한다. 한 사람이 다른 사람들을 위해 말한다. "우리 모두는 고통받아 왔습니다. 옌디에 가서 물건을 팔 수도 없고 전쟁 이전처럼 자유롭게 왕래할 수도 없습니다. 우리가 다곰바 왕에게 가서 청해봅시다."

즉시 콘콤바족이 '붉은 깃발'을 들었다. "아니에요, 그런 식으로 사람들을 불러 모을 수가 없어요. 콘콤바족의 원로들은 아무도 안 올 겁니다. 우리는 각자가 독립적인 존재예요. 그런 식으로 회의를 소집하는 건 지나친 권력남용이에요."

콘콤바족의 원로 역할을 하던 다곰바족은 회의 소집과 같이 쉬운 일이 그렇게 어려움투성이라는 사실에 놀랐다. 하지만 콘콤바족에게는 결코 쉬운 일이 아니다. 모두는 이제 장면의 시작을 다시 다곰바족에게 맡겨야 한다고 느꼈다.

다음 장면은 다곰바의 왕인 야나의 궁전에서 시작된다. 콘콤바족이 연기하는 왕이 원로에게 말하기를 "너희들은 오늘 모이게 된 연유를 궁금해하겠지만 콘콤바족에 관한 의견을 듣고 싶어 불렀다. 전쟁이 난 후로 12년이 지났으니 이제 시장을 개선시킬 때가 왔다. 콘콤바족을 엔디로 부를 때가 되었다고 생각하지 않는가?"

다곰바족이 끼어들어 외교기술의 복잡성에 대해서 설명했다. "그게 아닙니다. 야나라면 그렇게 하지 않아요. 원로들에서부터 시작되어야죠. 왕은 의견을 말하기 전에 반대 의견을 묻지 않아요." 점차적으로 문제가 해결되었다. 먼저 다곰바 왕실체계의 복잡성에 대해 다루고 콘콤바 원로들을 소집하고 다른 정치적인 쟁점을 조율하고 양쪽의 젊은이들이 문제를 일으키지 않게 방지하고 모두가 건전한 기대감을 가짐으로써 말이다. 그날의 마지막 무렵에는 모든 워크숍 참가자들이 말 그대로 기뻐서 날뛰었다.

마지막 장면은 그들이 조금씩 조금씩 엔디를 재건하는 것이다. 그들은 해온 것에 대해서 스스로 깜짝 놀랐는데 몇 사람이 그 놀라움에 대해서 말했다.

만약 우리에게 그럴 수 있는 권한이 있었다면 엔디를 지금 이 자리에서 재건했을 거예요. 앞으로 우리가 무엇을 해야 할지 확실히 알고 있고 여러 각도에서 문제를 바라보며 모든 잠재적이고 실재적인 위험들을 따져봤어요. 우리가 예상하지 못한 많은 문제가 있었지만 함께 작업하면서 그 문제가 무엇인지 알게 되었고 바로 이 자리에서 극복할 수 있었어요.

이것이 바로 정부가 무능한 이유죠. 그들은 무엇을 해야 할지 너무 몰라

요. 하지만 우리는 알죠. 문제를 어떻게 해결해야 할 것인지 말이에요.

무인도로 돌아가서

마지막 장면에서 무인도로 돌아가 그들이 원하는 세상을 다시 그려보고 무엇이 필요한지를 생각해본다. 그들의 새 작품은 화합의 콜라주다. 이제 더 이상 섬 한쪽의 콘콤바족과 다른 한쪽의 다곰바족으로 분리하지 않는다. 이제 행동과 색깔과 공간을 사용하는 것에서 화합을 찾아볼 수 있으며 기관과 개인 사이에 소통을 볼 수 있다. 그들이 이에 대해서 표현하기를 새롭게 통합된 '평화의 문화'라고 한다.

소시오드라마와 문화드라마

소시오드라마와 문화드라마는 명확히 구분된다. 저자가 이해하기로 간단히 말하면 소시오드라마는 사회에 대한 것이고 문화드라마는 문화집단에 대한 것이다. 치유적인 성격의 소시오드라마는 불건전하고 신경과민이거나 혼돈에 빠진 사회집단 내의 관계를 다룬다(Moreno, Blomkvist, & Rutzel, 2000). 이 드라마에서는 한 사회 구성원 간에는 보편적인 합의와 보편적으로 통용되는 언어가 있다고 간주한다. 문화드라마는 그렇지 않다. 다른 문화집단은 각자 그들만의 세상에 다른 의미를 부여한다. 그들은 서로 만나면 충돌과 상호 간 오해가 갈등을 불러일으키는데 우리가 말하는 소위 '문화전쟁'이 이것의 한 예다. 오늘날 세계적으로 민족과 종교적 긴장이 고조되는 것 같다. 문화드라마는 이런 문제를 다루기 위한 하나의 방법이다.

문화드라마는 역할교대와 이중자와 같은 사이코드라마의 다양한 기술과 방법을 사용하고 통합에 이르는 과정도 유사하다(Vargiu, 1977). 그러나 개인인가 사회인가에 대한 문제에서 사이코드라마와는 다르다. 문화드라마는 개인과 사회 또는 그 이상의 여러 문화와 세계관을 서로 만나게 하고 통합시킨다. 문화드라마는 한 문화집단을 다른 집단에게 소개하는 데 초점을 맞추고 이 과정에서 더 큰 자기이해를 위해 마음을 열게 하여 예상되는 갈등 상황에서 서로에 대한 재발견을 하게 한다. 아프리카인에게 '냉장고', 콘콤바족에게 '대지의 사원', 다곰바족에게 '족장'과 같은 갈등이 생길 수 있는 지점의 발견은 배움의 가능성을 열어놓는다. 즉, 서로가 편하고 이해 가능한 개체들이 모인, 조직적이고 논리적인 각각의 다른 의미의 세계에 사는 집단에 대해서 배울 수 있게 된다. 그들을 알고 그에 맞춰서 행동하는 것은 관계에 영향을 미친다. 냉장고는 물이기 때문에 중요하고, 물은 거스를 수 없는 환대의 법칙이기 때문에 중요하다.

그러므로 문화드라마는 개인이나 사회를 위해서만이 아니라 서로 다른 것과 마주친 문화를 위해 치유의 역할을 한다. 문화드라마는 사람들에게 가능성을 주는데 변화하는 시간과 상황에 따라서, 그리고 서로 다른 문화에 가까이 살면서 증가하는 충돌에 따라서 서로 다른 문화들이 지속적으로 행동을 개선하고 적응하고 바꿀 수 있게 한다.

그러나 그것은 단순히 이해하는 차원에서 훨씬 더 나아간다. 참가자들은 역할교대를 하면서 다른 사람의 '입장'에서 사는 것은 어떨까 하는 것을 실제로 경험할 수 있었다. 그 문화 속에 들어가서 그들의 형제자매의 감정을 느낄 수 있었고 토의를 함으로써 이것에 대해 이해할 수 있었다. '행위통찰' 또는 몸짓의 대화는 다른 관점과 세계에 관한 일종의 전환을 불러일으켰다. 누군가는 다른 세계 내에서 '손님'이 되고 그것의 아름다움과 숭고함 그리고 그것의 의미와 현명함을 둘러보기 위해서 이끌려간다.

문화드라마는 개인 간의 일보다는 서로 다른 세계관 사이에서 기능하고 탐색한다. 그것은 역사적, 사회적, 문화적 구조를 탈바꿈하기 위해서 갈등의 심장부에서부터 기능한다(Lederach, 1997). 다른 한쪽을 꺾기 위해서 서로 싸우지 않고 참가자들은 결국 서로 행동과 말을 주고받게 되었다. 이런 과정을 통해 연민에 이르게 되며 이것은 다시 수용과 용서 그리고 긍정적 행위에 이르게 된다. 마침내 자연스럽게 주고받는 상황에서 서로를 더 확실하게 느끼게 됨으로써 참가자들은 제한적이지만 진정한 방법일 수 있는 새로운 형태의 소통을 할 수 있었다. 그리고 그들은 변화를 실행으로 옮겼다.

요약하자면 문화드라마의 중요성은 이러한 점에서 두드러진다.

- 문화드라마는 하나의 문화와 다른 문화를 발견하기 위한 하나의 방법이다.
- 공감을 통해서 '행위통찰'을 얻고 이것을 통해 다른 집단과 그 집단 자체에서 새로운 신뢰와 확신의 토대를 구축한다.
- 문화드라마는 새로운 문화적 의미들과 함께 배움과 '놀이'의 가능성을 열어준다.
- 문화드라마는 새로운 문화 통합의 희망찬 비전을 제시한다.
- 문화드라마는 두 집단이 함께 새로운 '평화의 문화'를 건설하는 데 견인차 역할을 한다.

'평화의 문화'를 향한 움직임

가나에서의 워크숍은 모두에게 특별한 경험이었다. 그 특별함은 새로운
종류의 어려움을 불러왔지만 점차적으로 참가자들이 통합되는 효과를
경험하면서 집단의 열의는 높아져갔다. 한 참가자가 털어놓았다. "실연
을 거듭할수록 그것은 저희를 새로운 방법에 익숙해지는 어떤 시간으로
데리고 갔어요. 문제에 대해서 단순히 생각이나 말로만 이야기하는 것보
다 훨씬 낫다는 것이 드러났죠." 실연에 들어간 이후에 다른 참가자가 말
했다. "나는 느껴요. 나의 다곰바족 형제자매들과 지금 더 가까워지는
것을요. 왜냐하면 내가 전에는 보고 느낄 수 없던 것들을 지금은 보고 느
낄 수 있거든요." 또 다른 사람은 극화된 역할교대가 쟁점을 더 분명하게
볼 수 있게 도왔다고 느꼈다고 하며 이렇게 말했다. "우리는 다른 집단의
감정을 실제로 느낄 수 있었어요. 드라마는 우리가 집에서는 말하거나
행동하지 못했을 것들을 해볼 수 있게 도왔고 이것이 우리를 더 가까워
지게 만들었어요." 문화드라마는 우리의 희망이다. 파편화된 문화적 의
미들과 융합된 세계에서 그것은 우리를 화합시킬 수 있다.

참고문헌

Assefa, H. (2001). Coexistence and reconciliation in the northern region of
　　Ghana. In N. M. Abu (Ed.), *Reconciliation, justice and co-existence.*
　　Oxford, UK: Oxford University Press.

Bogner, A. (2000). The 1994 civil war in northern Ghana: The genesis and
　　escalation of a "tribal conflict." In C. Lentz & P. Nugent (Eds.),
　　Ethnicity in Ghana: The limits of invention (pp. 183-203). London:
　　Macmillan.

Cardinall, A. W. (1960). *The natives of the northern territories of the Gold*

Coast. London: Negro. (Original work published 1920)

Eyre-Smith, St. J. (1933). *A brief review of the history and social organisation of the peoples of the northern territories of the Gold Coast.* Accra: Government Printer.

Ferguson, P., & Wilks, I. (1970). Chiefs, constitutions and the British in northern Ghana. In M. Crowder & O. Ikime (Eds.), *West African chiefs: Their changing status under colonial rule and independence.* New York: Africana Publishing Corporation and University of Ife Press.

Froelich, J.-C. (1954). *La tribu Konkomba du nord Togo.* IFAN-Dakar.

Goody, J. R. (1954). *The ethnography of the northern territories of the Gold Coast west of the White Volta.* London: The Colonial Office.

Goody, J. R. (1967/1969). The over-kingdom of the Gonja. In D. Forde & P. M. Karberry (Eds.), *West African kingdoms in the nineteenth century* (pp. *179-205).* Oxford, UK: Oxford University Press.

Goody, J. R. (1971). *Technology, tradition and the state,* Cambridge: Cambridge University Press.

Hall, E. (1966). *The hidden dimension.* New York: Doubleday.

Johnson, D. R., Sandel S. L., & Eicher, V. (1983). Structural aspects of group leadership styles. *American Journal of Dance Therapy, 5,* 24-45.

Katanga, J. (1994a). Stereotypes and the road to reconciliation in Northern Ghana. *Uhuru,* 6(9), 19-22.

Katanga, J. (1994b). *Ghana's northern conflict: An ethnographic history.* Unpublished manuscript.

Kirby, J. P. (1986). *God, shrines and problem-solving among the Anufo of northern Ghana.* Anthropos Institute: Collectanea Instituti Anthropos, Vol. 34. Berlin: Reimer.

Kirby, J. P. (1999). The earth cult and the ecology of conflict-management in northern Ghana. In J. P. Kirby (Ed.), *ATRs and development* (Culture and Development Series, No. 3). Tamale, Ghana: TICCS Publications.

Kirby, J. P. (2002). *"A cobra is in our granary": Culture-drama and peacebuilding, a culture-drama workbook.* CRS-Ghana Peacebuilding Project. Tamale, Ghana: TICCS Publications.

Kirby, J. P. (2003). Peacebuilding in northern Ghana: Cultural themes and ethnic conflict. In F. Kroger & B. Meier (Eds.), *Ghana's north: Research on culture, religion, and politics of societies in transition.* Frankfurt: Peter Lang.

Kirby, J. P. (2007). Ethnic conflicts and democratization: New paths toward equilibrium in northern Ghana. *Transactions of the Historical Society of Ghana, New Series, 10, 65-108.*

Kirby, J. P. (in press). Ghana's "witch camps" and the culture of rights. In S. Tonah (Ed.), *Ghana at fifty: Papers commemorating the fiftieth anniversary of Ghana's independence.* Sociology Department, University of Ghana, Legon.

Ladouceur, P. (1979). *Chiefs and politicians: The politics of regionalism in northern Ghana.* London: Longman.

Lange, K. R. (1998). *Dagbani proverbs.* Dagbani Proverbs and Scripture Project. Tamale, Ghana: TICCS Publications.

Lederach, J. P. (1997). *Building peace: Sustainable reconciliation in divided societies.* Washington, DC: United States Institute of Peace.

Levtzion, N. (1968). *Muslims and chiefs in West Africa: A study of Is lam in the middle Volta Basin in the pre-colonial period.* Oxford, UK: Clarendon Press.

Middleton, J., & Tait, D. (Eds.). (1953). *Tribes without rulers.* London: International African Institute.

Mahama, I. (1989). *Ya-Naa the African king of power.* Accra, Ghana: Privately published. Moreno, Z. T., Blomkvist, L. D., & Rutzel, T. (2000). *Psychodrama, surplus reality and the art of healing.* London: Routledge.

Pul, H. A. S. (2003). *Exclusion, association and violence: Trends and triggers of ethnic conflicts in northern Ghana.* Unpublished MA Thesis, Duquesne University, UMI Dissertation Services.

Shu, G., & Kirby, J. P. (1992, May). *A methodology for using sociometry, sociodrama and psychodrama for resolving conflict arising from situations of cultural change in Africa.* Presented at the ASGPP 50th Anniversary Conference, New York.

Staniland, M. (1975). *The lions of Dagbon: Political change in northern Ghana.* Cambridge: Cambridge University Press.

Tait, D. (1958). The territorial pattern and lineage system of Konkomba. In J. Middle-ton & D. Tait (Eds.), *Tribes without rulers.* London: Routledge and Kegan Paul.

van der Lingde, A., & Naylor, R. (1999). *Building sustainable peace: Conflict, conciliation, and civil society in northern Ghana.* Oxford, UK: Oxfam.

Vargiu, J. G. (1977). *Synthesis, a psychosynthesis workbook, Vol. I.* Redwood City, CA: Synthesis Press.

Wilks, I. (1961). *The northern factor in Ashanti history.* Legon: University of Ghana.

Wilks, I. (1971). The Mossi and Akan states, 1500-1800. In J. F. A. Ajaji & M. Crowder (Eds.), *History of West Africa, Vol. I* (pp. 344-386). New York: Oxford University Press.

10 소시오드라마를 활용한 가족 역동성 가르치기

ALAN LEVETON, EVA LEVETON & MARTIN NEWMAN

저자 프로필

2004년 우리는 몇 가지 새로운 경험과 모험의 기회를 가질 수 있었다. 중국 청두 쓰촨대학교의 교육학과 심리학 전공 대학원생을 지도하는 경험을 했다. 지도 교수는 학교에서 엄격하고 권위주의적 모델로 강연하기로 소문난 교수로 학생들의 주목을 끌었다. 어느 날 우리는 워크숍을 통하여 학생들에게 근본적으로 다른 교수법을 경험하게 했고 그들의 열렬한 반응을 이끌어낼 수 있었다. 그리고 더 광범위한 교육과정을 실시할 수 있었다. 2006년 우리는 Eva Leveton의 사이코드라마에 관한 책을 중국어로 번역했고 대학원생 40여 명에게 사이코드라마기술을 사용하여 가족생활의 역동성을 탐색하고 연구하는 과정으로 5일 동안 워크숍을 실시하고 돌아왔다.

　Alan Leveton은 소아과 임상 교수와 캘리포니아의과대학교에서 정신의학과 교수를 역임했다. 샌프란시스코에서 개인최면 기술과 경험적 가족치료 작업을 결합하여 널리 발표했다. 그의 아내 Eva Leveton과 함께 〈위기의 가족과 아이들〉이라는 교육 영화를 제작했다. 또한 UC 다윗학교 형사사법학과에서 가족들의 위기상담을 주제로 5시간 동안 영화 시연을 했다.

　Eva Leveton은 미국, 유럽, 인도, 아프리카 등지에서 지난 50년간 가족

치료등을 가르쳤다. 뿐만 아니라 사이코드라마, 사회측정학, 집단심리학에 접목하여 능력을 인정받아 Zerka Moreno상을 받았다.

그녀는 세 권의 책, **심리치료사를 위한 사이코드라마 가이드**(*A Clinicians' s Guide to Psychodrama*)와 **위기의 사춘기 – 드라마치료의 방법**(*Adolescent Crisis : Approaches in Drama Therapy*) 그리고 **에바의 베를린, 전쟁 중 유년의 기억**(*Eva' s Berlin, Memories of Wartime Childhood*)을 썼다. 그녀는 캘리포니아공과대학에서 신체 심리 프로그램과 드라마치료 프로그램을 탁월하게 가르치는 부교수다.

Martin Newman은 샌프란시스코에서 가족과 개인 등을 치료했고 Wright연구소의 교사다. 그는 앨러미다 남부 지역 YWCA 관리자이며 카스트로밸리에 있는 CA와 클레어몬트센터의 가족상담사다. 산카를로스, CA와 현재 샌프란시스코, CA의 Wright연구소 외래교수이다. 그는 과거 샌프란시스코 여러 기관에서 가족상담 서비스를 제공했다.

서론

중국 사회의 가장 기초 구성단위인 가족은 20세기 동안 중국 약점의 주요 근원이 되는 중국의 전통을 지켜봤던 개혁가들과 가족보다는 계급과 국가로 사람을 구분 짓기 원했던 공산주의자들에게 공격을 받는다. 두 집단은 국가가 가족을 덜 좋아하고 가족은 국가를 덜 좋아하게 만드는 데 성공하였다. 어느 쪽도 충성과 복종의 중심으로서 국가에 가족을 영원히 종속되게 만들 수 없었다(Chi, Ng, Phillips, & Lee, 2002).

이 장은 Alan Leveton과 Martin Newman이 중국 청두에 있는 쓰촨대학교의 교육학과 심리학을 전공하고 졸업한 학생들을 대상으로 한 실험적인 워크숍을 하루 동안 감독할 수 있는 기회를 가졌던 2004년에 시작한 연구를 살펴본다. 학교에서 엄격하게 유지되는 수업방법 — 교수 수업, 학생들의 노트 필기와 시험 — 에 우리 워크숍은 학생들이 급진적으로 다른 형태의 가르침을 경험할 수 있는 기회였다. 2005년도에 졸업한 학생들을 위한 공개 강연에서 M. N.은 가족 치료의 기본적인 개념에 대해 토론하고 연설했고 그들에게 실험적인 연구 방법에 대해 소개했다. 학생들의 열정적인 반응 덕분에 더욱더 광범위한 코스를 배울 수 있었다. 2006년 Alan과 Eva 그리고 Martin은 5일간의 워크숍을 지도하기 위해 돌아왔다. 처음에는 시골 출신 학생들이 학교에서 일어나는 심리학적 문제들을 다루고 가르치기 위해 그들의 마을로 돌아갈 것을 기대했다.

1938년 설립된 쓰촨대학교는 심리학과 교육학 분야에서 박사 학위를 수여받은 쓰촨 지역에서 가장 큰 대학교이다. 쓰촨대학교의 웹 사이트는 "모든 학부의 직원들은 중국의 공산당이 내놓은 교육 정책을 따라야 한다. 또한 사회주의자들이 대학교를 운영하기 위해 접근하는 것에 동의한다."라고 공포했다(2009). 학교에서 공산당은 리더십과 큰 애국심의 표상으로 표현되었다.

쓰촨대학교에서 사용되는 가르침의 본보기는 엄격하게 전통적인 규율을 따른다. 교수는 큰 테이블 끝에 앉는 반면 학생들은 그 반대 주변에 앉아 노트에 필기한다. 학생들은 이러한 공식적인 수업 방식에선 질문할 기회가 거의 없으며 학생들 간 의사소통 역시 없다.

대학교는 청두 가장자리에 위치해있으며 서구 문명의 모습이 많이 나타난다. 예를 들어, KFC, 타코벨, 맥도날드 등 많은 익숙한 서양 기업들이 있다. 특히 유명한 스타벅스 체인점은 항상 젊은 중국인들로 붐빈다. 이러한 현상은 놀랍게도 빠르게 팽창되고 있다. 2004년 우리는 자전거와 차가 고르게 나누어져 다닐 수 있는 거리를 발견했다. 그러나 2006년에는 자전거 길이 훨씬 줄어들었고 차가 다닐 수 있는 길에는 현대식 차들로 꽉 메워졌으며 종종 뒷좌석에 아이를 태운 여성이 홀로 운전하기도

했다. 현대화에 따른 희생이 있었는데 그것 중 하나는 영구적인 스모그의 악영향이었다. 청두는 어떤 중국 도시들과 비교해도 일조량이 현저히 적다는 기록을 남겼다. 서구 문명의 영향과 우리 학생들이 명백하게 증명할 수 있는 중국의 전통은 우리 워크숍에서 계속 충돌했다.

중국 가족 : 3세대의 급격한 변화

전통적으로 공자의 사상을 기리는 중국에서 가족은 개인이나 공동 사회를 뛰어넘는다. 아버지는 모든 권력의 중심이고 아들은 복종적이며 충실했다. 여자들은 훨씬 덜 중요했다. 그들의 출생은 항상 기쁨을 자아내지는 못했으며, 그들의 어린 삶은 정략결혼이나 집에서 쫓겨나기 위한 준비 과정에 불과했다. 새로운 신부는 남편과 시아버지에게 복종해야 했고 시어머니를 위해 일해야 했다. 그녀의 주요 의무는 아들을 낳고 가족의 혈통과 재산 상속을 유지하는 일이었다(Hutchings, 2001; Z. Zhang, 2001; Y. Zhang & Goza, 2007).

전통적인 가족 구조에 있어서 제일 주된 도전은 우리 학생들의 증조부모들 세대가 1919년 5월 4일 궐기했던 5 · 4 운동으로부터 온 것이었다. 그 당시 저항은 제1차 세계대전 결과 베르사유 평화조약 결정에서 세계대전에 비전투원으로 17만여 명이 참여한 중국의 권리를 제한하고 일본의 특권을 중국에 확대한 이면 결정에 중국의 지식인들은 반대했다. 지역을 넘어서 신문, 논평, 그리고 대학생들이 이 논쟁에 대해 격노했고, 전에는 찾아볼 수 없었던 독립적이고 비공식적인 미래 개혁에 대해 논의하기 시작했다. 이 논의를 시작으로 1921년 중국 공산당이 설립됐다. 1950년의 공산당의 권력은 시골 사회에 엄청난 영향을 끼칠 토지 개혁과 시골에 살고 있던 사람들과 농민들에게 계급 꼬리표를 붙이는 일에 집중하기 시작했다. 토지 소유자들은 공개 재판에서 모욕을 당했고 많은 사람이 처형당했다. 토지 소유층—고대 시간으로 거슬러 올라가 시골의 전통을 지키고 있던 땅의 소유자들—마저 없애버렸다(Hutchings, 2001). 공개 재판에서 가족생활의 노출은 '부르주아' 혹은 '반혁명주의자'로 비난받았다. 우리의 작업은 학생들이 공개적인 교실에서 그들 가족의 삶의 관점을 묘사하게 할 것이다. 우리는 그들의 자발적 행위를 방해했던 이 역사의 자취를 걱정했다.

1950년 혼인법의 논쟁을 불러일으켰던 가족 구조에서의 또 다른 중요한 변화는 중매 결혼으로부터 여성들을 해방시키는 것과 여성들이 일을 할 수 있게 하는 것 그리고 그들 자신의 소유물을 취득할 수 있게 해준 것이다(Hutchings, 2001). 여성의 지위에서 이러한 변화는 우리의 첫 소시오드라마 워크숍 중에서 다룰 문제 중 하나이다.

노동의 공영화로 인한 농업의 침체는 1958년 토지 개혁과 마오쩌둥이 착수시킨 '대약진 정책'을 야기했다. 이 정책은 많은 부작용들을 초래했으며 시골 지역에 두 가지 현상들을 불러일으켰다. 집단 공동체와 군대식 규율로 통제되는 생활, 집단 기근과 터무니없는 산업 정책의 결과와 소규모 농사의 소외가 일어났다(Hutchings, 2001). 여성들은 아이들을 돌보거나 밥을 하는 전통적인 집안일을 넘겨받았다(Hutchings, 2001). 23~40만 사이의 중국인이 기근으로 인해 죽음에 이른 것으로 추정된다. 농부들의 집단화는 단체 생활의 강조, 공산당에의 순응과 정치적인 것을 위한 전통적인 가치의 희생과 같은 이념에 의해 시작되었다.

전통적인 집안일과 농사일을 마지못해 복원하는 것처럼 마오는 1966년부터 1976년까지 '문화대혁명'을 착수시켰다(Schoenglass, 1996). 문화대혁명은 모든 종류의 개인 표출에 대한 공격이었으며 부분적으로는 도시에서 사는 가족들의 삶을 파괴시켰다. 이것은 노인에 대항하는 청년, 부모에 대항하는 아이, 선생님에 대항하는 학생의 봉기였다. 그리하여 그 당시 재교육, 농촌 이주 정책, 박해 그리고 가족들을 분열시키기 위한 투옥이 몇 년에 걸쳐 종종 발생하곤 했다(Hutchings, 2001). 마오를 제외한 그 어떠한 사람도 안전하지 않았다.

서구문화와 연결된 사람들은 위험했다. 일생 동안 당을 따랐던 사람들뿐만 아니라 절대적으로 동등한 힘을 추구하는 권력과 아무 상관없는 사람마저 위험에 처했다. 마오는 중국이 외부의 적과 악인들의 유혹 사이에 둘러싸여 있다는 근본적인 가르침을 전파했다. 이러한 피해망상은 공산당 정책의 폭력성을 정당화하는 환경과 눈이 먼 독재자, 그리고 과거 봉건 제도에 대한 혐오감을 만들어냈다(Hutchings, 2001).

다음으로 가족의 삶에 대한 근본적인 간섭은 바로 인구성장 제한과 생활수준 개선 방법으로 쓰인 1976년 한 가족당 한 아이 낳기 정책이다. 1979년, 인구의 3분의 2가 30세 이하였고 1950년과 1960년 사이에 태어난 '베이비 부머(baby-boomer)'의 확인되지 않은 수많은 사람이 급성장하는 인구에 일조하였다.

정책은 도시에서 당에 완전히 의존하고 있는 정부 관계자들에 의해 강제적으로 시행되었다(Y. Zhang & Goza, 2007). 전통적이고 원초적인 부족의 삶을 계속 살 수 있도록 허락받은 소수의 인구와 몇몇 교외 지역만이 이러한 제약이 느슨했다. 또한 한 아이 낳기 정책은 성 비율, 즉 여성에 대한 남성의 성 비율에 변화를 일으켰다. 산업화된 국가에서 이 범위는 약 1.03에서 1.07이다. 중국에서는 1.17로 증가했다. 여성들은 원하지 않는 딸을 예방하기 위해 초음파 검사를 불법적으로 사용했다. 그러나 낙태와 여자아이의 유기는 계속해서 주된 문제가 되고 있다(Hesketh, Liu & Xing, 2005).

중국의 심리치료

우리가 알고 서구에서 실행되고 있는 정신치료는 중국에 있어서 상대적으로 새로운 개념이다. 제1의 정신치료센터는 1994년 쿤밍에서 설립되었고 이러한 접근은 대부분 중국 사회의 가치와 인지적이고 행동적으로 평행을 이루었다. Y. Zeng(1991)에 따르면 중국에서의 심리치료의 발달은 4단계로 나누어질 수 있다고 한다. 1949년부터 1969년까지 중국 정신과학은 공공질서를 준수하는 데 우선권을 둔 러시아의 신경 정신병학 모델에 포함되어 있었다. 정신적인 병과 다른 이상 행동은 1966년과 1977년 사이에 문화대혁명을 이끌었던 지도자에 의해 잘못된 정치적인 생각의 문제들로 간주되었다. 정신적인 치료를 하는 대신에 재교육을 받게 했다. 1978년부터 1986년까지 정치적이고 경제적인 개혁들은 중국 정신치료의 경기 부양화를 일으켰으며, 서구 과학 단체들과의 관계 역시 재정립하였다. 국제적으로 전문적인 모임, 국제적인 교환, 재개된 임상 실험, 새로운 학술지, 그리고 전문적인 저널이 발간되고 만들어졌다.

1987년부터 현재까지라고 볼 수 있는 4번째 단계는 중국에서의 정신 치료 분야의 개화기라고 할 수 있다. 이런 성장은 최근 정부의 정신치료 문제들 때문에 발생하는 사회적 예산을 절감하면서부터 시작되었다. 정부가 지원하는 계획은 국가의 병원, 학교 그리고 감옥과 같은 곳에서 제공되는 심리적인 서비스의 접근성을 향상시켰다(Y. Zeng, 1991). 동시대적인 정신치료의 개혁은 중국인들의 문화적 신념, 철학적인 치료 관습을 포함시키는 데까지 발전하였다. **태극권** 그리고 **기공**—중국의 육체적 두 수련 과정은 서구에도 이미 잘 알려져 있는 것이다—은 더 새로운 치료 방법과 함께 실행되고 있다.

사이코드라마 그 자체는 2003년 M. Wieser와 X. Deng이 역할교대,

빈 의자, 이중자, 독백, 동화 만들기, 가족 상담을 증명하기 위해 난징에서 이틀간 워크숍을 진행했다(Deng & Weiser, 2003). 이 워크숍은 실험적인 기법들을 처음으로 시도해보는 자리였다. 중국이 서구 문화로부터 개방하고 한 아이 낳기 정책을 시행했기 때문에 이러한 개인적인 욕구의 만족감을 강조하는 엄청난 변화가 생길 수 있었던 것이다.

심오한 심리학적 접근은 부분적으로 비용의 문제와 중국 문화에 대한 적응 때문에, 많은 중국인의 욕구에 거의 부합하지 못했다. 우리가 알고 있는 심리치료와 서구에서 실행되고 있는 것들은 상대적으로 중국에서는 새로운 개념이다(Q. Zeng, 2005).

진행자

Alan Leveton 박사는 샌프란시스코에 있는 캘리포니아의학대학교에서 가족치료를 가르치는 정신과 의사다. 석사 Martin Newman은 Alan과 세미나를 공동으로 가르치며 가족치료를 하는 박사 수준의 의사들을 감독했었다.

연구사례들

이러한 예는 2004년 그리고 2007년 워크숍에서 몇 개의 다른 작업들과 같이 더 상세하게 논의될 것이다. 우리는 우세한 교육 방식에 대한 정보를 갖고 있기 때문에 변화와 역할 과제의 강력한 메시지와 함께 시작했다. 우리는 학생들에게 큰 테이블을 치우고 원으로 앉으라고 요청했다. 학생들은 캘리포니아에서 졸업한 학생들의 역할을 맡게 될 것이라고 들었다. 그들은 활동적으로 참여하고 의자를 밖으로 빼내고 방 주위를 돌며 우리와 서로 교류하길 원했다. "미국에선 모든 학생이 우리 작업에 활동적으로 참여합니다. 우리는 중국 학생들에게 이런 것을 기대하면 안된다는 것을 알고 있습니다. 그러므로 우리는 여러분들이 지금부터 미국 학생인 것처럼 행동하길 부탁합니다. (모두 웃음) 알겠죠?" 학생들은 열정적으로 동의했고, 사실 기대 이상으로 협조해주었다. 그들은 실험적인 학습에 참여하게 될 것이다.

가족조각

현재 아들에 대한 선호는 '작은 황제' 마냥 과잉보호와 과잉지지로 양육되어 자신을 과대평가하는 소년들에 대한 걱정을 야기했다. 그렇기 때문에 그들은 사회적 기술을 획득하는 데 실패하였고, 많은 소년이 결혼을 할 수 없었다(Hesketh et al., 2005). 이러한 배경에서 우리는 가족 체계에 대한 활동적인 탐구를 함께 시작하기로 결정했다. 제일 첫 번째 연습은 가족 모습의 조각품을 변형시키는 것이었다. 우리가 학생들에게 전형적인 한 아이, 한 아들 가족을 조각하도록 요청하였다. 이러한 일은 말을 필요로 하지 않는 과제로 우리는 그들의 몸짓과 표정을 보기 위하여 그들의 허락을 받아내었다.

사례 1 한 아이만 있는 가족의 삼각관계

지원자에게 일곱 살 소년을 묘사해달라고 부탁했을 때 몇몇 학생은 열정적으로 손을 들었고, 한 사람을 빠르게 선택했다. 그는 '엄마'를 선택했고 가족 구성원을 완성시키기 위하여 '아빠'를 선택했다. 그들은 어려움 없이 해냈다.

학생들에게 캘리포니아 사람이 되라고 요청했다. 그것은 제한적인 행동 범위를 지정한 것이라기보다는 학생들이 열정적으로 참여해주길 바랐기 때문이었다.

학생은 서서 아빠를 마주하고 있는 엄마의 뒤에 쭈그려 앉아 매달렸다. 소년은 겁먹은 표정을 지었고 엄마는 걱정하고 보호하려는 표정을 지었으며 아빠는 다소 화나고 무심한 듯한 표정을 하고 있는 모습을 빚어냈다. 한 아이를 가진 가족과 전체주의 관계에 대한 논평을 끌어내도록 의도적으로 만들어냈다. 다른 참가자들은 그 장면 주위를 돌며 그들이 본 것에 대해 얘기했다. 그들의 반응은 정확했다. 가족당 한 아이를 가진 가족 문화에서 즉각적으로 엄마는 아들을 아기처럼 취급하며 아빠는 무서운 존재이며 아들은 감히 보거나 닿을 수조차 없어 엄마 뒤에 숨어있어야 하는 그런 존재로 표현했다. 역할놀이를 한 사람들은 이 장면에서 자신이 맡은 역할에 대해 무엇을 느꼈는지 말했다. 엄마 역할을 맡은 사람은 아들을 두려운 존재인 남편으로부터 보호해야만 하는 느낌을 받았다고 했다. 남편은 그의 권위가 모든 것을 통제하며 아들과의 교류는 상실한 채 부인에게 화가 난 느낌을 받았다고 했다. 아들은 엄마로부터 애증을 느꼈으며 아버지의 무관심과 부모 사이에 존재하는 긴장감을 두려워했다.

역할을 맡았던 사람들이 집단에 다시 합류한 후에 우리는 그들이 본 것과 겪은 것 그리고 어떻게 그러한 논평과 그들의 생활을 연결 지었는지에 대해 생각해보라고 요청했다. 우리는 방금 전 연출한 장면에 대한 대답을 듣고 그들이 느끼는 것을 보통 소시오드라마에서 공유하는 것과 같이 공유하라 지휘했다. 학생들은 그들이 특별해지는 것에 대한 모순과 형제, 자매나 사촌이 없는 외로움에 대한 모순을 얘기했다.

결론적으로 한 아이만 있는 가족 체계와 과잉보호되어 과보호 남자 어린이가 되는 '작은 황제' 신드롬을 야기하는 아들에 대한 높은 평가와 Zhang과 Goza가 2007년에 한 조사가 입증한 불만에 대한 염려를 열정적으로 토론하였다.

사례 2 일하는 여성

두 번째 또한 사례 1과 같이 조각기법을 사용하였다. 부서 교수 중 하나는 우리에게 동시대적인 중국의 사회 구조에서 여성의 위치에 대한 세미나 준비를 도와달라 요청했다. 우리는 이미 20대 여학생들의 긴장감이 역력한 것을 인식하고 있었다. 위에서 말한 것과 같이 여성의 수가 부족한 것과 전통적인 다세대적인 가족 구조에서 '서구문화'에 대한 욕구 그리고 물질주의적인 라이프 스타일이 여학생들에게 부가적인 도전 과제를 만들어냈다. 처음에 우리는 당황스러워했고 교수님의 제안에 대한 폭이 얼마만큼인지 몰라 다소 겁먹었다. 우리는 그 문제를 구체화하기 위하여 다른 조각을 사용하기로 결정했다.

여학생은 재빠르게 지원했다. 우리는 그 학생에게 의자로 만든 원 가운데에 서 있으라 요청했다. 이미 우리는 조각을 구성함으로써 4피트 길이의 얇은 줄을 워크숍에 가져왔다. 몇 개의 역할 역시 정해져 있었다. 남편, 아들, 친어머니, 시어머니, 제일 친한 동성 친구, 그리고 그녀를 관리하는 상사가 있었다. 각각의 역할을 하는 사람들은 그녀의 허리 주위에 줄을 하나로 묶어 그들과 연결했다. 사람들은 자신이 서 있는 방향으로 그녀를 잡아당김으로써 그들의 요구를 소리 높여 표현한다.

상사는 말했다. "늦게까지 머물러서 위원회 모임 회의록 좀 워드로 쳐줄 수 있겠어? 오늘 안에 끝내야 하는 건데 말이지." 아이는 구슬프게 울고 남편은 불평한다, "나는 이 제 당신 절대 안 봐. 내가 하자 그럴 때 넌 항상 피곤하다고 하지." 시어머니는 비난한 다. "네 집은 왜 이렇게 더럽니. 우리가 지낼 곳이 없구나!" 그리고 친한 동성 친구는 짜 증 낸다. "우리 이제 더 이상 같이 차를 마실 시간조차 없는 거니?" 각각의 역할을 맡은 사람들은 교대로 그녀에게 묶인 줄을 잡아당기며 말한다. 그들은 시끄럽게, 부드럽게 혹은 노래하는 것같이 다양한 방법으로 그 줄에 대고 말한다. 이런 방식으로 주인공을 잡아당긴다. 역할을 한 사람들은 다시 제자리에 앉아, 그 장면을 봤을 때, 자신들이 느 낀 개인적인 혹은 감정적인 반응을 공유했다.

학생들은 일, 아이, 결혼 그리고 제일 친한 동성 친구를 효율적으로 관리하는 데 있 어서 그 어떠한 다른 사람의 도움 없이 불평조차 할 수 없는 상황에 놓인 여성의 힘든 삶에 대해 활발히 토론하기 시작했다. 집안일, 요리, 그리고 아이 양육에 대한 도움을 주지 않는 남편에 대해 여학생들은 절대로 예전 방식대로 돌아가게 해선 안 된다고 얘 기했다.

워크숍이 끝난 후 학생들은 우리 주위에 앉아 그들이 얼마나 배웠고 얼마나 즐거웠 는지에 대해 얘기했다. 이 부서 회장인 Bading Nima 교수는 우리를 다시 초대해주어 우리는 오랜 시간 다시 가르쳤다.

2년 후에

우리가 '가족의 역동적이고 실험적인 방법들에 대한 소개'라 불리는 5 일간의 워크숍을 진행하기 위해 중국을 다시 방문하기까지 2년이라는 시간이 지났다. 우리의 워크숍은 Eva Leveton에 의해 심리드라마치료 부서에 있는 교수 협회에 합류했다. 그녀의 **심리치료사를 위한 사이코드라 마 가이드**는 중국어로 번역되었다.

우리는 작업을 위해 두 사람의 심리학 교수 Chan 박사와 Shao Ling 박사의 인터뷰와 함께 시작했다. 그들에게 그 학생에 대해 물었고 Chan 박사는 대신에 티베트의 수도인 라싸에 방문한 얘기를 들려주었다. 그는 가치 변화를 직면하는 속에서 질문의 본질을 마주하는 이야기같이 느꼈다고 말했다. 우리 학생들이 하는 걱정과 매우 관련이 있다. 그리고 우리는 그 이야기를 우리 작업에 좋은 원동력으로 무언가를 제공할 것이라고 여겼다. 그것은 다음과 같다. 라싸의 메인 광장 주위를 걷고 있는 Chan 교수는 울고 있는 여덟 살짜리 소년을 만난다. 그는 소년에게 왜 우냐고 물었고, 작은 소년은 그와 부모님이 탈진해가며 산을 넘고 넘어 몇 마일을 걸어 수도로 왔는데, 티베트의 불교 예행연습이 우수한 공적을 얻기 위해 이미 끝냈다고 얘기했다. "우리 아빠가 말해줬어요." 작은 소년은 여전히 울면서 말했다. "결국 나는 내가 되고자 했던 꽃이 될 수 있을 거래요. 하지만…" 여기서 소년은 더 크게 울기 시작했다. "나는 내가 뭐가 되고 싶은지 모르겠어요! 나는 꽃이 되기 싫어요!"

참가자들과 수업 방법

다시 우리는 가운데를 비워놓고 의자를 동그랗게 배치한 상태에서 가르치기를 원했음을 분명히 밝혔다. 우리는 한 반에 약 20명의 학생으로 정원을 맞춰달라고 요청했지만 우리의 작업이 진행되는 대부분의 기간 동안 약 40명의 학생을 상대했다. 학생들의 평균 나이는 25세였고 남녀 비율은 대개 여자가 많았던 미국과는 달리 비슷한 수를 이루었다. 문화적으로 지배적인 한(漢)민족으로 구성되었다. 졸업한 학생들은 교육학과나 심리학과에 입학했었고 대부분 우리 박사 프로그램과 동등한 프로그램을 배웠다. 대부분이 교외 지역에서 왔으며 한 아이 낳기 정책하에 한 아이만을 가져 자라난 학생들이었다. 그들은 교육적이고 심리학적인 방법을 연구하는 학자였고, 그들이 사는 마을로 돌아가 가르치거나 상담해줄 수 있기를 기대했다. 그들은 교실과 가족들이 빚는 문제들을 다루는 방법을 배우기를 원했다. 그러나 많은 학생들이 이 프로그램이 의도했던 교외로 돌아가기보다는 홍콩이나 상해로 가는 꿈을 갖고 있었다.

워크숍은 아침 10시부터 오후 5시까지 5일간 진행되었다. 대부분의 학생은 토론 혹은 논쟁하는 기술보다 읽기를 강조해온 영어 지도를 7년 동안 들었다. 유창한 영어 실력의 한 학생은 통역가로 활동했다.

진행기법

우리는 가족의 역동성을 이해하기 위한 제도적 접근의 개념을 소개하고 교육적으로 중요한 포인트가 담긴 예시를 전달하기 위해 교육에 주로 가족과 사회적 장면들을 사용했다. 우리는 5일 동안 조각들의 사용을 발전시켜 갔다. 학생들은 역할교대와 역할놀이를 할 준비가 되어있었다. 이때 몇몇 학생은 쉽게 영어로 말했다. 다른 때라면 그들의 언어로 실험하는 것이 효과가 더 좋을 것이라고 했을 것이다. 중국인들은 말을 할 때조차 비언어적이고 감정적인 음악이나 뜻을 전달하는 몸짓으로 정서적인 의미와 내용에 대한 흥분을 쉽게 보여 알 수 있었다. 조각하는 것(역할놀이를 하는 것)은 움직임과 만지는 것과 같이 운동적인 것이기 때문에 관찰하고 있던 것에 대한 증명으로 유용하게 사용된다. 또한 문화적으로 제한된 수업 예절의 경계를 위협적이지 않게 늘려준다. 이러한 조각들(역할들)의 구조 사이에서 소시오드라마와 사이코드라마를 소개하기가 수월했다.

만남과 시작하는 이야기

심리학과와 교육학과를 졸업한 40명의 학생이 있다. 그들의 평균 나이는 25세이며 반은 대체적으로 남자와 여자로 나뉘어 있다. 학생들은 동그랗게 놓여있는 의자에 앉아있었다. 소개 후에 우리는 그들에게 이야기를 만들어가는 과정을 통해 교육할 것이라고 이야기한다. 이 수업에 참여할 수 없었던 Chan 박사가 우리에게 들려준 이야기를 그들에게 들려주었다. Shao Ling 교수는 Chan 박사의 이야기를 상연하는 것을 도와주기 위해 전날 밤에 왔다. Eva Leveton은 두 사람의 보조 교사를 두고 이야기 상연 과정의 전체적인 연출자로 행동했다.

우리 이야기의 주인공을 작은 소년으로 설정한 후에 Eva는 역할을 뽑자고 제안했다. 학생들은 그 역할을 Shao Ling 교수가 말하는 것에 만장일치로 찬성했다. 아마도 Shao 교수가 학생들과 제일 가깝기 때문일 것이다. 그는 젊고 운동을 좋아했고 그의 **태극권**을 연습하는 모습은 학생들에게 항상 웃음을 주었다. 그에게 이름을 지어줄 것을 학생들에게 요청했다. 몇몇 학생이 제안했지만 결국 투표로 뽑은 이름은 'Little Nima!' —학과장의 이름—로 정해졌다. 학생들이 역할놀이 준비를 마쳤고 Shao Ling 박사는 Little Nima의 역할놀이 안에서 부모님을 묘사할 학생들을 선택했다. 그들은 부모와 함께 높은 곳에 위치한 라싸 성지를 방문하면서 경험한 몹시 힘든 등산에 대해 이야기하였다. 중국인들은 '커우터우(叩頭)'라는 단어를 엎드려 절하는 상황을 묘사하기 위해 사용한다. 그들은 무릎을 꿇고 팔을 뻗어 손은 바닥을 짚고 몸을 길게 눕혔다. 그리고 몸을 일으켜 손을 모으고 머리부터 심장까지 태양을 향했다. 그들은 라싸 쪽으로 나아갔다. 우리는 깨끗하지 않은 바닥을 만지지 않은 것과 발바닥을 보이지 않을 것을 꼭 명심하라고 했다.

이 장면에서 소년은 지쳐서 앉기 시작하고 앞으로 나아가길 거부한다. "저는 왜 이것을 해야만 하죠?" 그의 아버지가 대답한다. "왜냐하면 우리가 그곳에 가면 너는 평화와 만물의 조화를 얻을 수 있을 거야.", "너는 네가 되고 싶어 했던 꽃이 될 거야." 그의 어머니가 말한다. 소년은 천천히 일어나 슬픈 얼굴로 계속 가기 위해 준비하며 침울하게 묻는다. "근데 저는 어떤 종류의 꽃이 되는 거지요?" 그러나 혼잣말을 중얼거

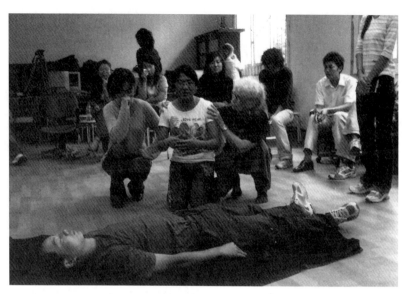

그림 10.1 Eva Leveton이 슬픔에 빠진 학생을 돕고 있다.

렸다. 절대로 꽃이 될 수 없을 것이라고. 학생들의 궁금증을 유발하기 위해 소년의 질문에는 대답하지 않았다. 우리의 계획은 5일간의 워크숍 마지막에 이것을 반복하는 것이다. 우리 자신의 본질에 대한 질문과 가장 관련 있을 것이다.

학생들은 이 이야기와 Shao Ling이 연기한 여덟 살 소년의 매력에 푹 빠졌다. 우리는 이 주어진 이야기를 얼마나 극적으로 볼 것인가에 대해 이야기하기로 했다. 학생들을 여섯 집단으로 나눴다. 학생들끼리 잘하지 못한다면 우리는 그들이 역할놀이를 통해 이야기를 만들 수 있게 도와줄 것이다. 이어서 나오는 이야기는 소규모 집단이 만든 이야기를 각색한 것이다.

첫 번째 이야기

장면 1 : '학교 교실에서' 열 살을 연기하는 남학생은 선생님으로부터 비난을 받는다. 그는 수학 과제를 이해하지 못했고 제출하지 않았다. 선생님은 무관심하며 비판적이다. 소년은 수치심에 고개를 숙였고 아무 말도 할 수 없다.

장면 2 : 그가 자란 조부모의 농장 부엌에서 일어난다. 그의 할머니는 그를 등에 업고 부엌에서 요리하고 있다. 그는 할머니에게 과제를 도와달라고 한다. 그녀는 화나 보이며 슬퍼 보이다가 다시 요리하기 시작한다. 연출자는 그녀가 손자에게 말할 것을 지시 내린다. "너는 이해해야만 한단다. 너는 학교를 가게 될 거야. 하지만 나는 가지 않지." 할머니가 말하자마자 연출자는 학생에게 그의 자세를 바꾸며 반응하라고 지시한다. "만약 네가 기분이 좋다면 그걸 보여줘. 기분이 나쁘다면 몸을 움츠리거나 떨어뜨리는 것 같은 행동으로 네 기분을 표현해줘." 학생이 연기하기 시작했다. 그는 몸을 움츠리고 할머니로부터 몸을 떨어뜨리고 울면서 말했다. "나는 내가 어디로 갈 수 있는지 모르겠어요. 할머니는 날 이해하지 못해요. 나는 학교가 싫어요. 부모님이 있었으면 좋겠어요!"

장면 3 : 도시에서 일하고 농장으로 돌아온 소년의 부모는 조부모에게 말한다.

부모 : "어떻게 아이가 학교에서 잘하지도 못하고 돌아올 수가 있죠?" 조부모 역시 화가 났고 방어적인 태도를 보인다. "너는 일하러 도시로 가면서 네 아들과 우리만 남겨두지 않았니? 우리는 학교를 가지 않아. 어떻게 우리가 아이를 도울 수 있겠니?" 소년의 아버지는 대답한다. "우리가 일을 하지 않았더라면 먹고살 방법이 있긴 한가요?"

소년은 풀이 죽어 조용해졌다.

연출자는 상황을 요약한다. "아이는 슬프고 조부모는 상실감에 빠져있다. 그들은 지금 일어나는 일들을 원치 않는다. 그들의 나이는 이제 무엇을 하든 방해를 받는 나이가 되었고, 그들은 자녀로부터 돌봄을 받아

그림 10.2 Martin Newman이 몸짓으로 표현하고 있다.

야 한다고 생각하지만 손자를 기르는 책임감을 갖지 않았다. 소년은 지금 일어나고 있는 일을 알지 못한다. 그는 이 상황에서 어떻게 자신을 도와야 할지 모른다. 한 아이 낳기 정책 때문에 그는 외롭다. 제일 가까운 이웃 친구는 몇 마일이나 떨어져 살고 있다. 선생님은 이 소년을 어떻게 도와야 할지 모른다. 소년이 과제를 하지 않았기 때문에 선생님은 화가 나 있다. 사람들은 불행하다. 부모는 도시로 떠나는 것에 죄책감을 갖고 있지만 일해야만 한다. 조부모는 억울해하고 있다.

나누기

나누기의 심리학적 개념이 공감을 뜻한다는 걸 알고 있음에도 불구하고 감정을 공개적으로 말할 기회가 거의 없었던 중국 학생들에게 그것의 중요성을 강조하고 싶었다. 우리의 목적은 학생들의 상황에 대한 공감적 이해를 증진시키는 것이다. 처음 학생들의 반응을 마주했을 때—더 심도 있는 질문을 하고 일반화를 했을 때—연출자는 심도 있는 지시 사항을 전달한다. 우리는 우리가 가르칠 때 다른 방법을 사용하고 있다고 얘기한다. Leveton 박사는 설명한다. "우리 자신과 우리의 정신뿐만 아니라 마음까지도 배우는 것에 힘을 쏟아부어야 한다. 작은 것일지라도 어떤 문제를 이해하는 데 있어서 중요하다면 너 자신과 가족 안에서 그 작은 것의 흔적을 꼭 찾아야 한다. 만약 네 사생활을 존중하고 다치게 하지 않는 집단 안에서 이걸 할 수 있다면—우리와 같은—그 경험은 너의 지성적인 이해를 풍부하게 해줄 것이고 후에 내담자를 이해하는 데 도움이 될 것이다. 나는 네가 추상적이거나 심도 있는 질문을 하기보다는 너의 기분과 반응을 나눔으로써 이 단계를 시작했으면 좋겠다. 나는 네가 생각하고 있는 것들을 볼 수 있었다. '나는 이 소년의 기분을 알아. 나는 이 할머니의 기분을 알아. 나는 그들이 어떻게 느끼는지 알아.' 그럼 시작해보자."

학생들의 반응

남학생 : 나는 그가 어떻게 느끼는지 알고 있어요. 우리 할머니와 아빠가 나를 두고 갔을 때 매우 슬펐어요. 나는 그들과 함께 가고 싶었어요. 그건 불가능했죠. 아빠가 떠났을 때 나는 불행함을 느꼈어요. 누구도 나를 도와주지 않았고 나는 방법을 몰랐죠. 항상 우울했어요. 내 영혼은 항상 나를 잠식했고요. 할아버지와 할머니는 나를 도와줄 수 없었으며 나는 아무런 일도 할 수 없었어요. 친구도 없었어요. 도움을 요청할 곳도 없었어요. 나는 어쩌면 나쁜 짓을 할지도 몰랐어요. 훔친다거나. 잘 모르겠어요.

여학생 : 나는 부모님과 할머니를 사랑하지만 불평할 수 없어요. 불평할 수 없죠. 슬플 때도 나는 어릴 때부터 그 슬픔을 가족에게 말할 수 없었어요.

남학생 : 이 소년이 불쌍해요. 내가 어렸을 때 그러니까 한 여덟 살 때 우리 부모님은 날 두고 갔어요. 누군가 말할 사람도 없었어요. 같이 놀 친구들도

없었고 조부모님은 이미 자신들의 할 일을 다했다고 불평했어요. 그들은 나를 돌보길 원치 않았어요. 나는 문제덩어리였어요.

이 첫 수업을 진행하면서 중요한 원칙이 세워졌다. 수동적으로 설교하는 수업을 듣는 것보다 학생들은 이야기에 직접 참여하고 개인적인 것들을 공유하며 반응했다. 의사소통은 깔끔하게 잘됐고 학생들은 공감적 이해를 전체 워크숍 내내 보여주었다.

우리의 지시는 또한 단순명쾌함의 부재를 바로잡고 이야기 속 가족 구성원들의 사이를 연결 지어주는 것이었다. 묘사되는 상황은 포기, 죄의식 혹은 분개하는 감정의 소통을 허락하지 않았다. 가족과의 조화에 놓여진 가치들이 더 높아질수록 다른 가족 구성원의 감정을 보호하려는 욕구는 감정 표현을 억누른다. 반의 구성원으로서 듣는 것은 역할놀이를 하는 사람들이 극 속에서 공유하는 감정들을 더 표현적으로 말할 수 있게 도와주는 것이다.

사례 3 남겨지고 믿음을 상실한 아이

장면 1 : 이 사이코드라마 삽화의 주인공은 부끄러움이 많고 마르고 슬퍼 보이는 스물다섯 살의 남자로 자신의 어린 시절 이야기를 자원한 리우이다. 그는 아빠와 조부모를 연기할 사람을 설정했다. 이 장면은 추수감사절 기간 동안 그들의 마을에 있는 조부모 집의 방에서 펼쳐진다.

그는 아빠를 연기한다. 그는 행복하다. 저녁 식사 후 아빠는 도시로 돌아가 일할 준비를 한다. 아들은 아빠에게 가지 말라고 빈다. 울면서 아빠가 머무르겠다고 약속할 때까지 아빠의 옷을 붙잡으며 "가지매"라고 말한다. 잠들 때 아빠는 아들에게 책을 읽어준다. 소년은 아빠의 무릎에서 잠이 든다. 그가 일어났을 때 아빠는 이미 떠나고 없다.

장면 2 : 리우는 화가 난 상태로 조부모와 마주한다.

리우 : 아빠는 날 속였어요. 어떻게 그렇게 거짓말을 할 수 있어요! 불공평해요!(그는 성질을 부린다.)

할머니 : 화내지 마라. 아빠는 조만간 돌아올 거란다(그러나 아빠는 돌아오지 않았고 소년이 부모에 대해 물어볼수록 조부모는 그를 거칠게 대하기 시작한다. 할아버지는 리우를 때리고 소리를 지르며 발을 밟는다.).

장면 3 : 연출자는 중재한다. "사이코드라마에는 잉여 현실이라고 불리는 것이 있다. 거기서 너는 실제 세계에선 경험하지 못하는 것을 경험할 수 있다. 그러므로 원한다면 너와 네 아빠는 지금 네가 느끼는 감정에 대해 이야기를 나눌 수 있다." 주인공과 아빠는 아들을 속인 것에 대한 사과를 했고 가족을 부양하기 위해 돈이 필요했기 때문에 도시로 가서 일을 하는 것이 왜 중요한지, 농장에는 그만큼 월급을 주는 곳이 없다는 긴 대화를 나눴다. 리우는 여전히 슬펐음에도 불구하고 이야기를 수용했다.

나누기

여학생 : "내가 느끼는 감정을 어떻게 말해야 할지 모르겠어요. 우리 가족은 화나 슬픔을 표현하는 것을 허락하지 않아요. 부모님이 일하러 도시로 갔을 때 나는 이해하지 못했어요. 기분이 너무 나빴지만 그렇다고 그 감정을 표현할 수 없었어요. 나는 항상 조부모님들에게 화가 나 있었어요. 그들은 날 원하지 않았어요. 하지만 나는 화를 드러낼 수 없었어요. 또래의 가장 가까운 친구는 조부모님과 멀리 떨어진 다른 농장에 살아서 놀 사람이 없었어요.

남학생 : 이 문제의 의사 결정에 대해 논의할 게 없어요. 지금 나는 부모님이 일을 구했어야만 했다는 걸 이해했어요. 농장에서의 조부모님의 생활은 매우 가난했어요. 경작 실패로 돈을 벌 수 없었어요. 나는 질문을 할 수가 없었기 때문에 어쩌면 필요했을지도 모르겠어요. 심지어 부모님이랑 같이 있었을 때도 내가 일어나면 바로 그들이 가버리고 나는 부모님을 언제 볼지 알 수 없었어요. 조부모님은 항상 화가 나 있었고 나에게 무관심했어요. 그리고 나는 그들에게 아무것도 말할 수 없었어요. 형제, 자매, 사촌도 심지어 친한 친구도 없었어요."

단체의 지원을 받았을 때 다소 고립되어 있던 리우는 점점 더 그의 집단과 반의 구성원으로 들어갈 수 있었다.

사례 4 어머니의 재혼과 아이의 슬픔

나흘째 되던 날, 여학생 중 한 사람이 다른 사이코드라마를 위해 연출자의 도움 없이 조
각(역할놀이)을 이용한 그녀의 새로운 가르치는 방법을 증명했다. 그리고 구성원으로서
의 발달과 확신이 풍부해진 감정을 보여줬다.

　　장면 1 : 스물일곱 살의 여학생인 펜(Fen)은 그녀와 어머니, 양아버지 사이의 교착
상태를 묘사하는 조각(역할놀이)을 나열했다. 그녀의 어머니는 양아버지 쪽으로 가고
있는 반면에 펜은 어머니를 그로부터 멀리 떼어놓으려 한다. 그녀는 어머니의 재혼을
방해하는 것에 매우 집중한다는 사실을 바닥에 앉아 어머니의 다리 주위를 감싸고 있
는 것으로 표현했다. 펜은 학생들에게 그녀의 아버지는 몇 년 전에 돌아가셨으며 그녀
의 양아버지는 그녀와 다른 가족 앞에서 모욕적인 행동을 했다고 말했다.

　　Alan Leveton에 의해 연출되는 이 장면에서 그녀는 죽은 아버지 역할을 할 사람을
뽑는다. 진홍색의 천으로 그를 덮는다. 그는 바닥에 누워 얼굴을 가리고 드러나지 않게
한다. 주인공에게 "잉여 현실로 죽은 사람과 말할 수 있다."라고 전한다. 그녀는 아버지
앞에 무릎을 꿇고 울면서 그에게 얼마나 그녀가 아버지를 그리워했는지 말한다.

　　Eva Leveton이 촉진시켜 연기를 하자 그녀는 사랑의 감정과 아버지가 살아계시는
동안 말하지 말아야 했던 것을 말한 것에 대한 후회를 더욱 분명히 표현했다. 중국에선
부드럽고 조용하게 말하는 것—Eva의 표현을 빌리자면—이 이 장면에서는 더 자연스

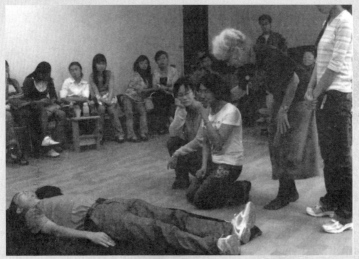

그림 10.3 이중자가 펜이 슬픔을 표현하도록 돕고 있다.

그림 10.4 펜의 분열된 충성심

러웠다. 그녀의 아버지는 부드러운 목소리로 그녀의 충성심과 그에 대한 사랑이 얼마나 기쁜지 부드럽게 이야기했다. 그녀의 충성심이 이제 자신이 아닌 어머니의 것이라고. 펜은 깊이 생각하며 그녀 자신을 이 역할놀이 안에서 가족들과 분리시키는 시도 없이 어머니의 입장이 되어보았다.

나누기

학생들은 죽은 아버지와 딸이 만나서 이야기 나누는 것에 감동을 받았다. 몇몇 학생은 그들 가족에게 사용하지 않는 감정적인 단어를 사용하며 그들의 슬픔에 대해 이야기를 나눴다. "나는 엄마에게 한 번도 사랑한다고 말해본 적이 없어요." 혹은 "나는 한 번도 아버지가 내게 있어 얼마나 큰 존재인지 말해본 적이 없어요." (펜에게) "우리는 룸메이트이고 너의 이야기를 이미 알았지만 한 번도 이런 방식으로 느끼고 생각해본 적이 없었어." 그리고 새로운 종류의 커뮤니케이션이 방금 교실에서 일어난 것을 인지했다. "나는 이러한 다른 방식으로 개인적인 문제들을 우리 반 친구들과 이야기하고 있다. 다른 친구들의 이러한 얘기를 알고 있었지만 이러한 감정을 느끼며 듣는 것은 처음이다. 무척이나 감동받았다."

마무리

마지막 날 연출자인 Eva Leveton은 학생들에게 'Little Nima' 이야기와 그의 부모님과 함께한 라싸로의 성지순례로 돌아가보자고 하였다. 그가 꽃이 되고 싶어 하는지 아닌지에 대해 질문을 했고 그가 만약 꽃이 되어야 했다면 어떤 종류의 꽃이 되었을지 부모의 전통적인 요구에 직면하는 개인적인 발달을 통한 은유를 사용하여 학생들에게 묻기 시작했다.

Little Nima의 질문에 대해 이야기를 하는 중에 학생들은 다른 이야기 속에서 마치 잃어버린 무언가를 동경하는 마음을 표현하는 것 같았다. 이 중국의 위대한 자연 속에서 Little Nima의 가족은 정신적인 변화와 감정의 의미 그리고 소년에게 던져진 질문에 대한 학생들의 대답을 표현할 수 있는 사람들의 자질을 찾고 있었다.

원을 그린 각 사람들은 "나는 어떤 종류의 꽃이 되고 싶은가?"에 대해 모두 다른 개념을 갖고 있었다. 몇몇 사람은 계속 꽃을 비유했다. "나는 눈꽃이 되어 모든 사람이 내 아름다움에 놀라게 만들고 싶다.", "나는 딸기나무가 되어 흔들리지 않게 깊게 뿌리를 내리고 싶다."

다른 사람들은 초월하는 자유에 비유했다. "나는 새가 되어 산 정상을 높이 나는 그런 새가 되고 싶다.", "나는 산이 되어 모두를 반기고 싶다.", "나는 경계선이 없는 하늘이 되고 싶다." 또 다른 사람은 여전히 권력을 원했다. "나는 히말라야의 왕인 표범이 되고 싶다." 이 말을 들은 번역가는 감동을 받았고 그녀는 우리가 만든 원 주위를 돌고 춤추며 학생들의 이야기를 통역해주었다. 결론적으로 학생들은 가족의 삶이 지닌 울림과 그것들로부터의 투쟁을 아름다움과 안정성의 가능성, 부모들이 요구하는 것들로부터 자유를 가질 가능성, 어마어마한 공간을 가질 수 있는 가능성, 그리고 계속적인 위대하고 영원한 히말라야 보호의 가능성으로 확장시켰다.

결론

소시오드라마와 사이코드라마의 귀감이 되는 이러한 실험적인 방법은 중국 학생들이 감정적인 깊은 상처에 접근할 수 있는 기회와 치료하는 방법을 모색할 수 있는 기회를 제공했다. 응집력이 강한 집단은 그들의 가족의 이야기를 드러내는 삽화들과 공감적 이해 관계를 지지함으로써 더욱 강화되었다. 학생들은 이러한 방법이 변화를 일으킨 것에 감사해 했다. "학생들이 자신의 의견을 말할 수 있었던 유일한 수업이었다." 그들은 계속 서로를 관련지어가며 이 수업을 통해 얻은 것을 이야기하며 그들의 문제를 더욱 더 의미 있게 나누었다. 이러한 작은 변화들은 이 수업의 시작이 되는 것이다. 학교, 결혼 문제, 세대 차이와 같은 관점의 문제들 역시 이 방법을 사용할 수 있다. 시작은 상호작용에 대한 감정적인 만족에 접근하는 것이었다. 이것은 중국 가족들에게 있어서는 작용할 수 없는 일이다. 우리를 지켜본 교수들뿐만이 아니라 많은 학생도 새로운 접근 방법을 갈구하고 있었고 참신한 교육학적 접근을 환영했다. 중국은 계속 빠르게 변혁하고 있기 때문에 이전에 있던 사회적이고 개인적인 문제를 다루는 혁신적인 방법들이 계속 요구될 것이다. 우리 전체에 영향을 주는 지향점은 사람들이 이러한 문제를 문제로 삼는 것이 아니라 당연하게 받아들이는 것이다. 이는 우리에게 있어서 이러한 시스템을 바꾸는 것이 얼마나 어려운지 가르쳐준다. 활동적인 방법이 새로운 접근 방법과 기술 그리고 이해를 발견하고 연습하게 할 것이라고 우리는 믿는다.

참고문헌

Chin, Y., Ng, A., Phillips, D., & Lee, W. K. (2002). Persistence and challenges to filial piety and informal support of older persons in a modern Chinese society: A case study in Tuen Mu, Hong Kong. *Journal of Aging Studies, 16*, 35-153.

Deng, X., & Wieser, M. (2003). *Techniques of psychodrama and application in practical fields.* Nanjing, China: Southeast University Psychological Counseling Centre. Available at: https://elearning.uniklu.ac.at/moodle/file.php/655/2.Basics/Culture/China/Nanjing/Techniques_of_Psychodrama_and_Application_in_Practical_ Fields.doc

Fuligni, A., & Zhang, W. (2004). Attitudes toward family obligation among adolescents in contemporary urban and rural China. *Child Development, 75*, 180-192.

Hesketh, T., Liu, L., & Xing, Z. W. (2005). The effect of China's one-child family policy after 25 years. *New England Journal of Medicine, 353*, 1171-1176.

Hutchings, G. (2001). *Modern China: A guide to a century of change.* Cambridge, MA: Harvard University Press.

Scheonglass, M. (1996). *China's cultural revolution, 1966-1969. Not a dinner party.* Watertown, MA: Eastgate Books.

Sichuan University. (2009). Available at http://web.sicnu.edu/ aboutsnu-lhtml

Zeng, Q. (2005, April). Letting a hundred flowers bloom: Counseling and psychotherapy in the People's Republic of China. *Journal of Mental Health Counseling.*

Zeng, Y. (1991). *Family dynamics in China: A life table analysis.* Madison, WI: University of Wisconsin Press.

Zhang, Y., & Goza, F. (2007). *Who will care for the elderly in China? A review of the problems caused by China's one-child policy and their potential solutions.* The Center for Family and Demographc Research. Bowling Green State University, Working Paper Series 05.

Zhang, Z. (2001). China faces the challenges of an aging society: The third story. *Beijing Review, 44,* 12-15.

후기

EVA LEVETON

트라우마는 지속적인 고통을 일으킨다. 트라우마가 사이클론이든 아니면 HIV나 중국의 한 자녀 가정, 가나의 부족 갈등, 중동 여성의 권리 박탈, 인도의 트랜스젠더 성매매이든 그러한 사건들로부터 영향을 받은 모든 사람은 끔찍한 부상의 흔적과 상처를 가지고 살아갈 수 있다. 앞서 저자들은 그러한 사람들을 돕는 것을 그들의 직무로 삼고 있다. 여행용 짐—유채색 스카프와 지팡이, 모자, 드럼, 크레용, 펜, 종이—을 거의 지니지 않은 채, 이 저자들은 가장 좋지 못한 갈등에 대한 열정적 이해와 열린 의식을 가지고 세계를 여행하고 있다. 사람들은 여태껏 넓어진 원을 그리면서 모여 새로운 방식으로 춤을 추고 노래를 부르며 서로에게 말을 건넨다.

원의 각 구성원은 이전에 서 있지 않았던 자리에 위치할 기회를 가진다. 집단의 개개인은 그들에게 결코 일어나지 않았던 것을 말하기 위한 방식을 발견할 수 있다. 때때로 원은 관객을 가진 무대로 해체된다. 무대 위에서 참가자들은 변형된다. 그들은 이전까지 보여주지 못했던 자신들의 모습을 연기하거나 그들과 갈등을 일으켰던 사람들의 역할을 수행할 수 있다. 그들은 대상이나 장면으로 변형을 일으킬 수 있는데 전화기나 태양의 역할로 캐스팅될 수 있다. 율동적인 움직임이 참가자들에게 에너지를 전달한다. 예민한 반응을 가진 리더는 참가자들이 새로운 것을 표현하도록 도와준다.

이 책에서 기술된 작업의 핵심적 메시지는 "변화는 가능하다. 변화를 일으키기 위해 우리가 할 수 있는 것을 찾자."이다. 가나에서 적들은 오랜 전쟁을 계속하기 위해 한 자리에 모인다. 그들은 서로를 놀라게 하기 위해 더 유익하고 더 복잡하며 결국에는 더 친절한 관점을 가지고 서로에 대한 오랜 견해를 교환한다. 중국에서 한 자녀 가정뿐만 아니라 비인간적인 교육 시스템으로부터 소외감을 느끼는 학생들은 그들의 고통을 표현하고 공유하는 방법을 배운다. 3세대와 4세대까지 홀로코스트의 유산으로 고통받고 있는 독일인과 유대인은 서로에게 조심스럽게 접근하여 일견 심연처럼 보이는 간극에 다리를 놓기 위한 제의로 끝을 맺는다.

이민자들과 10대들은 그들에게 제공된 기회로부터 자극을 받아 분노와 창조성을 표출한다. 그들은 스카프와 사진, 비망록, 인형을 가지고 세계를 재창조한다. 자신들의 경험에 침묵을 지키는 것에 익숙한 베트남 전쟁 재향군인들은 그들의 경험을 공유하기 위해 이전에 존재하지 않았던 종류의 소통과 연극을 창조한다. 연극은 새로운 이해를 창조하지만, 우리는 전쟁의 깊숙한 상처를 치유하는 데 한계가 있음을 알게 된다. 깊숙한 트라우마와 씨름하는 사람들 ─ 우리는 특별히 HIV 치료자들을 다루지만 모든 저자는 이 범주에 속한다 ─ 의 불가피한 쇠약은 비통과 무력감을 표현하는 방법을 공유함으로써 나아진다.

이러한 작업에 대해 어떤 결론을 내릴 수 있는가? 인간관계의 모든 이론들에 대한 저자의 경고 ─ 즉, "상황에 따라 전혀 다르다." ─ 는 여기에 적용될 수 있다. 이 경우에 차이가 삶에 의해 표현되든 다른 국가나 문화로 인해 표현되거나 또는 집단에 영향을 미치는 단일한 트라우마 경험에 의해 표현되든 리더들은 차이에 매우 관대한 사람이 되어야 한다고 배운다. 리더들은 지식을 퍼뜨리기 위해 유럽과 아시아를 여행하는 중세 수도승들처럼 새롭고 다른 문화로 들어가는 방식들을 배워야 한다.

그들은 이론과 방법, 기법에 대한 개론서를 가져야 하며 그것들의 사용에 정도(正道)가 없다는 사실을 알아야 한다. 다시 말해 문제의 깊이 그리고 집단과 리더의 과거 경험 또한 집단의 구성과 준비에 따라 전혀 달라진다. 상이한 리더가 있는 집단의 역사는 저항에 대한 핵심을 차지할 수 있으며 그들이 가진 고통의 깊이는 일부 구성원들의 소극적 참여를 유도할 수 있다. 또한 탐지하기 어렵지만 집단의 긍정적 텔레(tele, 다음 내용 참조)에 영향을 미치는 대인적 흐름이 있을 수 있다. 심지어 성공이나 실패는 기후에 달려있을 수 있다. 지식 및 경험과 결합된 유연성은 아마도 이 책에서 도출되는 리더십에 관한 가장 중요한 교훈일 것이다.

독자는 많은 기법들이 고전적 소시오드라마와 사이코드라마에서 사용되는 방법들에 보완적으로 추가되었음에 주목할 것이다. 카메라와 스카프, 마스크, 구색을 맞춘 사물들, 작성된 자료들, 그림 등을 사용하는 많은 보조적 기법 중에서 하나가 두드러진다. 바로 조각이다. 조각은 사이코드라마와 소시오드라마의 본질적 방법이 이중자와 역할교대에서 장으로서의 가치를 지니기 때문에 많은 저자들이 사용한다. 조각과 관련하여 우리는 언어적 기법을 더 이상 사용하지 않는 방식에 '몸'을 추가하였다. 저자들 중 상당수는 제의를 사용한다. 즉흥성이 여기서 논의된 치료 작업의 버팀목으로 남아있지만 제의는 드라마의 중요한 부분(자주 영적이거나 초월적인 부분)의 반복을 요구한다. 워크숍을 열기 위해 제의(불이 켜진 양초 주위를 지나가거나 또는 집단에 의해 개발된 시를 낭

송하거나 노래를 부름으로써 종결을 알리는 등의 행위)를 사용함으로써 심층적인 의사소통이 가능해지고 완성과 자부심의 감정이 촉진된다.

여기서 논의된 모든 집단의 리더들에 대한 피드백은 우리에게 어떤 도움이 작업의 존재론적 본질을 가지는지를 말해준다. 이 많은 집단들은 대화를 통해 문제를 해결하려는 시도를 경험하였다. 정보의 추구와 논의 집단의 구성을 통해 문제를 해결하려고 설립된 위원회는 선의의 증거로 받아들여지며 자주 요긴한 재정적 지원을 제공하지만 필요한 변화를 주도하지 않는다. 그 때문에 행위는 필수적 성분이다. 지배층 부족과 피지배층 부족 간의 차이를 말하는 것과 역할을 바꿔 타인의 방식을 경험하는 것은 전혀 다른 문제이다. 지각된 차이에 기반한 소외와 거부는 두 당사자들에게 당차고 품위 있게 자신들을 드러낼 기회를 제공하는 역할행위를 통해 사라질 수 있다.

둘째, 텔레 — 관계를 연결하거나 단절시키는 눈에 보이지 않은 연대 — 에 기반한 Moreno의 세계관은 저자들의 작업에 의해 그 정당성이 입증된다. 우리는 자신의 (선천적이든 후천적이든) 인종주의적 경향을 거의 의식하지 못한다. 특권은 선언하지 않은 채로 존재하며 박탈은 종종 불가피한 것으로 설명된다. 경험적 기법들은 의식을 창조한다. 우리는 지각의 정서적 범위를 확장시킬 수 있는 역할연기를 통해 서로의 인간성을 관찰할 수 있다. 차이는 존재하지만 위협은 감소한다. 의식적인 선택은 확대되고 타인들을 배제하는 것은 손쉬워지지 않는다. 세계는 더 작아지며 수백만의 얼굴 없는 군중이 아닌 커다란 부족이 된다.

셋째, 이 책에서 기술된 기법들은 소시오드라마와 사회측정학 기법을 통해 서로에 대한 심층적 이해를 가능하게 한다. 인도의 트랜스젠더 성매매자들 같은 소규모 집단은 적대적 세계에서 소외감을 느끼지만 동질성과 자부심을 회복하는 방법을 배운다. 자연재해로부터 트라우마를 얻은 아동들은 다시 활발하게 뛰노는 것을 배운다. 홀로코스트로부터 심각한 상처를 입은 유대인들은 자신의 상처를 제2차 세계대전과 그 영향으로 그들만의 고통을 당하고 있는 독일인들의 상처에 투영하는 것을 배운다. 우리 모두는 우리 세계에서 유사점과 차이점을 알고 있지만 그러한 성질을 탐구하기보다 자주 부정하는 경향이 있다. 이 기법들은 (물론 위험이 동반되는) 탐구를 가능하게 하지만 관점의 확대를 통해 고통을 완화하고 유사성에 대한 이해를 촉진한다.

마지막으로 여기서 기술된 방법들은 고통의 완화에 기여한다. 연기나 가면 만들기, 노래 부르기, 북 치기, 시, 연극 등 어떠한 형태를 띠든 우리 자신의 공간에 자리하면서 프로젝트를 공동으로 수행하며 그러한 수행을 점검하는 모임이 주는 위안은 정신을 향상시킨다. 워크숍이 끝난 후 많은 사람들이 이전에는 위협적으로 인식되었던 사람들과 그들 자신에게 영향을 미쳤던 경험의 깊이와 연대감을 이해하면서 부담을 덜어내고 떠난다.

우리의 책은 치유를 약속하였다. 치유는 진행 중인 과정이다. 이 작업은 이 책에서 끝나는 것이 아니라 시작을 의미한다. 의미 있게도 우리 저자들 중 상당수는 그들의 작업이 이러한 문제들에 대한 성공적인 해법으로 향하는 집단 행위의 서막이 되어야 한다고 제안한다. 성공적인 행위는 시간의 경과 속에서 조화로운 노력을 통해 달성된다. 우리 용어에서 치유는 집단이 전쟁이나 질병, 자연재해 같은 차이의 문제들에 성공적으로 대처하는 것을 의미한다. 이것은 차이를 거부하기보다 인정하는 법을 배우는 것을 의미할 뿐만 아니라 강렬한 고통이 완화되고 에너지가 복구되며 새로운 인식을 얻는 것을 의미한다.

치유 과정은 삶을 긍정하는 것으로 끝없는 토론이나 논쟁을 통해서가 아니라 개인적, 사회적, 정치적 수준에서 의사소통을 강화하는 상황을 창조하고 각 집단에 내재된 강력한 에너지를 자극함으로써 희망을 퍼뜨린다. 이 작업에 참여한 희생자들은 자주 침묵을 지키고 침울함을 느꼈지만 그들 고유의 목소리를 다시 회복하며 다른 사람들과 더불어 그들 세계를 더 나은 것으로 만들기 위한 작업에 완전히 참여하는 방법을 배웠다.

찾아보기

Eva Leveton(MS, MFT)

샌프란시스코주립대학교에서 심리학 석사학위를 받았으며 정신연구소의 집중적인 가족치료 훈련 프로그램을 수료 후, 사이코드라마 기법을 개발하고 교육하기 위해 전문 여배우로서의 경험과 학문적 훈련을 결합시켰다. 2004년에는 사이코드라마와 사회측정학 그리고 집단 심리치료에서 이러한 우수한 성과를 인정받아 Zerka T. Moreno 상을 수상했다. 그녀는 남편이자 정신과 의사인 Alan Leveton 및 사회복지사인 Ben Handleman과 함께 샌프란시스코에 가족치료 센터를 설립하였다(1966~1994). 사이코드라마와 소시오드라마 그리고 가족치료를 결합하여 개인과 가족을 돕기 위해 활용하였고 열정과 헌신을 다해 그녀는 유럽 사이코드라마 연구소와의 협력을 통해 독일, 오스트리아, 아프리카, 인도, 중국, 터키, 폴란드, 루마니아 등 세계 여러 지역에서 교육하고 있다. 그녀는 지난 50년 동안 미국 사이코드라마와 집단 심리치료학회, 전미드라마치료협회에서 많은 연구를 발표하였다.

캘리포니아통합연구소의 부교수를 역임하고 있는 Eva Leveton은 소매틱 프로그램(somatic program)에서 가족치료와 드라마치료 프로그램의 사이코드라마를 교육하고 있다. 그녀의 주요 관심사는 두 가지이다. 첫째, 직접적 의사소통과 경험적 작업을 장려하는 것과 둘째, 신뢰할만한 임상적 능력으로 현재 발전 중인 이론을 절충하고 사회정치적 역사의 요소를 고려한 방법들을 결합하여 '지금 그리고 여기(here and now)'의 작업을 구체화하는 것이다.

Eva Leveton은 많은 논문과 Springer Publishing Company에서 **심리치료사를 위한 사이코드라마 가이드**(*A Clinician's Guide to Psychodrama*)와 **위기의 사춘기-드라마치료의 방법**(*Adolescent Crisis : Approaches in Drama Therapy*) 그리고 Thumb Print에서 **에바의 베를린, 전쟁 중 유년의 기억**(*Eva's Berlin, Memories of a Wartime Childhood*)이라는 세 권의 저서를 출간하였다. 그녀의 글은 널리 번역되었다. 최근 그녀는 전쟁으로 폐허가 된 베를린에서 겪었던 자신의 경험을 바탕으로 1세대와 2세대, 3세대 독일인과 유대인 집단에 대한 Armand Volkas의 '역사의 상처에 대한 치유' 작업에 참여한다.

반(半) 퇴직한 상태인 Eva는 밀 밸리의 레드우드 퇴직센터에서 비망록 작성을 강의하면서(가장 나이가 많은 학생은 101세이다.) 캘리포니아 샌 라파엘에 있는 집에서 정원을 손질하고 Azure, Mateo, Kira, 3명의 귀여운 손자들을 돌보며 시간을 보내고 있다.

기고자 소개

Mario Cossa, MA, RDT/MY, TEP
샌타로사 소재 공동체 문제를 위한 안전학교 대사 프로그램 훈련가, 샌프란시스코 베이 소재 Moreno 연구소 창립 멤버, 뉴헤이븐 소재 외상 후 스트레스 센터 이사

Pam Dunne, PhD, RDT/BC
로스앤젤레스 드라마치료연구소 이사, 캘리포니아주립대학교 교수

Antonina Garcia, EdD, TEP, RDT/BCT, LCSW
뉴욕대학교 드라마치료 프로그램 부교수

David Read Johnson, PhD, RDT/BCT
웨스트헤이븐 예일의과대학교 임상 부교수, 웨스트헤이븐 재향군인 행정의료센터 심리학자, 뉴욕심리치료예술협회 회장

Jon P. Kirby, PhD
서아프리카 가나 소재 타말레문화연구협회에서 인적개발/문화드라마의 사회 인류학자이자 교사인 상담가, 보스턴 신학대학의 조력자이자 교수, 보스턴 소재 파울리스트 센터의 상담가, 가나 소재 아프리카연구협회의 연구가

Alan Leveton, MD
캘리포니아 주 소재 세인트 라파엘 심리치료연구소 상담가, 세인트 라파엘과 샌프란시스코에서 개인 연구소 운영

Martin Newman, MA, MFT
샌프란시스코에서 개인 연구소 운영, 샌프란시스코 소재 Wright 연구소 강사

Leticia Nieto, PsyD

레이시 소재 세인트마틴스대학교 석사 과정의 심리학과 상담학 정교수, Acting for Change의 이사, Teatro de la Vida Real/True Story Theatre의 이사, 멕시코유럽고전사이코드라마학교(EEPCM)의 교수, 국제 트라우마 치료 프로그램 교수

Herb Propper, PhD, TEP

몬트필리어의 훈련가, 사이코드라마 치료사, 상담가/감독관, 인도 뉴델리 방글라데시치유극장연구소 영혼 찬양 프로그램의 외부 자문가이자 훈련 팀장, 방글라데시 2009~2010년 보조금 수령자

Thomas Ricco, MFA

댈러스대학교 성과연구 및 예술 테크놀로지 교수

Gong Shu, PhD, ATR, TEP, LCSW

대만, 마카오, 세인트루이스에 있는 국제 Moreno 연구소와 창조적 개발 센터 설립자

Armand Volkas, MA, MFA, MFT, RDT/BCT

오클랜드 소재 기술 상담센터 이사, 캘리포니아 통합연구소 드라마치료 프로그램 부교수

Sabine Yasmin Saba, MA

방글라데시치유극장연구소 교사

역자 소개

박우진, Sw.D.

숭실대학교 일반 대학원 석사 및 사회복지학 박사
한국사이코드라마·소시오드라마학회 정신건강 및 진흥 이사 역임
참만남사회심리극연구소장(www.sociodrama.net), 한국소시오드라마극장 대표
정신보건사회복지 슈퍼바이저, 사이코드라마 1급 전문가
현 영동대학교 사회복지학부 조교수

논문 및 역서
알코올중독자를 위한 심리극 프로그램의 효과, 문화적응 어려움을 겪는 중국유학
생의 소시오드라마 경험 연구 등

조성희, Ph.D.

미국 미주리대학교 대학원 교육 및 상담심리학 박사
한국사이코드라마·소시오드라마학회장 역임
사이코드라마 슈퍼바이저, 임상심리 전문가
현 백석대학교 기독교학부 상담대학원 교수

역서
사회극의 원리와 적용

최대헌, Sw.D.

강남대학교 사회복지전문대학원 사회복지학 박사
심리극장 청자다방(www.rolec.co.kr) 대표, 한국드라마심리상담협회 회장
한국학교상담학회 프로그램 개발 및 기획위원장
드라마심리상담 슈퍼바이저, 정신건강증진상담사 1급 전문가

역서
부부의 심리학, 트라우마 생존자와 심리극, 트라우마 회복탄력성과 상담실제, 회상
치료이론과 실제

강희숙, Ph.D.
서울대학교 보건학 박사
사이코드라마 1급 전문가
현 공주대학교 사회복지학과 교수

논문 및 저서
자녀를 양육하고 있는 가정폭력피해여성의 사이코드라마 경험 : 쉼터 입소 여성을
중심으로, 사이코드라마가 가정폭력피해여성의 자기효능감과 부모역할스트레스에
미치는 효과

신경애, Sw.D.
공주대학교 사회복지학 박사 수료
한국사이코드라마 · 소시오드라마학회 중독분과 위원장
용인중독상담센터 대표
중독전문사회복지사 슈퍼바이저, 사이코드라마 2급, 정신보건사회복지사 1급, 중
독 1급 전문가

논문 및 저서
단주 중인 알코올중독자의 사이코드라마에 의한 회복 경험(공저)